Gustav A. Ungerer

Forschungen zur Biographie Wilhelm Wundts und zur Regionalgeschichte

Gustav A. Ungerer

Forschungen zur Biographie Wilhelm Wundts und zur Regionalgeschichte

Gesammelte Schriften 1978–1997

Ein „Logbuch“

herausgegeben von
Katharina Ungerer-Heuck
Yvonne L. S. Ungerer

verlag regionalkultur

Unser herzlicher Dank
für die finanzielle Unterstützung des Buchbandes gilt:

Prof. Dr. Jochen Fahrenberg, Psychologe und Autor eines Wundt-Buches, Institut für Psychologie, Universität Freiburg i. Br.
www.jochen.fahrenberg.de

Deutsche Gesellschaft für Psychologie e.V. (DGPs), Berlin
www.dgps.de

Bürger für Heidelberg e.V. (BfH), Heidelberg/Neckar.
www.buerger-fuer-heidelberg-ev.de

Die Herausgeberinnen danken den Verlagen und Fotogebern für ihre Zustimmung zum Neuabdruck der Unterlagen. Leider war es nicht in allen Fällen möglich, die Rechteinhaber der Abbildungen ausfindig zu machen. Berechtigte Ansprüche werden selbstverständlich im Rahmen der üblichen Vereinbarungen abgegolten.

Geleitwort

Zwei Themenbereiche haben Gustav A. Ungerer gefesselt und zu Forschungen und Veröffentlichungen veranlasst: Die Biographie des bedeutenden Psychologen Wilhelm Wundt (1832–1920) und Fragen zur Regionalgeschichte Nordbadens und Elsass-Lothringens. Auf den ersten Blick sind dies disparate Fachgebiete, doch gibt es Verbindungen: Wilhelm Wundt wurde in Neckarau (heute Stadt Mannheim) geboren, studierte in Heidelberg et al. Medizin, wirkte dort mehr als achtzehn Jahre als Privatdozent und Politiker. Schließlich besaß er ab 1903 in Heidelberg ein Haus, in das er sich in den Semesterferien zurückzog und in dem er arbeitete, während er in Leipzig seine Professur für Philosophie innehatte. Die lange Zeit seines Wirkens in Süddeutschland wird oft vergessen, weil man Wundt vorrangig mit der Gründung des weltweit ersten Psychologischen Instituts in Leipzig 1879 in Beziehung bringt.

Gustav A. Ungerer kommt das Verdienst zu, dass er bei seinen Recherchen auf Feinheiten, Genauigkeiten und Zusammenhänge geachtet hat. Er hat etliche Dokumente gefunden und gewürdigt, die andere übersehen haben oder für unwichtig hielten. Da ist beispielsweise der deutliche Brief an Vaihinger, in dem Wundt wohl von seinem Sohn schreiben liess, er wolle von ihm nicht mehr zitiert werden. Solche Primärquellen geben für eine Veröffentlichung nur wenige Druckseiten her, aber sie sagen viel aus – hier über Vaihinger, dessen „Philosophie des Als Ob" umstritten war, mehr aber noch über Wilhelm Wundt, der ziemlich handfest mit seinen Gegnern umging, wenn er sich missverstanden fühlte oder instrumentalisiert sah.

Ungerer hat auch Fragen beleuchtet, die erst Jahre später zu Themen der Wissenschaftsgeschichte wurden, so sein Beitrag über Wilhelm Wundt und den Ersten Weltkrieg: Er verweist auf Forschungsdefizite über die Rolle der Psychologie, benennt Wundts einschlägige Texte dazu, bespricht und bewertet sie. Um 1979 war dies ganz neu. Erst jetzt, 35 Jahre nach seinem Vortrag in Heidelberg, entstehen Arbeiten, die sich dieser Thematik widmen. Das Beispiel zeigt, dass Gustav A. Ungerer diese wichtigen Fragen früh erforscht hat. Es zeigt auch, dass die hier versammelten Texte zur Psychologiegeschichte keineswegs veraltet, sondern ein sehr willkommener Beitrag zur Beantwortung fachhistorischer Fragen sind.

Einige Texte sind mit Co-Autoren verfasst, vor allem mit Wolfgang G. Bringmann. Bringmann (1933–2009) war gebürtiger Deutscher und lehrte in den USA Klinische Psychologie, zuletzt in Mobile/Alabama. Parallel dazu betrieb er drei Jahrzehnte lang psychologiegeschichtliche Forschungen und vermittelte vor allem die ältere Psychologie aus dem deutschen Sprachbereich (Fechner, Wundt, Ebbinghaus, Münsterberg usw.) einem internationalen Fachpublikum in zahlreichen englischsprachigen Publikationen. Er besuchte Kongresse und Archive, hielt Kontakt zu Nachkommen bedeutender Psychologen und zu befreundeten Kollegen.[1] Die Zusammenarbeit zwischen Ungerer und Bringmann war offenbar für beide Seiten lohnend und erfreulich. Was der eine nicht wusste, konnte der andere ergänzen. Der vorliegende Band enthält mehrere Arbeiten, die im Teamwork entstanden und die in der Fachliteratur immer wieder zitiert worden sind.

Die Diskussion um Wilhelm Wundt wird in den letzten Jahren neu geführt. Dies hat verschiedene Gründe. Ein Grund ist, dass man vor allem Wundts Experimentelle Psychologie gesehen und gewürdigt hat und seine Völkerpsychologie als Sackgasse ansah. Damit hängt auch zusammen, dass Wundt in den USA missverstanden wurde. Aus Spaß sagte man, Wundts amerikanische Studenten hätten nur die Gerätelisten und den Grundriss des Instituts aus Leipzig mitgenommen. Dass Wundt die Psychologie als Grundlage der Philosophie ansah und von der Psychologie als Experimenteller Geisteswissenschaft (!) sprach, wurde weitgehend ignoriert. Im deutschen Sprachbereich gibt es inzwischen eine lebendige Wundt-Forschung (Benetka, Fahrenberg, Jüttemann).[2] Sie ist noch nicht zum Abschluss gekommen, weil Wundts Wissenschaftsverständnis sehr komplex war und in Teilen kontrovers interpretiert wird. Wundts experimentelle Vorgehensweise hat eine Neubetrachtung verdient (Binder, Wontorra). Selbst Wundts Völkerpsychologie, bisher als ziemlich folgenlos gesehen, wird wegen ihrer Auswirkungen heute neu als „Schule" bewertet (Wolfradt).

Die vorliegende Textsammlung kommt gerade zur rechten Zeit, um Wilhelm Wundt in wissenschaftsgeschichtlichen wie in lokalhistorischen Bezügen unter neuem Licht zu betrachten. Was die Lektüre besonders lohnend macht, ist Ungerers außergewöhnliches Wissen über geschichtliche Zusammenhänge und seine Kunst des Erzählens, seine Fähigkeit, Historisches lebendig werden zu lassen. So kann ich diesem umfassenden Werk nur Beachtung und Verbreitung wünschen.

Helmut E. Lück
Hagen, Oktober 2015

---

1 W. G. Bringmanns wissenschaftlicher Nachlass befindet sich als Schenkung im Psychologiegeschichtlichen Forschungsarchiv der FernUniversität in Hagen.

2 s. „Neuere Publikationen zu Wilhelm Wundt und seinem Werk", nachfolgende Seite.

Neuere Publikationen zu Wilhelm Wundt und seinem Werk

Araujo, Saulo de Freitas (2016 gepl.) Wundt and the Philosophcal Foundation of Psychology. A Reappraisal.

Benetka, G. (2002). *Denkstile der Psychologie.* Wien: WUV Universitätsverlag.

Binder, N. (2014). Der geschulte Blick des experimentellen Subjekts. Zur Epistemologie der Selbstbeobachtung in Wilhelm Wundts objektiver Psychologie. In: W. Mack, W., H. E. Lück, H. E., K.-H. Renner & U. Wolfradt (Hrsg.). (2014). *Behaviorismus und Erkenntnistheorie im psychologisch-historischen Kontext* (S. 246–260). Frankfurt: Peter Lang.

Binder, N. (im Druck). *Subjekte im Experiment. Zu Wilhelm Wundts Programm einer objektiven Psychologie* (Arbeitstitel). Frankfurt: Peter Lang.

Fahrenberg, J. (2011). *Wilhelm Wundt – Pionier der Psychologie und Außenseiter? Leitgedanken der Wissenschaftskonzeption und deren Rezeptionsgeschichte.* e-book. Dokumentenserver der Universität des Saarlandes. http://psydok.sulb.uni-saarland.de/volltexte/2011/2901/.

Fahrenberg, J. (2012). Wilhelm Wundts Wissenschaftstheorie. Ein Rekonstruktionsversuch. *Psychologische Rundschau, 63 (4),* 228–238.

Fahrenberg, J. (2015). Wilhelm Wundts Neuropsychologie. In: D. Emmans & A. Laihinen (Eds.). *Comparative Neuropsychology and Brain Imaging: Festschrift in honour of Prof. Dr. Ulrike Halsband* (pp. 348–373). Wien: LIT-Verlag.

Jahnke, J. (1998). *Wilhelm Wundts akademische Psychologie 1886/87. Die Vorlesungsnachschriften von Albert Thumb Freiburg.* In: J. Jahnke, J. Fahrenberg, & R. Stegie, Eberhard Bauer (Hrsg.): *Psychologiegeschichte – Beziehungen zu Philosophie und Grenzgebieten.* (S. 151–168.). München: Profil Verlag.

Jüttemann, G. (Hrsg.). (2006). *Wilhelm Wundts anderes Erbe. Ein Missverständnis löst sich auf.* Göttingen: Vandenhoeck & Ruprecht.

Jüttemann, G. (2007). *Wundts Psychologiekonzeption ist nicht die Ursache, sondern die Lösung des Problems.* In: *Psychologische Rundschau 58* (4), 267–269.

Lamberti, G. (1995). *Wilhelm Maximilian Wundt 1832–1920. Leben, Werk und Persönlichkeit in Bildern und Texten.* Berlin: Deutscher Psychologen Verlag.

Meischner-Metge, A. (2003). *Wilhelm Wundt und seine Schüler.* In: H.-P. Brauns (Hrsg.): *Zentenarbetrachtungen. Historische Entwicklungen in der neueren Psychologie bis zum Ende des 20. Jahrhunderts.* (S. 156–166). Frankfurt: Peter Lang.

Rieber, R. W. & Robinson, D. K. (Ed.). (2001). *Wilhelm Wundt in history: The making of a scientific psychology.* 2nd Ed. New York: Kluwer-Academic.

Steinberg, H. (2002). *Der Briefwechsel zwischen Wilhelm Wundt und Emil Kraepelin: Zeugnis einer jahrzehntelangen Freundschaft.* Bern: Hans Huber.

Wolfradt, U. (2011). *Ethnologie und Psychologie. Die Leipziger Schule der Völkerpsychologie.* Berlin: Dietrich Reimer.

Wong, Wan-chi. (2010). Retracing the footsteps of Wilhelm Wundt: Explorations in the disciplinary frontiers of psychology and in Völkerpsychologie. *History of Psychology. 12* (4), 229–265.

Wontorra, H. M. (2009). *Frühe apparative Psychologie.* Tönning/Lübeck/Marburg: Der Andere Verlag.

Wontorra, H. M., Kästner, I. & Schröger, E. (Hrsg.). (in Arbeit). Wilhelm Wundts Briefwechsel. http://www.uni-leipzig.de/~wundtbriefe/leftNaviBar.htm. Leipzig: Universität.

Wontorra, M., Meischner-Metge, A. & Schröger, E. (Hrsg.). (2004). *Wilhelm Wundt (1832–1920) und die Anfänge der experimentellen Psychologie.* Leipzig: Universität.

Titel:	Forschungen zur Biographie Wilhelm Wundts und zur Regionalgeschichte
Untertitel:	Gesammelte Schriften 1978–1997. Ein „Logbuch“
Herausgeber:	Katharina Ungerer-Heuck, Yvonne L. S. Ungerer
Autor:	Gustav A. Ungerer
Herstellung:	verlag regionalkultur (vr)
Satz:	Harald Funke und Henrik Mortensen (vr)
Umschlaggestaltung:	Harald Funke (vr)

ISBN 978-3-89735-851-5

Bibliographische Information der Deutschen Bibliothek
Die Deutsche Bibliothek verzeichnet diese Publikation in der Deutschen Nationalbibliographie; detaillierte bibliographische Daten sind im Internet über http://dnb.ddb.de abrufbar.

Diese Publikation ist auf alterungsbeständigem und säurefreiem Papier (TCF nach ISO 9706) gedruckt entsprechend den Frankfurter Forderungen.

verlag regionalkultur

Ubstadt-Weiher • Heidelberg • Basel

Korrespondenzadresse:
Bahnhofstraße 2 • D-76698 Ubstadt-Weiher
Tel. 07251 36703-0 • *Fax* 07251 36703-29
E-Mail kontakt@verlag-regionalkultur.de
Internet www.verlag-regionalkultur.de

Inhalt

„Das Ganze ist mehr als die Summe seiner Teile"
(Aristoteles, Metaphysik 1041 b 10)

Vorwort

Die Aufsätze und Beiträge sind die Ergebnisse der Forschungen von Gustav A. Ungerer. Im Zentrum steht die Biografie Wilhelm Wundts. Die Themen zur Regionalgeschichte von Nordbaden und Elsass-Lothringen überschneiden sich mit der Lebensspanne von Wundt und erläutern teilweise den politischen Kontext der Zeit. Deshalb war es Gustav Ungerers Wunsch, alles in einem Buch zusammenzuführen. Die Texte wurden zwischen 1978 und 1997 auf Deutsch und Englisch in unterschiedlichen Verlagen und Zeitschriften publiziert. Sie sind auch als Teil seines eigenen allgemein-politischen und biographischen Kontextes zu verstehen. Diese Zusammenhänge hat er in seinem Nachwort eindeutig, stellenweise subtil beschrieben.

Ende 2013 kam die Druckzusage des Verlags Regionalkultur.

Im Mai 2014 diagnostizierten die Ärzte eine lebensbedrohliche Erkrankung. Wir, seine Ehefrau Katharina und seine Tochter Yvonne, haben die Vorbereitungen zum Buchdruck unter seiner Leitung fortgeführt. Das Nachwort hat Gustav A. Ungerer im September beendet. Nach der Abschlussbesprechung mit den Lektoren und der Botschaft, dass das Projekt auf bestem Wege sei, ist er tags darauf verstorben, in seiner Bibliothek und im Kreis der Familie. Es war der 20.11.2014.

Im Zuge der Bearbeitung haben wir nach seinem Tod einige weitere Texte gefunden und dem Buch hinzugefügt.[1]

Der Arbeitstitel „Logbuch" wurde als Untertitel beibehalten: wie die Ereignisse im Schiffstagebuch notiert werden, so sind auch hier die Beiträge in

1 Ergänzte Artikel: „Der Professor unter den Arbeitern", „Kunstdenkmäler, Stadtkreis Mannheim", „Gründungsvater der experimentellen Psychologie", "Wilhelm Wundt and the Workers", „Wilhelm Wundt und Hans Vaihinger", „Wundts Forschungs- und Arbeitsstätten in Heidelberg" (Anhang I).

chronologischer Reihenfolge und inhaltlich nach bestem Wissen und Gewissen festgehalten.

Der handwerkliche Teil des Buches ist inzwischen zu einem Gemeinschaftswerk mit etlichen Beteiligten geworden.

Die Zitier- und Schreibweisen sind nicht einheitlich, was dem langen Entstehungszeitraum der Beiträge und den wechselnden Schreibregeln geschuldet ist. Es wurde nur maßvoll geglättet, sofern die Lesbarkeit dadurch verbessert werden konnte.

Unser spezieller Dank gilt Doro Burke und Stefanie Scherer für die technischen Vorarbeiten. Vita Funke und Bob Cavender haben uns mit ihren professionellen und einfühlsamen Lektoraten tatkräftig unterstützt. Christa Ungerer Mazza hat ohne Unterlass an den Abschlusskorrekturen mitgewirkt.

Prof. Dr. Helmut E. Lück sind wir für sein Geleitwort aus Expertensicht sehr verbunden.

Zum Schluss schulden wir dem Verlag Regionalkultur mit Reiner Schmidt, Harald Funke und Henrik Mortensen herzlichen Dank für ihre vorzügliche fachliche Begleitung und Kommunikation und wünschen den Lesern viel Vergnügen bei der Lektüre!

Katharina Ungerer-Heuck, Yvonne L. S. Ungerer
Freiburg im Breisgau, Amsterdam
November 2015

Wilhelm Wundt und Heidelberg

1978

Gustav. A. Ungerer

Wilhelm Wundt ist der wissenschaftliche Begründer und Organisator der modernen Experimentellen Psychologie. In beinahe jedem psychologischen und philosophischen Lehrbuch ist er genannt. Seltener wird er zitiert, und wenige Autoren haben je einen Satz im Original gelesen. Dies hängt unter anderem damit zusammen, dass zum einen Wundts Werke voluminös sind und nur zum Teil dem wissenschaftlichen Stil unserer Zeit entsprechen, zum anderen liegt auf dem Gesamtwerk Wundts das Verdikt des Unpragmatischen, ein Urteil, das besonders nach dem Zweiten Weltkrieg einen Gegensatz zwischen akademischem Arbeiten und praktischem Leben geschaffen hatte. Diesen zuletzt genannten Grund für die Distanz zu Wundts Arbeiten hat er selbst – wenn auch nicht in der Schärfe – gefördert. Dennoch gibt es zwei Abschnitte in seinem Leben, die ihn als tätigen, praktischen Mann des öffentlichen Lebens zeigen. Die eine Epoche liegt in der Zeit der Begründung des Instituts für Experimentelle Psychologie in Leipzig (1878/79) bis zu jenem Zeitpunkt, da er die Schriftleitung der „Philosophischen Studien“ abgab (1902). In jener Zeit hat er unermüdlich und mit modern anmutenden Management-Methoden für die Anerkennung der Experimentellen Psychologie als Wissenschaft gekämpft und sie an vielen deutschen und ausländischen Universitäten institutionalisiert. Gleichzeitig griff er an den Wendepunkten der deutschen Geschichte mit Vehemenz und wechselndem Geschick in die Politik ein. So 1914 und 1918. Diese Zeit soll hier nicht beschrieben werden. Vielmehr interessiert der von Wundt selbst in Umrissen beschriebene Abschnitt seines Lebens, während dem er in Heidelberg akademischer Lehrer, Deputierter der Zweiten Kammer in Karlsruhe und Vorsitzender des Arbeiterbildungsvereins war. (Nebenbei erwähnt werden soll auch, dass er den Historisch-Philosophischen Verein in Heidelberg 1863 mitbegründet hat.)

Wilhelm Wundt (Gemälde signiert: Dora Arnd-Raschid Leipzig '95).

Dies historische „Gerüst" zum Leben Wundts ist aus seiner Autobiographie bekannt (Erlebtes und Erkanntes, Stuttgart 1920). Dennoch fehlen sowohl Einzelheiten der Vita Wundts als auch die sozialen und politischen Zusammenhänge, die erst verständlich machen, wie in der Zeit zwischen 1860 und 1875 das öffentliche, das private und das wissenschaftliche Leben eines Bürgers wie ein Netzwerk geknüpft war, im Unterschied zu mancher Professorenbiographie nach 1870.

Von Willy Hellpach, einem der vielen Schüler Wundts, lautet ein Satz, der gleichsam eine Maxime Wundts aus jener frühen Heidelberger Zeit hätte sein können: So können wir doch das eine lernen, „dass man im öffentlichen Leben auch die seelischen Kräfte nicht bloss hilflos betrachten oder schlau benützen, sondern auch erforschen und gestalten kann."[1] Wundt hat sich mit den Problemen der Sozialen Frage und speziell mit der Arbeiterbildung befasst. Er zog daraus die Konsequenz, politisch aktiv zu werden. Von diesem Wirken profitierte die Wissenschaft durch das Konzept einer „Völkerpsychologie" und einer „Ethik", die in jenen Jahren in Ansätzen entstanden, später, um die Jahrhundertwende – zum Teil umgearbeitet – veröffentlicht wurden.

Heidelberg ist schon damals eine Stadt politischer Antagonismen gewesen. Den Beginn der zweiten Hälfte des 19. Jahrhunderts zu erfassen heißt, das Soziogramm einer Tischgesellschaft entwerfen, deren Aktivitäten nicht nur über, sondern auch unter dem Tisch beobachtet sein wollen. Von einer geruhsamen, bürgerlichen Welt wird man zu jener Zeit wenig finden, und auch darin ist sich die Stadt bis heute treu geblieben.

Wilhelm Wundt hatte keine Veranlassung, sich in einer Art Saulus-Paulus-Erlebnis in die öffentliche Welt der Stadt zu stürzen. Denn das politische Leben war ein wesentlicher Teil des bürgerlichen Daseins und kein Appendix. Die 48er Zeit hatte ihn begeistert. Auf dem Schloss hatte er die Rede Robert Blums gehört, ein Jahr später vom Gaisberg aus die Kämpfe bei Waghäusel beobachtet.[2] Die sozialen Zustände der Armen Heidelbergs hatten ihn als Assistenzarzt von Ewald Hasse, dem Vorgänger Friedreichs, beschäftigt. Hinzu trat, dass sehr viele Akademiker aktive Politiker waren und Wundt – so scheint es – in der Routine der Lehrverpflichtungen als Assistent von Helmholtz geistig wenig befriedigt war.

Es gibt wohl ein ganzes Motivbündel dafür, warum Wundt gerade zu jenem Zeitpunkt politisch aktiv wurde. Die politische „Luft" war nach 1860

1 in: J. Riedel. Geschichte der Arbeit, Arbeitskunde, Leipzig – Berlin 1925, S. 638.

2 Wilhelm Wundt, Erlebtes und Erkanntes, Stuttgart 1920 (im Folgenden abgekürzt Erlebtes und Erkantes), S. 7ff; W. Bringmann und W. Balance: Wilhelm Wundts Lehr- und Wanderjahre, in: Psychologie heute, 12/1975.

freier geworden; ein Nachholbedarf ergab sich geradezu für Vereinsgründungen, Gesellschaften, Betätigung in Parteien, wohltätigen Institutionen etc. Wundt hatte sicher auch Ressentiments aus seiner unglücklichen Schulzeit in Bruchsal und bezog mit seiner protestantischen Erziehung Position gegen das „Pfaffenregiment" in den Volksschulen, wie er sich später ausdrückte. Der Schulstreit in Baden kam ihm deshalb nicht nur intellektuell entgegen. Wundt war gegen das Bismarck-System, wie viele seiner Kollegen und Bürger Badens. Das „Junkertum" und die „Militärdiktatur" im Preußen jener Jahre hat ihn bis 1869 beschäftigt. Wundt, der 1866 zum linken Flügel der Fortschrittspartei in Karlsruhe gehörte, widerstrebte aber ebenso die Politisierung der Arbeiter durch Lassalle. Er sah das Problem der Arbeiterklasse vorwiegend in der mangelhaften Bildung begründet. Die Erwachsenenunterweisung und eine gleichzeitige Reform der Volksschule sowie der Gewerbeschule waren seiner Auffassung nach die einzige Möglichkeit, die soziale Frage anzugehen.

Richtschnur blieb für ihn die legale Ausübung politischer Rechte nach der badischen Verfassung. Den Demokraten stand er fern, obwohl er in manchen Dingen sehr demokratisch dachte und handelte. Eine Hauptgefahr sah er in der katholischen Volksbewegung, deren Köpfe zum Teil in Heidelberg wohnten und die Gemüter erhitzten (Bissing und Lindau).

Die sozialpolitischen Hintergründe waren Wundt wohl in der Deutlichkeit, wie sie heute durch die Forschung erhellt werden, nicht bewusst. Mit der Gewerbefreiheit (1861) wurde die Differenz in der wirtschaftlichen Entwicklung der ländlichen Gebiete gegenüber den größeren Orten für die bäuerliche Bevölkerung immer deutlicher spürbar. Der Schulstreit und sein Einmünden in die Staatsverdrossenheit der katholischen Volkspartei hat hier, wie Schieder u. a. zeigen, seine eigentliche Ursache. Das städtische Bürgertum hat davon zum größten Teil nur die spektakulären Ereignisse wie die „Wandernden Casinos" kommentiert.

Neben Arbeiterbildung und Schulfragen hat Wundt als Abgeordneter an einer Reihe von Gesetzesvorlagen mitgearbeitet; davon soll, soweit sie Heidelberg berühren, weiter unten gehandelt werden.

Wundt und der Arbeiterbildungsverein Heidelberg

Zu Beginn des Jahres 1863 kumulierte in bürgerlichen Kreisen Badens die Abwehr der sogenannten Lassalleaner, jener Arbeiterzirkel also, die das Schicksal der Arbeiterklasse in eigene Hände nehmen wollten. In rascher Folge wurden – als vorbeugende Maßnahme gleichsam – von regional bekannten liberalen Persönlichkeiten Arbeiterbildungsvereine gegründet. Schon 1848 war ein republikanischer Arbeiterbildungsverein in Heidelberg entstanden mit zeitweise 300 Mitgliedern. Ein Jahr später, im Januar 1849 wurde der Kongress der Arbeiterbildungsvereine ebenfalls in Heidelberg abgehalten. Es gab also, wenn auch mit anderer politischer Couleur, schon eine Tradition, die dann allerdings durch die „strengen" 50er Jahre unterbrochen wurde. Das rigide Regiment des Stadtdirektors von Uria in Heidelberg, unter dessen Ägide der Hochverratsprozess gegen Gervinus und die Entsetzung Kuno Fischers vom Lehramt betrieben wurde, hellte sich dann erst wieder durch das Fest zu Schillers 100. Geburtstag (1859) auf, wo wieder schwarzrotgoldene Fahnen die Stadt schmückten.

Wie schon 1848 schrieben sich 1863 vorwiegend Handwerker in den neugegründeten Arbeiterbildungsverein ein. Sie suchten Vergünstigungen durch Hilfskassen, Sparvereine, Genossenschaften und nicht zuletzt Geselligkeit zum Austausch wichtiger Nachrichten über Arbeitsstellen, Aufenthaltsrecht etc. Auch in Heidelberg verstand man unter „Arbeiter" vorwiegend Handwerker. Fabrikarbeiter sind in den schon gegründeten Arbeiterbildungsvereinen in Baden zu jener Zeit die Ausnahme. Die Vereinsaktiven aus dem Bürgertum hatten ihr Programm auf die Formel der Selbsthilfe gebracht. Ein Konzept, das von Schultze-Delitzsch verbreitet wurde und als „Arznei" gegen die Vorstellungen Lassalles gedacht war. Abseits solcher Vereine standen die Ärmsten, die Proletarier, ebenso wie die Hofkreise, von denen Hausrath sagte: „Von der Lage in der Bevölkerung wußten sie soviel weniger als von den Vorgängen in den Ministerien und bei Hofe."[3] Aus den geistig und wirtschaftlich Besitzlosen sollten Menschen von Bildung und Eigentum werden. Das war die Devise der geistigen Führer der bürgerlichen Arbeiterbildungsvereine.

Mitte April 1863 druckte der „Karlsruher Anzeiger" einen programmatischen Artikel gegen Lassalle und dessen Aktivitäten. Wie wichtig man hö-

3 A. Hausrath: Zur Erinnerung an H. von Treitschke, Leizpig 1901, S. 16.

heren Ortes die Arbeiterbildungsvereine nahm, als Barriere gegen die autonomen Bestrebungen der Linken, zeigt Folgendes: Zur gleichen Zeit traten Lamey, der Chef der badischen Regierung, und der Geheime Referendar Cron dem Karlsruher Verein bei, einem sehr gemäßigten Verein, und der Großherzog sandte eine Freundschaftsadresse an den politisch unverdächtigen Freiburger Verein. Mit dem agitierenden Lassalle samt seiner Anhänger verband sich das Bild der „Anarchie" der 48/49er Jahre und das bürgerliche Bewusstsein erinnerte sich mit Schrecken an jene Zeit.

Nach diesen Leitgedanken im offiziösen „Karlsruher Anzeiger" annoncierte am 25. April 1863 der Mannheimer Verein einen Arbeitertag in Heidelberg im Restaurant „Fauler Pelz". Und drei Tage später berichtete der „Mannheimer Anzeiger" über die Zusammenkunft:

„Auf Anregung des Mannheimer Arbeiterbildungsvereins fand gestern zu Heidelberg unter dem Vorsitze des Hrn. Eichelsdörffer ein Arbeitertag statt, der von etwa 300 Arbeitern und Freunden der Sache aus Heidelberg, Wiesloch und von hier besucht war. Der Vorsitzende sprach in längerem Vortrage über die Arbeiterbewegung und legte den Heidelberger Arbeitern den Wunsch nahe, ebenfalls zu einem Vereine zusammenzutreffen, zu der geistigen und sittlichen Fortbildung. Die Herren Wenzel und Bomarius vom Mannheimer Verein sprachen im gleichen Sinn herzliche Worte und hatte man die Freude, daß sofort sich 120 Arbeiter durch Unterschrift für die Gründung eines Arbeiterbildungsvereins in Heidelberg aussprachen, den die anwesenden Hrn. Dr. Mittermaier, Dr. Busch, Fabrikant Metz, Mühlenbesitzer Genz, I. A. Kircher ihre Beihülfe freundlichst in Aussicht stellten. Die weiteren Verhandlungen berührten die nähere Organisation des Vereins und auch kurz die Aufstellungen von Lassalle. Dieselben sollen auf dem nächsten Arbeitertag, der voraussichtlich in Weinheim stattfinden wird, näher besprochen werden, und wurde dem Ausschuß Vollmacht erteilt, denselben zu geeigneter Zeit zu berufen."

Den ersten Vorsitz des gegründeten Vereins übernahm Pickford bis zu seinem Weggang im Herbst 1863, wobei der Posten des Ersten Vorsitzenden bis zur Wahl Wundts im November gleichen Jahres vakant blieb. Die obengenannten

Herren waren sozusagen die Vereinsgründer par excellence. Sie hatten Routine in der Organisation und gaben derartigen Veranstaltungen die nötige Würde. Denn die Vereine lebten finanziell von einer großen Zahl inaktiver, aber beitragzahlender Bürger aus der Mittel- und Oberschicht, denen der wohltätige Zweck solcher Gründungen zweifelsfrei und die politisch gemäßigte Kontinuität gesichert erscheinen musste.

Um den roten Faden von Wundts Eintritt in diesen Verein mit den Heidelberger Verhältnissen zu knüpfen, soll kurz auf den genannten Eduard Pickford eingegangen werden (1823 geboren in Heidelberg, 1866 in Konstanz gestorben). Er war eine wenig sesshaftbürgerliche Erscheinung und in seinem Verhalten annähernd das Gegenteil des haushälterischtrockenen Wundt. Gleichzeitig war er der Anreger Wundts in vielen politischen Aktivi-

„Haus Riesen", ehemaliges Physiologisches Institut, Wundts Forschungsstätte 1858–1863. Foto: I. L. Klinger.

täten jener drei Jahre, wenngleich ein Streit über den Gewerbeschulzwang, den Wundt mit der „Konstanzer Zeitung" (Herausgeber Pickford) ausfocht, das Einvernehmen etwas trübte. Pickfords Begeisterung für die „Sache der

Arbeiter" hat eine Vorgeschichte, die auf seine Bekanntschaft mit Lassalle zurückgeht. Sie waren beide in Leipzig zur Schule gegangen und trafen sich 1863 in Frankfurt am Main auf dem Arbeitertag. Außerdem war Pickford, dessen Vater aus Manchester nach Heidelberg gezogen war, auf einer Reise durch England zum überzeugten Anhänger J. St. Mills geworden, mit dessen Ideen Wundt später geradezu bösartig ins Gericht ging. Pickford war Kaufmann, studierte Nationalökonomie, war Herausgeber zweier Zeitungen und der Vorgänger Wundts in der 11. Kammer. Er begründete mit anderen zusammen den Arbeiterbildungsverein, den Gewerbeverein, den Vorschußverein, den Nationalverein. Für seine Beliebtheit sprach, dass er 1865 von den Wahlmännern in Heidelberg einstimmig wiedergewählt wurde. Als sein Nachfolger erreichte Wundt im April 1866 von 58 Stimmen 45, sieben Wahlmänner waren der Abstimmung ferngeblieben.

Pickford arrangierte also zunächst die Vereinsgründung. Man nahm sich die Satzung des Mannheimer Arbeiterbildungsvereins vor und korrigierte einige Passagen. Fremdwörter wurden unter dem Einfluss des „Vereins für Reinheit der Deutschen Sprache" übertragen. (Der Vorsitzende dieses Vereins, Dr. Brugger, hielt in den folgenden Jahren Vorträge im Arbeiterbildungsverein.) Eine Passage aus der Satzung des Mannheimer Vereins wurde verdeutlicht und erhellt die damals schon krisenhafte Situation in der gespaltenen Arbeiterbewegung. Statt „confessionelle und politische Erörterungen sind unzulässig" heißt es jetzt in der Heidelberger Satzung: „... wobei jedoch kirchliche und alle auf Staatsform und Staatsverfassung bezüglichen Erörterungen ausgeschlossen sind." Ein solcher Passus musste in die Satzung aufgenommen werden, weil 1. das badische Vereinsgesetz es so vorschrieb, und 2. um den Mitgliedern, vor allem den Arbeitern, die politische Strategie des Vereins zu verdeutlichen, in dem Sinne, dass es hier strikt gegen Lassalle und seine Agitation ging. Als im Januar 1866 verschiedene Arbeiterbildungsvereine für ein Allgemeines Wahlrecht votierten und eine „Adresse" im Ständeparlament einbringen wollten, verhinderte dies Wundt in Heidelberg mit dem Hinweis auf eben diese Satzung. Durch den Fortgang Pickfords im Herbst 1863 wurde eine Neuwahl im Arbeiterbildungsverein notwendig. Im November sah der Vorstand folgendermaßen aus:

1. Vorsitzender	NN	
2. Vorsitzender	Herr Dr. Wundt	Privatdozent
3. Rechner	Ebner	Schuhmacher
4. Bibliothekar	Ulbricht	Schneider
5. Verwalter	Buchmüller	Schuhmacher
6. Beisitzende	Prof. Cantor	Universitätsprofessor
	Prof. Holtzmann	Universitätsprofessor
	Dr. Hausrath	Privatdozent
7. Schriftführer	Kirn	Buchhändler

In die Unterschriften geriet noch die des Schneiders Ebert, dessen Funktion nicht näher beschrieben wurde.

Das Programm des Heidelberger Vereins orientierte sich zu Anfang an dem schon bestehender Arbeiterbildungsvereine in Baden, dann, nach dem Vereinstag des Verbandes Deutscher Arbeitervereine (7. Juni 1863), an dessen Vorschlägen: Bildung der Arbeiter in den Elementarfächern, Geselligkeit, Vorträge auf allen Wissensgebieten, Genossenschaftswesen auf der Grundlage der Überzeugung Schultze-Delitzschs. Dieser Vereinstag war ein besonderes Datum in der Geschichte der Arbeiterbildung. Dem Treffen in Frankfurt am Main folgten fünf Jahre „enger Zusammenarbeit zwischen bürgerlichen linksliberalen Demokraten und Angehörigen des IV. Standes, die von beiden Seiten mit Enthusiasmus und gutem Willen getragen war."[4]

Im Januar 1864 wurde mit zähem Beharren eine Hilfskasse gegründet, die kranken Arbeitern eine Unterstützung gewährte, allerdings in einer Höhe, die eher einem solidarischen „Vergelt's Gott" entsprach, da die Beiträge nur mit Mühe einzutreiben waren. Der Diener Leise, der zu diesem Zweck angestellt war, wurde wegen schlampiger Arbeit entlassen. Er wird oft auf leere Geldbeutel hingewiesen worden sein. Noch im Gründungsjahr entstand eine Gesangsgruppe, die bei festlichen Gelegenheiten auftrat und deren Sänger öffentlich gelobt wurden. Theaterstücke wurden inszeniert. Sicher hat Wundt dabei zumindest Hilfestellung geleistet. Sein Faible fürs Theater ist bekannt, zeitlebens hat er Shakespeare immer wieder studiert und kommentiert; schon 1862 er-

4 K. Birker: Die Deutschen Arbeiterbildungsvereine 1840–1870, Berlin 1873.

Das industrielle Heidelberg im 19. Jahrhundert, die „Herrenmühle". Mit freundlicher Genehmigung des Stadtarchivs Heidelberg.

schien aus seiner Feder eine Reihe Theaterrezensionen in der von Pickford geleiteten „Volkszeitung für Süddeutschland".

Nach einem halben Jahr gab es massenhaft Austritte aus dem Verein. Unerfüllte Hoffnungen und die Einrichtung eines strengen Unterrichtsplans waren die Gründe. Nicht so sehr die pädagogischen Versuche der Dozenten und Lehrer diverser Schulen an erwachsenen Handwerkern waren die Ursache als vielmehr die zeitliche Überlastung der Arbeiter. Bei einer täglichen Arbeitszeit von 13 bis 15 Stunden und mehr war das abendliche Pensum nicht zu schaffen. Im Winter 1863/64 begann ein von Wundt ausgearbeitetes Unterrichtsprogramm, das alle Wochentage einschloss.

„Abends 8½ Uhr" wurden Deutsche Sprache, Buchführung, Rechnen und Schreiben, ab Januar '64 zusätzlich Zeichnen und eine weitere Schreibstunde angesetzt. Dazu kamen Vorbereitungen für Veranstaltungen, der Gesangsabend und die wöchentlichen Sitzungen des Vereins mit oft ermüdenden akademischen Vorträgen.

So traten aus dem Verein bis Frühjahr 1864 ca. 200 Mitglieder wieder aus, bei einer anfänglichen Gesamtzahl von ca. 300. Davon waren freilich ungefähr 100 Wandernde, die zum Teil später wieder eintraten. Insgesamt schrumpfte der Verein auf eine Mitgliederzahl von 80 bis 100. Ungefähr 30 Arbeiter beteiligten sich regelmäßig aktiv im Arbeiterbildungsverein.

Innerhalb der ersten zwei Jahre nahmen Verhandlungen über Fragen der Arbeiterbewegung, des Vereinswesens, einer Sparkasse, der Wanderunterstützung und der schon genannten Hilfskasse den größten Raum ein. Sichere Wandermöglichkeit war ein sehr wichtiges Thema nicht nur innerhalb der Arbeiterkreise Badens. Nach der Verordnung der Badischen Regierung, Anfang 1863, zur Regelung des Passwesens für Dienstboten, Arbeiter und Gewerbegehilfen (einschließlich Lehrlinge), war die Freizügigkeit der Arbeitssuche und des Aufenthaltes erweitert worden, aber es blieben immer noch genügend Härten, wie zum Beispiel die Einigung mit dem Meister oder Unternehmer über das Arbeitszeugnis etc.

Um einen geregelten Unterricht, einen festen Ort der Begegnung zu finden, wurde nach halbjährigem Suchen im „Weißen Schwan" (Hauptstraße), dem sogenannten Eisenhardt'schen Bierkeller, ein Zimmer neben der Küche gemietet.

Wundt sammelte in Heidelberg Lehrbücher und Belletristik für eine Arbeiterbibliothek, die dann einige Zeit zum Streitobjekt zweier Vorstände wurde, den Schneidern Ulbricht und Kirschler – aus unerforschlichem Motiv. Der Begründer der Freiwilligen Feuerwehr Badens, Metz – er stellte auch die Feuerlöschgeräte her –, bedrohte die beiden Schneider mit der Ausstoßung, obwohl er selbst nicht im Vorstand war, aber an den Vorstandssitzungen regelmäßig teilnahm.

Die Vorträge in den Jahren 1863/64, die politischhistorische Themen zum Inhalt hatten, befassten sich mit der Geschichte Badens und Preußens vom Beginn des 19. Jahrhunderts an. Auch aktuelle Ereignisse wurden diskutiert wie zum Beispiel die politische und militärische Situation in Schleswig-Holstein. Eine Reihe technischer und naturwissenschaftlicher Vorträge hielten Wundt und der Mathematiker Moritz Cantor. Wundt vermittelte z. B. in vier Abendvorträgen das neuere Bild der Physik und Chemie, Cantor belehrte über Telegraphie und die Erfindung der Lokomotive. Über Auswanderung und ihre

Probleme wurde gesprochen, dazu hielt 1864 Professor von Langsdorff den Vortrag über „Astor oder der rechte Weg aus Noth zu Ehre und Glück". Schließlich regte Wundt im ersten Halbjahr zwei Vorträge an, über ethnografische Themen; die Konzeption zur „Völkerpsychologie" war in jenen Jahren entstanden, wie oben schon angemerkt wurde. Bis zum Jahr 1864 hatte der Arbeiterbildungsverein Heidelberg das volle Programm anderer badischer Vereine erreicht. Die Mitgliederzahl hatte sich um 90 eingependelt. Das bedeutete im badischen Durchschnitt immer noch eine beachtliche Zahl. Zum Vergleich: Freiburg 102, Lahr 180, Furtwangen 54 (Stand Januar 1865). Über die Zeit der Gründungsjahre der Arbeiterbildungsvereine schreibt Wundt:

> *„Ein charakteristischer Zug dieser Vereinigung" war, „daß anfänglich politische Gegensätze gar keine Rolle spielten. So entsinne ich mich einer Zusammenkunft von Vorständen über ganz Baden verstreuter Arbeiterbildungsvereine, die aus einem Freiburger Landgerichtsrat, einem Pforzheimer Gymnasialdirektor, einem späteren Mannheimer Sozialdemokraten und mir selbst bestand, während ihr außerdem der auf der Durchreise befindliche Begründer der ‚Frankfurter Zeitung' angehörte."*[5]

Es handelte sich um den Kreisgerichtsrat Eimer und Direktor Rohreck, den Schuster und Redakteur der „Deutschen Arbeiterhalle" Eichelsdörffer, Initiator des Heidelberger Arbeiterbildungsvereins, und Leopold Sonnemann.

Wundt blieb bis zu seiner Berufung nach Zürich, 1874, Mitglied des Vereins.

Wundt als Deputierter der Stadt Heidelberg in der Zweiten Ständekammer in Karlsruhe

In seiner Lebensbeschreibung vermerkt Wundt, dass es kein großer Schritt war vom Vorsitzenden des Arbeiterbildungsvereins zum Abgeordneten im Landtag. Seine politische Arbeit brachte zwar eine Einschränkung der wissenschaftlichen Tätigkeit mit sich, aber deren publizistische Seite wurde deshalb nicht geringer. Der Schwerpunkt des wissenschaftlichen Interesses verlagerte sich immer stärker von der Physiologie auf Probleme der Psychologie. Auf

5 Erlebtes und Erkanntes, Stuttgart 1920, S. 18.

diese Veränderung in der geistigen Entwicklung Wundts im Zusammenhang mit seiner politischen Arbeit wird hier nicht weiter eingegangen. Von 1866 bis 1869 gehörte Wundt der Zweiten Ständekammer in Karlsruhe an. Er hat auch die für Heidelberg aufregende Zeit des Preußisch-Österreichischen Krieges miterlebt, was gerade in Heidelberg nicht immer einfach war.[6] Auf einer Volksversammlung in Offenburg am 15. April 1866 sprach Wundt neben A. Goegg, von Feder, Venedey und Kiefer über ein „Deutsches Parlament" und eine „Volkstümliche Zentralgewalt". Das bot ihm auch Anlass, heftig gegen Bismarck ins Feld zu ziehen. Kurz darauf wurde er als Abgeordneter der Stadt Heidelberg von seinen Wahlmännern für den verstorbenen Pickford am 26. April gewählt.

Nach drei Jahren politischer Betätigung, 1869, war er mit den politischen Zuständen in Baden durchaus nicht zufrieden. Anlässlich einer Diskussion in Heidelberg über das Verhältnis der Nationalliberalen zur Badischen Regierung erklärte er im Mai 1869, Jolly (Ministerpräsident) behandele die Beschlüsse der Volksvertretung „vielfach mit einer Mißachtung, welche Zweifel an den aufrichtigen konstitutionellen Gesinnungen derselben aufkommen ließen."[7] Als illegal empfand er die Einrichtung des Militärstrafrechts unter Umgehung der Kammern. „Der Satz, daß eine Regierung gegen den Willen des Volkes auf die Dauer in einem constitutionellen Lande unmöglich ist, gilt mir als der Grund und Eckstein jedes Verfassungsstaates."[8]

Wer im Lande Baden die nationale Aufgabe lösen wolle (die deutsche Einigung), müsse vor allem das badische Volk für sich haben, sagte er auf derselben Versammlung. Nach der für die Innenpolitik Badens folgenschweren Offenburger Versammlung im Mai 1869 entfremdete sich Wundt den krisengeschüttelten Nationalliberalen; aus Heidelberg waren nach Offenburg beordert: Bluntschli, Holtzmann, Regensburger, Blum, Mays, Sachs, von Treitschke und Schenkel. Dem im Juni 1869 gegründeten Ortsverein Heidelberg gehörte er nicht mehr an. Und im Juli legte er sein Mandat nieder; den Zeitpunkt hatte er nicht früher gewählt, damit in der Öffentlichkeit nicht das Bild entstehen sollte, er liege mit seinen Parteifreunden im Hader.

6 W. Wundt: Baden im Kriegsjahr 1866, Leipzig 1919.
7 Heidelberger Journal: 22.5.1869.
8 Heidelberger Journal ebenda.

Der Dirigent im Orchester der aktiven Liberalen Heidelbergs war zweifellos Bluntschli. Nach Hausraths Auffassung war mit diesem ruhelosgeschäftigen Mann nicht immer leicht auszukommen. Bluntschli verteilte die Rollen und Wundt ist sehr wahrscheinlich durch ihn in die politischen Geschäfte eingeführt worden. Da Wundt in keiner Weise eine Konkurrenz für Bluntschli darstellte, mag er auch nicht unter dem «ôtez-vous que je m'y mette» gelitten haben, wie Hausrath sich ausdrückte.

Im Frühjahr 1866 droht die Kriegsgefahr. Thorbecke hält im Arbeiterbildungsverein einen Vortrag mit dem beziehungsreichen Thema „Die Zerstörung Heidelbergs". Ängstliche Unternehmer in Mannheim entlassen Anfang Mai über 800 Arbeiter. Ein Arzt schreibt eine „Diagnose" über Bismarcks geistigen Zustand ins Heidelberger Journal, die sehr psychiatrisch ausfällt. Der Frankfurter Abgeordnetentag findet statt, in allgemeiner Aufregung und Verunsicherung; unter den 35 Abgeordneten aus Baden befindet sich auch Wundt.

Wundt verehrte den Chef der Badischen Regierung. Im Mal 1866 reiste er mit einer Abordnung aus Heidelberg nach Karlsruhe und überbrachte Lamey einen silbernen Lorbeerkranz, dazu eine kunstvoll gearbeitete Schrift mit dem Verzeichnis aller Reformgesetze, die unter seiner Regierung verabschiedet worden waren. Noch im Jahr 1920 erinnert sich Wundt:

> *„Das badische Gesetzgebungswerk war in ein beschleunigtes Verfahren gekommen. Es war in jenen Jahren inspiriert von dem genialen Lamey, der soeben von der Stellung eines Freiburger Professors zum leitenden Staatsmann berufen war und ein gewaltiges Reformwerk während weniger Jahre bewältigte."* [9]

Mag dies für den Innenpolitiker Lamey gelten, so meinte Treitschke, das damalige enfant terrible nicht nur der politischen Landschaft Badens: „Lameys Ansichten über große Politik stehen auf dem Niveau der Bierbank, dazu dieser Tropf Edelsheim!"[10]

9 Erlebtes und Erkanntes, a.a.O., S. 20.

10 A. Hausrath: Zur Erinnerung an H. von Treitschke, Leipzig 1901, S. 19; Erläuterung: Der „Tropf Edelsheim" ist der Außenminister der Regierung.

Zu Beginn bestand für Wundt kein Zweifel, dass die freisinnige Regierungsarbeit mit seinen eigenen politischen Anschauungen kongruent war. Im Konflikt Preußen-Österreich trat er für eine bewaffnete Neutralität ein. Dass sich der Hof in Karlsruhe schon für einen „milden" Krieg entschieden hatte, konnte er wie auch einige Regierungsmitglieder nicht wissen.

In jener Vorkriegszeit brodelte es in Heidelberg. Die Demokraten gründeten einen Volksverein. Flugblätter gegen Bluntschlis politische Vergangenheit wurden auf den Straßen verteilt. Die Katholische Volksbewegung agitierte für den engen Anschluss an Österreich. Wundt wollte zwar ein Deutschland mit Preußen, aber zuerst sollte das System Bismarcks gestürzt werden. Im Museum fanden im Juni 1866 mehrere Versammlungen statt, auf denen Wundt einen Volksentscheid über die außenpolitische Richtung empfahl. Er hatte die Unentschiedenheit der Politiker in Karlsruhe während einer erweiterten Kabinettssitzung erfahren. Aber die Kriegsvorbereitungen waren schon in vollem Gange.

Wundt hatte den kommenden Krieg – etwas missverständlich – mit dem Befreiungskampf gegen Napoleon verglichen und einen Volkskrieg gegen Preußen nicht ausgeschlossen. Deshalb kursierte in Heidelberg das Gerücht, er sei ein blinder Preußenfeind. Dies weist er mit guten Gründen im Heidelberger Journal (Juli 1866) scharf zurück, schreibt aber trotzdem im gleichen Artikel: „Bismarck will keineswegs die Einigung Deutschlands, nur die Erweiterung der Hegemonie. Bismarck steuert wahrscheinlich auf einen militärischen Einheitsstaat zu." Ende Juli bildete sich in Heidelberg eine Gruppe von Bürgern, deren politisches Ziel es war, Baden in Preußen-Deutschland zu integrieren (W. Hoffmeister, Holtzmann, H. A. Pagenstecher, L. Spitzer, L. Rougé und F. A. Keppler). Schließlich versammelten sich nach Ausbruch des Krieges verschiedene Abgeordnete, unter ihnen Wundt, und richteten eine Adresse an den Großherzog, mit der Bitte um Einstellung der Kämpfe. Als der Einmarsch preußischer Truppen im Juli drohte, regierte in Heidelberg die Angst, eine preußenfreundliche Versammlung wurde in der „Harmonie" arrangiert, um die künftige Besatzungsmacht konziliant zu stimmen. Handel und Gewerbe hatten schwere Einbußen erlitten, die Arbeitslosigkeit nahm rapide zu; nur die Zuckerfabrik in Waghäusel erweiterte ihre Produktion. Am 1. August besetzten preußische Soldaten die Stadt und verließen sie schon am 29. wieder.

Die Ständekammer in Karlsruhe. 8 PBS oXIVa 1237, Stadtarchiv Karlsruhe.

Die Landtagsession im Spätjahr 1866 stand noch unter den Auswirkungen des Krieges. Im Oktober wurde Wundt in die „Commission für den Waffenstillstand und Friedensvertrag" gewählt, zusammen mit Lamey, der wieder Abgeordneter war, Kusel, Mohl, Turban, Pagenstecher, Eckhard, Friedrich, Kirsner, Kiefer und Oberkircher. Unter der neuen Regierung Mathy überprüfte diese Kommission die Verträge. Die Verhandlungen im Parlament gaben Wundt Gelegenheit, noch einmal auf die Gefahr der Hegemonie Preußens hinzuweisen. Deshalb wandte er sich gegen die sofortige Umstellung der badischen Kontingente auf das preußische Heeressystem. Und als Linksliberaler trat er für ein Volksheer ein mit allgemeiner Wehrpflicht. Die Folgen der Heeresreform bescherten dann Heidelberg eine heftig geführte Diskussion um den Standort einer Kaserne. Unter anderem war längere Zeit ein Garnisonsbau auf dem „Zimmerplatz" vorgesehen, dort, wo heute die Stadthalle steht.

Mit der Landtagsession 1867 begann für Wundt eine arbeitsreiche Zeit in verschiedenen Ausschüssen. Um die vielfältigen Aktivitäten Wundts zusammenzufassen, soll hauptsächlich auf drei Sachgebiete eingegangen werden, auf denen sich Wundt hervortat:

1. Die Militärgesetze
2. Das Schulwesen
3. Die akademische Gerichtsbarkeit.

Für Heidelberg stand die Stationierung einer Garnison in Frage. 1866 waren ca. 4600 Personen aus Baden ausgewandert, darunter meist Ledige, die der Konskription entgehen wollten. Auch für Heidelberg war es keineswegs eine Ehre, „Soldatenstadt" zu werden. Die Stimmen gegen eine Garnison mehrten sich.

Kriegspräsident Ludwig versuchte eine vorsichtige Reform und Annäherung der Heeresstruktur an Preußen. Wie überhaupt in jenen Jahren bis zur Reichsgründung jedes Gesetz in Baden ängstlich daraufhin abgeklopft wurde, ob es eventuell mit einem entsprechenden im Norddeutschen Bund existierenden in Widerspruch stehen könnte. Das nahm zum Teil skurrile Formen an: Als Wundt im Januar 1868 die Aufhebung der Spielbank in Baden-Baden forderte, erklärte Staatsminister Jolly, man müsse darüber erst eine Übereinkunft mit Preußen erzielen.

Wundt wollte sich 1856 nach dem Examen als Militärarzt bewerben, wurde aber durch Freunde überzeugt, dass diese Karriere wenig Aussicht auf Erfolg hätte. Er war nie Soldat, interessierte sich aber seit jener Zeit für militärische Fragen.

Im November 1867 unterschreiben 308 Heidelberger Bürger eine Petition gegen die dreijährige Militärpflicht, die für viele Familien den Verlust eines oder mehrerer Verdiener bedeutet. Wundt als zuständiger Abgeordneter bringt die Petition in die Kammer ein. Die Angleichung des badischen Militärwesens an Preußen ist ihm nicht geheuer, deshalb votiert er gegen die Stelle eines badischen Militärbevollmächtigten in Berlin; 1868 hat Baden dann einen Kriegsminister, Generalleutnant von Beyer, der selbst Preuße ist. Im November 1867 aber verwendet er sich vor der Kammer in der Debatte über ein neues Wehrgesetz für eine Einigung mit dem Norddeutschen Bund in dieser Frage. Gleichzeitig macht er den Vorschlag, dass Kandidaten und Praktikanten der Medizin ihren einjährig-freiwilligen Dienst in den Spitälern leisten sollten.

Schließlich ist er vollkommen umgestimmt. Im Januar 1868 erntet er in der Kammer Bravo-Rufe, als er sagt, alle müssten ihre persönlichen Ambitionen hintansetzen und einstimmig für ein Wehrgesetz sein, das zum Wohl des Vaterlandes geschaffen wird. Seine Bedenken gegen die lange Wehrpflicht und mögliche Bestimmungen über frühzeitige Beurlaubungen werden von der Regierung nicht geteilt. Und als die Garnison definitiv nach Heidelberg gelegt werden soll, votiert er dafür, verkneift sich aber nicht, den maliziösen Grund anzugeben, dass dann nämlich auch alle Studierenden aus den Nordbundstaaten in Heidelberg dienen könnten. Sein letzter Antrag auf diesem Gebiet, am 12.2.1868, zur Besserstellung der Militärärzte und zur Berufung eines Generalstabsarztes ins Kriegsministerium wird abgelehnt.

Die Einmischung des Staates in die den Kirchen traditionell vorbehaltene Schulerziehung wurde von katholischer Seite mit Volksversammlungen beantwortet, sogenannten Wandernden Casinos. Sie waren von dem Heidelberger Kaufmann Jakob Lindau ins Leben gerufen worden. Nach handfesten Auseinandersetzungen und Provokationen auch von politischen Gegnern wurden sie schließlich 1865 von der Regierung verboten. Sie waren eine echte Volksbewegung, die ihresgleichen, besonders in ländlichen Gebieten, bei den Nationalliberalen nicht hatte. Die liberale Partei blieb in Baden eine Honoratiorenpartei, auch dann noch, als sich die politischen Mittel der Werbung und Agitation vollständig geändert hatten.[11] Im April 1864 hatten vier Adelige der Ersten Kammer ihr Mandat niedergelegt, weil sie das Vorgehen in der Schulfrage nicht befürworten konnten.[12] 1866 sprach Wundt auf mehreren Versammlungen zur Schulfrage und zur Einführung der Zivilehe zugunsten der Regierungspolitik. Er wandte sich gegen die „Ultramontanen“, deren Umtriebe in Baden und in höhnischen Worten gegen den rückschrittlichen katholischen Adel. Die österreichische Regierung nannte er in diesem Zusammenhang ein „Pfaffenregiment“. Der ideelle Hintergrund von Wundts Einstellung ist wohl offenkundig.

Um nicht die ganze Genealogie des Schulstreites aufzurollen, soll nur kurz beschrieben werden, an welchen Stellen Wundt in dieser Frage eingegriffen hat. Vor der Zweiten Kammer referierte Wundt 1867, die Familienväter sollten

11 Lothar Gall: Der Liberalismus als regierende Partei, Wiesbaden 1968, S. 451.
12 Friedrich Dor: Heinrich B. von Andlaw, Freiburg 1910.

frei und ohne Zwang ihres Bekenntnisses die Wahl der Schule für ihre Kinder erhalten. Dieser Antrag zu den Paragraphen 5–13 des Schulgesetzes, den Wundt mit anderen Parteifreunden eingebracht hatte, wurde mehrheitlich verworfen. Auch sein Antrag über die Einrichtung von Simultanschulen durch die Gemeinden wurde abgelehnt. Den gleichen Gang nahm ein Antrag Wundts zu Paragraph 14 (Ortsschulräte), der vorsah, dass die Ortsschulräte, falls sie sich untereinander einigten, nur einen einzigen „niedersetzen" mussten. Im Dezember 1867 verwendete sich Wundt in einer längeren Rede vor der Zweiten Kammer für die Ausbildung von Lehrerinnen für die unteren Knabenklassen und Mädchenschulen. Weiter setzte er sich für die Verringerung der Religionsstunden ein, wobei er durch diesen Alleingang sich zwischen alle Stühle gesetzt sah. Das Schulgesetz wurde am 19.12.1867 gegen die Stimmen von Lindau, Mühlhäuser und Rosshirt, der katholischen Phalanx in der Zweiten Kammer, angenommen. Zwei Jahre später diskutierte Wundt vor großem Hörerkreis in Heidelberg über die Einrichtung der gemischten Schule, die dann im gleichen Jahr noch eingerichtet wurde. Damit war der geistlichen Schulaufsicht ein Ende gemacht, wie er selbst in seinen Lebenserinnerungen schreibt.[13]

Als eines der letzten Gesetze innerhalb des Reformkatalogs, der unter der Regierung Lamey in Angriff genommen worden war, stand noch die Abschaffung der akademischen Gerichtsbarkeit aus. Bei der Behandlung dieser Frage in den Kammern ging der „Riss" quer durch die Parteien. Die konservativen Korporationen und die liberaleren Burschenschaften hatten ihre „Alten Herren" aufgeboten, um das Privileg der Universitätsgerichtsbarkeit entweder zu erhalten oder sich künftig als normale Bürger des Landes zu betrachten. Für Heidelberg als Duellantenstadt war das Problem besonders delikat. Zunächst legte Prälat Holtzmann in der Ersten Kammer im September 1867 einen Gesetzesentwurf vor, der nach allgemeiner Auffassung so wenig an der bisherigen zopfigen Gerichtsbarkeit der Universitäten änderte, dass man es hätte beim Alten belassen können.[14] Die Erste Kammer nahm die Vorlage einstimmig an. In der Zweiten Kammer wurde Wundt in die Kommission zur Überarbeitung des Gesetzes gewählt. Im November legt er den druckfertigen Bericht „Die

13 Erlebtes und Erkanntes, a.a.O. S. 21.
14 Heidelberger Journal, 29.9.1867.

Rechtsverhältnisse der Studierenden betreffend" vor. Er hatte das ganze Gesetz überarbeitet und rigoros modernisiert. Die Privilegien wurden abgeschafft, und die Hoffnung wuchs, dass zumindest die Duellexzesse aufhören würden. Die konservative Fassung der Ersten Kammer wurde, wie die liberalisierte Neufassung von Wundt, von je einer Eingabe Heidelberger Studenten unterstützt. Da Wundt recht wenig mit dem traditionellen Verbindungswesen verbunden war, konnte er frei und eindringlich für die Rechtsgleichheit der Akademiker vor dem Gesetz eintreten. Nach mehreren Änderungen, die den Tenor seiner Vorlage nicht berührten, wurde das Gesetz in der Zweiten Kammer im Februar 1868 gegen eine Stimme verabschiedet. Die liberale Auffassung hatte sich durchgesetzt.

Im Juli 1869 legt Wundt sein Mandat nieder. Er hatte als Hauptmotiv für seine politische Arbeit den „unverzüglichen freisinnigen Ausbau unserer Verfassung und Gesetzgebung" genannt. Für seinen Rücktritt gibt er an, dass er zu viel Zeit in der Politik statt in der Wissenschaft verbringe. Dennoch scheint das nicht der eigentliche Grund gewesen zu sein, denn fünfzig Jahre später, in seinen Erinnerungen, schreibt er, dass ihm die Tätigkeit in Karlsruhe immer unerträglicher geworden sei, weil kein Fortschritt in der Einigung Deutschlands erzielt wurde. Noch einmal, im November des gleichen Jahres, spricht er auf einer Versammlung der Nationalliberalen Partei über eine Petition zum Allgemeinen Wahlrecht. Die Meinungsverschiedenheiten mit den Anwesenden sind aber schon so deutlich, dass sein Rückzug ins private Leben durchaus verständlich ist.

1870 arbeitete er als Lazarettarzt. Ein Jahr später wurde er als Schöffe in Heidelberg gewählt, amtierte aber nicht.

Nach der Berufung auf den Lehrstuhl für Induktive Philosophie 1874 an die Universität Zürich und ein Jahr darauf auf den Lehrstuhl für Philosophie in Leipzig ist seine über zwanzig Jahre dauernde Heidelberger Zeit noch nicht völlig abgeschlossen. 1903 erbt er das Haus Plöck Nr. 48, das kürzlich einem Park- und Wohngebäude weichen musste. Dort verbringt er bis zum Jahre 1917 fast regelmäßig seine Sommerwochen; 1912 feiert er in Heidelberg seinen 80. Geburtstag.

Wundt schreibt im Vorwort zu seiner Autobiographie:

„Sollte er selbst das Motiv in den Vordergrund stellen, das für ihn sein Leben lang das wirksamste war, so ist es nicht zu jeder Zeit, aber auf den Höhepunkten dieses Lebens das politische, die Teilnahme an den Interessen von Staat und Gesellschaft gewesen, die den Schreiber dieser Zeilen gefesselt hat."[15]

Für wertvolle Hinweise und Hilfe danke ich den Damen und Herren des Stadtarchivs und der Universitätsbibliothek Heidelberg, sowie Herrn Professor Wolfgang Bringmann, Mobile, USA.

15 Erlebtes und Erkanntes, Stuttgart 1920.

Heidelberg vor der Reichsgründung 1871. Der Freundeskreis Wilhelm Wundts

1979

Gustav A. Ungerer

Die zu ihrer Zeit vielgelesenen Erinnerungen des Philosophen und Psychologen Wilhelm Wundt (geb. 1832 in Neckarau bei Mannheim, gest. 1920 in Grossbothen bei Leipzig) bieten uns ein farbenreiches Bild des Heidelberger Lebens der Jahre 1848 bis 1874.[1] Bei genauerer Analyse der geschilderten Ereignisse erkennt man freilich, dass der Autor Wundt eine Auswahl getroffen hatte, die, vor dem Hintergrund der jetzt zugänglichen Quellen betrachtet, vieles unbeachtet ließ, manches „unterdrückte". Ein Grund hierfür – neben anderen – könnte sein, dass Wundt seine Autobiographie nicht als „Konfession", vielmehr als ein geschichtliches Panorama begriffen hat. Er schrieb im Vorwort seiner Erinnerungen:

> *„Ein solches Leben zu schildern erweckt aber nur insofern ein allgemeines Interesse, als der Geist der Zeit irgendwie in dasselbe eingegriffen hat, und auf diese Eigenschaft kann der Verlauf meines Lebens wohl Anspruch machen, wenn ich aus demselben die Vorgänge, die ich erlebt habe, und die Ereignisse, in die es mir einzugreifen vergönnt war, in Betracht ziehe."*

Wundt wird in diesem Jahr mannigfach geehrt als „Vater" der modernen Psychologie. Er gründete vor hundert Jahren in Leipzig das erste Institut für Experimentelle Psychologie der Welt. Schon zu Lebzeiten wurde er zu einem zweiten Leibniz oder Aristoteles stilisiert. Heute sehen die Historiker ihn allerdings mit weniger Heldenverehrung.[2]

1 W. Wundt: Erlebtes und Erkanntes, Stuttgart 1920 (im Folgenden cit. E. E.).

2 G. A. Ungerer: Wilhelm Wundt als Politiker und Psychologe. In: Psychologische Rundschau, Band XXXI/2, Göttingen 1986, S. 99–110.

Bei den Festakten, die zum Ritus solcher Jubiläen gehören, wird oft vergessen, dass der Geehrte seine wissenschaftliche und persönliche Entwicklung zu wesentlichen Teilen den Freunden, Bekannten, den „dienstbaren Geistern“ (und auch seinen Feinden) verdankt hat. Dies ist das Thema des folgenden Beitrags, der ein Jahrzehnt versucht darzustellen, in dem Heidelberg ein Zentrum der politischen und kulturellen Avantgarde im deutschen Sprachraum bildete. Baden war in der Zeit von 1860 bis 1870 bestimmt kein „Märchenstaat“, wie Golo Mann sich ausdrückt.[3]

Wenn von den Freunden und Bekannten Wundts gehandelt wird, ist eine kurze Vorbemerkung nötig: In seinen Erinnerungen erwähnt er sehr enge Beziehungen zu seinem Hauslehrer und zu Jugendfreunden. Die seelische Zuwendung in solchen intensiven Bindungen hat ihn Zeit seines Lebens „verfolgt“. (Aus dem Briefwechsel kann man entnehmen, dass er abtrünnige Freunde mit einer merkwürdigen Mischung aus Patriarchalität und Unterwürfigkeit behandelt hat.) Wir setzen mit der Beschreibung Heidelbergs zu Beginn der sechziger Jahre ein, ohne die persönliche Vorgeschichte Wundts darzustellen.[4]

Das Erbe der Romantik und die exakte Forschung

Der Wahlspruch der Romantiker: ad fontes, zu den Quellen, übertrug sich auch auf die Wissenschaften. Ihr Janusgesicht blickte einmal nach den historischen Ursprüngen von Kultur und Natur zurück, nach der anderen Seite auf die Erforschung der vorhandenen Welt. Das erste Bestreben entwickelte die Geschichtswissenschaften, Philologie und Völkerkunde eingeschlossen, das zweite die exakten Methoden der Physik, Chemie und der Medizin, darin vor allem der Physiologie. Wundt und Creuzer trennte ein Menschenalter, trotzdem war der Geist der Romantik in Heidelberg noch um die Mitte des Jahrhunderts virulent, und ohne ihn sind viele Werke jener Jahre unverständlich. Auch die frühen Arbeiten von Bunsen und Helmholtz z. B. bedurften einer naturphiloso-

3 G. Mann: Deutsche Geschichte des 19. und 20. Jahrhunderts. Sonderausgabe. Deutscher Bücherbund o. O. 1966, S. 372.

4 W. Bringmann, Balance, W.: Wilhelm Wundts Lehr- und Wanderjahre. In: Psychologie heute, Weinheim 1976, Heft 12.

Wilhelm Wundt (1832–1920), Marmorbüste von Max Klinger 1908. Foto: I. L. Klinger.

phischen Begründung, die uns heute spekulativ erscheint. Erst Helmholtz' Untersuchungen über die Physiologie des Gehörs versuchten, ohne solche Überlegungen auszukommen.[5] Die empirische Forschung löste sich mehr und mehr von der Notwendigkeit, den Sinn und die Einbettung in den Kanon der Wissenschaften der Forschung voranzustellen.

In Wundts Arbeiten – und jenen aus seinem Bekannten- und Freundeskreis – sind solche spätromantischen Tendenzen deutlich zu erkennen. Sein politischer und persönlicher Freund, der Mathematikhistoriker Moritz Cantor (1829–1920), versuchte 1863, in einer Gesamtschau den Zusammenhang des mathematischen Erbes aller Völker zu beweisen. Im gleichen Jahr erschien Wundts Buch „Vorlesungen über die Menschen- und Thierseele", in dem er eine umfassende Begründung der Psychologie entwarf. Ein dritter Freund im Kreise Wundts, Julius Braun (1825–1869), knüpfte direkt an die romantische Heidelberger Schule von Wilhelm Creuzer an. Braun war ein weitgereister Kunsthistoriker, ideenreich in seinem Fach, führte als Erster die bildliche Darstellung in den Vorlesungsunterricht ein und arbeitete rastlos an einer Kunstgeschichte, die den Ursprung aller Kultur in Ägypten suchte. 1864/65 veröffentlichte er die „Naturgeschichte der Sage. Rückführung aller religiöser Ideen, Sagen, Systeme auf ihren gemeinsamen Stammbaum und ihre letzten Wurzeln." Schon im Titel ist das globale anthropologische Motiv seiner Forschung zu erkennen, wie in den beiden Werken von Cantor und Wundt.

5 H. Helmholtz: Die Lehre von den Tonempfindungen, als physiologische Grundlage für die Theorie der Musik. Braunschweig 1870. 3. Aufl.

Der Kreis junger Gelehrter

Störig hat darauf hingewiesen,[6] dass die Wissenschaften in der zweiten Hälfte des 19. Jahrhunderts ihre rasche Evolution selbst zum Forschungsthema machen: der Frage nach der Evolution nämlich. Gerade Wundt hat – von Darwin beeinflusst – diesen Aspekt für die Psychologie zur Maxime erhoben. Erkenntnisse können allerdings nach Wundts Auffassung nur induktiv, auf dem Wege gesicherter Erfahrung, gewonnen werden; was davon abweicht, ist Spekulation. Dies Denken war Allgemeingut der jungen Gelehrten Heidelbergs.

Wundt war nach seiner Promotion und darauffolgenden Weiterbildung von 1858 bis 1863 Assistent bei Hermann Helmholtz (1821–1894). Das Verhältnis beider war freundschaftlich. Ein Jahr nach seinem Weggang von Heidelberg schreibt Helmholtz an den bekannten Physiologen Adolf Fick (1829–1901):[7]

> *„Sie fragen mich um meine Meinung über die Berufung von Prof. Wundt zu einer Professur der Philosophie. Ich würde dieselbe für einen sehr glücklichen Griff halten. Ich glaube, daß der Philosophie nur wieder aufzuhelfen ist, wenn sie sich mit Ernst und Eifer der Untersuchung der Erkenntnisprozesse und der wissenschaftlichen Methoden zuwendet … Metaphysische Hypothesen auszubauen, ist eitel Spiegelfechterei."*

1874 erhielt denn auch Wundt, wahrscheinlich durch die Vermittlung von Friedrich Albert Lange, den Lehrstuhl für Induktive Philosophie in Zürich.

Wir sind der Zeit etwas vorausgeeilt und kehren in das Heidelberg der späten fünfziger Jahre zurück. Die Amnestie für Verurteilte aus den Revolutionsjahren 1848/49 und das nationale und liberale Fest zum hundertsten Geburtstag Schillers 1859 und schließlich die versöhnliche Thronrede des Großherzogs ein Jahr später brachten auch für das gesellschaftliche Leben Heidelbergs ein sichtbares Aufatmen nach den Jahren der Reaktion. Unvergessen

6 H. J. Störig: Kleine Weltgeschichte der Wissenschaft. Fischer Handbücher. Frankfurt/Main 1970, S. 48–58.

7 W. und G. Bringmann, D. Cottrell: Helmholtz und Wundt an der Heidelberger Universität 1858–1871. In: Heidelberger Jahrbücher Nr. 20, Heidelberg 1976, Separatdruck.

Hermann von Helmholtz, Foto I. L. Klinger.

Adolf Hausrath (1837–1909), Theologe, Foto: Th. Schibalski.

blieb den jungen Gelehrten allerdings das Schicksal Kuno Fischers, Moleschotts und Gervinus' in Heidelberg. Für diese Wissenschaftler war es natürlich, dem Beispiel anderer Kreise zu folgen, sich ein Forum zu schaffen, das den regelmäßigen Austausch ihres Fachwissens garantierte, unbehelligt von akademischer Aufsicht.

Der „Naturhistorisch-Medizinische Verein" beherbergte dabei die „crème" der Wissenschaft (Bunsen, Kirchhoff, Helmholtz, Friedreich, Erb). Auch Wundt trug hier einer kritischen Runde seine neuesten Forschungsergebnisse vor. Die Vorträge waren beinahe alle publikationsreif ausgearbeitet. Die Lebendigkeit dieser Veranstaltungen stand dabei in krassem Gegensatz zu den oft langweiligen konventionellen Einladungen der Ordinarien, während derer klassische Dramen gelesen und die Rollen nach der Würde und dem Ordensreichtum der Geladenen verteilt wurden.

Zwangloser noch verliefen die Zusammenkünfte des „Historisch-Philosophischen Vereins". Die Gründungsversammlung 1863 war von seinem Freund, dem Theologen Adolf Hausrath (1837–1909), und Wundt selbst arrangiert worden. Hausrath hatte sich gerade einen Namen gemacht mit seiner „Neutestamentlichen Zeitgeschichte". Auch er war, wie Wundt, ein linker „Freisinniger", in dessen Haus die Keimzelle der Nationalliberalen beheimatet war. Er wurde 1864 in den neuen unorthodoxen Kirchenrat berufen. Im Folgenden wird er uns noch öfter begegnen. Der Versammlungsort beider Vereine war das Haus der Museumsgesellschaft, das später dem Schurmann-Bau der Neuen Universität weichen musste. Das Motto des Vereins ist der Aufruf zur Kritik jeder dogmatischen Gesinnung gewesen. Zur Gründung des Vereins erschienen außerdem der Historiker Wilhelm Wattenbach (1819–1897), der später durch die Bearbeitung der Monumenta Germaniae Historica berühmt wurde. Hinzu kam der enge Freund Hausraths und Wundts aus Schultagen Julius-Heinrich Holtzmann (1832–1910), mit dem Wundt noch lange Jahre korrespondierte. Er war von Ausbildung Theologe, unorthodox wie Hausrath, politisch ebenso aktiv wie Wundt. Zeitweise arbeitete er mit Josias Bunsen an dessen Bibelwerk. Seine Frau war die Tochter des Historikers Georg Weber (1808–1888), mit dem Wundt häufig in den Ferien zusammentraf, und an dessen „Allgemeiner Weltgeschichte" Henriette Feuerbach mitarbeitete. Auch Moritz Cantor war anwesend. Der Gründungsversammlung wurde Glanz verliehen durch die Anwesenheit des Staatsrechtlers und Politikers Johann Caspar Bluntschli (1808–1881), ohne dessen Wissen und gegen dessen Willen im damaligen Heidelberg nur selten sich etwas bewegte. Hofmann nannte 1936, in einer Niederschrift über die Geschichte des Vereins, vier positive Kriterien: 1. Er war unpolitisch, und deshalb dem Parteigezänk entzogen. 2. Die Zusammenkünfte waren wissenschaftlich motiviert, d. h. exklusiv. 3. Der Verein war in den verhandelten Themen kritisch im Sinne einer grundsätzlichen Diskussion der wissenschaftlichen Methoden und Forschungsergebnisse, und schließlich 4. der Verein wurde sehr à la longe geleitet, er besaß eigentlich keinen

Vorsitzenden.[8] Den Kern bildeten jene Privatdozenten und außerordentlichen Professoren, die so beschrieben werden können: Die Ausbildungszeit während der Reaktion hatte sie gelehrt, auf jede kirchliche, staatliche und akademische Bevormundung empfindlich zu reagieren. In ihrem methodischen Denken nahmen sie für sich in Anspruch, jede Spekulation zu verdammen, ohne freilich zu ahnen, wie nahe sie im Denken der verachteten „Hegel-Zeit" standen. Und letztlich: Beinahe alle jungen Gelehrten befanden sich in miserabler finanzieller Situation. Derartig in ihrem Verhalten geprägt, taugten sie für die Zwecke der Liberalen, die den sogenannten Kleinen Kulturkampf in Baden erneut entfacht hatten.[9]

Realer Fortschritt und Liberalismus

„Freiheit für Alle!", das war der Ruf der Freisinnigen in Baden nach der innenpolitischen Öffnung 1859/60.[10] In dieser Bewegung spielte Eduard Pickford (1823–1866) eine bedeutende Rolle. Moritz Cantor schrieb später in dessen Nekrolog, dass Pickford auf dem Totenbett ausgerufen habe: „Frei Regieren!", was eher als Bestätigung denn als politischer Wunsch zu interpretieren ist. Wesentlichen Anteil hatte er an dem Gesetz zur Gewerbefreiheit 1861, das viele soziale Veränderungen in Baden in Gang setzte. Ihm waren Handelsfreiheit und Handlungsfreiheit noch identische Begriffe. In Heidelberg gründete er getreu seiner Ethik und politischen Richtung den Gewerbeverein, den Arbeiterbildungsverein und den Nationalverein. In den engeren Freundeskreis Wundts trat er wahrscheinlich dadurch, dass er John Stuart Mills "On Liber-

8 E. Hofmann: Zur Erinnerung an die Gründung des Historisch-Philosophischen Vereins. Am 7. Febr. 1863. In: Ruperto Carola, 5. Jg. Nr. 9/ 10, 1953.

9 W. Bringmann, G. A. Ungerer: Between Socialisim and Liberalism: Wilhelm Wundt's Political Career 1863–69.

10 Für das Folgende wurde benutzt:
A. Hausrath: Zur Erinnerung an Heinrich von Treitschke. Leipzig 1901.
G. Weber: Heidelberger Erinnerungen. Am Vorabend der fünften Säkularfeier der Universität. Stuttgart 1886.
J. Becker: Liberaler Staat und Kirche in der Ära von Reichsgründung und Kulturkampf. Geschichte und Strukturen ihres Verhältnisses in Baden 1860–1876. Mainz 1973.
Fr. Kistler: Die wirtschaftlichen und sozialen Verhältnisse in Baden 1849–1870. Diss. Freiburg/ Brsg. 1952.

Der Museumsbau, das Gesellschaftszentrum der bürgerlichen Kreise Heidelbergs. Foto: Edm. von König. Schöning-Verlag, Lübeck.

ty" 1860 in deutscher Sprache herausgab. Dieses Buch wurde ein Bestseller in jener Zeit. Überdies erhielt Wundt 1866 das Abgeordnetenmandat Pickfords, überraschend und sicher nicht ohne Bluntschlis Hilfe. Wundt verfolgte Pickfords Lebensgang sehr genau – noch mit über achtzig Jahren erinnerte er sich in seiner Autobiographie der aufopfernden Pflege Henriette Feuerbachs für den todkranken Pickford. Einige Theaterrezensionen lieferte Wundt für die 1860 von Pickford gegründete „Volkszeitung für Süddeutschland". Später verband beide die organisatorische Lösung der Arbeiterbildungsfrage und der Berufsschulfrage. Lassalle war Mitschüler Pickfords in Leipzig gewesen und eine kurze Zeitspanne tauschten sie ihre gegensätzlichen Ideen aus, wie z. B. auf dem Arbeitertag in Frankfurt/Main 1863. Wundt war, nach dem Weggang Pickfords, ab November 1863 – wahrscheinlich bis 1868 – Vorsitzender des Heidelberger Arbeiterbildungsvereins und reiste mit Wattenbach und Cantor in Baden, um mittels Vorträgen Geld für ein Arbeiterhaus zu sammeln. Die abendliche „Volkshochschule", die Wundt mit seinen Kollegen zusammen für die Fortbildung der Arbeiterhandwerker in Heidelberg einrichtete, zeitigte

Eingangshalle des Museumsbaus, Tagungsort wissenschaftlicher und geselliger Vereine im 19. Jahrhundert. Foto: Stadtarchiv Heidelberg.

aber bald viele Schwierigkeiten, liberale Maximen in die Tat umzusetzen. Sowohl die Arbeiterbildung selbst als auch die soziale und finanzielle Stellung der wandernden Arbeiterhandwerker und deren allgemeiner Wunsch nach direktem Wahlrecht stießen sehr bald auf realpolitische Widerstände, an denen letztlich auch Wundts politische Karriere scheiterte.[11]

Heidelberg änderte sein Gesicht in jenen Jahren, freilich in zwiespältiger Weise. Im Vergleich zur Nachbarstadt Mannheim stellten die wenigen prosperierenden Betriebe Heidelbergs um 1865 keine Konkurrenz dar, obwohl längere Zeit zuvor das „Rennen" unentschieden geblieben war. Zusätzlich ging nach dem Neubau der Rheintalbahnlinie über Schwetzingen der weitere industrielle Aufschwung an Heidelberg vorüber. In Heidelberg entwickelte sich als Äquivalent das „Bäderleben", aber weniger glanzvoll als in Baden-Baden. Es entstanden die Privatpraxen berühmter Professoren der Medizin, deren Reichtum noch heute sich ablesen lässt, z. B. an den Villen von Prof. Friedreich (jetzt Amerika-Haus) und Prof. Erb (Neptunsgarten, heute Konrad-Adenauer-Platz). Heidelberg wurde in jenen Jahren Ferien- und Badeort. Trotzdem genoss die Stadt auch den kleinen gewerblichen Fortschritt. Täglich eröffneten Apotheker, Drogisten, Marchands, Tailleurs, Zigarrenfabrikanten, kleinere Manufakturen ihren Betrieb, das Handwerk blühte. Der Lärm auf der westlichen Hauptstraße wurde selbst dem tauben Treitschke Anlass, zu den sog. „Überflüssigen" jenseits des Neckars zu ziehen, wie er und Hausrath im Bekanntenkreis wegen ihrer Wohnlage gern genannt wurden. Die Alte Brücke war nicht mehr, wie seit Jahrhunderten, der Hauptzugang zur Stadt. Seit dem Bau des Bahnhofs strömte der Verkehr durch die Hauptstraße vom Darmstädter Hof bis zum Karlstor.

Das bürgerliche Leben war dennoch – ausgenommen vielleicht das der prominenten Professoren – sehr bescheiden. Rosalie Braun-Artaria, die Frau des Kunsthistorikers (s. o.), schreibt über ihren jungen Hausstand:[12]

11 G. A. Ungerer: Wilhelm Wundt und Heidelberg. In: Badische Heimat, Heft 1/1978, S. 31–43.

12 R. Braun-Artaria: Von berühmten Zeitgenossen. München o. J. (ca. 1917), 23. Aufl., S. 32.

„Die niederen Zimmer erhielten wohl durch meine schönen neuen Möbel und den guten Flügel ein ganz stattliches Aussehen. Aber das Übrige! Eine Küche unterm Dach, ein Herd mit offenem Feuer, ohne Backofen, nur mit etlichen Dreifüßen zum Aufstellen der Töpfe, eine ‚Speisekammer' unter Latten nebenan, in der im eisigen Jahr 1861 sogar die Milch gefror, kein Abschluß gegen die Treppe, also eine Kälte im Flur, die man heute für unerträglich erklären würde."

Ebenso unprätentiös lebte Henriette Feuerbach (1812–1892) in Heidelberg, die Mittelpunkt einer Reihe von jungen Künstlern und Gelehrten war. (Die biographische Verkürzung, sie nur an der Vermarktung der Werke ihres Sohnes Anselm arbeitend zu sehen, scheint inzwischen geschwunden.) Auch Wundt war zu jenem bohèmehaften Kreis hingezogen.[13]

Die neue Stadtplanung im Heidelberg der sechziger Jahre veränderte auch den Standort der naturwissenschaftlichen und medizinischen Fakultäten, gleichsam als Spiegel der „modernen" Auffassung dieser Wissenschaften. Im späten Mittelalter waren die Naturwissenschaften aus der Kernaltstadt zum Universitätsplatz umgezogen. Im 19. Jahrhundert wurden sie – nach den privaten Vorstellungen von Bunsen und Helmholtz – in der Voraltstadt angesiedelt (Anatomie und Akademie). Danach wurden Institute und Kliniken in Bergheim, und in unseren Tagen im Neuenheimerfeld, sozusagen in der fünften Generation ihrer Geschichte, neugebaut. In den 60er-Jahren des vergangenen Jahrhunderts war die Einheit von Forschen und Wohnen noch ungebrochen. Wundt, Helmholtz und Bunsen hatten ihre Privathaushalte entweder im Institut selbst oder wohnten unweit ihres Arbeitsplatzes. Wundt betrieb bis zu seinem Weggang nach Zürich 1874 in der Akademiestraße 2 ein privates psychophysisches Laboratorium, neben seiner Lehrtätigkeit als Assistent von Helmholtz und außerordentlicher Professor.

13 E. E., S. 149–169 und S. 234–241.

Henriette Feuerbach (1812–1892), von ihrem Sohn Anselm Feuerbach 1865 gemalt. Foto: Th. Schibalski.

Rosalie Braun-Artaria, Bildnis von Anselm Feuerbach 1868. Foto: Th. Schibalski.

Kirchhoff, Steinmetzarbeit von Bildhauer Comel (1902/1903) an der Stadthalle Heidelberg. Foto: I. L. Klinger.

Bluntschli, an der Heidelberger Stadthalle von Bildhauer Comel 1902/1903 geschaffen. Foto: I. L. Klinger.

Die Soziale Frage in Baden und Heidelberg

Schon vor Beginn seiner Abgeordnetenzeit (1866) traten im Bekanntenkreis einige Veränderungen ein. Die Freunde teilten sich – oft auch gesellschaftlich geschieden – in Großdeutsche und Kleindeutsche. Wundt hatte A. Hausrath auf die Reden des jungen Historikers v. Treitschke aufmerksam gemacht. Dessen Artikel wurden von Hand zu Hand gereicht, ohne Einvernehmen über die Schlüssigkeit von Treitschkes Wirken für die preußisch-deutsche Lösung zu erreichen. Die politische Situation in Baden war verwickelter als Treitschke sie unter dem Stichwort „Partikularismus" darzustellen pflegte. Wundt z. B., der frischgebackene und mit Vorschusslorbeeren ausgestattete Parlamentarier, besaß eine eigenständige Auffassung der politischen Zukunft Badens und Deutschlands[14].

Holtzmann, Hausrath, Wattenbach, Cantor und Wundt waren noch von Pickford gedrängt worden, im Sinne der Ideen von Schulze-Delitzsch einen Arbeiterbildungsverein in Heidelberg zu gründen. Zu gleicher Zeit war die Frage der Simultanschule und der Zivilehe in eine neue Phase des Streites zwischen Staat und vornehmlich katholischer Kirche getreten. Hierbei führte Wundt mit seinen Freunden im Arbeiterbildungsverein und in der Partei der Freisinnigen einen engagierten Kampf für die liberalen Grundsätze. Wundt und Wattenbach vertraten laizistische Vorstellungen und forderten die gänzliche Trennung von Staat und Kirche; Bildung und Ausbildung zum Beispiel sollten aus der lenkenden Hand der Kirche dem Staat übergeben werden. Darüber hinaus verurteilten sie die Politik Bismarcks und setzten die unbedingte Verfassungstreue der badischen Regierung dagegen. Sie verlangten ein Volksheer nach Schweizer Vorbild, allgemeine, direkte Wahlen und Gleichheit aller Bürger vor dem Gesetz. Mit diesen politischen Forderungen gehörten sie zum linken Flügel der Freisinnigen, und besonders Wundt hat diese Grundsätze bis zu seinem politischen Abgang 1869 konsequent verfolgt.

Wenn von Freunden die Rede ist, so sollten die „unbequemen" Geister und zeitweiligen Feinde nicht vergessen werden: In der innenpolitischen Lage Badens in jenem Jahrzehnt spielten die Katholische Volksbewegung und in ge-

14 K. Bauer: Adolf Hausrath: Leben und Zeit. I. Band 1837–1867, Heidelberg 1933, S. 203f.

August Lamey (1816–1896), badischer Reformpolitiker. Vorlage: Hauptstaatsarchiv Stuttgart, Q 1/37 Bü 54.

ringerem Maße die orthodoxen protestantischen Kreise die Rolle der Opposition. (Zu ihnen gesellten sich gelegentlich, bei politischer Übereinstimmung, die Demokraten und die Lassalleaner.) Auch hier ging der Kampf von Heidelberg aus. Der Kaufmann Jakob Lindau (1833–1898) bildete binnen zweier Jahre eine Bürgerrechtsbewegung vorwiegend unter der ländlichen Bevölkerung. 1864 wurde auf sein Geheiß ein Flugblatt verteilt, gegen die Wahl ziviler statt priesterlicher Ortsschulräte, in dessen Gefolge in Baden ca. 75 000 Unterschriften gegen die Politik der Regierung Lamey gesammelt wurden. Lindau führte die Protestaktionen – die sog. Wandernden Casinos – mit viel Erfolg im ganzen Lande an.[15]

Wundt, Schenkel und Mittermaier agitierten in zahlreichen Veranstaltungen für die Einführung der „gemischten Schule" in Heidelberg gegen die Auffassung der Katholischen Volksbewegung. Wundt beteiligte sich aber nicht an den oft provozierenden Aktionen mancher Liberaler, die in dieser Bewegung gegen die liberale Regierung Anarchismus und Staatsumsturz vermuteten. Dafür wurde er in dem von Lindau gegründeten und in Heidelberg verlegten Kampfblatt „Pfälzer Bote" gelobt, was ihn wiederum in Konflikt mit seinen freisinnigen Parteifreunden brachte. Die scharf geführten Attacken gegen die Katholische Volksbewegung und endlich die Einführung der Simultanschule in Heidelberg wurden denn auch Mittermaier zugeschrieben, wofür er Orden und Ehren erhielt, Wundt jedoch leer ausging.[16]

15 F. Dor: Jakob Lindau. Ein badischer Politiker und Volksmann. Freiburg/Brg. 1909.
16 A. Sickinger: Fünfzig Jahre badische Simultanschule. Bühl/Baden 1926.

Die Beschreibung der innenpolitischen Situation – und die Stellung der Freunde Wundts dazu – wäre unvollkommen, wenn der sozialpolitische Hintergrund nicht genannt würde: Seit der Verwirklichung der von Pickford initiierten Gewerbefreiheit in Baden entwickelten sich die (vorwiegend katholischen) landwirtschaftlichen Gebiete und das (vor allem protestantisch geführte) städtische Gewerbe so divergierend, dass das ärmlichere Landvolk von der Sammelbewegung der Katholischen Volkspartei auch eine Verbesserung der finanziellen Stellung bäuerlicher Betriebe erhoffte (Abbau der Zölle, Erhöhung der Erzeugerpreise, staatliche Zinskontrolle, Verbesserung des Erbrechts, Kürzung der Militärdienstzeit). Im Gegensatz dazu prosperierten Handel und Gewerbe in den Städten; aber auch hier verdross die freie Niederlassung nichtbadischer Unternehmer. Aus diesen Gründen wurde Jakob Lindau zum ersten oppositionellen Abgeordneten gewählt, und das direkte Wahlrecht brachte ihm 1868 ein Mandat für das Deutsche Zollparlament.[17]

Eine Zwischenstellung – Freund und Unfreund – nahm Bluntschli, der nationalliberale Manager in Heidelberg, gegenüber Wundt ein. Der Historiker G. Weber war sich mit Hausrath über die Bedeutung der Person Bluntschlis einig:[18] Die Menschen, „mit denen er in Berührung kam, galten ihm als Außenwesen, gleichsam als Nummern, die er zu bestimmen, auf die er einzuwirken, die er zu gewissen Zwecken zu gebrauchen habe."

Wundt arbeitete in politischen Dingen häufig mit Bluntschli zusammen, schon deshalb, weil er selbst die Interessen Heidelbergs in der Zweiten Kammer und Bluntschli in der Ersten Kammer vertrat. Dennoch scheint es zu einer näheren Freundschaft zwischen beiden nicht gekommen zu sein. Zwei „Befunde" mögen dies beleuchten: Während es Usus war, dass die bekannten und befreundeten Gelehrten sich gegenseitig ihre Werke und Separatdrucke schenkten, auch über die Fachgrenzen hinaus, wurde in der umfangreichen Bibliothek Bluntschlis keine einzige Veröffentlichung Wundts gefunden. (Im Gegensatz hierzu zitierte Wundt sehr viel später, in seiner „Ethik", gelegentlich Bluntschli.) An seinen Freund Siegfried Brie (1838–1931) schrieb er 1881

17 Literatur s. Fußnote 10.
18 G. Weber: a.a.O., S. 286.

lapidar nach Breslau:[19] „Durch Bluntschlis plötzlichen Tod sind Sie gewiß auch sehr überrascht worden. Von einem Nachfolger desselben habe ich noch nicht gehört."

Wundt, so scheint es, hatte mehr Interesse an der Besetzung des vakant gewordenen Ordinariats als an der Person Bluntschlis. Brie war Staats- und Kirchenrechtler, hielt öfter Vorträge im Arbeiterbildungsverein Heidelberg und korrespondierte lange Jahre mit Wundt. Er begleitete Wundt auf Spaziergängen um Heidelberg und mag ihn aus seinem wissenschaftlichen Gebiet, Staats und Völkerrecht, orientiert haben. Bries Mutter war die Tochter des Theologen Daniel Schenkel, ein militanter Protestant unorthodoxer Prägung, der die Bürger zu seiner Zeit mehr verschreckte als anzog. Auch mit Schenkel zusammen trat Wundt für die Einführung der Simultanschule in Heidelberg öffentlich auf.

Die politischen und oft auch wissenschaftlichen Gedanken der Freunde kreisten um die Lösung der sozialen Frage. Einig waren sich die Liberalen aller Schattierungen, dass nur sie selbst es seien, die der sozialen Misere abzuhelfen imstande wären. Deshalb wurden Lassalles Agitationen als Irrweg betrachtet. Man schloss sich der Devise Schulze-Delitzschs an: Hilfe zur Selbsthilfe für die Arbeiterhandwerker. Liberale Aufklärung, laizistische Ideen, romantische Idylle und manchmal auch realpolitische Einsicht vermischten sich. Was uns dabei heute erstaunt, ist die Kurzlebigkeit der Volksbildungsarbeit der Liberalen, denn die Arbeiter nahmen ab ca. 1865 „ihre Kultur" selbst in die Hand. Wundt schreibt anerkennend in einem Aufsatz „Die Weltkatastrophe und die deutsche Philosophie" 1920:

„Gehören doch die Organisation von Volkshochschulkursen, die Aufklärung durch Wanderredner und aus eigenem Antrieb in Stadt und Land wirkende Männer und Frauen heute zu den verbreitetsten Erscheinungen. Ein nicht geringes Verdienst hat sich in dieser Beziehung gerade die Sozialdemokratie erworben. An ihr haben wir eines der merkwürdigsten Beispiele jener Heterogonie der Zwecke erlebt, die einen so bedeutsamen Bestandteil der Kulturentwicklung überhaupt bildet. Unentwegt hat die Sozialdemokratie

19 G. A. Ungerer: Findbuch der Briefe Wilhelm Wundts. Unveröff. (1979) s. Universtätsarchiv Tübingen.

Jakob Lindau (1833–1898), Mitbegründer der Katholischen Volkspartei. Foto: Th. Schibalski.

Georg Weber (1808–1888), Verfasser der Allgemeinen Weltgeschichte. Stahlstich von Fr. Fränkel. Foto: Th. Schibalski.

an der Bildung des Arbeiterstandes gewirkt, nicht um der Gemeinschaft als solcher, sondern nur um sich selber zu dienen, und man muß anerkennen, daß sie in dieser Beziehung ein Ziel erreicht hat, hinter dem die Arbeiterbevölkerungen aller anderen Länder weit zurückgeblieben sind ... Im gleichen Maße, in welchem sie sich zu dieser Höhe erhoben hat, muß sie aber auch allmählich aufhören, sich als eine den übrigen Gliedern der Gemeinschaft feindlich gegenüberstehende Klasse zu fühlen."

Hineingestellt waren die Freunde Wundts und er selbst in die permanente parlamentarische Krise der Nationalliberalen. Die Opposition beherrschte binnen eines Jahrzehnts die politische Bühne. Darin lässt sich das Ende der Honoratiorengesellschaft ablesen, die mit dem Aufkommen der demokratischen Massenparteien nicht Schritt halten konnte und keine Methoden neuer Propaganda entwickelt hatte. Bluntschli, Lamey, Kirsner, Kiefer, die Phalanx der Freisinnigen, waren dem Ministerpräsidenten Jolly schon deshalb unterlegen, weil sie dem Regierungsapparat nur ihre eigene Person und keine Parteiorganisation entgegensetzen konnten. Da sie wenig „Volk" hinter sich hatten, waren sie zu immer neuen Kompromissen mit der Regierung gezwungen. Das System von Forderung und Nachgiebigkeit in sozialen und politischen Dingen hemmte zum Beispiel die Einführung der allgemeinen Wahlen, eines sozialen Arbeitsrechts, die Verkürzung der Militärdienstzeit und ließ sogar einen Verfassungsbruch Jollys passieren.[20]

In diesen realen Zwängen hielt Wundt unbeirrt an seinen politischen Grundsätzen fest. 1869 verließ er das Parlament deshalb, weil er sich unverstanden fühlte. An seine spätere Frau Sophie Mau schrieb er 1872:[21]

Es „zog mich die politisch erregte Zeit, die dem Sommer 1866 voranging, in ihren Strudel; ich war so unvorsichtig, mich von der Stadt Heidelberg zum Abgeordneten in die badische Ständekammer wählen zu lassen, und hier hielt ich nicht nur, wie es sich von selbst versteht, nirgends mit meiner Meinung zurück, sondern versäumte überdies in meinem Auftreten diejenige Klugheit, die mit Pflicht und Überzeugungstreue ganz wohl vereinbar ist. Daß ich mir dabei den maßgebenden Minister unseres Landes (Jolly, der Verf.) nichts weniger als zum Freunde gemacht habe, war eine ganz natürliche Folge. Meine politischen Illusionen wurden leider bald zerstört."

Er zog sich – sehr erfolgreich – in seine wissenschaftliche Arbeit zurück.[22]

20 s. Fußnote 11.

21 s. Fußnote 19.

22 Für das Folgende: Heinrich v. Srbik: Grossdeutsche oder Kleindeutsche an der Universität Heidelberg. In: Zeitschrift der Geschichte des Oberrheins N.F. 43/1930, S. 202–233.

Großdeutsch oder Kleindeutsch

Zum Bekanntenkreis Wundts gehörten auch Gervinus und von Treitschke, Antipoden in ihren Vorstellungen über die Zukunft Deutschlands. Wundt hatte Hausrath auf Treitschke aufmerksam gemacht, und noch 1901 schrieb Hausrath über die beiderseitige Freundschaft:[23]

> *„So kamen wir in erneuten Verkehr, und da die Parteien der Preußenfreunde und Preußenfeinde sich immer schärfer sonderten, machte sich der Anschluß ganz von selbst."*

Es existiert ein merkwürdiges Dokument, das von dem evangelisch-orthodoxen Universitätsbibliothekar Bähr[24] über diese Zeit geschrieben wurde, ein geheimes Gutachten für den Hof in Wien, das die akademische Welt Heidelbergs in „Gothaer" (Liberale, Demokraten und Preußenfreunde) und „Rechtgläubige Menschen" (Großdeutsche, Katholiken und konservative Protestanten) teilte. Diese Schrift Bährs zeigt die unselige Zerrissenheit in der Auffassung über die nationale Einigung, die oft auch persönliche Freundschaften zerstörte.

Die demokratische Tradition in Baden hatte vielen Persönlichkeiten, darunter Wundt, den Verfassungsbruch Bismarcks als eine politische Todsünde erscheinen lassen. Die Linksliberalen in Baden sprachen deshalb von dem Militärdiktator Bismarck. Auch die Zollparlamentswahlen 1868, die zum ersten Mal direkt und geheim geführt wurden, waren in den Augen der Liberalen nur ein Alibi für die von Zensur gekennzeichnete preußische Regierung.

Wundt hat die ablehnende Haltung zur Hegemonie Preußens zwar noch nach dem Krieg 1866 beibehalten, aber differenzierter gesehen als manche Verfechter der großdeutschen Lösung[25]. Man kann sich die Euphorie über die bevorstehende nationale Einigung vergegenwärtigen, wenn man beachtet, dass Italien das große Vorbild jener Jahre war. Dort hatte sich die Einigung rasch und laizistisch-liberal vollzogen. Das „Bildungsland" der Deutschen war nun auch zum politischen Ideal geworden.

23 A. Hausrath: a.a.O., S. 34.

24 Joh. Chr. Felix Bähr, Prof., Philologe (gest. 1872) und Fußnote 22.

25 s. Fußnote 9.

Für Wundt wurde allerdings die Situation in Heidelberg 1866 immer schwieriger. Über die Einschätzung des preußisch-österreichischen Krieges als Wende der Entwicklung waren sich alle Freunde einig. Der politische Standort trennte sie aber, wenn es in der Diskussion um die Ziele Badens und die mögliche Dauer des Krieges ging:[26]

„In den gleichen Tagen spielte sich in der ersten Kammer der Landstände zwischen den beiden ihr angehörigen Staatsmännern, Robert von Mohl ... und Bluntschli ... eine inhaltreiche Debatte ab, in der beide ihre weit voneinander abweichenden Ansichten über die Zukunft aussprachen. Mohl blickte düster in diese. Ein langer, vielleicht jahrelanger Krieg werde die deutschen Staaten in zwei feindliche Lager zwingen, um als wahrscheinlich letzten Erfolg die bleibende Spaltung des Deutschen Bundes in zwei feindliche Staatengruppen herbeizuführen. Aus völlig entgegengesetzter Tonart klang Bluntschlis Rede. Mit einer merkwürdigen Voraussicht der Wirklichkeit prophezeite er, dieser Krieg werde der kürzeste sein, den die Welt seit langem gesehen, denn Bismarck sei ebenso den österreichischen Staatsmännern wie die preußische Armee in ihrer musterhaften Disziplin dem buntscheckigen österreichischen Heer überlegen."

Der reformfreudige Ministerpräsident August Lamey (1816–1896), den Wundt verehrte und bewunderte, musste bei Beginn des Krieges demissionieren. Sein Nachfolger Mathy amtierte zu kurz, um Wesentliches in Gang zu setzen. In Heidelberg propagierte Wundt die Neutralität Badens, sich sowohl von der Hegemonie Preußens als dem „Pfaffenregiment" Österreichs fernzuhalten[27]. Mit seiner politischen Ansicht geriet er zunehmend in Opposition zu seinen Parteifreunden, und die Katholische Volkspartei zupfte sich aus seinen Reden das, was ihr angenehm zu hören war. Die Anhänger Heinrich von Treitschkes (1834–1896), der in Heidelberg Nachfolger Häussers wurde, rührten die Trommel für eine politische und institutionelle Angleichung Badens an Preußen. Nach dem Kriege schrieb er an Gustav Freytag: „Die Bekeh-

26 E. E., S. 25.
27 s. Fußnote 11.

rung hat allerdings gewaltige Fortschritte gemacht, aber mehr in den Köpfen als in den Herzen."

Die Uniformierung in einen deutschen Einheitsstaat befürwortete Wundt sowenig wie der Historiker Georg Gottfried Gervinus (1805–1871), dem Wundt im Kreise des Hauses Fallenstein-Hausrath begegnete. Beider Gedanken über ein zukünftiges Deutschland mögen in jenen Jahren sehr ähnlich gewesen sein; Gervinus verstarb, fast vergessen, während des Krieges 1871. Wundt warnte noch 1866 – nach dem für Baden reichlich teuren und wirkungslosen Zwist – vor dem „Messias" aus dem Norden, womit er Bismarck meinte.[28]

Wundt hatte Einblick in die parlamentarische Arbeit gewonnen, er hatte gelernt, politischen Sachverstand und Polemik einzusetzen. Bei der Diskussion um einen Südbund nach 1866 hatte er eine Rolle gespielt, ebenso bei der Behandlung der Einführung allgemeiner und direkter Wahlen, der Berufsschulfrage, der Reorganisation des Heeres und der Sanität, der Volksschulfrage, der Gleichstellung aller Bürger vor dem Gesetz, dem Vereinsgesetz, dem Gesetz über das Pressewesen, dem Zustand der Psychiatrien im Lande und schließlich dem Gesetz über die Ministerverantwortlichkeit. Das ergab eine Fülle von Einblicken in die politische Arbeit des Parlaments und der Verwaltung, die später als Lehrbeispiele in seine „Ethik" (1886) eingingen.

Die nationale Selbstgewissheit

Richard Benz schrieb 1961 über die Ereignisse von 1866 und 1870 bezogen auf Heidelberg,[29] dass sie „… indes keine so radikale Veränderung der Dinge bewirken, wie man annehmen sollte – im Ganzen geht gerade die kulturelle Entwicklung … ungestört weiter."

Wir sind uns dessen nicht mehr so sicher, denn der Deutsch-Französische Krieg und seine Folgen haben aus vielen Amateurpolitikern wie Hausrath, Cantor, Holtzmann, Brie und Wundt Gelehrte werden lassen, die der Politik als einem integralen Bestandteil ihres bisherigen Lebens abschworen und sich in den „Elfenbeinturm" der Wissenschaft zurückzogen. Wundt macht auch

28 P. Petersen: Wilhelm Wundt und seine Zeit. Stuttgart 1925, S. 25. Die von Petersen zitierte Stelle war von Wundt ironisch gemeint.

29 R. Benz: Schicksal und Geist. Konstanz 1961, S. 443.

hier eine gewisse Ausnahme. Sein organisatorisches Talent, das er in jenen Heidelberger Jahren sich erwarb, setzte er nun ein für die Institutionalisierung der Experimentellen Psychologie, eine hochschulpolitische Tätigkeit, die ihn in der ganzen Welt berühmt machte. Und dennoch scheint der Rückzug ins „Private" ein Zeichen der Zeit nach 1870 zu sein.

Im Folgenden wird die selbstgestellte Aufgabe Wundts und seiner Freunde 1870/71 beschrieben, die beinahe alle noch einmal im sozialen Dienst zusammenführte. Der Mediziner und Physiologe Wundt trat für kurze Zeit in die Praxis ein.

In Heidelberg – wie in Mannheim, Schwetzingen, Bruchsal, Karlsruhe – wurde die freiwillige Krankenpflege mit zwei Schwerpunkten organisiert: 1. der Einrichtung der Hilfslazarette, denen sogenannte Hülfscorps beigegeben wurden, die Verwundete von der Front abholten und 2. dem Frauenhilfsverein, der die Pflege in den Lazaretten übernahm.[30]

Am 26. Juli 1870 unterstellte Baden den gesamten Lazarettdienst dem preußischen Kommissar Fürsten Pless, dessen Weisungen von Karlsruhe aus der Geheime Hofrat Vierordt weiterleitete. Bluntschli und Dr. W. Blum, der spätere Reichstagsabgeordnete, gründeten den Frauenverein in Heidelberg, dem unter anderem die Frauen Feuerbach, Bluntschli, Holtzmann, Schenkel, Trübner und Blum angehörten. Die Lazarette und Kantinen wurden fast ausschließlich aus Spenden eingerichtet.

Ende Juli glichen Schwetzingen und Heidelberg großen Krankenhauszentren. Am 7. August waren in Heidelberg folgende Lazarette eingerichtet:

Akademisches Krankenhaus, Innere Abt.	Prof. Friedreich
Akademisches Krankenhaus, Äußere Abt.	Hofrat Simon
Universität, 1. Abt.	Prof. Erb
Universität, 2. Abt.	Dr. Wolf
Marstall	Geh. Hofrat Lange
Katholisches Casino	Dr. Fischer
Loge	Dr. Gross
Akademische Augenklinik	Prof. Becker
Katholisches Krankenhaus (St. Anna)	Prof. von Chelius

30 Lazarettakten des Krieges 1870–71. Stadtarchiv Heidelberg.

Augenheilanstalt	Dr. Roeder
Louisenheilanstalt	Prof. von Dusch
Fabrik Reiss, 1. Abt.	Hofrat Simon
Fabrik Reiss, 2. Abt.	Prof. von Chelius
Baracke Bergheimer Str., 1. Abt.	Prof. Moos
Baracke Bergheimer Str., 2. Abt.	Dr. Mittermaier.

Wundt war 38 Jahre alt, als der Krieg begann. 1856 hatte er einen schweren Blutsturz erlitten, und die Ärzte hatten ihn aufgegeben, wie er selbst schreibt. Dennoch stellte er eine Gruppe von Trägern und Hilfssanitätern zusammen, die in abenteuerlichen Fahrten mehrmals mit ihm an die Front reiste und Verwundete nach Heidelberg transportierte. Die Mannschaft bestand aus Mitgliedern des Arbeiterbildungsvereins, der freiwilligen Feuerwehr und der Gesangsvereine. Helmholtz, Pagenstecher, Nuhn, Goldbeck und Mittermeier hatten ebenfalls eigene Gruppen aufgestellt, die oft ohne finanzielle Unterstützung reisen mussten. Helmholtz versammelte die Ärzte, um die ersten Erfahrungen austauschen zu lassen. Für Wundt, der damals an seinem Buch „Physiologische Psychologie" zu arbeiten begann, war es wohl ein grausiger Anschauungsunterricht, den er auf den Schlachtfeldern erhielt. Über 1300 Verwundete und Kranke wurden im zweiten Halbjahr 1870 in Heidelberg gepflegt. Je länger der Krieg dauerte, desto häufiger mussten seuchenkranke Soldaten in Heidelberg versorgt werden. Deshalb schlug Prof. Friedreich vor, Isolierbaracken zu bauen und einige Lazarette aufzulösen, was auch geschah. Als das Rote Kreuz die erste Versorgung der Verwundeten voll übernommen hatte, wurden auch die Hülfscorps aufgelöst.

Am 2. September wurde Kaiser Napoleon III. gefangen genommen. Einen Tag darauf, als er gerade Wachdienst am Bahnhof tat, erhielt Wundt das Telegramm mit dieser Nachricht; es war mitten in der Nacht, und er zog mit einem Trommler durch die Straßen Heidelbergs, um diese Neuigkeit zu verbreiten, was ihm eine Rüge der Polizei wegen Ruhestörung einbrachte.[31]

Sie wurden alle keine „Hurrapatrioten", Bluntschli, Hausrath, Cantor, Wundt. Auch Treitschke hatte sich wohl schon zu Weihnachten 1871 besonnen, als er

31 Persönliche Mitteilung von W. Bringmann.

schrieb: „Die Klänge des Siegesjubels verrauschen schnell, die Furchen des Kummers haften tief und lange."

Für Beratung und technische Hilfe danke ich insbesondere Dr. W. Bringmann (Mobile, USA) und Dr. V. Schäfer, Tübingen, sowie den Damen und Herren der Stadtarchive Heidelberg und Karlsruhe und des Generallandesarchivs.

Der Professor unter den Arbeitern

Wundt-Colloquium am 4. und 5. November in Heidelberg. Weltkongress für Psychologie würdigt Wilhelm Wundt und sein Werk. – Vorsitzender des Arbeiterbildungsvereins Heidelberg.

Rhein-Neckar-Zeitung Heidelberg Nr. 255, Seite 14
Samstag/Sonntag, 3./4. November 1979

(gk) Psychologen aus aller Welt ehren in Wilhelm Wundt (1832–1920) einen der „Väter der modernen Psychologie“. Vor hundert Jahren gründete er in Leipzig das Institut für Experimentelle Psychologie. Mit heute modern anmutenden Management-Methoden focht Wundt für die Anerkennung der Experimentellen Psychologie als Wissenschaft und bewirkte ihre Institutionalisierung an zahlreichen deutschen und ausländischen Universitäten. Diese Leistung des Wissenschaftlers und Gelehrten, der in Mannheim-Neckarau als Sohn eines Pfarrers geboren wurde und in Heidelberg als linksliberaler Abgeordneter und Vorsitzender des Arbeiterbildungsvereins in die wechselnden Geschicke der badischen Tagespolitik eingriff, darf als Jahrhundertereignis bezeichnet werden. Die internationale Psychologenschaft nahm sie zum Anlass, ihren 1980 stattfindenden Weltkongress unter den Namen Wundts und die seiner Mitarbeiter zu stellen. In Heidelberg veranstaltet das Psychologische Institut, an der Spitze mit Prof. Dr. C. F. Graumann, vom 4. bis 5. November in Zusammenarbeit mit Professor W. Bringmann (University of South Alabama) ein Colloquium, wobei von namhaften Wissenschaftlern die Wilhelm-Wundt-Gesellschaft gegründet werden soll.

Im nachfolgenden Beitrag zur Würdigung Wilhelm Wundts veröffentlichen wir eine Darstellung von Gustav A. Ungerer zur Rolle „des Professors unter Arbeitern“: Wilhelm Wundt im Arbeiterbildungsverein Heidelberg. Ungerer arbeitet seit rund fünf Jahren über Wundts Werk im Zusammenhang mit der Stadt- und Landesgeschichte. Als Soziologe und Historiker gilt seine Forschung vor allem der Sozialgeschichte Heidelbergs im 19. Jahrhundert und ihrer Darstellung.

Wilhelm Wundt (1832–1920), der „Vater der modernen Psychologie". Marmorbüste von Max Klinger. Foto: I. L. Klinger.

Gustav A. Ungerer. Die Arbeiterbildungsvereine Heidelbergs haben eine kurze aber ereignisreiche Vorgeschichte. Während der Revolutionsjahre 1848/49 wurde ein republikanischer Arbeiterbildungsverein gegründet. Er hatte zu Beginn ungefähr 300 Mitglieder, die meist Handwerksgesellen waren. Unter „Arbeitern" verstand man auch noch in den 60er Jahren des 19. Jahrhunderts vorwiegend die Handwerker. Nachdem der Struvezug niedergeschlagen war, schrumpfte der Heidelberger Arbeiterbildungsverein auf ca. 30 Mitglieder. Die Angst vor Polizeiterror war groß und begründet, wie sich nach der Intervention Preußens im Jahr 1849 gezeigt hat. Die vielen Verfahren gegen Verdächtige und Denunzierte und das Rastatter Blutgericht trieb 80.000 Menschen in die Emigration.

Heidelberg war schon damals die Stadt der politischen Kampfhähne. Der „Kulturkampf" jener Jahre erhitzte die Gemüter. Die katholische Volksbewegung wehrte sich gegen die Aufhebung der kirchlichen Schulaufsicht. Einer dieser Führer war der Heidelberger Kaufmann Jakob Lindau, der Massenversammlungen in ganz Baden organisierte, sog. wandernde Casinos. Dagegen agitierten die Parteigenossen der Fortschrittspartei, die ebenfalls Volksversammlungen zur Unterstützung der Regierungspolitik arrangierten. Dann lebte in Heidelberg eine Reihe berühmter Bürgerlicher, die sich im Frankfurter Parlament, der Paulskirche, hervorgetan hatten. Quer durch diese Kreise ging die Auffassung über die Zukunft Deutschlands: Großdeutsch, mit Österreich, Kleindeutsch, mit Preußen. Alle diese Gruppen machten sich das politische Leben gegenseitig reichlich schwer, nicht nur über, sondern auch unter dem Tisch.

Die Handelsfreiheit (Gewerbefreiheit 1861) hatte auch in Baden keineswegs die Handlungsfreiheit gebracht. Im Gegenteil, gerade die Katholische Volksbewegung zeigte den immer stärkeren Rückstand der wirtschaftlichen Entwicklung in den ländlichen Gebieten. Vor diesem Hintergrund ist auch die große Anhängerschaft der Klerikalen zu sehen, der Schulstreit war dabei sozusagen nur der Aufhänger. Die liberale Fortschrittspartei war eine Honoratiorenpartei, durch das indirekte Wahlrecht begünstigt. Freilich gab es auch in ihr einen linken Flügel, dem Wilhelm Wundt zugeordnet werden muss, ebenso wie manche Bürgerliche, die in der Arbeiterbildung jener Jahre mitwirkten.

Zusammenarbeit von Linksliberalen und Angehörigen des Vierten Stands

In der Zeit bis zur Durchsetzung der Arbeitervereine entstanden in Baden Arbeiterbildungsvereine, die von bürgerlichen Persönlichkeiten mitbegründet und unterstützt wurden. Der bekannteste unter ihnen war Moritz Müller, ein Fabrikant, der lange Zeit den Verein in Pforzheim anführte und eine Art Volkshochschule gründete. Aber auch der Heidelberger Verein hat seine Meriten. Nach dem Vereinstag deutscher Arbeitervereine am 5. Juni 1863 in Frankfurt a. M. folgten fünf Jahre „enger Zusammenarbeit zwischen bürgerlichen ‚linksliberalen' Demokraten und Angehörigen des 4. Standes, die von beiden Seiten mit Enthusiasmus und gutem Willen getragen war.“ [1]

Die Vereinsaktiven aus dem Bürgertum hatten die Vorstellungen Schultze-Delitzschs als „Arznei“ gegen die Lassalleaner propagiert. Ihre Grundidee war die strikte Selbsthilfe der Arbeiter. Abseits vom Vereinsgedanken standen die Ärmsten der Armen, die „Proletarier“, meist Tagelöhner und Heimarbeiter, und auf der anderen Seite die Hofkreise und höheren Beamten. Immerhin gab es auch da Ausnahmen. Wie wichtig gerade Mitte der 60er Jahre die Agitation Lassalles genommen wurde, zeigt Folgendes: Die bürgerlich geführten Arbeiterbildungsvereine waren für die badische Regierung das Bollwerk gegen die Autonomiebestrebungen der Arbeiter. Deshalb treten 1863 der Chef der Regierung Lamey und sein Geheimer Referendär Cron, ein wenig beliebtes Faktotum verschiedener Regierungen Badens, in den Arbeiterverein Karlsruhe ein. Und der Großherzog schickt

1 K. Birker: Die deutschen Arbeiterbildungsvereine 1840–1870, Berlin 1973.

August Lamey (1816–1896), badischer Reformpolitiker und Ministerpräsident zu Beginn von Wundts Abgeordnetenzeit. Foto: Stadtarchiv Karlsruhe 8 / PBS III 851.

dem Freiburger Verein eine Freundschaftsadresse. Beide Vereine sind politisch „unverdächtig".

Im gleichen Jahr druckt der Karlsruher Anzeiger einen programmatischen Artikel gegen Lassalle. Das ist der Auftakt zu einem ganzen Schwung neuer Gründungen von Arbeiterbildungsvereinen im Land.

Am 25. April 1863 gibt der Mannheimer Verein eine Annonce im Mannheimer Anzeiger auf, dass in Heidelberg in der Gastwirtschaft „Fauler Pelz" ein Arbeitertag stattfindet. Drei Tage später berichtet die Zeitung darüber: „Auf Anregung des Mannheimer Arbeiterbildungsvereins fand gestern in Heidelberg unter Vorsitz des Herrn Eichelsdörffer ein Arbeitertag statt, der von etwa 300 Arbeitern und Freunden der Sache aus Heidelberg, Wiesloch und von hier besucht war. Der Vorsitzende sprach in längerem Vortrage über die Arbeiterbewegung und legte den Heidelberger Arbeitern den Wunsch nah, ebenfalls zu einem Verein zusammenzutreffen, zu der geistigen und sittlichen Fortbildung. Die Herren Wenzel und Bomarius vom Mannheimer Verein sprachen in gleichem Sinn herzliche Worte und hatte man die Freude, daß sich sofort 120 Arbeiter durch Unterschrift für die Gründung eines Arbeiterbildungsvereins in Heidelberg aussprachen, dem die anwesenden Herren Mittermaier, Dr. Busch, Fabrikant Metz, Mühlenbesitzer Genz und I. A. Kircher ihre Beihilfe freundlichst in Aussicht stellten. Die weiteren Verhandlungen berührten die nähere Organisation des Vereins und auch kurz die Aufstellungen von Lassalle. Dieselben sollen auf dem nächsten Arbeitertag, der voraussichtlich in Weinheim stattfinden wird, näher besprochen werden, und wurde dem Ausschuß Vollmacht erteilt, denselben zu geeigneter Zeit zu berufen."

Gründung des Arbeiterbildungsvereins

Den ersten Vorsitz des gegründeten Vereins übernahm Eduard Pickford bis zu seinem Weggang im Herbst 1863. Die Stelle des 1. Vorsitzenden blieb vakant, bis Wundt dann im November den Verein führte. Die im Zeitungsbericht genannten Herren waren schon erprobt im Vereine-Gründen. Sie hatten Routine in der Organisation und gaben derartigen Versammlungen die nötige Würde. Denn viele Vereine lebten finanziell von einer großen Zahl inaktiver, aber Beitrag zahlender Bürger aus der Mittel- und Oberschicht, denen der wohltätige Zweck solcher Gründungen zweifelsfrei und die politisch gemäßigte Zukunft des Vereins gesichert erscheinen musste.

Wilhelm Wundt wurde in Neckarau 1832 geboren. Er entstammt einer alten Pfarrersfamilie, deren Mitglieder z. T. eng mit der Heidelberger Stadtgeschichte verknüpft sind. Er hatte als Kind eine Dorfrevolte in Heidelsheim/ Baden miterlebt, in den Revolutionsjahren als Schüler die schwungvollen Reden Robert Blums im Schlosshof mitangehört und begeisterte sich noch Jahre später für die Balladen der republikanischen Schriftsteller. Vom Gaisberg aus beobachtete er 1849 die Kämpfe bei Waghäusel, den Abgesang der Badischen Republik auf Fürstenboden. In Heidelberg absolvierte er das Gymnasium; studierte Medizin, bewarb sich als Militärarzt, wie Kussmaul, wurde aber nicht angenommen. Darauf schlug er die akademische Laufbahn ein. Als Assistenzarzt arbeitete er unter E. Hasse, dem Vorgänger Friedreichs, und lernte im damaligen Krankenhaus, dem jetzt für Verwaltungszwecke in Umgestaltung befindlichen Bau des Collegium Academicum, die Probleme der Armen kennen. Er wurde Assistent von Helmholtz und arbeitete unermüdlich in seinem Fachbereich Physiologie. 1863–1874 war er im Arbeiterbildungsverein Heidelberg, 1866 bis 1869 war er Abgeordneter der Stadt in der Zweiten Ständekammer in Karlsruhe. Berühmt wurde er dadurch, dass er das erste Institut für Experimentelle Psychologie in Leipzig gründete. Bis zu seinem Tod 1920 hat er für die Anerkennung dieser neuen Wissenschaft gekämpft.

Wundt und der erwähnte Eduard Pickford waren befreundet. Pickford hatte ein wenig bürgerliches Leben geführt – für damalige Verhältnisse. Er gab nacheinander zwei Zeitungen heraus: die „Volkszeitung für Süddeutschland" und die „Konstanzer Zeitung". Er reiste nach England, wo sein Vater herstammte, wurde zum begeisterten Anhänger J. St. Mills. Lassalle kannte er von seiner Schulzeit in Leipzig her und traf ihn auf dem Arbeitertag 1863 in Frankfurt a. M. Er hatte verschiedene Berufe ausgeübt, Sprachen und Nationalökonomie studiert, war Kaufmann und schließlich Privatdozent. In Heidelberg gründete er mit anderen Bürgern zusammen den Gewerbeverein, den Arbeiterbildungsverein, den Vorschussverein und den Nationalverein, der sich für ein geeintes Deutschland mit Preußen einsetzte. In Heidelberg muss Pickford sehr beliebt gewesen sein, bei seiner Wiederwahl für den Landtag 1865 bekam er alle Stimmen. Als er 1866 starb, erhielt Wundt sein Abgeordnetenmandat. Nach der Gründungsversammlung nahm man sich die Satzung des Mannheimer Arbeiterbildungsvereins vor und korrigierte einige Paragraphen. Den Mannheimer Verein leitete der Schuster und Redakteur Eichelsdörffer, der die „Arbeiterhalle", zeitweise das Organ der Arbeitervereine, herausgab. In der Mannheimer Satzung hieß es, „... confessionelle und politische Erörterungen sind unzulässig." In der Heidelberger Fassung liest es sich so: „... wobei jedoch kirchliche und alle auf Staatsform und Staatsverfassung bezüglichen Erörterungen ausgeschlossen sind." Das klingt sehr ähnlich. Die Nuance zeigt aber, dass der Verein sich eindeutig gegen jede „sozialistische" Agitation sichern wollte. Die Lassalleaner blieben vor der Tür. Ein solcher Passus musste übrigens auch deshalb aufgenommen werden, weil das Vereinsgesetz von Baden es so vorschrieb.

Nach einem halben Jahr gab es dann massenhaft Austritte aus dem Verein. Von ursprünglich 300 Mitgliedern blieben ca. 80–100 übrig. Darunter waren natürlich eine Anzahl „Wandernde", die z. T. später wieder eintraten. Wenn man die inaktiven Bürger abzieht, bleibt ein aktiver Kreis von 30–40 Arbeitern. Was waren die Gründe? Wir wissen z. B. durch Bernsteins Untersuchungen über die Schneiderbewegung, dass unter diesen das politische Bewusstsein schon zu Beginn der 60er Jahre sehr weit entwickelt war, so dass sie rasch die Ambitionen der bürgerlich geleiteten Arbeiterbildungsvereine durchschauten. Dann kam hinzu, dass die Vortragsweise der akademischen

Vorstände ermüdend und langweilig war, wie sogar die Presse berichtet. Aber der Hauptgrund im Heidelberger Verein war die Einrichtung einer Abendschule, deren Programm Wilhelm Wundt und Moritz Cantor (Mathematiker) ausgearbeitet hatten. Bei einer Arbeitszeit von 12–14 Stunden und mehr muss man sich Folgendes vorstellen: Im Winter 1863/64 sollte an allen Wochentagen abends (außer Sonntag) Deutsche Sprache, Buchführung, Rechnen und Schreiben, Zeichnen, Gesang und alle acht Tage ein Vortrag abgehalten werden. Dazu kamen die Vorbereitungen für die Veranstaltungen: Theater, Rezitation oder gesellige Abende mit Musikprogramm. Das war für die Arbeiter zeitlich nicht zu schaffen. Ein weiterer Grund für die Austritte bestand darin, dass die Unternehmer die Mitgliedschaft im Verein entweder nicht gerne sahen oder verboten.

Wundt schreibt zusammenfassend über die Gründungsjahre der Arbeiterbildungsvereine:

> *„Ein charakteristischer Zug dieser Vereinigung (war), daß anfänglich politische Gegensätze gar keine Rolle spielten. So entsinne ich mich einer Zusammenkunft von Vorständen über ganz Baden verstreuter Arbeiterbildungsvereine, die aus einem Freiburger Landgerichtsrat, einem Pforzheimer Gymnasialdirektor, einem späteren Mannheimer Sozialdemokraten und mir selbst bestand, während ihr außerdem der auf der Durchreise befindliche Begründer der Frankfurter Zeitung angehörte.“*[2]

Es handelte sich um den Kreisgerichtsrat Eimer und den Direktor Rohreck, die Herren Eichelsdörffer und Sonnemann.

So interessant die Biographien der bürgerlichen Mitarbeiter im Arbeiterbildungsverein Heidelberg sind, so schwierig ist es, sich ein Bild von den einzelnen Schicksalen der Arbeiter zu machen. Von ihnen ist außer ihrem Namen, Beruf und Herkunftsort meist nichts bekannt. Es wurde schon gesagt, dass die Arbeiter vorwiegend aus dem Handwerkerstand kamen. Bei dem Heidelberger Unternehmer A. Keppler, der sich nach damaligem Sprachgebrauch „Marchand tailleur“ nannte, arbeiteten ca. 30 Schneider, die aus allen Gegenden Deutschlands stammten. Sie wohnten in der Fabrik. Auch der Vereinsvorstand

2 Wundt, Wilhelm: Erlebtes und Erkanntes,1920, S. 18.

Die Herrenmühle, Beispiel des industriellen Heidelberg um 1870.

Ulbricht war dort angestellt. 1864 traten von anfänglich 36 Schneidern 34 wieder aus dem Verein aus. Sie bildeten bald darauf eine eigene Gruppe.

1868 reiste J. B. v. Schweitzer, der die Gründung von Gewerkschaften auf der Generalversammlung des Allgemeinen Deutschen Arbeitervereins durchgesetzt hatte, nach Heidelberg. Die Versammlung wurde vom Heidelberger Schneiderverein vorbereitet und geleitet.[3] Bei Gründung des Arbeiterbildungsvereins waren 21 Schuhmacher eingetreten. Auch sie traten 1864 wieder aus. 1870 organisierten die Schuhmacher den ersten Streik in Heidelberg. Sie forderten – wie zur gleichen Zeit in Pforzheim und Karlsruhe – 15 % mehr Lohn. Als die Polizei androhte, alle nicht aus Heidelberg stammenden Schuster auszuweisen, wurde der Streik beendet. In der Metz'schen Fabrik, die Pumpen und Löschgeräte herstellte, wohnten und arbeiteten eine Reihe von Arbeitern, von denen 10 mit dem Unternehmer zusammen in den Verein eintraten. Metz überwachte die Entwicklung des Vereins, denn er nahm regelmäßig an den Vorstandssitzungen teil (s. o.).

3 F. Kistler: Die wirtschaftlichen und sozialen Verhältnisse in Baden 1849–1870, Freiburg/Brg 1952.

Auch zwei Arbeiter aus der Herrenmühle, die beim Unternehmer Genz arbeiteten, traten dem Verein bei. Sie und Genz blieben jedoch nur ein Jahr. Auf Veranlassung der Universitätsdozenten traten auch 16 Studenten dem Verein bei. Sie füllten mehr oder weniger regelmäßig die Beitragsbücher, einer von ihnen hielt einen belehrenden Vortrag über Malerei. Von 13 Zigarrenmachern blieben schließlich nur zwei im Verein: M. Zimmermann und H. Dewald.

Keine politische Agitation!

Wir kehren noch einmal zurück zum Problem des allgemeinen Wahlrechts und zur Gewerbeschulpflicht. Hierbei spielten der Arbeiterbildungsverein und Wundt eine besondere Rolle. Ende 1865 wird eine Petition vom „Ausschuss der deutschen Arbeiterbildungsvereine" in Baden verschickt, die Unterschriften zur Einführung des allgemeinen Wahlrechts sammeln sollte. Im Januar '66 beschließt der Verein Heidelberg ein Misstrauensvotum gegen dieses „Circular". Keine politische Agitation! Man will die Beiträge, die für den Ausschuss gesammelt wurden, zurückfordern, weil sie zu politischen Zwecken missbraucht wurden. Im gleichen Monat schreibt Wundt einen langen Artikel im „Heidelberger Journal" mit dem Titel: „Das allgemeine Wahlrecht und die Arbeiterfrage" (19. Januar 1866). Darin zeigt Wundt sich einverstanden mit der Forderung, aber nicht zum jetzigen Zeitpunkt, da dies, besonders unter dem Regime Bismarcks, „die mutwillige Zerstörung der Vereine" bedeute. Auch schränke er das allgemeine Wahlrecht ein. Alle Abhängigen, wie z. B. die Soldaten, die Beamten und Dienstboten, möchte er davon ausgeschlossen wissen. Wenn sie gewählt werden könnten oder selbst wählten, dann käme eine Machtvermehrung derjenigen zustande, die über andere herrschen. Dann weist er auf das warnende Beispiel Frankreich hin, wo aus dem allgemeinen Wahlrecht das Kaiserreich und der Despotismus Napoleons III. entstanden sei. Immerhin vertröstet er die Leser auf eine Initiative zum allgemeinen Wahlrecht in der Zweiten Kammer, die eine Gesetzesvorlage vorbereite. Seine Partei, die Nationalliberalen, hat dann 1869 das allgemeine, aber nicht das direkte Wahlrecht propagiert. Wundt war vor diesem Zeitpunkt bereits aus der Kammer ausgeschieden.

Mittel und Ziele zur Lösung der sozialen Frage klafften auseinander

Größere und positivere Wirkung hatte Wundts Vorgehen in Sachen Berufsschulen in Baden. 1865 erarbeitete der Arbeiterbildungsverein Heidelberg ein Gutachten über den „Gewerbeschulzwang". Die Schulen gaben in jenen Jahren nur sporadischen Unterricht.

Außerdem behielten die Arbeitgeber die 14–16-Jährigen meist im Betrieb, statt sie zur Schule zu schicken. Oft fand der Unterricht abends statt, was der Fortbildung wenig förderlich war. Das Gutachten sah vor, einen geregelten Unterricht und die Schulpflicht einzuführen. Diese Auffassung stieß auf starken Widerstand der Unternehmer, die die Gewerbefreiheit beeinträchtigt sahen. Sie hatten sich die „Konstanzer Zeitung" zum Sprachrohr erkoren, gegen die Wundt wetterte. Immerhin wurde dann 1868 der Unterricht geordnet und die Arbeitgeber, die Kinder unter 17 Jahren vom Schulbesuch abhielten, unter Strafe gestellt. Die Regierung unterstützte die Schulen finanziell und gab Zuschüsse für Neugründungen. Erst 1872 kam es zu einer reichseinheitlichen Regelung der Gewerbeschulpflicht.

Aus diesem kurzen Abriss der Gründungsjahre des Arbeiterbildungsvereins Heidelberg (er bestand bis 1937) ist vielleicht deutlich geworden, wie weit Mittel und Ziele zur Lösung der „sozialen Frage" in den Auffassungen der Arbeiter und der Bürgerlichen auseinanderklafften. Wilhelm Wundt ist als Beispiel dafür genommen, wie redlich „Linksliberale" sich um die Arbeiterbildung bemühten, bevor diese Aufgabe von den Arbeitern selbst übernommen wurde. Dabei ist vielleicht noch zu bedenken, dass Wundt auch nach 1870 kein „Hurrapatriot" geworden ist. Dazu waren die liberalen „Lehrjahre" in Baden zu prägend gewesen. Wenn man Wundts Äußerungen von 1869 über Bismarck, seine Militärdiktatur und das Junkertum liest, kann man verstehen, dass der „Eiserne Kanzler" stets eine schwierige Figur für ihn geblieben ist. Wundt hatte bestimmt kein „Sedanlächeln" um die Lippen, wie es Benedetto Croce bei vielen deutschen Professoren festzustellen glaubte.

Völkerpsychologie – Ethik – Politik Wilhelm Wundt und der Erste Weltkrieg

Völkerpsychologie – Ethics – Politics. Wilhelm Wundt and the World War I.

1979

Gustav A. Ungerer

Abstract

During the period of expansion of modern psychology, Wundt was its acknowledged mentor not only in scientific, but also – as far as Germany concerned – in political matters. It was only when scientists began to think that science could be separated from its political implications that his twofold role was no longer remembered.

Völkerpsychologie, ethics and, to a lesser extent, philosophy were the disciplines that Wundt applied to his analysis of social and political problems.

During the First World War, Wundt used *Völkerpsychologie* as a model of interpretation, to political ends. This is the only example of an application of a special branch of psychology in his work.

Wundt's "political anthropology" was shaped by his intense political activities (1863–1869) and by his assimilation of ideas from German idealism (Fichte). It is national-liberal in character, rather than nationalist, in contrast to that of many of his disciples (Krueger, Hellpach, Klemm, Kraepelin).

In this paper, only a sketch was given – using Wundt as an example – of how a political history of psychology might be written. More detailed studies of unpublished materials of various archives will show the concordance of psychological and political history more cogently.

Leipzig, Albert-Halle. Wundt hielt hier am 10. September 1914 die Rede „Über den wahrhaften Krieg".

Die Fragestellung

„Der Krieg als Erzieher"[1], „Selbstbesinnung in deutscher Not?"[2], „Die Ethik und der Krieg"[3], „Zeitfragen deutscher Nationalerziehung"[4], „Über den wahrhaften Krieg"[5], „England und der Krieg"[6], dies sind einige Titel von Schriften, die nicht etwa nach 1933, sondern während des Ersten Weltkrieges erschienen. Sie alle sind von namhaften Psychologen verfasst, und die Zusammenstellung ist nur ein kleiner Ausschnitt aus dem Bereich der politischen Publikationen.

1 Th. Elsenhans, Dresden 1914.
2 F. Krueger, Stuttgart 1919.
3 O. Külpe, Leipzig 1915.
4 E. Meumann, Leipzig 1917.
5 W. Wundt, Leipzig 1914.
6 W. Wundt, in: Internationale Monatsschrift für Wissenschaft, Kunst und Technik, Hrsg. M. Cornicelius, 9. Jahrgang, o. O. 1914, Sp. 121–128.

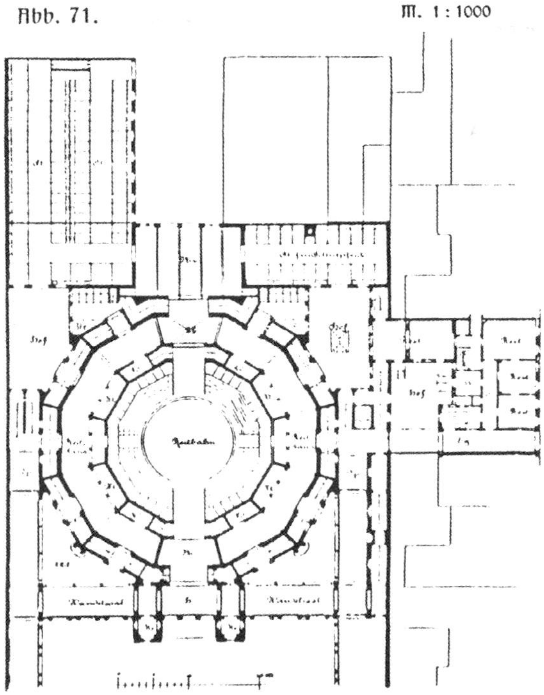

Leipzig, Albert-Halle; für Großveranstaltungen bis 3 000 Personen, gebaut 1886/87, Architekt Arved Roßbach, 1943 kriegszerstört.

Nimmt man die Veröffentlichungen, die in den 20er und 30er Jahren erschienen, noch hinzu, erhebt sich die Frage, warum bisher innerhalb der Psychologiegeschichte keine eingehenderen Analysen über den Einfluss der Politik auf die Psychologie vorliegen. Abstrakte Zusammenhänge wie jene von Imperialismus und Völkerspychologie erklären wenig.[7]

Eine weitere Frage stellt sich, wenn man die einzelnen psychologiegeschichtlichen Untersuchungen betrachtet: Sie scheinen eine Existenz am Rande der Wissenschaft zu führen und kein integraler Bestandteil der Psychologie

7 s. E. Eschler, Über die sozial-philosophische Seite im Schaffen Wilhelm Wundts. In: Wissensch. Zeitschriften der KMU Leipzig, 11. Jahrgang, Leipzig 1962, Ges. und Sprachwiss. Reihe, Heft 1, S. 737–761.

zu sein. Obgleich – wohl infolge der allgemeinen Auseinandersetzung mit Geschichte – Forschungen über die „Vater-Figuren“ (Fechner, Helmholtz, Wundt) reichlicher fließen, so ist ein fundamental-historisches Bewusstsein der Einzelpsychologien bisher nicht feststellbar. Wissenschaftsgeschichte als Korrelat bleibt jedoch esoterisch und wird deshalb kaum etwas zu Relevanzproblemen der Psychologie beitragen können.[8]

Hinzu kommt das Problem der Behandlung der Fakten in der Historiographie: Der eklektischen Methodologie steht unversöhnlich die deduktive gegenüber.[9] Um ein Beispiel zu nennen: Wilhelm Wundts politische Motive werden bei Jaeger und Staeuble als reaktionär im historisch-materialistischen Sinn dargestellt.[10] Geht man die Quellen durch, die zu diesem Schluss geführt haben, so erkennt man die – nach historischer Methodologie – unkritische Übernahme von wiederum unkritischen Sekundärquellen. Diese Arbeitsweise erinnert lebhaft an das Tradieren von Märchen.[11]

In diesem Beitrag wird Wundts Anwendung der Völkerpsychologie auf die Politik erläutert. Es ist historisch unrichtig, Wundt als Theoretiker, als Wissenschaftler im Elfenbeinturm zu sehen.[12] Er war von 1863 bis 1869 aktiv politisch tätig, nahm während seiner Leipziger Jahre öfter zu sozialpolitischen Themen Stellung und engagierte sich wieder politisch von 1914 bis zu seinem Tode.[13] Auch die ideelle, didaktische und räumliche Institutionalisierung der modernen Psychologie zeigt für sich betrachtet ein großes Maß an praktischem Sinn.

Im Unterschied zu experimentell arbeitenden Psychologen und Pädagogen hatte Wundt schon vor 1914 die Anwendung der Völkerpsychologie propa-

8 E. Esper, The Use of History. In: Historical Perspectives in Psychology: Readings. Hrsg. V. St. Sexton u. H. Misiak, Belmont/Calif., 1971, S. 3–22.

9 G. Gadamer, Wahrheit und Methode. Tübingen 1965, 2. Aufl. S. 284ff.

10 S. Jaeger, I. Staeuble, Die gesellschaftliche Genese der Psychologie. Ffm./NY. 1978, S. 310–315.

11 Jaeger und Staeuble beurteilen Wundts politischen Werdegang nach P. Petersen, Wilhelm Wundt und seine Zeit. Stuttgart 1925 und W. Wundt, Erlebtes und Erkanntes, Stuttgart 1920. G. A. Ungerer, Wilhelm Wundt und Heidelberg. In: Badische Heimat, Heft 1, Karlsruhe 1978. Für die frühe Zeit: Bringmann W. und Balance W., Wilhelm Wundts Lehr- und Wanderjahre. In: Psychologie heute, Heft 12, Weinheim 1976.

12 St. Hall vermutete, Wundt habe sich nie politisch bestätigt.

13 G. A. Ungerer, Heidelberg im Jahrzehnt vor der Reichsgründung. Wilhelm Wundt und sein Freundeskreis. In: Badische Heimat, Heft 4, Karlsruhe 1979.

giert. Davon zeugen die zum Teil heftig geführten Diskussionen mit Münsterberg, Külpe und Neumann.[14] Der Kriegsbeginn eröffnete einen weiten öffentlichen Rahmen, die Psychologie insgesamt als taugliches Instrument, das die Belange der „Nation“ rechtfertigen konnte, darzustellen. Neumann, Krueger, Wirth, Kraepelin und andere legten aus ihren Spezialgebieten Forschungsergebnisse vor, die nationalistisch ausgedeutet werden konnten – vor allem Neumanns Pädagogik.[15] Wundt hingegen versuchte, Distanz zu den oft chauvinistischen Äußerungen seiner Schüler zu wahren und perseverierte seine liberalnationale Einstellung. Seine Schriften zum Krieg sind deshalb nicht weniger polemisch – er entstammte ja jenem Jahrhundert der großen Polemiker –, substanziell sind sie ideenreicher, emergentive ideas sucht man freilich vergebens in ihnen.

Als Hypothese mag ergänzt werden, dass möglicherweise der Erste Weltkrieg der Psychologie – bisher Stiefkind der Wissenschaften – die Gelegenheit bot, mit nationalistischem Gebaren sozialpolitische Anerkennung zu finden. Ob sich ein solcher Versuch auf die Auswahl der wissenschaftlichen Themen ausgewirkt hat, kann hier nicht verfolgt werden.

Zusammenfassend lässt sich sagen:

Für Wundt ebenso wie für die Psychologie ist es ein bemerkenswertes Datum, dass ein Spezialgebiet, die Völkerpsychologie, praktische Anwendung findet. Im Gegensatz zu einer später nationalistisch ausgerichteten Psychologie verfolgte Wundt eine „zergliedernde Völkercharakterologie“, die sowohl eine politische Hilfe für sein Land als auch eine Erklärung der tiefer liegenden Kriegsursachen darstellen sollte. Einige Überlegungen hierfür bezog er aus seiner Sozialethik und Philosophie.[16]

---

14 C. Seeberger, Wilhelm Wundt und seine Kritiker. In: Archiv f. d. Gesamte Psychologie, Hrsg. E. Meumann et al. Band 28, Leipzig 1913, S. 1–76.

15 Eine gesamte Bibliographie der psychologischen Kriegsliteratur steht noch aus. Sehr verbreitet waren aus dem Gebiet der pädagogischen Psychologie: E. Neumann, Zeitfragen deutscher Nationalerziehung. Leipzig 1917 und G. Kerschensteiner, Deutsche Schulerziehung in Krieg und Frieden. Berlin 1917.

16 In der Geschichte der Ethik spielte Wundt gegenüber der traditionellen Philosophie eine ähnlich „emanzipierende“ Rolle wie in der Psychologie. S. Fr. Jodl, Geschichte der Ethik als philosophischer Wissenschaft. 2 Bde., Stuttgart, Berlin 1912. Ottmar Dittrich hat, aus dem Bewusstsein der Bedeutung Wundts, seinen 4. Band der Ethik 1932 Wundt gewidmet. Verbindungen Wundts lassen sich auch erkennen zur „Deut-

Das Erlebnis von 1914

Die Begeisterung weiter Kreise des deutschen Bürgertums zu Kriegsbeginn wird als das „Erlebnis von 1914“ bezeichnet.[17] Wundt hat es mit den Kategorien der Massenpsychologie nur insoweit verknüpft, als er für den nationalen Bereich an eine natürliche Erscheinung glaubte, ähnliche Ereignisse im feindlichen Ausland aber als einen krankhaften Prozess beschrieb.[18] Diese Emphase zu Anfang des Krieges hat eine Reihe schon zuvor konzipierter Vorstellungen reaktiviert oder vermeintlich bestätigt. So wurden beispielsweise der „Kollektivismus“ vieler deutscher Professoren allein durch den Ausspruch des Kaisers „Ich kenne keine Parteien mehr“ und ebenso die Abkehr der SPD von ihrem Internationalismus als nationale Siege gefeiert.[19] Dass die Begeisterung von 1914 weitgehend von denen, die sie beschreibend verherrlichten, selbst evoziert wurde, ist auch Wundt nicht aufgefallen. Fleck hat dies in anderem Zusammenhang deutlich gesehen:

> *„Oder besser ließe sich vielleicht eine Analogie zum Verhalten eines Menschen aufstellen, der an einer Massenbewegung teilnimmt, z. B. irgendeinen simplen Börsenbesuch, der die panische Baisse nur als äußere Gewalt, als reale Existenz empfindet und nicht weiß, wie sehr seine eigene Aufregung, deren er sich in der Menge gar nicht bewusst wird, sie mithervorruft.“*[20]

---

schen Gesellschaft für ethische Kultur“, die von G. v. Gizycki und W. Foerster 1892 gegründet wurde. Der Begriff Sozialethik ist der Terminus für den praktisch-normativen Teil der Gesellschaftsphilosophie. Für den „Kollektivismus“ geht alle Ethik in Sozialethik auf.

17 I. Rippel-Manss, Selbstverständnis und Selbstreflexion der Deutschen Historie. Diss. Erlangen – Nürnberg 1977.

18 W. Wundt, Deutschland im Lichte des neutralen und des feindlichen Auslandes. In: Scientia, Bd. 1, o. O. 1915, S. 71–85.

19 K. Schwabe, Ursprung und Verbreitung des alldeutschen Annexionismus in der deutschen Professorenschaft im Ersten Weltkrieg. In: VjhZg, Heft 14 (1966), S. 105–138. Die Professoren waren „Debütanten in den meisten, Amateure in einigen, Fachleute in den wenigsten Fällen.“ a. a. O. S. 22.

20 L. Fleck, Entstehung und Entwicklung einer wissenschaftlichen Tatsache. Basel 1935, S. 5f.

Über Psychologen und ihre politische Rolle während des Ersten Weltkrieges gibt es bisher keine Untersuchung. Dennoch darf vermutet werden, dass jene genannten Psychologen, ebenso Elsenhans, Volkelt und weitere sich nicht anders verhalten haben als Philosophen, Juristen, Theologen und Naturwissenschaftler, über die zum Teil Analysen gemacht wurden.[21] Die umfassende Arbeit über Historiker stammt von Schwabe, eine weitere von Rippel-Manss[22] (die Darstellung Lübbes fusst weitgehend auf der Schwabes):[23]

> *„Das Urteil manches Juristen litt darunter, dass es in dubio pro patris ausfiel. Bleiben Staatswissenschaftler und Historiker – die große Mehrheit der ‚politischen Professoren' des Ersten Weltkrieges. (Die moralischen Probleme, die der Krieg aufwarf, wurden vorwiegend von Theologen und Philosophen durchdacht. Anm. d. Verf.) Auch hier herrschte an Voreingenommenheit und Chauvinismus kein Mangel: Es gab Staatswissenschaftler, die aufgrund ihrer speziellen Kenntnisse die Minderwertigkeit des englischen Staatswesens beweisen zu können glaubten, Historiker, die politisch vorgefasste Meinungen als Notwendigkeiten der Geschichte hinstellten.“*[24]

Schwabe zieht das Fazit, dass die politischen und sozialen Vorstellungen der Gelehrten-Politiker Theorie blieben. Die Realisierung habe außerhalb ihres Einflussbereiches gelegen.[25] Diese Auffassung wird wahrscheinlich für die Psychologen nur bedingt zutreffen. Denn mit 1918 endete das politische Engagement keineswegs; der Erste Weltkrieg war nur der Auftakt, betrachtet man die politische Genese F. Kruegers, E. Kraepelins, W. Hellpachs, J. Volkelts und anderer. Wir beschränken uns auf die Äußerungen Wundts zum Kriege, sehen

21 H. P. Bleuel, Deutschlands Bekenner: Professoren zwischen Kaiserreich und Diktatur. Bern – München – Wien 1968. K. Schwabe, Wissenschaft und Kriegsmoral: Die deutschen Hochschullehrer und die politischen Grundfragen des Ersten Weltkrieges. Göttingen-Zürich-Ffm. 1969. ders. Zur Haltung der Professoren im Ersten Weltkrieg. In: Historische Zeitschrift, München 1961 (193) pp. 601–634. K. Töpner, Gelehrte Politiker und politisierende Gelehrte: Die Revolution von 1918 im Urteil deutscher Hochschullehrer. Göttingen 1970.

22 s. Fußnote 17.

23 H. Lübbe: Politische Philosophie in Deutschland. Basel – Stuttgart 1967, S. 236ff.

24 K. Schwabe a. a. O. S. 633.

25 K. Schwabe a. a. O. S. 634.

aber gleichwohl, dass auch er – ohne Chauvinist zu sein – eine bedeutendere Rolle gespielt hat, als gemeinhin angenommen wurde.

Zumindest bis zu Lamprechts Tod 1915, der ein Freund Wundts war und in Gedankenaustausch mit dem Reichskanzler v. Bethmann Hollweg stand, war Wundt sicher über die Ziele der politischen Führung gut unterrichtet.[26] Den Primat der Politik über die Gesellschaft hat Wundt stets betont, eine Auffassung, die wenig verbreitet war.[27] Die internationale Korrespondenz – vor allem mit neutralen Ländern – war ungeschmälert bis etwa 1916. Unter der Zensur, die es damals gab, oder unter mangelnder politischer Information hatte Wundt zwischen 1914 und 1918 nicht zu leiden.[28]

Die politischen Schriften Wundts

Während des Ersten Weltkriegs hat Wundt eine Reihe von Schriften publiziert, die sich mit politischen Themen befassen.[29] Ihre Quantität könnte uns in Erstaunen versetzen, wüssten wir nicht, dass Wundts wenig bekannte Lebensmaxime die Beschäftigung mit Politik war.[30]

Veröffentlichungen Wundts

- Über den wahrhaften Krieg.
  Rede gehalten in der Alberthalle zu Leipzig am 10. September 1914, Leipzig 1914.
- England und der Krieg.
  In: Internationale Monatshefte für Wissenschaft, Kunst und Technik, 1914, 9. Jahrgang Sp. 121–128.
- Gutachten über den Schutz des Kunstbesitzes in Feindesland.
  In: Deutsche Kunst und Dekoration, Darmstadt 1914.

26 E. v. Vietsch, Bethmann Hollweg, Staatsmann zwischen Macht und Ethos. Boppard 1969 und K. Hildebrand, Bethmann Hollweg, Der Kanzler ohne Eigenschaften. Düsseldorf 1970.

27 Max Weber war der erste deutsche Gelehrte, der im Ersten Weltkrieg ein Programm innerer politischer Reformen vorlegte. S. K. Schwabe a. a. O. S. 625.

28 K. Kozyk, Deutsche Pressepolitik im Ersten Weltkrieg. Düsseldorf 1968.

29 E. Wundt, Wilhelm Wundts Werk. München 1927.

30 W. Wundt, Erlebtes und Erkanntes, Stuttgart 1920, Vorwort.

– Die Nationen und ihre Philosophie. Ein Kapitel zum Weltkrieg. Leipzig 1914, 1. u. 2. Auflage. Wiederauflage 1944.
– Die Nationen im Spiegelbild ihrer Philosophie. In: Oesterreichische Rundschau, Band: Liebesgaben aus dem deutschen Volk. Wien 1914, S. 127–134.
– Deutschland im Lichte des neutralen und des feindlichen Auslandes. In: Scientia, Band XVII, 1915 S. 71–87.
– Noch einmal die Volksausschüsse. Erwiderung auf W. Goetz. In: Leipziger Tageblatt, 11. Oktober 1916.
– Zur Lage. In: Polnische Blätter. Zeitschrift für Politik, Kultur und soziales Leben. Band V, 1916 S. 99–101.
– Chauvinismus und Militarismus. In: Kulturrundschau der Leipziger Illustrierten Zeitung, Band 148, 1. Februar 1917.
– Die Weltkatastrophe und die deutsche Philosophie. Beiträge zur Philosophie des deutschen Idealismus. Beiheft 6, Erfurt 1920. (Nach E. Wundt: Wilhelm Wundts Werk. München 1927)
– außerdem: „Erklärung der Hochschullehrer des Deutschen Reiches" 16. Oktober 1914.

Die Anwendung der Völkerpsychologie komprimiert sich in zwei Publikationen: „Die Nationen und ihre Philosophie" und „Über den wahrhaften Krieg". Letztere ist die polemische und auch popularisierte Fassung einer Völkercharakterologie aus „Die Nationen und ihre Philosophie". – Das Unterzeichnen der Adresse der Hochschullehrer hat Wundt im In- und Ausland viele Gegner geschaffen. Der Artikel in der internationalen wissenschaftlichen Zeitschrift „Scientia" befasst sich mit der politischen Haltung neutraler Staaten zum Deutschen Reich nach Kriegsausbruch. Wundt behandelt eingehend die Verletzung der belgischen Neutralität durch den Einmarsch deutscher Truppen im Sinne der Kriegsschuldthese, wonach England den Krieg begonnen habe.[31] Die übrigen Beiträge folgen im Tenor den genannten Schriften, sind jedoch erheblich gemäßigter in ihren nationalen Tönen.

31 Fr. Wende, Die belgische Frage in der deutschen Politik des Ersten Weltkrieges. Hamburg 1969.

„Der Krieg als Erzieher“[32]

Die Gelehrten-Politiker schufen 1914 einen ganzen Katalog von „Kriegstugenden“, von denen die meisten zu einer „Politisierung des Irrationalen“ (Sontheimer) sich auswuchsen.[33] Die Verabsolutierung des Staates und die Militarisierung der Gesellschaft sind solche Versuche der Politisierung gewesen, die weiter in die deutsche Geschichte zurückreichen als die ersten Kriegsjahre. Wenn die Kollegen Wundts diesem „geistigen Rückzug“ anheim fielen, galt für Wundt die Maxime, die wissenschaftlichen Möglichkeiten sine ira et studio vorsichtig in die Alltagspolitik einzubringen;[34] er ist darin durchaus mit Delbrück, Alfred und Max Weber zu vergleichen, wenngleich er deren Friedensinitiative nicht unterstützte.[35]

Wie einflussreich Wundt war, sollen zwei Zitate belegen:

„Der berühmte Leipziger Philosoph Wilhelm Wundt ging in einem Vortrag über den ‚wahrhaften Krieg‘ am 10. September 1914 in Leipzig detaillierter auf die Kriegsziele ein. Wundt, dessen ‚Worte unter den lebenden deutschen Gelehrten das stärkste Gewicht beanspruchen können‘, wie das ‚Berliner Tagblatt‘ feststellte, forderte eine großzügige Vermehrung des deutschen Kolonialbesitzes …[36]

Selbst den … 82-jährigen Wilhelm Wundt drängte das bewegte Herz aus der Heimlichkeit der Bücher hinaus. Nie hatte der Philosoph bis dahin in einer öffentlichen Versammlung gesprochen. Die Straßen Leipzigs waren

32 s. Fußnote 1.

33 K. Sontheimer, Antidemokratisches Denken in der Weimarer Republik. München 1968, S. 93.

34 W. Wundt, Die Nationen und ihre Philosophie, Leipzig 1915, Vorwort.

35 Am 9. Juli 1915 wurde eine Petition von Hochschullehrern unter der Führung H. Delbrücks verfasst, unter den Unterschriften befanden sich auch: Albert Einstein, Gustav Schmoller, Ferdinand Tönnies, Ernst Troeltsch, Alfred und Max Weber, Leopold v. Wiese. Die Petition verfolgte eine Initiative für einen Frieden ohne Annexionen. Wundt trat der Gegenbewegung – Vaterländische Partei – bei. H. Delbrück war im wissenschaftlichen Streit um die Methoden der Sprachpsychologie auch Wundts wissenschaftlicher Gegner.

36 Fr. Fischer, Krieg der Illusionen. Die deutsche Politik von 1911 bis 1914. Düsseldorf 1969, S. 748.

> *erfüllt von Menschen, die ihm zuströmten ... Tausende warteten in der Alberthalle auf sein Wort, auf die Gedanken des Wissendsten vielleicht, der unter uns lebt.*“[37] [38]

Das Bürgertum war ideell auf den Krieg kaum vorbereitet. Es erwartete von den Gelehrten eine Analyse der politischen und sozialen Beweggründe, zumal die Regierung von Bethmann Hollweg keine „Leitfiguren“ für ihre Politik in der Öffentlichkeit anbieten konnte. Der Krieg selbst war der Erzieher der Nation geworden, getreu dem Kollektivismus der national denkenden Gelehrten-Politiker; sie vermittelten das „Unterrichtsprogramm“ und unter ihnen war Wundt der Praeceptor Germaniae.

Wundts Einstellung zu den nationalen Aufgaben vor 1914 war nicht unangefochten. Neumann sollte Wundt aus seiner damals noch distanzierten Haltung locken, indem er dessen Völkerpsychologie vehement kritisierte und ihre Untauglichkeit für nationale Zwecke anprangerte[39]:

> „*Wir besitzen allerdings seit einigen Jahrzehnten eine Völkerpsychologie. Wundt kann als ihr eigentlicher Schöpfer gelten. Aber sie beschäftigt sich gar nicht mit der Charakteristik und mit den unterscheidenden Eigenschaften einzelner Völker, oder sie hat doch nur mittelbar dazu einige Beiträge gegeben, ... Man hat deshalb wohl ironisch von einer Völkerpsychologie ohne Völker gesprochen ....*“[40]

Der Angriff Neumanns ist wahrscheinlich ebenso aus der Unkenntnis des Wundt'schen Konzepts von Politik und Sozialethik erwachsen wie das Bild des wissenschaftlichen Kyffhäusers Wundt in der Öffentlichkeit.

---

37 K. Schwabe a. a. O. S. 604.

38 Wundt hatte von 1880 bis 1913 sieben öffentliche Vorträge gehalten. (s. E. Wundt a. a. O., S. 15–28) Die Albert-Halle in Leipzig fasste maximal 3000 Menschen. S. R. Bruck, A. Rossbach und seine Bauten, Berlin 1904, S. 104, 62.

39 Die wissenschaftliche Divergenz Wundt-Neumann hatte keinen erkennbaren Einfluss auf die persönlichen Beziehungen.

40 E. Neumann, a. a. O. S. 55f.

In der pädagogischen Zielsetzung verbinden sich allerdings Wundts und Neumanns Konzept einer nationalen Erziehung. Die propagandistische Rhetorik der Gelehrten-Politiker will sich selbst den Boden für ihre Verwirklichung schaffen:

> *„Ihr Ort ist unmittelbar nicht die Politik, sondern die Pädagogik. Ihr Subjekt ist nicht ein Machthaber, sondern im Gegenteil ein Professor. Und das unmittelbare Interesse dieses Professors ist Moral, nicht das Politische.“*[41]

Daraus wird verständlicher, dass Wundts „Völkercharakterologie“ ebenfalls eine Sozialethik sein sollte auf der Grundlage der „Tatsachen“ von Mythos, Sitte und Sprache jedes untersuchten Volkes.[42] Wundts Völkerpsychologie ist Moral im Sinne der aristotelischen ‚Techne'.[43] Er schreibt:

> *„Wir haben eine Unterordnung unter den Staat, eine Hingabe des Einzelinteresses an die Allgemeinheit gelernt, wie wir es im voraus selbst kaum für möglich hielten, und diese Schule des Krieges wird auch für den künftigen Frieden ihre Früchte tragen.“*[44]

41 H. Lübbe, a. a. O. S. 194.

42 Zu Wundts völkerpsychologischen Methoden wurden herangezogen:
- W. Wundt, Vorlesungen über die Mensch- und Thierseele. Bd. 2, Leipzig 1863.
- W. Wundt, Über die Ziele und Wege der Völkerpsychologie. In: Philosophische Studien, Hrsg. W. Wundt, Bd. 4, Leipzig 1888, S. 1–27.
- W. Wundt, Elemente der Völkerpsychologie. Grundlinien einer psychologischen Entwicklungsgeschichte der Menschheit. Leipzig 1912.

43 Das Problem der Anwendung der Experimentellen Psychologie scheint für Wundt nach dem aristotelischen Vorbild entwickelt zu sein:
Phronesis – Sittliches Wissen (Ethik),
Epistheme – Theoretisches Wissen (Psychologien),
Techne – Angewandtes Wissen (u. a. Völkerpsychologie).

44 W. Wundt, Die Nationen und ihre Philosophie, a. a. O. S. 143.

Wundts Völkercharakterologie

Der Standpunkt, von dem aus Wundt argumentiert, ist der des Deutschen Idealismus, verkörpert in Johann Gottlieb Fichte (1762–1816).[45]

Die eigentlichen Gegensätze seiner Zeit sah Wundt im Kampf des Individualismus mit dem Idealismus. Diese Problematik mündete für ihn in den Krieg.[46] Der utilitaristische Egoismus in der Ausformung des englischen Lebensstils und der deutsche Kollektivismus sind hierbei die Antagonisten.[47]

Die einzelnen Schritte, die Wundt zur Gegenüberstellung der „Charaktere" einzelner Völker methodisch unternimmt, können so beschrieben werden:

1. Die Bedingungsstruktur des individuellen Handelns in bestimmten Situationen spiegelt das Kulturverhalten eines Volkes wieder.[48]
2. Die Philosophie „erhebt die Antriebe, die sich in der Volksseele regen, zum Selbstbewusstsein", sie ist das „Gesamtbild der geistigen Werte der nationalen Kultur."[49]
3. Mit der genetischen Methode lassen sich die Ursprünge der jeweils verschiedenen Volkscharaktere eruieren.
4. Das Ergebnis dieser Analysen enthält eine Prognose über das zukünftige Verhalten der Völker.
5. Die Völkerpsychologie bewertet auf der Grundlage der Sozialethik die bipolaren Charaktereigenschaften.[50]

Unschwer zu erkennen ist, dass es sich bei Wundts Systematik um einen Vorläufer der Modal-Persönlichkeit C. Dubois‘ handelt, mit einem Teil Populär-

45 W. Wundt, Die Nationen und ihre Philosophie, Leipzig 1915, Vorwort; W. Wundt, Ethik, Bd. 3, Stuttgart 1912, S. 148.

46 W. Wundt, Erlebtes und Erkanntes, a. a. O. S. 347.
W. Wundt, Über das Verhältnis des Einzelnen zur Gesellschaft. Rede an Königs Geburtstag. In: Deutsche Rundschau, Hrsg. J. Rodenberg, 17, o. O., S. 190–206.

47 W. Wundt, Die Nationen und ihre Philosophie, a. a. O. S. 59f.
Einen Überblick zur Utilitarismus-Diskussion in: B. Williams, A Critique of Utilitarianism. In: Utiliarianism. For and against. Hrsg. J. J. Smart und Bernhard Williams, Cambridge 1973.

48 W. Wundt a. a. O. S. 139.

49 W. Wundt a. a. O. Vorwort.

50 Termini der Persönlichkeitspsychologie werden hier bewusst nicht verwendet, da Wundts „Völkercharaktere" nur diffus mit einer modernen Charakterologie zusammenhängen.

stereotypen (im engeren: Heterostereotypen) durchsetzt. Einige Zitate sollen dies belegen.

Von Thomas Hobbes über John Locke zu Herbert Spencer tradiert sich für Wundt der utilitarische Egoismus, der im Kapitalismus seine beherrschendste Form findet. Ein Zweig des utilitarischen Egoismus ist nach Wundts Ansicht ebenfalls der Kommunismus, dessen Lassalle'sche Version er jedoch ausnimmt:[51]

> *„Blicken wir hiernach auf die gesamte Entwicklung der englischen Philosophie zurück, so hängt die hohe Bedeutung, die sie in ihrer Eigenart für die Geschichte des europäischen Geistes besitzt, unleugbar auf das engste mit den Schranken zusammen, innerhalb deren sie sich in ihren herrschenden Richtungen bewegt. Indem sie die religiösen Probleme ausschloss, hat sie zum ersten Mal in der neuen Zeit der Welt das Beispiel einer strengen Sonderung einer auf die sinnliche Wirklichkeit errichteten Weltbetrachtung gegeben, und sie hat sich dadurch eine Unabhängigkeit des Denkens gesichert, in der sie vorbildlich für alle künftige Philosophie geworden ist. Mit dieser Beschränkung hängt unmittelbar auch eine zweite zusammen. Sie besteht in der einseitigen Richtung des Interesses auf die Fragen der Erkenntnistheorie und der Moral."* [52]

Die Bipolarität des englischen und des französischen Volkscharakters fasst Wundt so zusammen: „So mündet der französische Positivismus im ‚Altruismus' – Comte selbst hat dieses Wort geprägt –, der englische im utilitarischen Egoismus."[53]

Der deutsche Volkscharakter gründet sich für Wundt in der deutschen Philosophie des 19. Jahrhunderts. Nietzsche hat nach Wundts Auffassung den deutschen Idealismus wiederentdeckt, indem er die „Probleme der sittlichen Lebensanschauung" als Kernpunkt der Philosophie erkannte.

---

51 W. Wundt, Die Weltkatastrophe und die deutsche Philosophie. Veröffentlichungen der Deutschen Philosophischen Gesellschaft, Beiheft 6, Leipzig 1920.

52 W. Wundt, Die Nationen und ihre Philosophie, a. a. O., S. 56.

53 op. Cit. S. 60.

„Aber dessen sind wir in dieser schweren Zeit gewiss geworden, dass in der Seele des deutschen Volkes praktisch dieser Idealismus, nicht der Erhebung der Einzelpersönlichkeit, sondern ihrer Hingabe an das Ganze, an die ‚Gattung', wie Fichte sich ausdrückte, lebendiger ist als jemals zuvor."[54]

In der Anwendung dieser Ergebnisse auf das politische Verhalten der Nationen vergrößert sich sein Urteil. Das Autostereotyp lautet:

„Festigkeit und Treue, das sind die Eigenschaften, die dem Deutschen am höchsten stehen, oder, um es in einem einzigen Wort auszudrücken, die Pflicht. Es ist Pflichttreue, die der Deutsche aus dem friedlichen Beruf hinüberträgt in den Krieg, wo sie ihm zur höchsten aller Pflichten wird, zur Pflicht der Hingabe für das Vaterland."[55]

In der Kürze der Erörterung fehlen notgedrungen die Differenzierungen in Wundts Völkercharakterologie, beispielsweise konnte der Rekurs auf philosophische Traditionen, die aus dem 19. Jahrhundert stammen, nur angedeutet werden, ebenso die damalige Diskussion über den Utilitarismus. Im Vergleich zu seinen Schülern kann für Wundt wenigstens ein Minimum an sozialpsychologischer Einsicht reklamiert werden.[56]

Epikrise

In der Epoche ihrer Ausbreitung hat die moderne Psychologie in Wundt nicht nur ihren wissenschaftlichen, sondern auch – was Deutschland betrifft – ihren „politischen" Lehrer gesehen. In Vergessenheit geriet diese Doppelrolle dadurch, dass man glaubte, Wissenschaft von politischer Implikation trennen zu können.

54 op. Cit. S. 114f.
55 op. Cit. S. 119.
56 Fr. Kramer, Verkehrte Welten. Zur imaginären Ethnografie des 19. Jahrhunderts. Ffm 1977. Kramer geht auf die politische Anwendung der Völkerpsychologie nicht ein, begreift sie aber selbst als Politikum.

Die Völkerpsychologie, die Ethik und in geringerem Umfang die Philosophie Wundts sind das wissenschaftliche Medium, mit Hilfe dessen er die Analyse sozialpolitischer Probleme anging.

Im Ersten Weltkrieg stellte Wundt die Völkerpsychologie als Deutungsmodell in den Dienst der Politik: Dies ist der einzige Fall der Anwendung einer speziellen Psychologie in seinem Werk.

Die politische „Anthropologie" Wundts ist geprägt durch seine aktive politische Tätigkeit (1863–1869) und durch die Rezeption von Gedanken aus dem Deutschen Idealismus (Fichte). Sie ist national-liberal, nicht nationalistisch wie die vieler seiner Schüler (Krueger, Hellpach, Klemm, Kraepelin).

Die Erarbeitung einer politischen Geschichte der Psychologie – hier an Wundt exemplifiziert – sollte nur thesenhaft vorgetragen werden; eingehendere Studien von Archivmaterial könnten die Konkordanz von Psychologie und Politik stringenter belegen.

Wilhelm Wundt als Psychologe und Politiker Anmerkungen zur Biographie

1980

G. A. Ungerer

„Sollte er selbst das Motiv in den Vordergrund stellen, das für ihn sein Leben lang das wirksamste war, so ist es nicht zu jeder Zeit, aber auf den Höhepunkten dieses Lebens das politische, die Teilnahme an den Interessen von Staat und Gesellschaft gewesen, die den Schreiber dieser Zeilen gefesselt hat."
(W. Wundt: Erlebtes und Erkanntes, Stuttgart 1921, Vorwort.)

Die jüngste Rezeption Wundts

In neuerer Zeit erfährt Wundts Werk partiell eine Wiedergeburt. So legt das Zentralantiquariat der DDR einen Neudruck der „Grundzüge der physiologischen Psychologie" aus dem Jahre 1871 vor. Eine Reihe von Beiträgen über einzelne Forschungsaspekte Wundts sind in den letzten Jahren erschienen und dem Vernehmen nach wird eine Biographie vorbereitet.[1] Es handelt sich um

---

Vorbemerkung zu den Quellen
Zur Biographie wurden herangezogen:
- Wundt, Wilhelm: Erlebtes und Erkanntes. Stuttgart 1920.
- Petersen, Peter: Wilhelm Wundt und seine Zeit. Stuttgart 1925.
- Bringmann, Wolfgang G., Balance, W.: Wilhelm Wundts Lehr- und Wanderjahre. In: Psychologie heute, Heft 12, Weinheim 1976.
- Bringmann, Wolfgang G., Bringmann, G. Cottrell, D.: Helmholtz und Wundt an der Heidelberger Universität 1858–1871. In: Heidelberger Jahrbücher XX, 1976, Sonderdruck.
- Bringmann, W.G., Balance, W., Evans, R.: Wilhelm Wundt 1832–1920: A brief biografical sketch. In: Journal oft the History of Behavioral Sciences, 1975, 11, 287–397.

Folgende Archivalien wurden zum ersten Mal ausgewertet:
- Gedruckte Protokolle der Verhandlungen der Zweiten Ständekammer Karlsruhe 1866–1869 Generallandesarchiv Karlsruhe.
- Rechnungs-, Mitglieder- und Protokollbuch des Heidelberger Arbeiterbildungsvereins 1863–1869.

Sekundärquellen:
- Heidelberger Journal 1863–1874.
- Heidelberger Zeitung 1864–1871.

Beiträge zu Wundts Logik, Ethik, Voluntarismus, Rechtsphilosophie etc. In der amerikanischen Linguistik gab es in jüngster Vergangenheit eine breitere Rezeption der Sprachpsychologie Wundts.[2] Ein Aspekt, der im Hinblick auf den Weltkongress für Psychologie in Leipzig verstärkt bearbeitet wird, ist Wundts Biographie.[3] Die Sektion Psychologie der Karl-Marx-Universität Leipzig hat hierbei den Vorteil, das Wundt-Archiv zu betreuen. Nach den letzten Veröffentlichungen soll Wundts Forschungsarbeit anhand eines Systems abgegrenzter Perioden seiner wissenschaftlichen Theoriebildung erklärt werden, womit zugleich eine Interpretation des Gesamtwerks versucht wird.[4] In den USA hat W. Bringmann bisher unbekannte Partikel aus Wundts Leben eruiert (s. Vorbemerkung zu den Quellen). Ebenso liegt ein Versuch über die frühe politische Arbeit Wundts nach neuen Archivalien und Sekundärquellen vor.[5]

Insgesamt lässt sich aus den jüngsten Veröffentlichungen über Wundt ersehen, dass sich die herkömmliche Betrachtungsweise verändert hat. Die beinahe einmütige Heldenverehrung ist kritischer Haltung gewichen.[6] Schon zu Lebzeiten wurde Wundt – der Zeit entsprechend – mit goethescher Devotion

---

1 **Das Programm und der Auftrag für psychologiegeschichtliche Forschung in der DDR ist niedergelegt in:**
– Autorenkollektiv Winfried Hacker, Friedhart Klix et al. (Hrsg.): Psychologie in der DDR. Entwicklung, Aufgaben, Perspektiven. VEB Verlag der Wissenschaften, Berlin 1978, S. 33.
– Arbeitskreis Wundt-Forschung (Hrsg.): Beiträge zur Wundtforschung. Wissenschaftliche Beiträge der Karl-Marx-Universität Leipzig, Reihe Psychologie, Leipzig Band I 1974 und Band II 1977.
– Gesellschaft für Psychologie der DDR (Hrsg.): Psychologiehistorische Manuskripte. 1. Herbstsymposium 29. September bis 1. Oktober 1976 Reinhardsbrunn, Berlin, Dezember 1977.

2 Esper, Erwin A.: Mentalism and Objectivism in Linguistics. New York 1968, S. 15–34, 36–56, 60–76, 134f., 188–192.

3 Hacker, Klix et al.: Psychologie in der DDR, a. a. O., S. 19.

4 Meischner, Wolfram: Widersprüche im Wundtbild der Gegenwart. In: Beiträge zur Wundtforschung, II, S. 7–21.

5 Ungerer, Gustav A.: Wilhelm Wundt und Heidelberg. In: Badische Heimat, Heft 1, Karlsruhe 1978, S. 31–43.

6 **Von den Publikationen, die zu dieser Verehrungsliteratur gehören, seien aufgezählt:**
– Petersen, Peter: Wilhelm Wundt und seine Zeit, Stuttgart 1925.
– Krueger, Felix: Wundt als deutscher Denker. In: Wilhelm Wundt. Eine Würdigung. Hrsg. A. Hoffmann Erfurt 1922.

behandelt, nicht nur als Autorität seines wissenschaftlichen Gebietes, Philosophie und Psychologie, sondern auch als Praeceptor Germaniae.[7]

Wundt starb 88-jährig in Großbothen bei Leipzig. Nach seinem Tod wurde er vor allem von F. Krueger, H. Volkelt, P. Petersen, Sohn und Tochter Wundt einer rigorosen Verehrung unterworfen. Dieses Wundt-Bild lässt sich noch bis in Veröffentlichungen Mitte der 1950er-Jahre verfolgen (s. F. Schlotte, Das Lebensbild W. Wundts a. a. O.). Wundt wurde als emergentive, autochthone Forscherpersönlichkeit in den Mittelpunkt des wissenschaftlichen Fortschritts seiner Zeit gerückt, man nannte ihn einen zweiten Aristoteles, mindestens einen zweiten Leibniz. Je mehr sich die historische Distanz vergrößert, desto deutlicher wird die partielle Kreativität Wundts in seiner „reinen“ Wissenschaft, desto eindeutiger wird aber auch seine Leistung auf dem Gebiet der Organisation: der Institutionalisierung der modernen Psychologie.[8]

Wundt war für bestimmte Entwicklungen der Psychologie wegweisend, er dachte und publizierte jedoch während langer Strecken seiner ausgedehnten Lehrtätigkeit (1857–1917) perseverierend im Sinne einer Um- und Ausgestaltung seines sehr früh gefassten Forschungsprogrammes. Mit einem Aperçu könnte man deshalb die Vita Wundts überschreiben als die „Normalität des Bedeutenden“. Die Normalität liegt wohl darin, dass Wundt die Stadien geringerer Kreativität mit einem ausgefeilten Publikationssystem (besonders Wiederauflagen und Umarbeitungen) überbrücken konnte.[9] Seine Bedeutung liegt darin, dass er in die wissenschaftliche Diskussion immer dann erst

– Schlotte, F.: Das Lebensbild Wilhelm Wundts aus seinem Briefwechsel. In: Wissenschaftliche Zeitschrift der Universität Leipzig. Gesellschaftlichsprachwissenschaftliche Reihe 5, 1955/56, S. 333–349.

Im Gegensatz dazu steht:

– Hall, G. Stanley: Wilhelm Wundt. Leipzig 1914. Zur Distanzierung Wundts s. Erlebtes und Erkanntes, Stuttgart 1920, S. 155 Fußnote.

7 Fischer, Fritz: Krieg der Illusionen. Die deutsche Politik von 1911 bis 1914. Düsseldorf 1969, S. 748ff.

8 Bringmann, W.: The Early Years of Wundt‘s Leipzig Laboratory According to the Unpublished Letters of James McKeen Cattell from Europe 1883–1888. Vortragsmanuskript, masch. geschr. 1978, University of South Alabama.

9 Die Publikationspraxis Wundts ist bisher nur für die Zeit bis 1875 untersucht worden: Bringmann, W., Oostveen, M.: A Reappraisal of Wilhelm Wundt‘s Writings. Paper read at Southeastern Psychological Association, March, 1975, University of Windsor, Canada.

eintrat, wenn die Zeit für neue theoretische Aspekte günstig war. Dies hatte er an der Rezension der „Vorlesungen über die Menschen- und Thierseele“ (der „Jugendsünde“, wie er sich ausdrückt) erfahren. Der völkerpsychologische Teil im zweiten Band war vollständig missverstanden worden. Hinzu tritt die organisatorische Leistung Wundts bei der Einführung der experimentellen Psychologie im In- und Ausland, die der wissenschaftlichen Bedeutung keineswegs nachsteht.[10]

Die Stilisierung der Person Wundts durch manche seiner Schüler weckt heute, 60 Jahre nach seinem Tod, vorwiegend rezeptionsgeschichtliches Interesse. Heute gelingt es vielleicht eher, den Forscher von „außen“ zu begreifen, aus dem geistigen und sozialen Umfeld, nicht primär aus seinem egoistischen Schöpfungsakt. Dies Verständnis soll auch das Folgende kennzeichnen.

Frühe Einflüsse auf Wundts Theoriebildung

Dass Wundt eine apokryphe Schrift Comtes, die eine „Chemie der Seele“ forderte, gelesen und als Ausgang seiner Forschung genommen hat, lässt sich bisher nur vermuten.[11] Die Einflüsse auf die Theoriebildung von Wundts physiologischer Psychologie stammen wahrscheinlich aus einem ihm näheren Kreis,[12] den er selbst beschreibt:

10 Die hochschulpolitische Bedeutung des Triumvirats Lamprecht, Weule, Wundt ist ebenfalls noch nicht analysiert. Auch Lamprechts Rolle bei der Errichtung des Institutes für Völkerpsychologie in Leipzig sowie die Hilfe Wundts für ihn im sog. Historikerstreit ist noch nicht bearbeitet.

11 Es war ein Topos jener Zeit, der Publikation den Charakter eines Systems durch einen Überbau zu geben, wie Graumann es bei Comte feststellt. Graumann, Carl Friedrich: Theoretische Ansätze und Modelle. In: Handbuch der Psychologie 7. 1. Halbbd. S. 51. Wundt stand mit seinen „Vorlesungen“ durchaus in einer Tradition, die beginnt mit Hagen, F. W.: Psychologische Untersuchungen. Braunschweig 1847 und vorläufig endet mit Horwicz, Adolf: Psychologische Analyse auf physiologischer Grundlage. 2 Bde, Halle 1872/1875.

12 Wundt hat schon in seiner Heidelberger Zeit Aufzeichnungen für spätere Memoiren geschrieben. Ein von W. Bringmann eruiertes Heft trägt den Titel: „Papas Erinnerungen. (Ergänzungen zu einem wohl in Straßburg gebliebenen Heft.)“ Die Überschrift und einige Ergänzungen stammen von der Tochter Eleonore Wundt. Wundt war 1870 in einem „Lazarett-Hülfscorps“ tätig, das Verwundete aus Frankreich nach

„Enger noch und bisweilen in beinahe täglichem Verkehr war ich mit dem Ehepaar Cornill verbunden. Adolph Cornill, der sich durch mehrere philosophische Arbeiten, namentlich durch eine Schrift über den Materialismus bekannt gemacht hat, lebte in jenen Tagen als Privatgelehrter in Heidelberg. Ich habe mit ihm manche der unser gemeinsames Interesse fesselnden philosophischen Werke gelesen oder besprochen, namentlich Hegels, mit dem er sich eifrig beschäftigte, und der philosophierenden Naturforscher jener Zeit."[13]

Adolf Cornill lebte von 1822 bis 1903.[14] In Heidelberg wohnte er von 1853 bis 1862 unweit der Wohnung Wundts in der Plöck Nr. 35. Wie Wundt bemerkt, war Cornill in jener Zeit ohne Lehramt. Er legte in Marburg 1851 eine „Habilitationsdissertation" vor mit dem Titel „Ludwig Feuerbach und seine Stellung zur Religion und Philosophie der Gegenwart" (Frankfurt a. M.). Darin diskutierte er die damaligen Forderungen an eine „fortschrittliche" Philosophie:

„Und mit Beneke sind als die beiden Hauptforderungen der neueren Psychologie wohl die anzuerkennen, daß der Gedankeninhalt auf äußere und innere Erfahrung reducirt werde, und die Gedanken nur als Funktionen eines geistigen Organismus anzusehen sind; dieser aber durch die Psychologie als Naturwissenschaft und ihre Zergliederungen aus dem Elementarischen, aus seinem Zusammenhange mit der uns umgebenden Natur erklärt werden" (S. 303).

„Mit seinen Anforderungen stimmen auch die Resultate der Physiologen zusammen, welche wie Joh. Müller, Wagner, Henle etc. die Erkenntniß durch unser subjektives Wissen bedingt sehen, und den Geist aus dem Chemismus unserer Stoffe zu erklären suchen. – Wie das Absolute in der Philosophie mit

---

Heidelberg transportierte. Eine Reise nach Straßburg konnte bisher nicht nachgewiesen werden (Akten der Lazarette in Heidelberg im deutschfranzösischen Krieg 1870–71. Stadtarchiv Heidelberg).

13 Wundt, W.: Erlebtes und Erkanntes, Stuttgart 1920, S. 236.

14 Einwohnerverzeichnisse der Stadt Heidelberg 1848–49/1875.
Neue Deutsche Biographie Bd Ill, Berlin 1957, S. 367.

der Natur vermittelt werden muß, so ist in der Naturwissenschaft jetzt ein Streben zu erkennen, die absolute Lebenskraft – das bisher Absolute der Naturwissenschaft – aus einem Bildungsprozeß chemischer Stoffe zu erklären. Und so hat auch die Philosophie zu der Statistik und Mechanik Herbarts eine Chemie oder Physiologie des Geistes zu liefern als Problem der nächsten Zukunft …" (S. 303 f.).

Wundt hat, sehr viel später, in der Festschrift für Kuno Fischer 1904, auf die für ihn wichtige „Mechanik" Herbarts hingewiesen, und bekannt ist Wundts Interesse an der experimentellen Didaktik Robert Bunsens.

Die physiologische Psychologie versuchte Wundt etwa ab 1856 experimentell zu fundieren. Das theoretische Konzept hierzu erarbeitete er sich teils autodidaktisch – er hatte keinerlei akademische Vorbildung in Philosophie – teils hat er es, so müssen wir annehmen, in Gesprächen mit Cornill und der Beschäftigung mit dessen Schriften angegangen.[15] In der Heidelberger Zeit war Cornill der einzige Fachphilosoph im Bekannten- und Freundeskreis Wundts.[16] Neben der philosophischen Diskussion verband Wundt und Cornill das Interesse an den Ergebnissen der physiologischen Psychologie.[17] Die Überlegungen Cornills zu einer induktiven Philosophie sind etwas früher entstanden als ähnliche Wundts, wobei Cornill philosophiegeschichtlich orientiert war und Wundt psychologisch. Expliziter noch als in seiner ersten Abhandlung vertrat Cornill den induktiven Standpunkt in seinem Buch „Materialismus und Idealismus in ihren gegenwärtigen Entwicklungskrisen" (Heidelberg 1858), ein Grundthema, das Wundt in der Folge mit dem Materialismusforscher F. A. Lange zusammenführte, der ihn für den Lehrstuhl für induktive Philosophie in Zürich 1874 empfahl.[18]

Es wäre historisch sicher verfehlt, nun ein Lehrer-Schülerverhältnis zwischen dem zehn Jahre älteren Cornill und Wundt zu konstruieren. Es sollte nur deutlich werden, dass Wundt sein philosophisches Wissen ebensowenig allein auf sich gestellt erwarb, wie seine experimentellen Anfänge ausschließlich seine eigene geniale Erfindung waren. Im philosophischen Bereich war es

15 Petersen, P.: Stuttgart 1925, S. 284–333 (s. Fußnote S. 89: Vorbemerkung zu den Quellen).
16 s. dazu Abschnitt: Das völkerpsychologische Interesse bei Wundt.
17 Der Briefwechsel zwischen Wundt und A. Cornill ist noch unbearbeitet.
18 Wundt, W.: Erlebtes und Erkanntes, Stuttgart 1920, S. 242.

die intensive Diskussion mit Cornill, in der physiologischen Psychologie waren es die Hinweise und Vorbilder des Pathologen Ewald Hasse, dessen Assistenzarzt Wundt war, Bunsen und Helmholtz. Wundts Beginn der experimentellen Forschung war eingebettet in die wissenschaftlichen Zeitströmungen; eine Äußerung hierzu zeigt den absoluten Anspruch der neuen Wissenschaft aus damaliger Sicht:

> *„Je mehr aber die Philosophie sich sorgfältiger in dem Gebiet des realen Geschehens umzusehen anfängt, umso größere Bedeutung und Berücksichtigung ist der Psychologie zu Theil geworden; sie ist ja doch auch bisher diejenige philosophische Disziplin gewesen, die bis zu einem gewissen Punkte wenigstens sich als Erfahrungswissenschaft gab. So ist dieses stiefmütterlich behandelte Kind der idealistischen Systeme in unseren Tagen immer mehr in den Vordergrund getreten und hat, in dem Maße als die Metaphysik zurücktrat, an Boden gewonnen. Fast kann man sagen, daß unsere ganze Philosophie Psychologie ist.“*[19]

Die empirische und theoretische Begründung der neuen Wissenschaft hatte Wundt mit den Beiträgen zur Theorie der Sinneswahrnehmung 1858 zu publizieren begonnen. Darin ist auch das vorläufige Gebiet seiner Forschungen abgesteckt:[20]

> *„Viel näher seiner Lösung ist ohne Zweifel das Problem der Wahrnehmung. Wir besitzen hier eine Menge werthvoller physiologischer Beobachtungen, die vielleicht schon lange zu einer abgeschlossenen Theorie der Wahrnehmungsprozesse geführt haben würden, wenn man den Begriff der Wahrnehmung mit genügender Schärfe festgestellt und dieselbe nicht fortwährend vermengt hätte mit der Empfindung und Vorstellung.“*[21]

19 Wundt, W.: Beiträge zur Theorie der Sinneswahrnehmung. Leipzig und Heidelberg 1862, S. XIII. Auf die Wiedergabe ähnlicher Textstellen bei Wundt wird verzichtet.

20 Wundt, W.: Beiträge zur Theorie der Sinneswahrnehmung. 1. Abhandlung: Über den Gefühlssinn mit besonderer Rücksicht auf dessen räumliche Wahrnehmungen. In: Henle und Pfeufers Zeitschrift für rationelle Medicin, 3. Reihe, IV, S. 229–293. S. Wundt, E.: Wilhelm Wundts Werk. Ein Verzeichnis seiner sämtlichen Schriften. München 1927.

21 Wundt, W.: Beiträge, a. a. O., S. XV.

Die wissenschaftliche Diskussion um 1860 erwartete also eine empirisch fundierte und theoretisch begründete physiologische Psychologie, die ersten Ergebnisse lagen schon vor. Wundt versuchte, eine umgreifende Theorie zu finden, um die Einheit der Psychologie mit der Philosophie zu bewahren.[22] Dieser Versuch ist – schon in den „Beiträgen" angekündigt – die Völkerpsychologie, die als Überbau der neuen experimentellen Psychologie gedacht war.[23] Der zweite Band der „Vorlesungen über die Menschen- und Thierseele" enthält dieses Programm, das sogleich heftig umstritten war.

Volkelts empathischer Versuch

Zwei Jahre nach Wundts Tod erschien ein Aufsatz H. Volkelts[24], der den Versuch enthält, die Bedeutung der frühen Schriften für den späteren Fortgang von Wundts Forschungen zu deuten. (Der Einfluss der Strukturpsychologie ist deutlich zu erkennen, besonders bei der Überbetonung der „schöpferischen Synthese-Theorie" Wundts.) Außerdem unternimmt es Volkelt, die biographischen Teile in Wundts Erinnerungen, die in jene frühe Zeit reichen, in einer Art empathischer Haltung phänomenologisch zu interpretieren. 1857 war Wundt an Tuberkulose erkrankt und von den Ärzten aufgegeben. Er erlebte eine „mystische" Periode, die vielleicht durch die Medikation unterstützt wurde.[25] Dies Ereignis war für Volkelt das „Urerlebnis" Wundts und diente ihm zur Erklärung der gesamten späteren wissenschaftlichen Entwicklung des Forschers Wundt. Bisher fehlen weitere Details über diese „Todeserfahrung". (Außerdem ist ein – damals sogenannter – Blutsturz nichts Außergewöhnliches gewesen, wenngleich die Folgen schlimmer waren als heute.) Volkelts Deutung bleibt zweifelhaft. Er sah aber, dass neben der philosophischen und psychologischen Literatur, die Wundt damals bearbeitete, die Biographie

22 Kossakowski, A.: Wilhelm Wundt und sein wissenschaftliches Erbe. In: Wissenschaftliche Zeitschrift der KMU Leipzig. Gesellsch. und sprachwissenschaftliche Reihe, 15. Jg. Heft 415, Leipzig 1966, S. 717–726.

23 Wundt, W.: Erlebtes und Erkanntes, Stuttgart 1920, S. 200ff. Wundt, W.: Vorlesungen über die Menschen- und Thierseele. Leipzig 1863, Vorwort 1. und 2. Band.

24 Volkelt, H.: Die Völkerpsychologie in Wundts Entwicklungsgang. In: Wilhelm Wundt. Eine Würdigung. Hrsg. Arthur Hofmann, Erfurt 1922, S. 74–105.

25 Wundt, W.: Erlebtes und Erkanntes, Stuttgart 1921, S. 116 ff.

wertvolle Hinweise enthielt. Unter anderem liegt in jenem Erlebnis Wundts die lebenslange Beschäftigung mit der deutschen Mystik begründet.

Zusammenfassend kann man aus Volkelts Aufsatz zwei zutreffende Beobachtungen entnehmen:

1. Der physiologischen Psychologie wird von Wundt ziemlich unvermittelt eine völkerpsychologische These hinzugefügt – Wundt nannte sie den „Überbau". Die Anfänge des psychischen Erlebens im Einzelindividuum korrespondieren mit dem einfachsten Seelenleben der Völker, die genetisch frühere ist immer die einfachere Form und lässt sich am leichtesten herauspräparieren. Wundt ging von den experimentellen Ergebnissen über die „Wahrnehmung" aus und glaubte, was sich dort primär ereigne, müsse auch als erste Stelle in der Entwicklungsgeschichte der Wahrnehmung zu finden sein. Beide, Sinnesleben und Völkerleben – wie Volkelt formulierte – gehorchen den gleichen Gesetzen. Dabei misst Wundt der Völkerpsychologie für die wissenschaftliche Erkenntnis größere Bedeutung bei als der experimentellen Forschung. Dieser Verknüpfung von experimenteller – und Völkerpsychologie bei Wundt lag das Interesse zugrunde, den Kanon der philosophischen Traditionen keineswegs zu sprengen, vielmehr mit der „positiven" Forschung zu fundieren.
2. Weniger explizit als beim Zusammenhang der modernen Psychologie mit der Völkerpsychologie hat Volkelt ein zweites „Gelenk" im theoretischen Konzept Wundts erkannt, allerdings ohne hier die biographische Analyse einzubeziehen. Die Völkerpsychologie behandelt nach Wundt die Entwicklung der ethischen Werte. Die „objektiven" Emanationen der Kultur – wie Religion, Staat etc. – werden kulturpsychologisch analysiert und geben die Erklärung des Wertsystems im Spannungsfeld Einzelner – Gesellschaft. Daraus folgt weiterhin, dass die „Ethik" für Wundt empirisch auf der Untersuchung der Tatsachen und Gesetze des sittlichen Lebens basiert und normativ eine Soziallehre enthält, die vom zweiten Band der „Vorlesungen" bis zur vierten Auflage seiner „Ethik" (1912) immer stärker politisch intendiert ist. Woher diese Tendenz bei Wundt ihren Ausgang nahm, wird kurz angedeutet.[26]

26 Wundt legte – außer Schriften in seiner Abgeordnetenzeit – eine Reihe von Publikationen mit politischen Themen vor:

Anmerkungen zur politischen Biographie Wundts

Nach Wundts Vorstellung greifen physiologische Psychologie und Völkerpsychologie durch ihre theoretische Begründung ineinander, wobei der moralisch-ethische Anteil der frühen Völkerpsychologie später in Wundts Ethik ausgegliedert wird.

Die Ansätze zu einer politischen Ethik stammen aus der Zeit zwischen 1860 und 1870. Wundt selbst hat die Beschäftigung mit Politik als den heimlichen roten Faden seines Lebens gekennzeichnet.[27] Es erstaunt deshalb, dass Wundts Zeit als aktiver Politiker nicht genügend beachtet wurde, und sein erster Biograph P. Petersen, der allerdings nur beschränkte Einsicht in den Nachlass hatte, diese Tätigkeit Wundts als eine Art jugendliches Hobby darstellt.[28] (Auch inhaltlich hat Petersen – aus der Situation des Bürgertums nach

- Über den Zusammenhang der Philosophie mit der Zeitgeschichte. Eine Centenarbetrachtung. Rektoratsrede. Leipzig 1886.
- Über das Verhältnis des Einzelnen zur Gesellschaft. Rede an Königs Geburtstag. In: Deutsche Rundschau, XVII, 1891, S. 190–206.
- Über den wahrhaften Krieg. Rede gehalten in der Alberthalle zu Leipzig am 10. September 1914, Leipzig 1914.
- England und der Krieg. In: Internationale Monatshefte für Wissenschaft, Kunst und Technik, 9. Jg., 1914, Sp. 121–128.
- Gutachten über den Schutz des Kunstbesitzes in Feindesland. In: Deutsche Kunst und Dekoration, Darmstadt 1914.
- Die Nationen und ihre Philosophie. Ein Kapitel zum Weltkrieg. Leipzig 1914. Wiederauflage 1944.
- Deutschland im Lichte des neutralen und des feindlichen Auslandes. In: Scientia, Band XVII, 1915, S. 71–87.
- Noch einmal die Volksausschüsse. Erwiderung auf W. Goetz. In: Leipziger Tageblatt 11. Oktober 1916.
- Zur Lage. In: Polnische Blätter. Zeitschrift für Politik, Kultur und soziales Leben. Bd. V, 1916, S. 99–101.
- Chauvinismus und Militarismus. In: Kulturrundschau der Leipziger Illustrierten Zeitung, Bd. 148, 1. Februar 1917.
- Die Weltkatastrophe und die deutsche Philosophie. Beiträge zur Philosophie des deutschen Idealismus, Beiheft 6, Erfurt 1920.
- „Erklärung der Hochschullehrer des Deutschen Reiches." 16. Oktober 1914. Wiederabdruck in: Der Erste Weltkrieg in Bildern und Dokumenten. München 1965.

27 s. Eingangszitat

28 Petersen, P.: Wilhelm Wundt und seine Zeit. A. a. O. Vorwort und S. 20–28. Merkwürdigerweise meinte Hall, Wundt habe nie eine politische Tätigkeit ausgeübt.

dem Ersten Weltkrieg verständlich – Wundt als einen eifrigen Vorkämpfer Preußens in der Art Treitschkes missdeutet.)[29] Wundt war kein Sozialist oder Sozialdemokrat. Die Mitarbeit im Heidelberger Arbeiterbildungsverein und seine Bekanntschaft mit späteren Sozialdemokraten[30] kann nicht darüber hinwegtäuschen, dass er der liberalen Arbeiterbewegung jener Zeit angehörte, die zwischen 1860 und 1866 zwar eine intensive Zusammenarbeit von linksliberalen Intellektuellen und Handwerkern brachte, die Anliegen der Arbeiterbewegung aber in vielen Fragen nicht verstand und oft auch behinderte.[31] Wundt ist hier gegen eine Reihe seiner Verehrer zu verteidigen deshalb, weil er den ihm retrospektiv auferlegten Ruhm eines Progressiven nicht in allen Bereichen erfüllen kann.[32]

Seine Abgeordnetenzeit fiel in eine liberale, reformfreudige Epoche, die Wundt sehr stark politisch geprägt hat, aber er hatte insgesamt weder in der Kammer noch in seinem Heidelberger Wahlkreis großen politischen Erfolg zu verzeichnen.[33] Mit seiner linksliberalen Einstellung taugte er für die Ziele der damaligen badischen Freisinnigen im sogenannten Kleinen Kulturkampf, zum Beispiel bei der Einführung der Simultanschule gegen den Widerstand des Klerus und der Katholischen Volkspartei, aber der „linke" Status war ihm in der Kammer und somit für höhere Weihen der Politik hinderlich.[34] Auch

---

Bringmann, W. und Ungerer, G. A.: Between Socialism and Liberalism: Wilhelm Wundt's Political Career 1863–1869. Vortragsmanuskript. University of Windsor, Canada, 1978.

29 Petersen, P.: Wilhelm Wundt und seine Zeit. a. a. O. S. 25. Petersen glaubte in einem Artikel Wundts in der Allgemeinen Zeitung 1866 erkannt zu haben, dass Wundt innerhalb von drei Monaten vom schärfsten Kritiker zum glühendsten Verehrer Bismarcks sich gewandelt habe. Die Stelle allerdings, die Petersen zitiert, ist von Wundt ironisch gemeint gewesen.

30 Zum Beispiel Bebel, Sonnemann, Eichelsdörffer, Rüdt, den Wundt selbst aus dem Heidelberger Arbeiterbildungsverein wegen Agitation für Lassalle hinausgeworfen hatte.

31 Birker, Karl: Die Badischen Arbeiterbildungsvereine vor dem Ersten Weltkrieg. In: Internationale Wissenschaftliche Korrespondenz, 18, Berlin, April 1973, S. 1–22. Birker, Karl: Die Deutschen Arbeiterbildungsvereine 1840–70. Berlin 1973.

32 Abstrus verzeichnet ist das Bild des Politikers Wundt bei Krueger, F.: Wundt als deutscher Denker. In: Wilhelm Wundt. Eine Würdigung. Hrsg. A. Hoffmann – Erfurt 1922.

33 Wundt, W.: Erlebtes und Erkanntes, a. a. O, S. 15. Becker, Josef: Liberaler Staat und Kirche in der Ära von Reichsgründung und Kulturkampf. Geschichte und Strukturen ihres Verhältnisses in Baden 1860–1876. Mainz 1973, S. 147ff.

34 In den in Anmerkung 12 angegebenen Notizen schrieb Wundt, dass er im Parlament öfter heftige Zusammenstöße mit dem Regierungschef Jolly hatte. Auch in der Heidelberger Zei-

nach 1866, dem Preußisch-Österreichischen Krieg, ist er – im Gegensatz zu Petersens Credo – weder ein Freund der autokratisch gewordenen badischen Regierung noch ein Bismarckverehrer gewesen, wie viele seiner Parteifreunde.

Für Wundts Eintritt in die Tagespolitik kann man ein Bündel von Randbedingungen anführen. Die soziale Frage, für die liberalen Intellektuellen oft verkürzt auf das Problem der Bildung und Ausbildung, hatte Wundt schon seit den Nachwirkungen der 48er Revolution gefangen genommen.[35] Seine Assistenzzeit bei Ewald Hasse an der Heidelberger Klinik 1856 zeigte ihm in den Krankensälen die Misere des Vierten Standes. Anfang der 60er Jahre begannen die Agitationen Lassalles und seiner Anhänger und die Gründung von Arbeitervereinen. Wundt baute den Heidelberger Verein, der gegen Lassalle gerichtet war, ab 1863 als Abendschule auf. Dabei unterstützte ihn eine Reihe Dozenten. Für viele Hochschullehrer in Baden war es durchaus selbstverständlich, in die aktive Politik einzutreten. Die apolitische Haltung vieler Professoren nach 1870 verdeckt uns den normalen Lebensgang von Persönlichkeiten im Jahrzehnt vor der Reichsgründung. Heidelberg war darüber hinaus ein Zentrum schärfster politischer Antagonismen, was zur öffentlichen Stellungnahme geradezu herausforderte.[36] Nicht zuletzt entstammte Wundt einer Familie, die vielfältig mit der politischen Öffentlichkeit der Stadt Heidelberg verquickt war.

Wundt war vier Jahre Abgeordneter, eine kurze Zeit, dennoch war damit seine politische Aktivität nicht abgeschlossen. Zur Hochschulpolitik (Frauenstudium, Standesfragen etc.) und zu schulpolitischen Problemen (Religions- oder Ethikunterricht etc.) hat er öfter Stellung genommen. Mit Beginn des Ersten Weltkriegs und nach anfänglichem Zögern versuchte er, für das Deutsche Reich propagandistisch zu wirken. Aus der vierten Auflage der „Ethik" von 1912 und den Kriegsschriften ist ersichtlich, dass Wundt einen sozialen Ständestaat im Sinne Fichtes propagierte. (Ähnliche Gedanken sind z. B. auch bei Natorp zu finden.) Dieses „Syndrom" wird von manchen Historikern als Kriegssozialismus bezeichnet.

tung wurde er 1868 als „Feind der Regierung" tituliert. 1869 legte er sein Abgeordnetenmandat nieder.

35 Bringmann, W. et al.: Wilhelm Wundts Lehr- und Wanderjahre. In: Psychologie heute, Heft 12, Weinheim 1976.

36 Vertreter folgender politischer und religiöser Richtungen bekämpften sich damals in Heidelberg: Katholische Volkspartei, Demokraten, Lassalleaner, Nationalliberale, liberale und orthodoxe Protestanten, altkatholische Bewegung, Großdeutsche, Kleindeutsche, der Klerus beider Kirchen.

Das völkerpsychologische Interesse bei Wundt

Die Erfahrungen aus der politischen Arbeit und seinen psychologischen Forschungen sind bei Wundt nicht ohne wechselseitigen Einfluss geblieben, wie die Genese seiner Überlegungen zu einer Ethik zeigen sollte. Verbindungen aus der frühen Konzeption der Völkerpsychologie mit seiner Tätigkeit als Politiker können mit einigen biographischen Hinweisen und unter Beachtung der wissenschaftlichen Diskussion jener Zeit hergestellt werden.

Das Erziehungs- und Zivilisationsgebot der Völkerpsychologie Wundts zu Beginn der 60er Jahre für die „primitiven" oder „rohen" Völker galt ebenso für den Vierten Stand im nationalen Bereich. Die Arbeiter-Handwerker sollten ihre soziale Lage verbessern durch Bildung und – als Folge – durch Besitz.[37] Diese sozialpolitische Implikation hat Wundt im zweiten Band der „Vorlesungen" als Maßstab zur Beurteilung des ethischen Status einzelner Völker benutzt und später in seiner Ethik zu einer Soziallehre ausgearbeitet.[38] Diese Soziallehre nimmt die praktischen Ziele und Probleme der Arbeiterhandwerker aus den 60er Jahren des 19. Jahrhunderts zum Teil wieder auf. Für die frühe liberale Arbeiterbewegung, speziell die Vereine, hieß das im Sinne Schulze-Delitzschs: „Hilfe zur Selbsthilfe". Dies wurde umgesetzt in Unterrichtsprogramme, die „Allgemeine Bildung" und Einzelfächer – wie Schreiben, Rechnen, Buchhaltung und Fremdsprachen – vorsahen. Wundt hielt deshalb in seinem Heidelberger Verein Vorträge über Physik, Chemie und Anthropologie. Er nahm auch Stellung zu politischen Fragen – zur Deutschen Einigung, zum Berufsschulwesen, zu freien Wahlen etc. –, wobei die Konkurrenz der Lassalleschen Vereine, die immer mehr Vereinsmitglieder abzogen, die bürgerlichen Lehrer und Leiter zunehmend verunsicherte.

In seinem Konzept zur Völkerpsychologie hat Wundt keine politischen Fragen erörtert, die im Folgenden diskutierten Bemühungen aber gekannt und gebilligt.[39] Das taten etwa zur gleichen Zeit Lazarus und Steinthal im ersten Band der „Zeitschrift für Völkerpsychologie", der 1859/60 erschien. Im

37 Conze, Werner: Möglichkeiten und Grenzen der liberalen Arbeiterbewegung in Deutschland. Das Beispiel Schulze-Delitzschs. Heidelberg 1965.

38 Wundt, W.: Ethik. Bd. 2 u. 3, 4. Auflage, Stuttgart 1912.

39 Wundt, W.: Erlebtes und Erkanntes, a. a. O. S. 206ff.

einleitenden Kapitel legten sie ihr Verständnis von Völkerpsychologie und Politik auf der Grundlage von Hegels These des Volksgeistes dar:

„Von dieser Seite aus betrachtet wird das Verhältnis zwischen jenen Wissenschaften ein ganz anderes: die Politik wird sich nun zur Völkerpsychologie verhalten, wie die Physiologie zur Psychologie" (S. 10).

„... während z. B. die Politik die Bedeutung jenes Verhältnisses zwischen Freien und Unfreien für die Gesellschaft zu untersuchen hat, für die Gesundheit und Festigkeit des Staates: hat die Psychologie die Seelen-Erregungen, die Förderungen und Hemmungen der geistigen Entwicklung, die Antriebe zur Charakter-Bildung, die Stimmungen des Gefühlslebens zu überprüfen, die dem Unfreien aus seiner politischen Gedrücktheit entstehen" (S. 19).

Hier wird die Völkerpsychologie als empirische Wissenschaft gegen die Politik als normatives Handeln abgegrenzt, wenngleich der moralphilosophische Impetus noch mitschwingt. (Wundts Vorstellungen über eine politische Ethik in den „Vorlesungen" setzt sich aus einer Fülle von Einzelurteilen über den moralischen Zustand, die sittliche Höhe, gute oder mindere staatliche Einrichtungen etc. der Völker zusammen. Die – zwischen den Zeilen zu lesende – Ethik entspricht in Umrissen der von Theodor Waitz in seiner Anthropologie der Naturvölker, Leipzig 1859, dargestellten.)

Wundts Interesse für Einzelgebiete der Völkerpsychologie, z. B. Sprachpsychologie und Religionspsychologie, reicht bis in seine Heidelberger Schulzeit. Der spätere Innsbrucker Mongolist Bernhard Jülg (1825–1886) hatte ihn als sein Lehrer auf ethnologische Fragen aufmerksam gemacht, wie Wundt in „Erlebtes und Erkanntes" berichtet.[40] Nach dem Abitur wollte Wundt ursprünglich Philologie studieren.[41] Auffällig ist auch, dass sein Bekanntenkreis in der Heidelberger Zeit überwiegend aus Philologen, Juristen, Theologen und Orientalisten bestand. Darunter einige für damalige Verhält-

40 Wundt, W.: Erlebtes und Erkanntes, a. a. O., S. 44. Heizmann, Ludwig: Doktor Bernhard Jülg. Eine Biographie. Oberkirch 1930. Heissig, Walter: Die Mongolen. dtv, München 1978, S. 89.

41 s. Fußnote 12.

nisse weit Gereiste, die sich in einem Kreis um Henriette Feuerbach versammelten und Wundt mit Material und Wissen unterstützen konnten.[42]

Wundts Beschäftigung mit Völkerpsychologie wurde durch die experimentelle Forschung keineswegs unterbrochen. Schon vor dem Erscheinen der „Vorlesungen" hatte Wundt über Anthropologie und Ethnographie gelesen.[43] Vom Wintersemester 1859/60 bis zu seiner Berufung nach Leipzig 1875 hielt er einschließlich der Zürcher Vorlesung vierzehn Veranstaltungen zu diesem Thema. Nach dem Vorbild popularisierender Wissenschaftler seiner Zeit, wie beispielsweise Haeckel, trug er ethnologische Probleme auch einer breiteren Öffentlichkeit vor.[44] Zwischen den „Vorlesungen" und dem programmatischen Aufsatz „Über Ziele und Wege der Völkerpsychologie" im Jahre 1886 publizierte er überdies vierzehn Rezensionen auf diesem Gebiet.

Veränderungen des Wundtbildes

Wundts frühere Publikationen wurden in Verbindung mit seiner Biographie untersucht. Daraus ergaben sich Konvergenzen zwischen den wissenschaftlichen und sozialgeschichtlichen Aspekten in Wundts Leben. Konvergenzen deshalb, weil der genauere historische Zusammenhang auf Archivalien aus dem Wundt-Archiv Leipzig gestützt werden müsste. Die vorliegende skizzenhafte Darstellung verwendet gleichwohl neue Quellen, die die politischen Aktivitäten Wundts betreffen.

Mit dem Überbau der Völkerpsychologie über die Experimentalpsychologie waren bei Wundt Ansätze zu einer sozialpolitisch orientierten Ethik verknüpft. Diese theoretischen Überlegungen publizierte Wundt zu einer Zeit, in der er in der liberalen Arbeiterbewegung und als Abgeordneter tätig war. Die Bedeutung des Politikers Wundt ist bisher – gerade im Zusammenhang mit seiner wissenschaftlichen Entwicklung – kaum beachtet worden.

Das politische und völkerpsychologische Interesse liegt zeitlich früher als die experimentelle Forschung und erfährt durch sie keine Unterbrechung. Hy-

42 Wundt, W.: Erlebtes und Erkanntes, a. a. O., S. 149–169, 234–241.

43 Wundt, Eleonore (Hrsg.): Wilhelm Wundts Werk. Ein Verzeichnis seiner sämtlichen Schriften, München 1927.

44 Wundt, W.: Erlebtes und Erkanntes, a. a. O., S. 149–169, 234–241. Wundt hielt einen Vortrag „Über die Verbreitung der Menschenracen", s. Heidelberger Journal, 18.2.1865.

pothetisch könnte man sogar sagen, dass die experimentelle Phase Wundts nicht sein Hauptanliegen war, die Institutionalisierung der modernen Psychologie aber wesentlich auf ihr beruht.

Summary

Wundt's earlier publications are considered in relation to his biography and in this way certain connections are pointed out between the history of ideas and social psychology. In Wundt's time, the combination of a theoretically orientated social psychology and a Völkerpsychologie was something new. Wundt succeeded in combining them by using a political ethics as his superstructure. (His contemporaries had already postulated that both experimental psychology and Völkerpsychologie should be based on theory.)

Presenting Wundt's earlier work in this new perspective, the author makes use of newly discovered material relating to Wundt's political career.

It can be assumed, from some of Wundt's auto-biographical remarks, that for him the period of experimental research was but an interlude – interrupting but not ending his Völkerpsychologie which remained his principal interest.

An Archival Journey in Search of Wilhelm Wundt

1980

Wolfgang G. Bringmann / Gustav A. Ungerer

A careful study of the growing literature on the history of modern psychology reveals that authors have generally made use of primary sources when discussing the theories and scientific contributions of eminent psychologists. Unfortunately, archival source materials have rarely been employed in their biographical accounts. Indeed, one can adapt to the history of psychology the comments of Theodor Fontane (1819–1898), the German novelist and essayist, made about the patriotic historiography of his time:

It has been the fate of the history of Brandenburg that certain fossilized forms of presentation have been transmitted uncritically from one book to another. Better archival sources either remained hidden or were even partially replaced by prejudiced information, which could have been refuted by available sources (1960, p. 70).

For psychology the major sources of misinformation have been such widely read works as Boring's *A History of Experimental Psychology* (1950) and Roback's *History of American Psychology* (1952). They are being increasingly challenged with regard to factual accuracy and the interpretations of their sources. If biographical writings in the history of psychology are to attain the high standards of works like Ellenberger's history of dynamic psychiatry, *The Discovery of the Unconscious* (1970), researchers in our field will have to seek out and utilize archival sources to a far greater degree than has been done.

Unique Values

Although archival research is only one form of historical scholarship, it can give the historian of psychology a much richer picture of the past than the printed matter can. Specifically, five "unique values" of archival research have been described by Cadwallader (1975, pp. 28–31).

1. Archival research can reveal "unsuspected facets of history ..." (p. 28).
2. Archival research may suggest "the genesis of ideas ..." (p. 29).
3. Archival research may reveal "unsuspected personal influences." (p. 30).
4. Archival research is "practically the only source of information ..." on "... academic and professional politics ...", which "play a major role in shaping personal careers and otherwise influencing history ..." (p. 31).
5. Archival research is able "... to round out the picture of the personal side of an individual." (p. 31.)

Problems

Archival sources can provide richer and more accurate information than the best of secondary sources. Yet the very natures of asrchival source materials present the novice as well as the veteran historiographer with special and often insurmountable frustrations. To begin with, documents and other archival materials must be discovered. However, existing finding aids are frequently incomplete and in many instances become accessible after one has already discovered the relevant repositories by trial and error. Finding aids for materials in private hands is almost nonexistent and, typically, it is necessary first to identify the names of descendants, relatives, former students and friends of eminent psychologists, and locate them through painstaking searches in directories and by extensive correspondence. Perhaps nothing is more disappointing than discovering the location of the papers of a major figure in the history of psychology and even gaining a general idea of what treasures are still available in mint condition, only to hear that the papers will have to remain inaccessible "because Papa wanted it this way." As Mommsen (1973) stressed, the behavior of the legal heirs of the literary estate and personal papers of famous persons is most difficult to predict and to influence:

> *"The behavior of the heirs is just as important for the fate of the individual estate. Some preserve the papers like a treasure, others let them deteriorate. They divide them among themselves and separate – at times without a full*

understanding of the work of the deceased – what they regard as important and unimportant. They destroy material which they consider as detrimental to the memory of their famous relative or preserve only particular memorabilia (e.g. letters from other famous persons). Sometimes the heirs give away or sell individual autographs, and the remainder of the estate, which eventually goes to an archive, may have been robbed of its most valuable and interesting items ... The heir often turns initially only the bulk of the estate over to an archive or library and the most important and secret papers are kept back, especially those which relate to still living persons or which deal with important issues of relevance to the individual's family ... Due to such suppressions of entire estates or parts of estates, no researcher can be absolutely sure that new sources will not surface shortly after the appearance of his own publication, although he may have carried out his own researches with the greatest care" (p. XV).

John A. Popplestone, director of the *Archives of the History of American Psychology* at Akron University, explicitly warns historians of psychology against placing naive trust in archival materials just because they are primary sources of information (1975):

"As archivists and historians of psychology succeed in locating and gaining access to primary resources, both advantages and disadvantages emerge. The papers provide a deep and rich source of material that has been lacking in research based solely on secondary sources. The recognition of this merit is sufficiently widespread that further endorsements may be omitted and attention directed to the fact that potential weaknesses are embedded in the strength of these primary data. One emerges from the novelty and enthusiasm for original papers that are apt to include a credibility that is unwarranted in view of the fact that data are incomplete. A manuscript collection has the imprimatur of authenticity but it can also be misleading if it consists of only a fragment of the record. An overemphasis on a part violates the Gestalt ... It is impossible to ascertain the incompleteness of any deposit, and fractionated collections are prevalent" (p. 21).

In the same article, which has the features of a research manual for historians of psychology, Popplestone expounds upon what has to be done to overcome problems caused by incomplete research data.

Steps should be taken to minimize any enforced reliance upon only a part of the evidence. An obvious step is the traditional honoring of the tentative nature of all knowledge. Another safeguard is the securing of as many primary documents as possible and a third involves a delimiting of probable *lacunae*. The manual of the future may well demand that the scholars should supplement the available resources with indications of the probable amount and nature of unavailable ones (1975, p. 21.).

During the past seven years, in which the bulk of our archival researches on the life and work of Wilhelm Wundt (1832–1920) were carried out, the accuracy of the predictions by Cadwallader, Mommsen, Popplestone and others about the joys and frustrations of archival research has impressed us time and again and we wish to share our experiences with the reader.

History of the Wundt Project

The senior author's interest in archival research can be traced to pilot work for a biography of Wundt's early student, Hugo Münsterberg (1863–1916). The work was stimulated by several visits with Münsterberg's youngest surviving daughter in the summer and fall of 1971 in her Boston home. At that time initial access was gained to the Münsterberg papers in the Boston Public Library (Sokal, 1977) and to the various collections of William James' (1843–1910) papers at Harvard University. A careful study of letters which Wundt exchanged with Münsterberg between 1891 and 1916 suggested that a re-evaluation of the relationship between these two scholars would be worthwhile. Roback has asserted in his anecdotal *History of American Psychology* (1952) that Wundt personally rejected Münsterberg because he disagreed with him on a theoretical issue:

> *"The formidable Wundt did not think it beneath his dignity to reply to his young opponent who had recently been graduated from his laboratory. An animated controversy arose in which Münsterberg won his laurels, but also lost the favor and friendship of his famous teacher at Leipzig" (p. 194).*

According to Roback, Wundt specifically used his influence to block Münsterberg's academic career:

> *"It was at this time that the young psychologist was recommended for an appointment at the technical college in Zurich, and three influential German professors were not slow in sending a sheaf of unfavorable comments on the candidate to the governing board of that institution. These were Wundt, Natorp, and G. E. Müller" (p. 194).*

Since many of the letters among Münsterberg's papers dealt with his hopes to become the successor of the noted positivist philosopher Richard Avenarius (1843–1896) at Zurich University, research was concentrated on Wundt's role in Münsterberg's unsuccessful candidacy. Suspicions concerning the validity of Roback's charges were fully supported by an examination of correspondence from Münsterberg's personnel file at the *Cantonal State Archive* in Zurich. In contrast to Roback's accusation that Wundt had volunteered "a sheaf of unfavorable comments" about Münsterberg, Wundt's letter was requested by the Dean. It consists of only three short paragraphs and fully endorses Münsterberg as the right person to fill the vacancy at Zurich. This research resulted in a brief communication by Bringmann and Balance (1973) and an article by Balance (1975). Because the vast collection of Münsterberg's papers in Boston, unfortunately, consisted for the most part of letters to Münsterberg from his many colleagues, friends and admirers and because Münsterberg's own letters are largely missing, the project of writing a biography of Münsterberg was abandoned for lack of significant new material, not covered in Margaret Münsterberg's biography of her father (1922).

Instead, the preparation of a scientific biography of Wilhelm Wundt appeared to be a more challenging endeavor because, as Blumenthal has observed (1970), "American textbook accounts of Wundt now present highly inaccurate and mythological caricatures of the man and his work." (p. 11.) As a first step towards this goal many of Wundt's writings were studied in detail. Next, photocopies of about 1,000 letters by Wundt, spanning most of his life from 1851 to 1920, were obtained from major libraries in both Germanys, Switzerland, the United States, and Canada. Once the letters were received, the arduous task of deciphering Wundt's handwriting began. Unlike Avenarius, who rued the day when Wundt was introduced to an American invention, the typewriter (Cattell, 1928), we soon wished that Wundt had typed all of his letters. Unfortunately, long after he bought his own typewriter, even until a few days before his death, Wundt continued to write by hand, although he was nearly totally blind.

The authors of the present chapter began their Wundt research separately and did not establish a working relationship until the spring of 1976. Nonetheless, it was a most pleasant surprise to discover that their work had generally followed quite similar paths and that they had often arrived at the same conclusions, despite substantial differences in their respective educational backgrounds and interests. Therefore, it was decided to write a joint account of their search for the archival record of Wilhelm Wundt. All archives and libraries with relevant holdings of Wundt materials were visited by one of the authors, or, in rare circumstances, by a trusted research associate, at least once, and most have been consulted repeatedly. It was decided to organize the results of our search in three sections corresponding to the major types of repositories of Wundtiana.

I. Wundt's "Written Estate" and Private Papers

Before describing our long search for original materials from the estate of Wilhelm Wundt, it is necessary to survey the existing literature and to reach some agreement about the use of technical terms (Brooks, 1969, Denecke, 1969, Mommsen, 1971). Wolfgang Mommsen, the German authority on collections of "private papers" (Brooks, 1969) in German archives and libraries, has provided the following definition of "*schriftlicher Nachlass* (written estate)" in his famous directory (1971):

> *"An estate consists of the private files of a man whose papers are worthy of permanent preservation, which, through his death, have become a written estate. This definition precludes that an estate can be expanded after death" (p. XIV).*

Archivists tend to be selective with regard to the papers which they wish to acquire from the estate of an important person.

> *"Normally, the family will keep the correspondence of the deceased with parents and siblings, his wife and his children. The archivist will in general seek to obtain the family letters including the letters of the deceased himself to his relatives ... Such correspondences may be of special value, especially those to parents, the wife or a favorite son, to whom the deceased may have spoken more candidly about problems and personalities than even to his best friend" (p. XVI).*

Mommsen concludes that an estate is rarely turned over to an archive or library in its entirety. Partial estates are common and sometimes one can speak of "splinters" of an estate (p. XVII).

Although a written estate should contain only materials acquired by the testator during his lifetime, one frequently encounters so-called "enriched estates" or „*angereicherte Nachlässe*". Typically they contain materials of relevance to the deceased. Letters are favorite additions to estates, especially those written by a famous person. They may also include letters from relatives. At any event, an enriched estate usually has a significant core of materials which can be traced to the original estate. Mommsen has suggested that genuine (written) estates are more common in archives. On the other hand, enriched estates are frequently preserved by libraries, whose criteria for acceptance are somewhat less stringent. Since American archivists do not speak of "written estates" but of "private papers", we will use the terms interchangeably. Of course, Mommsen's comments about archival matters readily apply to the American situation.

Table 1 lists and briefly describes six major locations of Wundt's private papers and of memorabilia. Each listing contains basic information about the location, content, state of organization, and provenance of each depository.

Table 1: Major Repositories of Wilhelm Wundt's Private Papers

Repository		Description
1.	*Wundt Family;* Mannheim (West Germany)	Birth records; books by Wundt; drawings, paintings and sculptures of Wundt and ancestors, memorabilia. (Uncatalogued) *Coverage*:* 1, 3, 11. *Provenience:* Estates of Max and Eleonore Wundt. *Contact:* 1972, 1974, 1978.
2.	*Library, Bochum University,* Bochum-Querendorf (West Germany)	Many books from Wundt's Library with signatures and notations. (Uncatalogued) *Coverage*:* 1–12 (except Philosophy and Folk Psychology). *Provenience:* Estate of Max Wundt. *Contact:* 1974.
3.	*Wundt Archive, Faculty of Psychology, Karl Marx University,* Leipzig (East Germany)	Letters to and from Wundt; notebooks; lecture notes; personnel records; photographs; speeches; newspaper clippings (Partially Catalogued) *Coverage*:* 1–12 *(Emphasis:* 8–12). *Provenience:* Estates of Eleonore and Max Wundt. *Contact:* 1975, 1978, 1979
4.	*Wundt Family,* Tübingen (West Germany)	Family letters to and from Wundt; diaries of wife; personal documents; genealogical information; photographs. (Cataloguing in process) *Coverage*:* 1–12. *(Emphasis:* 6–9). *Provenience:* Max Wundt Estate. *Contact:* 1978.
5.	*Archive, Tübingen University,* Tübingen (West Germany)	Letters by Wundt to his son Max; 618 typewritten copies of Wundt letters by Eleonore Wundt; copies of Leipzig personnel records; genealogical materials; correspondence with Wundt Archive. (Partially Catalogued) *Coverage*:* 7–12. *Provenience:* Max Wundt Estate. *Contact:* 1978.
6.	*Library, Tohoku University,* Sendai (Japan)	Major part of Wundt Library dealing with psychology and related fields. (Catalogued) *Coverage*:* 4–11. *Provenience:* Wundt Estate. *Contact:* 1978.

**1 – Family and Childhood (1832–1845)*
2 – School Years (1845–1850)
3 – Medical Studies (1850–1855)
4 – Early Career (1856–1865)
5 – Politics (1859–1869)
6 – The Principles (1866–1874)
7 – Zurich Interlude (1874–1875)
8 – Early Leipzig Years (1875–1879)
9 – Origin and Development of Laboratory (1879–1897)
10 – Students and Colleagues (1883–1917)

The numbers after the term "Coverage" refer to specific periods of Wundt's life. The dates in brackets are only approximations and overlap by necessity. The dates following the word "Contact" indicate when the respective repository was contacted in writing or through a personal visit of the authors.

Wundt Estate – Mannheim

In December 1972, an initial journey was made to collect archival information about Wundt in West Germany. Perhaps the most important event during this trip was meeting Wundt's grandson in Mannheim. Like his grandfather, Dr. Wilhelm Wundt is a physician and a professor at Heidelberg University. His elegant home contains many memorabilia of Wundt and his ancestors. For example, the family owns impressive bronze casts of Wundt's hands as well as a magnificent marble bust by Max Klinger (1857–1920). The "Blue Meissen" dinner set and the heavy pistol-handled cutlery, which stem from Wundt's estate, clearly show that Wundt and his family must have been well-off during their later years in Leipzig. The family owns a small collection of Wundt's major writings bound in leather, which, unfortunately, did not contain any annotations. Of particular interest was a prayer book in which Wundt's father recorded the births of his children on the days they were born. The only other autographs in family hands were a small collection of letters, which Wundt had written to Eduard Spranger (1882–1963) and which seem to have come from the Spranger estate.

Dr. Wilhelm Wundt also mentioned that the bulk of his grandfather's papers, books and other memorabilia, which his aunt, Eleonore Wundt (1876–1957) had preserved in her Großbothen home near Leipzig, had been deeded to the Faculty of Psychology *(Sektion Psychologie)* of Karl Marx University (German Democratic Republic) some time after her death. The family had received permission to move personal belongings, like china, silverware, family portraits, and small pieces of antique furniture to West Germany. At that time, Professor Wundt expressed the opinion that additional materials about his grandfather might exist in the family home in Tübingen where his father, Max Wundt (1879–1960), had spent his retirement years.

Bochum University

According to Wundt's last will and testament (1914), the "scientific part" of his library was to go to his son Max. However, books dealing with the field of *Völkerpsychologie* were to become the property of his daughter Eleonore. Moreover, she was to have the right of choosing "works of special interest to her" from books in general psychology and the natural sciences. Wundt also anticipated that his children might wish to sell part of his library and instructed them to divide the "proceeds" equally among themselves. Although we do not know how many books and other materials were contained in Wundt's library, we know from a memorandum by his son (1921) on the "*Distribution of Papa's Library*" that it measured altogether "*213 Meter*" or about 650 linear feet. Max Wundt apparently claimed "*66 Meter*" or 31 per cent of the total. His sister received only 60 feet of Wundt's professional books or about eleven per cent of the total. In addition, Miss Wundt was given all fiction and one of two voluminous editions of Goethe's work owned by her father. The remaining 58 per cent of Wilhelm Wundt's library was sold. Most of the books on philosophy, psychology and related fields, which Max Wundt received, were sold by his heirs to an antiquarian book dealer who, in turn, sold them to the newly established Bochum University. Today the library of this university still contains many books which originally belonged to Wundt. However, according to one report, all books which contained annotations and were in a bad condition were disposed of. The fate of the rest of Wundt's library will be discussed in two later sections of this paper.

Wundt Archive – Leipzig

History. Anyone who is even superficially familiar with the contents of the Wundt Archive at Karl Marx University in Leipzig, will agree that Wundt was an inveterate hoarder who hardly ever threw anything away. He also seems to have made at least an attempt to organize the letters, papers, documents and other materials in his possession because faded envelopes exist with summary notations in his handwriting. However, most credit for the preservation of Wundt's papers and memorabilia must be given to his daughter who published an early biography (1928) and the authoritative bibliography of her father's writings (1927). She served as her father's secretary and research assistant, especially during the period when he completed volume IV of his folk psychology which dealt with mythology and religion (1905). Eleonore Wundt, who never married, organized her father's papers after his death and spent much time collecting letters which he had written and typing copies of them. She maintained a collection of her father's private papers in her last home in Großbothen near Leipzig. Here she kept in a special room, which she called the Wundt Archive, a small collection of his books and many other rare documents and other memorabilia. This collection was expanded by articles and newspaper cut-outs about Wundt. Dr. Wundt, her nephew in Mannheim, remembers having visited the "shrine" as a child (Wundt, 1972). Miss Wundt developed an elaborate catalogue of Wundt's personal papers and memorabilia, including the materials she had added over the years. This private archive was turned over to the then Institute of Psychology at Karl Marx University in 1948 (Drucker, 1978). However, her extensive collection of Wundtiana, according to one source, "was not accessible to anyone, except her confidants, Dr. Felix Schlotte and Frau." The contents of the Wundt Archive were briefly described by Wolf, Lülfing and Ruth Unger in 1968 as follows:

> *"543. Wundt, Wilhelm (1832–1920), Philosopher, Psychologist. Volumes, notebooks, rolls of papers, fascicles, bundles, folders, boxes, albums, envelopes, translations, outlines, lecture notes, lecture outlines, lectures, speeches, personnel records, illustrations, newspaper articles. Leipzig, Karl Marx University, Psychological Inst. Signature: Wundt Archive."*

In 1972, Dr. Wolfram Meischner was appointed as Coordinator of the Wundt Archive. From 1972 until the present, the Wundt Archive has been undergoing a thorough reorganization which will we hope be completed in time for the 1980 International Congress.

Personal Contacts. Direct contact with the Wundt Archive has been restricted to the senior author, who corresponded with Dr. Meischner as early as 1972 (Meischner, 1972 a) about the Münsterberg project and plans for a Wundt biography (Meischner, 1972 b). During personal visits to the German Democratic Republic in September and October 1974, contact was established with members of the Historical Commission of the East German Psychological Association (D. Fensch, W. Meischner, J. Siebenbrodt, and L. Sprung). During a lengthy session in which the whole field of Wundt research and plans for the 1979–1980 Centennial of Wundt's Institute of Experimental Psychology were discussed it became apparent that the Wundt Archive was not fully functional and that it would take years before it could be utilized by outside researchers. After these scientific and personal contacts with historians of psychology in the German Democratic Republic had been established, a regular correspondence about the progress of Wundt research projects in the GDR and the United States was initiated. A personal visit to the Faculty of Psychology at Karl Marx University during May 1978 revealed that a great deal of work had been done since 1974. Although the archive was still closed to visitors, it was possible to work on specific questions for about one week through the generous help of Dr. Renate Drucker, the former Director of the KMU Archive, and Prof. Dr. M. Schwendler, the present head of this institution. A return visit to the archive was made possible during the International Wundt Symposium from October 31 to November 2, 1979.

Contents. The holdings of the Wilhelm Wundt Archive are part of the much larger University Archive of Karl Marx University, located in the basement of the famous university library designed by Rossbach (Füssler, 1959). Apart from the director's office and the extensive storage rooms, there was one large room for clerical personnel and users of the collections. It is, of course, impossible to give a comprehensive description of the contents of the Wundt Archive within the limits of this paper. Although a great deal of the material had been classified already, the work of reorganization was still continuing during the last visit. Nevertheless, major categories of archivalia were identified and examined.

1. The core of the archive consists of Wundt's vast correspondence with scholars and scientists, collected by Wundt's daughter after his death. Wundt also maintained a close relationship with many of his students, and not only those who were famous. In fact, letters to and from his students seem to reveal more about the changes in Wundt's conceptions of psychology than his correspondence with eminent contemporaries. Wundt was indeed a fighter but he also possessed the ability to retain the loyalty and personal friendship of scholars, like Külpe, Münsterberg and also Meumann with whom he disagreed on many important issues.
2. Letters to and from friends, relatives and acquaintances also exist in large numbers. Most of these are quite brief and contain little substantial information, especially the letters from his female fans. Somewhat surprisingly, the Leipzig collection contains hardly any letters from family members. Most likely these were never regarded as part of the official Wundt Ar-

chive. Scholars who wish to use the Wundt letters for their work should have a good knowledge of literary German and must be familiar with the Gothic script in which almost all letters were written.

3. The personal papers of Wilhelm Wundt contain lecture notes covering almost his entire life as a university teacher. Many of these notes were written in pencil on tiny pieces of paper and are now badly faded. Only a few manuscripts of Wundt's works have been preserved but there are no unpublished works whatsoever. Of particular importance are Wundt's notebooks in which he collected information for his books and which can provide important data about the genesis of his ideas. Some of Wundt's correspondence with publishers has been preserved and awaits examination.
4. The Wundt Archive in Leipzig contains about 300 volumes of reference works and a complete collection of the journals edited by him. Some of the books contain annotations.
5. The archive owns a small collection of other interesting memorabilia. For example, there is a small collection of personal photographs, obtained in part from Max Wundt, which includes pictures of Wundt's study. Early photographs of Wundt and his family and photographs of the institute are almost nonexistent. There are a large number of personnel records, including report cards, university transcripts, diplomas and awards as well as personal items of minor importance (e.g. the nameplate from Wundt's apartment door, his glasses, gloves, academic regalia and gifts from former students).
6. The Wundt Study Group at Leipzig, and especially, the professional staff of the KMU Archive, developed a number of important research tools. Dr. Renate Drucker is completing an index of scientific and personal letters. She has prepared summaries of the most important letters and an extensive cross-index. Thus, researchers will eventually be able to pre-screen much of the material. The abstracts are, of course, all in German. The archive has also compiled a catalogue of Wundt's doctoral students which exceeds considerably the information provided by Tinker (1932). Finally, the Archive has compiled a list of more than 10,000 students who took courses with Wundt at Leipzig University between 1875 and 1917.

7. Finally, an accidental but very important find during work in the Wundt Archive was the discovery of a small collection of letters and diary pages by Gustav Theodor Fechner (1801–1887), which Wundt originally obtained from Fechner's estate (Wundt, 1901). All Fechner autographs are concerned with the famous controversy about the nature of parapsychological phenomena in which Wundt, Fechner, the astrophysicist Johann Karl Friedrich Zöllner (1834–1882), and the American medium Slade were involved between 1878 and 1882 (Wundt, 1879). A brief examination of these materials suggests that the views of Wundt and Fechner on spiritualism and similar matters may have diverged more than one would conclude on the basis of their respective accounts (Fechner, 1879; Wundt, 1879).

Future Plans. The Faculty of Psychology at Karl Marx University is planning to move the Wundt papers and memorabilia to the main psychology building in time for the 1980 Congress. Plans have already been made for the organization of a small museum, which would contain books from Wundt's library, his desk and other memorabilia. In addition, a special archival unit is to be established which will house the Wundt papers and will make them accessible to scholars. This unit will remain an integral part of the KMU Archive but will have its own staff.

Publications. The first published reference to the Wundt Archive can be found in the monograph, *Wilhelm Wundt und seine Zeit* by Peter Petersen (1925):

> *"For the first time the complete, rich material of the Wundt Archive in Großbothen, which was relevant to our task, has been utilized. Manuscripts, articles, and editions of all publications, which permit a comparison of important points, were used to describe the political activities of Wundt during the 1860s and the philosophical developments in the 1870s for the first time" (p. VIII).*

A second publication, which made extensive use of the holdings of the Wundt Archive, is Schlotte's pioneering article (1955/56). Material from the Wundt Archive was also used in a short paper by Fischel (1959) about the correspondence between Wundt and his student Emil Kraepelin (1856–1926). Finally, the reorganization of the Wundt Papers was described by Regina Gröteke in a very thorough study (1977). L. Kreiser of the Faculty for Marxist-Leninist Philosophy in Leipzig made extensive use of the Wundt Archive in the preparation of an article on "W. Wundt's Conception of Mathematics" (1979), based on an analysis of the correspondence between Wundt and the mathematician Georg Cantor (1845–1917) of Halle University. The same issue of the Scientific Journal of Karl Marx University (1979, 28) contains also a small selection of letters from the Wundt Archive by Ernst Haeckel (1834–1919), James McKeen Cattell (1860–1944), Edward B. Titchener (1867–1927), and others. Nevertheless, most Wundt studies published by scholars in the German Democratic Republic appear to have utilized Wundt's published writings far more commonly than the existing archival resources.

In conclusion, the Wilhelm Wundt Archive at Karl Marx University is a very important source of information about Wundt's public and academic life during the Leipzig years. The Wundt Archive is, of course, not an archive in the true sense of the word. It can best be described as the *written estate* or *private papers* of Wilhelm Wundt. More specifically, one should call the Wundt Archive an "enriched estate" *(bereicherter Nachlass)* because it contains much material which was added by Wundt's daughter to the original core. Despite its obvious riches, the Wundt Archive at KMU provides little information about Wundt's formative years and his private life.

Wundt Family – Tübingen

History. The possible existence of papers from the original Wundt estate in the former home of Wundt's son Max was first mentioned in December of 1972 by Wundt's grandson in Mannheim. Unfortunately, we missed the clue and did not follow up his suggestion until May 1978. In retrospect, it is quite clear that Wundt's descendants did not really know what type of archival material was stored in dusty boxes in their attic. It is established that the content of the boxes had been sent to West Germany by Eleonore Wundt. Other materials were obviously collected by Wundt's son Max in preparation for a biography of his father or for a family history. Plans are currently under way to develop a systematic inventory of these newly discovered Wundtiana during the summer of 1980. The present description is based on a brief examination of the contents during a two-day visit in early June 1978.

1. *Family Letters.* Perhaps the most important find was a substantial number of letters which Wundt had exchanged with the mother, his brother, his teacher Friedrich Müller, and other close relatives and friends. These apparently are letters which Eleonore did not consider an official part of the Wundt Archive. The large number of letters which Wundt wrote to his fiancée Sophie Mau (1844–1912), later his wife, whenever he was separated from her, reveal a very personal, warm and utterly candid side of Wundt that was quite unexpected. The letters contain a wealth of personal material but also much information about his career and his colleagues. As an illustration, I wish to quote from the letter in which Wundt proposed to his future wife (Wundt, 1872). The letter adds a number of unknown details about Wundt's academic career at Heidelberg (Bringmann, 1975):

"I began my scientific career as a student of medicine but was soon attracted to the natural sciences. Thus, I chose physiology. In this field I should have been able to have obtained a secure academic position already several years ago. However, I must confess that I have little practical sense. I am unable to only pursue those topics in my studies which are useful in gaining an academic appointment. Instead, I have always been inclined to follow more freely my own interests than is permitted by everyday common sense. My physiological work led directly to philosophical studies. Since I was not particularly gifted in winning the favor of influential personalities, I was often considered a traitor to my own field of specialization whenever academic openings in physiology existed ..." (1872 a).

In this letter Wundt also spoke at length about his political activities:

"These obstacles, however [in finding a regular academic appointment], could have been overcome through hard work, if I had not been drawn into the maelstrom of politics during the turbulent times which preceded the summer of 1866 (Austro-Prussian War) ... I was careless enough to get myself elected to the Baden Parliament for Heidelberg and here again I did not hold back in giving my opinions, as was to be expected ... Consequently, the leading politicians of the country became anything but my friends" (1872 a).

Wundt drew the following blunt conclusion about his life:

> *"As you can see, my life has been a web of errors which I recognize sometimes long after they have been committed, without being protected against new ones in the future" (1872 a).*

He added, somewhat surprisingly, that the only bright spot in his life had been his ability to earn a decent living through his writing:

> *"My income from publications, a small salary which I was able to obtain, and from my teaching amounts to about 2,000 Gulden. Half of this amount fluctuates somewhat since it is derived from lecture fees and payments for my publications" (1872 a).*

However, Wundt believed that he would be able to support a wife as long as she did not expect to live extravagantly. The living conditions of Miss Mau, who had met Wundt initially in 1868 in the home of her aunt in Heidelberg, are not known. However, when she received the letter she was living in England and it seems possible that she was employed as a governess or language. teacher. She may well have felt that marrying a forty year old professor was better than remaining a spinster.

2. *Frau Wundt's Diaries.* Of great interest are the diaries which Frau Wundt kept through most of her married life and which contain much information about her husband and his work. Frau Wundt's notes take the form of brief sentences or phrases. Wundt is typically referred to as "my husband" or simply as "W.". Occasionally, when he is away on a trip or has just returned with gifts, she refers to him as "my sweet husband".

To illustrate the general content of the diaries, some of the major events will be mentioned from the diary for 1877. Wundt's daughter, Eleonore, had just been born and it should be no surprise that she is her mother's favorite topic. "Lorle" is often sick, hates to be bathed, and screams whenever her father has to work. When she is ill, she is fed "pigeon soup", which she hates. Her father spends much time observing and recording the words she uses.

Wundt's income, while low for Leipzig University, still exceeded that of nine-tenths of the population. The family lived quite well. There were two maids who frequently fought with each other and their employers. Frau Wundt's participation in the cooking was limited to a "pudding" or a "salad". Friends and colleagues were often invited for coffee and cake and formal dinners were served by a hired waiter. Frau Wundt did most of the shopping. She also polished the silver, sewed clothes for her small daughter, and "patched" her husband's torn trousers. Students were often invited to the Wundt home. The family had a subscription to the theater, the opera, and the famous *Gewandhaus.* Occasionally, Frau Wundt went to a play or concert with one of the maids and sometimes the maids were sent alone. The employees were treated quite strictly and Frau Wundt made sure that they attended church and avoided dangerous male companions.

Since her husband's handwriting was difficult to read, Frau Wundt often copied his manuscripts for the printer. She also translated two articles for *Mind* (Wundt, 1876, 1877). The Wundts liked to go on long walks the year round, especially in the *Rosenthal,* where they often stopped for refreshments. Frau Wundt loved "hot chocolate" but her husband preferred "beer" or "grog". The family attended church rarely but they maintained social contact with the families of several ministers.

Wundt often talked with his wife about his research and teaching. For example, he was very pleased when his new seminar – the Psychological Society – attracted a good enrolment. The diary from 1877 also mentions Wundt's involvement in the famous spiritualism controversy which has already been briefly mentioned. Thus, we read in Frau Wundt's diary of November 11, 1877:

> *"Tonight Zöllner came to visit us and told the most miraculous things about the medium Dr. Slade and invited W. to a session at his place" (1877).*

A day later she reports without comment:

> *"W. was at Zöllner's where the medium performed the most fantastic things and called my husband a medium of 'strong power'" (1877).*

Although the diaries of Frau Wundt are very difficult to read, the senior author is currently in the process of transcribing and evaluating them.

3. *Miscellaneous Documents.* Many other original documents are to be found in the boxes stored in the Tübingen family home. Some of the material, such as an 1833 vaccination certificate, was likely a part of Wundt's original estate. Other material seems to have been collected by Max and Eleonore Wundt. Of particular interest is a fire insurance application which provides considerable information about his living standards at the time of his Zurich appointment (1874–1875). The total value of all of his belongings was 20,250 Swiss Francs. Scientific books and physiological instruments, which he had brought to Zurich from Heidelberg, were estimated at 30 percent of the total value. It was this equipment which Wundt stored in a special room at Zurich University and which he transferred in the spring of 1876 to the *Konvikt* building of Leipzig University.

4. *Memorabilia.* The many boxes of dusty papers in Tübingen contain a number of interesting memorabilia, including the original of Wundt's decoration awarded by the Imperial German Government as a high honor to scholars, artists and other eminent figures; it was thought to have been lost (Meischner, 1974). There are many photographs of Wundt and members of his family. In summary, the discovery of a large number of archival material and memorabilia in family hands concerning the life and work of Wilhelm Wundt will eventually provide valuable information about Wundt's private life which is unavailable in the Wundt Archive in Leipzig. Much of the content of this collection can be traced to the original estate of Wilhelm Wundt.

University Archive – Tübingen

During the visit to the university relevant holdings in the university archive, containing a large collection of Wundtiana, were also examined. These materials were obtained from the estate of Wundt's only son – the historian of philosophy, Max Wundt – who had been a longtime faculty member at Tübingen University. Although a "provisional" inventory of the collection exists, prepared by Dr. Volker Schäfer, the Director of the Tübingen University Archive, one still has to spend much time searching through the extensive materials.

1. *Copies of Wundt Letters.* Perhaps the most important part of the Wundt Collection in the Tübingen University Archive are typewritten copies of 613 letters which Wundt wrote between 1854 and 1920. Many of these letters were apparently collected by Wundt's daughter after his death. Others are carbon copies which were preserved by Wundt himself. These letters were sent by Eleonore to her brother in Tübingen most likely after World War II. In using this extensive collection of Wundt letters, it must be remembered that they, for the most part, are copies and that the authenticity of their content must be determined in each case. A spot-check by the authors revealed no major errors when Miss Wundt's copies were compared with a sample of handwritten originals. A content analysis of the Tübingen letters indicates that approximately 200 of the 618 letters deal with scientific matters in psychology and related areas. The letters also provide personal information about Wundt. The following quotations provide some new perspectives on Wundt's life and work. The first example was taken from a letter which Wundt sent to his fiancée in 1872. It provides some unexpected information about Wundt's religious beliefs which had been pried into by an inquisitive aunt:

> *"I have been quite amused by the questions of Aunt Hedwig and realize now that you may not even know if I am a Catholic, a Protestant or a Jew ... I come from an old Protestant family ... My father, grandfather, and as far as I know, also my great-grandfather, were theologians. Having grown up in the country until I was thirteen years old, I received a religious but not orthodox upbringing which I remember with deep gratitude ... According to the views of your Aunt Hedwig, I am a heathen ... However, I am far removed from the view so popular among scientists that anything which is called religion is just a phantasm which has caused all the evil in the world ... I cannot imagine that anyone who has ever experienced love, cannot be religious ... For me formal belief means nothing; true feelings and responsible action are everything ... You see that my own Christianity stands on very weak feet but I believe that Christianity has weak feet" (1872 b).*

Of interest also are letters from Wundt to his student Theodor Lipps (1851–1914) in which he provides information about G. T. Fechner's literary estate which, except for a fragment in the Wundt Archive, was destroyed during World War II:

> *"And, now a confidential inquiry! After Fechner's death I found among his manuscript a partially completed Doctrine of Collective Measurement which deals with the mathematical principles of collective objects (i.e. of objects which are found in many instances, e.g. average height, yearly temperatures, etc.). This work is perhaps a mathematical theory of statistics which is illustrated with specific examples. I transmitted this book to the academy of sciences and they decided to have it copied for eventual publication. The copy of the completed portion of the manuscript is now finished. As far as the incomplete part of Fechner's manuscript is concerned, a number of Fechner's preparatory notes exist which have to be organized and utilized to some extent at least. For this work an editor has to be engaged … and he needs to receive, of course, a decent honorarium … I have thought of you … please let me know if you would consider editing this work for the academy" (1894).*

In a further letter to Lipps dated June 22, 1895, Wundt tells more about the Fechner papers:

> *"Following your letter of acceptance, I went at once to Frau Fechner and have looked through all existing folders in the hope of finding the tables that you mentioned, but could find nothing. I have opened all available folders and checked their contents, but all in vain. The folders have been organized by Fechner himself according to subject areas (e.g. psychophysics, experimental esthetics, etc.) … I also used the opportunity to ask the academy of sciences to take over the Fechner papers. This motion has been accepted and a 'Fechner Archiv' will be established in the library in a special cabinet in the near future …" (1895).*

Wundt apparently followed through on this project, because in a letter to Leo Königsberger (1837–1921), the famous biographer of Helmholtz, Wundt made the following comments on February 2, 1902:

"The existing manuscripts of Fechner were transmitted after his death to the local academy of sciences and are kept in the facilities of this society. They are in a very disordered condition and wait for a scientist who might be interested at some point in Fechner. The only one who has some general knowledge in these masses of papers (Fechner kept nearly everything) is Dr. Abendroth and … also perhaps Prof. Dr. Wislicenus. I should be glad to talk to him" (1902).

2. *Correspondence Wilhelm Wundt – Max Wundt.* The University Archive in Tübingen also contains a collection of letters which Max Wundt wrote to his parents between 1890 and 1912 (? 228/3) and 200 letters which Wundt sent to his son between 1887 and 1903. These materials, especially those written during World War I, are potentially a very important source regarding the development of Wundt's political thinking.

3. *Miscellaneous.* Additional information about the life and work of Wilhelm Wundt in the Tübingen University Archive includes a collection of genealogical sources about Wundt's ancestors and relatives and correspondence about the origin of the Wundt Archive in Leipzig.

In conclusion, the archive at Tübingen University provides important source materials for Wundt scholars which are difficult to obtain elsewhere. The most valuable parts of the collection consist of typewritten copies of more than 600 letters, which Wundt wrote between 1854 and 1920. About a third of the letters deal with scientific issues in psychology, physiology, and philosophy. A substantial number of letters, written by Wundt to his son during World War I, may be valuable primary sources for the understanding of Wundt's political views during that period.

Tohoku University – Sendai/Japan

Dr. Walter Kroeber of Bonn, who had been a student of experimental psychology at Leipzig University and a life-long friend of Eleonore Wundt, mentioned during a series of interviews in the fall of 1975 that Wundt's library had been sold to Japan in the early 1920s. Through correspondence with Drs. Iwahara and Sagara of Tokyo University, it was discovered that the

Wundt books had been purchased in 1922 by Dr. Chiba, the first Chairman of the Psychology Department at Tohoku University in the Northern Japanese city of Sendai. Most importantly, it was learned that Wundt's books are still preserved in the library of this university (Manayama, 1978). The details of the purchase were derived from Dr. Chiba's report which was available to us in a photocopy (1932). The account is written in traditional Japanese calligraphy on ten narrow sheets of rice paper. The cover contains a Japanese-style drawing of a German village, identified as Großbothen – the home of Wundt's daughter. The caricature of a young Japanese man in formal European attire wearing a bowler hat may well be a self-portrait of Dr. Chiba who was a student of psychology and philosophy at Freiburg and Leipzig Universities in the early 1920s. Dr. Chiba's report, which bears the title "The Story of Wundt's Library", was written in diary form about ten years after the events occurred.

Dr. Chiba first learned of the availability of Wundt's library in the spring of 1922 from a German businessman whose father was Japanese. In March of the same year Chiba made contact with a "Mr. Wiegand", whom he identified as the "manager of the Lorenz bookstore in Leipzig". During a personal meeting with Wiegand, Chiba was told that Harvard and Yale were eager to buy the library but "that Wundt's relatives allegedly did not want the books to go to America." Chiba was also given the opportunity to examine the books "which were contained in wooden boxes" and which "included works from philosophy, history, law and many reference books." Next, Felix Krueger (1874–1948), Wundt's successor as Director of the Leipzig Institute, entered the picture. Hinting that Leipzig University itself was interested in buying the valuable collection, he suggested strongly that Chiba donate all books on *Völkerpsychologie* to the Leipzig Institute. Chiba readily agreed, and a formal contract for the purchase of the books was signed by him and four other Japanese students whom he had called to Leipzig to assist him in the negotiations. Although the Japanese had promised to pay a deposit of 20 per cent of the total purchase price as evidence of their sincerity, Wiegand did not receive any money at all. In the summer of 1922 he mentioned once again the specter of an American university. However, when he approached another Japanese university about the purchase of Wundt's library, money suddenly became available and in November of that year the sale was concluded. The purchase price, which was paid in dollars, must have been a small fortune at the height of the German inflation when German money was all but valueless.

Obviously, the books in Sendai must have come from the 58 per cent or 372 linear feet of Wundt's library which his children had destined for sale. The books on anthropological psychology, which are specifically mentioned and which Krueger wanted for his own institute, may well have been added by Miss Wundt. Since the collection at Tohoku University was to consist of some 10,000 titles, it is likely that every little reprint or dissertation was counted as a separate book. Alternately, it is quite possible that the library was "enriched" by the addition of relevant books not originally owned by Wundt. According to Watanabe (1978), a senior graduate student in experimental psychology who visited Tohoku University in the fall of 1978, the Wundt books are carefully preserved in a special section of the university library. Access is restricted to faculty members and graduate students. It is hoped that a detailed study of Wundt's library in Japan will shed new light on the origin of some of his psychological and philosophical works, since many of the books and brochures contain annotations in his or his daughter's handwriting. While the part of Wundt's library that was sold to Japan has been preserved, the books transferred to the Institute for Experimental Psychology at Leipzig University, at Krueger's request, were destroyed in 1943 together with the Institute. Indeed, *Sua fata habent libelli* – books also have their fate! The history of Freud's library is equally complicated (Baken, 1975, Lewis and Landis, 1957). The libraries of eminent scholars and scientists are frequently sold for a fraction of their value or otherwise dispersed after the owner's death. It is not at all difficult to find books with Münsterberg's name in the Widener library of Harvard University, yet only a sample of William James's books remain in the manuscript collection of the Houghton Library. In contrast, the complete library of Johannes Müller (1801–1858) can be examined at the Royal Belgian Library in Brussels.

II. Wundt Sources in Public Archives and Libraries

Archival information, derived from the estate of Wilhelm Wundt and members of his immediate family, is of inestimable value for the historian of psychology. Nevertheless, it must be remembered that these extensive materials do not reflect the whole of Wundt's life. Moreover, these archival sources have been influenced to an unknown degree not only by Wundt himself but also by his son and his daughter. For example, the G. Stanley Hall papers at Clark University in Worcester, Massachusetts, contain copies of about 10 letters which Hall wrote to his teacher between 1878 and 1908. Yet, the Wundt Archive in Leipzig contains only a copy of the very first letter (Hall, 1878) We do not know whether other letters by Hall were lost or were even destroyed in response to Hall's slanderous remarks in his biography of Wundt (Hall, 1912) which Wundt so bitterly resented (1915, 1920). Similarly, the letters which his daughter collected and copied by typewriter after his death are only a sample of Wundt's vast correspondence, and their selection again may have been influenced by personal considerations. For these reasons it is necessary to supplement archival data from the original Wundt estate with independent information about his life and career in the hope of arriving at a richer and more valid picture of Wundt from a combination of primary source materials.

Table 2 contains a list and brief description of 10 major repositories of Wundtiana in both Germanies and in Switzerland.

Table 2: Additional Primary Sources By and About Wundt in Archives and Libraries

Repository		Description
1.	*Protestant Parish Office,* Neckarau (West Germany)	Original birth record; photograph of parsonage during 1890s; commemorative tablet. *Coverage:* 1. Contact: 1974.
2.	*Archive, Heidelberg University,* Heidelberg (West Germany)	Academic and personnel records; original of award-winning research paper; records of Scientific-Medical Club; diplomas; personnel information about teachers and colleagues Helmholtz, Kussmaul. (Catalogued) *Coverage:* 4, 6. *Contact:* 1972, 1975, 1979.

3.	*Library, Heidelberg University,* Heidelberg (West Germany)	Letters by Wundt; records of Workers Educational Association; records of Historical-Philosophical Club. (Catalogued) *Coverage:* 5–11. *Contact:* 1975, 1978.
4.	*City Archive,* Heidelberg (West Germany)	Background information about 19th century Heidelberg; newspapers from Wundt's political period; address books; photographs and other illustrations of "Old" Heidelberg. (Catalogued) *Coverage:* 2. *Contact:* 1974, 1978.
5.	*Administration, Helmholtz School,* Heidelberg (West Germany)	Grade records of Wundt from Heidelberg Lyceum (1846–1851); annual reports of school; biographical information about teachers and classmates. (Uncatalogued) *Coverage:* 2. *Contact:* 1974.
6.	*General State Archive,* Karlsruhe (West Germany)	Biographical information about Wundt's father and his ecclesiastical career in Neckarau, Leutershausen and Heidelsheim; records of Baden Parliament. (Catalogued) *Coverage:* 1–2, 5. *Contact:* 1974, 1975.
7.	*Archive, Tübingen University,* Tübingen (West Germany)	Matriculation and other student records, 1851–1852. (Catalogued) *Coverage: 3. Contact:* 1972, 1978.
8.	*Cantonal State Archive,* Zurich (Switzerland)	Personnel records of Wundt 1874–1875; correspondence concerning academic appointments (e.g. Hugo Münsterberg); background information about Zurich University. (Catalogued) *Coverage:* 7, 10. *Contact:* 1972.
9.	Central Archive, Academy of *Sciences,* Berlin (East Germany)	Letters to and from Wundt *re*: Academy matters. (Catalogued) *Coverage:* 10–11. *Contact:* 1975.
10.	*Archive, Karl Marx University* Leipzig (East Germany)	Personnel records of Wundt, assistants and colleagues; partial records of the institute; academic records of doctoral students. (Catalogued) *Coverage:* 8–11. *Contact:* 1978, 1979
11.	*Dresden State Archive,* Dresden (East Germany)	Personnel records of Wundt; information about call to Leipzig; correspondence about establishment of Institute. (Catalogued) *Coverage: 8–11. Contact:* 1979, 1980.

The content classification used in Table 1 applies also to Table 2. All institutions, except the Library of Heidelberg University (? 3), are traditional archives (cf. Holmes, 1964, p. 5).

The archival information about Wundt described in this section was generated for the most part by Wundt's official contacts with the record-producing agencies. Moreover, these documents were for the most part unknown or inaccessible to Wundt's children who had influenced the contents of his original written estate. The individual archives and libraries will be described in the order in which they were consulted for our research work.

Protestant Parish – Mannheim-Neckarau

The first official document concerning Wundt is his birth certificate. The original is kept in the Parish Office of the Protestant Church in his birth place Neckarau, a farming community at the time of Wundt's birth and today an industrial suburb of Mannheim. The birth certificate reads:

> *"No. 628. In the year one thousand eight hundred and twenty two, a boy was born at 2:30 p.m. in the afternoon of August 16th and baptized on August 26: Wilhelm Maximilian. Parents are: Maximilian Wundt, local protestant minister and his wife Marie Friederike née Arnold. The godfather is Wilhelm Arnold, M. D. of Heidelberg. Witnesses were: Zacharias Arnold, former estate manager in Edenkoben, a resident of Heidelberg, and Joachim Eykes, school master.*
>
> *Neckarau, August 26, 1832. M. Wundt, Minister."*

Nothing else about Wilhelm Wundt can be found in Neckarau, although the church records contain a good deal of information about his father who served as protestant pastor in Neckarau from 1818–1833 (Bringmann, 1975, Schulze, 1970).

University Archive – Heidelberg

The University Archive in Heidelberg contains some useful information about Wundt's medical studies from 1851 until 1855. We can inspect the Latin and German versions of Wundt's prize-winning study (Wundt 1855) and the essays which he wrote as part of his doctoral examination in the fall of 1855. There is a great deal of information about his teachers and about the general conditions of Heidelberg University in the middle of the nineteenth century in the form of published and unpublished material. Many documents concern Wundt's career as instructor in physiology and assistant to Hermann von Helmholtz (1821–1894). Of special importance are several letters of recommendation which Helmholtz wrote for Wundt and which have recently been analyzed by Bringmann, Cottrell, and Bringmann (1976). The university archive also contains the extensive minutes of the *Scientific-Medical Club* which Wundt helped organize in 1856 together with his friend, the internist Adolf Kussmaul (1822–1902). This was regarded as a rebellion against the authority of the faculty of the medical school (Ungerer, 1979). Wundt presented a total of 12 lectures on his physiological research before this group between 1856 and 1870. The minutes of this organization, containing detailed summaries of each lecture and the ensuing heated discussions, have not been evaluated by historians of science.

University Library – Heidelberg

The Manuscript Division of the Heidelberg University Library owns a small collection of Wundt letters and other autographs. In addition, the records are preserved of a second scholarly organization – the *Historical-Philosophical Club* – which Wundt founded in 1863 with his friend Theodor Hausrath (1837–1909). The minutes of this organization, in which historians, lawyers, philologists, theologians and philosophers gave weekly lectures, reveal how Wundt's own orientation moved from physiology to psychology and finally philosophy. The university library also holds the record books of the *Heidelberg Workers Educational Association* in which Wundt gained his first political experience.

City Archive – Heidelberg

The City Archive of Heidelberg possesses many valuable records and handbooks about Heidelberg and its history. Through careful search in address books and other directories, it is possible to identify the apartments and houses in which Wundt and his family lived. Some are still standing today. A very important source of information about Wundt's political activities are the complete editions of major local papers in which Wundt is mentioned more than 200 times in the decade from about 1860 to 1870. Summaries and detailed reviews of his speeches and other political activities are easy to find.

Helmholtz Gymnasium – Heidelberg

The personnel and grade records of Wundt's high school years from 1845 to 1851, were recently discovered and copied by the senior author in the archive of the current Helmholtz Gymnasium, the successor to the old Heidelberg Lyceum. It was interesting to find out that Wundt, who has described himself as a "mediocre" high school student, in fact received outstanding grades for most of his school work with the exception of the very first year.

General State Archive – Karlsruhe

The General State Archive in Karlsruhe was the central archival repository for the Grand Duchy of Baden where Wundt was born. However, information about Wundt himself is limited to his personnel file which largely overlaps in content with the one in Heidelberg University Archive. Much information about Wundt's father and his ecclesiastical career can be found in the records of the various churches where he served and, in particular, in the reports compiled by his supervisors. A few quotes may help to illustrate the scope of these records. For example, we read that Wundt's father resigned his appointment in Neckarau in 1833 because "his sick child" suffered excessively from malaria which was endemic to that area. We also learn for the first time the reasons why Wundt's father and mother seem to have paid relatively little attention to his early upbringing. His father suffered a stroke in 1840, when Wundt was only eight years old, and the mother had to devote all of her time to a crippled husband who was unable to carry out his work because he had lost his ability to speak and had become incontinent. The archive in Karlsruhe contains complete records of the published political debates in which Wundt participated as a member of the Second Chamber of the Baden Parliament from 1866–1869. Unfortunately, no direct information was found about Wundt's involvement in volunteer medical services during the early months of the 1870–1871 Franco-Prussian War.

University Archive – Tübingen

The matriculation records of Tübingen University, where Wundt studied medicine from 1851 to 1852, contain a few documents concerning Wundt. We discover that Wundt was admitted in 1850 during his last year in high school. His uncle the eminent physiologist Friedrich Arnold (1803–1890), a professor in the medical school of Tübingen University, promised to pay any debts of his nephew. Wundt enrolled in basic medical courses (anatomy, osteology, and chemistry) and attended the only formal philosophical course in his life, taught by the controversial theologian Friedrich Theodor Vischer (1807–1887). During the second semester at Tübingen, Wundt attended lectures in anatomy, physiology, physics, organic chemistry and botany. The extensive archival collections of Tübingen University can provide detailed information about Wundt's teachers.

Cantonal Archive – Zurich

Although Wundt taught for only one year at Zurich University (from 1874 to 1875), detailed personnel records exist which provide information on his initial appointment as a Professor of Logic. The payment records for his moving expenses from Heidelberg to Zurich show clearly that the scientific instruments, which Wundt stored in a special room in the main building of the old Zurich University, were brought by him from Heidelberg. There is some evidence that Wundt continued to advise the administrators of Zurich University about academic appointments in philosophy and psychology for more than thirty years.

Academy of Sciences – Berlin

The Academy of Sciences of the German Democratic Republic in Berlin contains a small collection of Wundt autographs which are concerned with his election in 1899 as corresponding member of the Prussian Academy of Sciences (Kirsten, 1974). In addition, the Academy owns 10 letters and one postcard written by Wundt to the famous Nobel Prize Winner in Chemistry, Wilhelm Ostwald (1853–1932), his colleague at Leipzig University and his neighbor in Großbothen.

Karl Marx University Archive – Leipzig

The KMU Archive in Leipzig, which houses at present the Wundt Archive, contains some data about Wundt's appointment at Leipzig University and partial records of his Institute, including a 1883 ground plan of the laboratory in *Konvikt* Building. Most records of the Institute for Experimental Psychology, however, have been lost. Nevertheless, the Leipzig University Archive is a rich treasure *re:* Wundt and his period. Importantly, it contains information about students who received their doctorate from Wundt – a source that has barely been touched. The archive preserves the originals of most dissertations, and it is possible to determine just what courses a specific student took with Wundt. Much personal and official information about the faculty of Leipzig University and the facilities of this August institution is also available there.

Dresden State Archive – Dresden

The Dresden State Archive has extensive holdings of records of the former Royal Saxon Ministry of Education which was responsible for the administration of Leipzig University. To date these potentially rich sources have been used very sparingly. A recent publication by an East German historian, Dorothea Fensch (1977), has made some use of these documents to clarify "the role of Wilhelm Wundt in the institutionalization of psychology in Leipzig."

This list of public archives and libraries with archival holdings of relevance to the education and academic career of Wilhelm Wundt is only a tentative one. It is quite possible that additional sources will be discovered. The picture provided by these public records and documents about Wundt's life is in general agreement with sources from his own written estate and his autobiography (Wundt, 1920). While Wundt, in the tradition of nineteenth century autobiography, has omitted a number of unpleasant and painful events from his published account, he has clearly not invented or deliberately falsified the story of his life.

III. Private Papers of Wundt Students and Contemporaries

Additional primary source material about Wilhelm Wundt can be found in nine repositories of private papers of Wundt students and contemporaries as listed and described in Table 3. This information consists, to a small extent, of direct correspondence. In far greater number and of infinitely greater importance are letters which these psychologists and philosophers exchanged with their close relatives, friends and colleagues and in which they commented candidly about Wundt, his work, his laboratory and the field of experimental psychology.

Table 3: Primary Sources By and About Wundt in the Private Papers of his Students and Contemporaries

	Repository	Description
1.	*Manuscript Division, State Library* (Prussian Cultural Inheritance), Berlin Dahlem (West Germany)	Letters by Wundt to Emil Du Bois-Reymond (1818–1896); Letters by Hermann von Helmholtz (1821–1894) to Emil Du Bois-Reymond about Wundt. (Catalogued) *Coverage:* 3, 4. *Provenience:* Estate of Du Bois-Reymond *(Collection Darmstädter). Contact:* 1974, 1979.
2.	*Library, Clark University,* Worcester, Mass. *(USA)*	Letters to and from Wundt among the papers of G. Stanley Hall (1844–1924). (Catalogued) *Coverage:* 8–11. *Contact:* 1975.
3.	*Boston Public Library,* Boston, Mass. *(USA)*	Letters to and from Wundt among the papers of Hugo Münsterberg (1863–1916). (Catalogued) *Coverage:* 8–11. Contact: 1970, 1971, 1972.
4.	*Library, Harvard University,* Cambridge, Mass. *(USA)*	Letters between William James (1842–1910) and Hugo Münsterberg, G. Stanley Hall and Carl Stumpf (1848–1936) with frequent references to Wundt and his work. (Catalogued) *Coverage:* 8–11. *Contact:* 1971, 1972, 1976.
5.	*Library of Congress,* Washington, D.C. (USA)	Letters from Wundt; numerous letters to and from his parents among the James McKeen Cattell (1860–1944) papers. (Catalogued) *Coverage:* 9. *Contact:* 1976, 1977.
6.	*Library, Cornell University,* Ithaca, N.Y. (USA)	Letters from Wundt among the Edward Bradford Titchener (1867–1927) papers. (Catalogued) *Coverage:* 9. *Contact:* 1979.
7.	*University of California at Berkeley,* Berkeley, Ca. (USA)	Letters about Wundt among personal papers of George M. Stratton (1865–1957) (Catalogued) *Coverage:* 9. *Contact:* 1979.
8.	*Royal Library,* Copenhagen (Denmark)	Letters from Wundt among Alfred Lehmann papers (1858–1921). (Catalogued) *Coverage:* 9. *Contact:* 1975.
9.	*Archive, Toronto University,* Toronto, Ontario (Canada)	Letters from Wundt in August Kirschmann (1860–1932) personnel file. (Catalogued) *Coverage:* 9–11. *Contact:* 1974, 1979
10.	Sander Family – Bonn (West Germany)	Letters from Wundt to Friedrich Sander (1889–1972). (Uncatalogued) *Coverage:* 11. *Contact:* 1974, 1975.

While archival materials in the collections of private papers of Wundt's former students and contemporaries obviously reveal Wundt's impact, they also provide important independent biographical information. While they may reflect the biases of the authors for or against Wundt, they have not been influenced by members of Wundt's family. In fact, neither Max nor Eleonore Wundt seem to have known of the existence of these sources. These documents about Wundt by students and colleagues, as a rule, were written when these persons still had direct personal contact with Wundt or very shortly afterwards. Thus, they are likely to reflect positive or negative bias with regard to Wundt and his work to a much smaller degree than materials which appeared after his death (Varii, 1921). It is interesting to note that seven of the ten repositories are located in North America (USA & Canada) and only three in Europe (West Germany & Denmark). The numbers following the word *"Coverage"* refer again to the specific periods in Wundt's life defined at the bottom of the Table 1.

State Library – Berlin

The Manuscript Division of the State Library in West Berlin *(Dahlem)* houses the extensive Darmstaedter Autograph Collection which, in turn, contains a number of relevant materials about Wundt. In our view, the most important of these are the original letters which Wundt exchanged with his teacher Emil Du Bois-Reymond (1818–1896) about a research project which he had started at Berlin University in the summer of 1856. The content of these documents differs considerably from the account of his relationship with Du Bois-Reymond in Wundt's autobiography (1920). In the years 1856 to 1858, Wundt apparently still highly respected his teacher. A large number of letters which Helmholtz wrote to Du Bois-Reymond throughout their long friendship provides some insight into the relationship between Wundt and Helmholtz. It is well known that Wundt served as an assistant to Helmholtz at Heidelberg University from 1858 until the spring of 1865 (Bringmann, Cottrell, & Bringmann, 1976). Helmholtz refers to Wundt repeatedly in the correspondence with his friend Du Bois-Reymond. Helmholtz's positive comments belie the many rumors and speculations that have been uncritically reproduced in popular histories of psychology. It is very likely that Wundt's letters as well as those by Helmholtz were collected by Darmstaedter directly from the estate of Du Bois-Reymond.

Public Library – Boston.

The Public Library in Boston contains the private papers of Hugo Münsterberg. These materials were donated to this institution by Münsterberg's oldest daughter who was an employee of the library for many years. As Balance (1975) has pointed out, this "... unpublished correspondence between Wundt and Münsterberg indicates that Münsterberg went through a period of severely troubled feelings and self-searching during which Wundt sought to assist him in a humane manner" (1975, p. 39). He is, of course, referring to Münsterberg's failure to secure an appointment at Zurich University in 1896 as the successor of Avenarius. Other letters in this collection deal with repeated attempts by Wundt to assist Münsterberg to return to an academic appointment other German universities.

Harvard University Library – Cambridge

The Manuscript Division of the Library of Harvard University (Houghton Library) houses an interesting collection of books, papers and correspondence from the estate of William James. Useful data concerning Wundt can be found here. For example, James owned a number of books by Wundt and annotated them, as was his custom, extensively. In addition, Wundt is frequently mentioned in his correspondence. The most important producers of negative comments about Wundt and recipients of sarcastic *bon mots* about Wundt were G. S. Hall and the German philosopher and psychologist Carl Stumpf (1848–1936), apparently a confidant of James. Some of James's biting comments about Wundt have found their way into the two-volume biography of James by Perry (1935). Consequently, James has often been quoted with relish by American historians of psychology who, for one reason or another, wished to ridicule Wundt or diminish the importance of his kind of experimental psychology. A closer examination of James's writings about Wundt suggests that he began with very positive views of Wundt and his physiological psychology (James, 1875). His evaluation of Wundt and Fechner became more negative as James moved away from interests in psychology to those in philosophy and parapsychology. It is our view that the relationship between James and Wundt needs far more research and that results will be quite surprising. After all,

James and Wundt did not really differ radically in their views, although their styles certainly clashed.

Library of Congress – Washington D. C.

The most important collection of data about Wundt and his early laboratory can be found in the vast collection of papers and memorabilia from the literary estate of James McKeen Cattell (1860–1944) which is preserved in the Manuscript Division of the Library of Congress. Cattell, who briefly studied with Wundt in 1880, was again associated with him as his student and assistant between 1883 and 1886. In literally hundreds of letters to his parents between 1883 and 1888, Cattell commented about Wundt, his Institute, Leipzig University, and German psychology. These letters are most absorbing reading and provide a totally new and refreshing image of Wundt. Interestingly, they also clash with Cattell's own later biographical accounts about his studies at Leipzig (Cattell, 1927). The Cattell papers have been used for an excellent dissertation by Michael Sokal (1972) who is currently preparing a collection of these letters for publication (Sokal, 1979).

Cornell University Library – Ithaca

Although Edward Bradford Titchener (1867–1927) has been viewed as the most important representative of Wundtian psychology in North America (Boring, 1950), only a few minor items of correspondence between him and Wundt survived in the collection of his papers in the Library of Cornell University. A small number of letters contain evaluative comments about Wundt. Information available in the Leipzig Wundt Archive about the relationship between Titchener and Wundt is equally skimpy.

University of California – Berkeley

According to Sokal (1977, 1979) the private papers of George Malcolm Stratton (1865–1957), who also received his degree under Wundt, contain important correspondence with relatives and friends about his studies at Leipzig University and his personal contacts with Wundt. Stratton received his doctorate in 1896 and described the expansion of Wundt's institute.

Royal Library – Copenhagen

A modest collection of Wundt letters can also be found among the papers of the early Wundt student Alfred Lehmann (1858–1921) in Copenhagen. Lehmann, who for some time served as Wundt's assistant, is currently being studied by Nilsson (1979).

Toronto University Archive – Toronto

The University Archive of Toronto contains personnel information and some papers of two psychologists who were students in Wundt's Leipzig Institute. The first of these is the flamboyant James Mark Baldwin (1861–1934) who studied under Wundt for one year, without obtaining a Ph. D. He founded the Department of Psychology at Toronto in 1889 but departed a short time later. August Kirschmann (1860–1932) served for some time as Wundt's assistant and succeeded Baldwin in Toronto. The personnel file of Kirschmann contains important information about Wundt's influence on academic appointments abroad. It may also be of interest to search the University files for information concerning Hugo Eckener (1868–1954), the German aviation pioneer and associate of Count Zeppelin, who reportedly was originally destined to accept the appointment in Toronto instead of Kirschmann (Kroeber, 1975).

Sander Family – Bonn

The family of Friedrich Sander (1889–1972) in Bonn owns a collection of letters written by Wundt to their father during World War I and in the immediate postwar period. Sander, Wundt's last assistant, has also given a moving account of his aged teacher (Sander, 1972). We owe him thanks for information about Wundt's personal life that is otherwise missing in histories of psychology. He draws the picture of a mellowed Wundt recounting anecdotes.

It must be emphasized that our list of collections with information about Wundt from students and contemporaries is not likely to be a complete one. A good deal of material may still be in private hands or in isolated pockets of public repositories. Potential sources, which still may need exploring, are the existing archives of Wundt's publishers.

Conclusion and Recommendations

In summary, archival information about the life and work of Wilhelm Wundt is readily available in many widely dispersed locations. If one wishes to learn about the public Wundt, the official Wundt Archive at Karl Marx University is the best overall source. Information about Wundt's formative years is available primarily in West German repositories. The development of Wundt's Institute for Experimental Psychology between 1883 and 1914 can be studied in detail through the personal papers of important disciples and contemporaries. A substantial portion of his research library is preserved in Japan and should provide important clues to the sources of his ideas. Archival information about Wundt's private life is still in the process of being catalogued. In other words, the researcher who desires a comprehensive picture of Wundt and his accomplishments will need to gain access to as many of these collections as possible.

The following general conclusions are offered as suggestions to individuals who are planning to carry out archival research projects on Wundt or other topics in the history of psychology.

1. Archival research is more time-consuming, more laborious and more expensive than either experimental or library research. Unless one is possessed by one's research topic and willing to spend a significant portion of one's life in such an endeavor, it is best not to embark on the task.
2. Archival research is cumulative. It is impossible to anticipate conclusions at the beginning of such an undertaking and one needs to be flexible in goals and procedures.
3. Archival research requires substantial linguistic skills. Old records must first be deciphered and then comprehended in their old-fashioned form and phraseology. It is best if the researcher has a basic knowledge of the required language because translators, familiar with the subject matter, are almost non-existent or work on their own projects. However, it may be possible to establish cooperative and mutually beneficial research relationships with linguistically-skilled researchers.
4. Much personal tact is needed in working with families, with archivists, and other protectors of research materials. One cannot carry out this type of research simply by requesting by mail that a repository identify and copy

many thousand pages of documents. This work has to be done by the researcher or a paid assistant. Any leads about new archival sources need to be nurtured. Yet, it is also pleasant to discover individuals who share one's passion and to develop intellectual friendships with them, often over great distances.

5. In archival research, one must exercise caution against undue suspiciousness. After all, families have a right to protect their privacy by withholding important documents and records. Why should they trust a complete stranger who demands their attention by a brief letter? Personal contacts and visits often help reconstruct the original historical atmosphere and, most importantly, help develop positive relationships with archivists and relatives. In archives the secretaries and assistants are often more helpful and influential than the professionals, because they may be far more familiar with deposits. Even if access to collections is not given at once, as was the case with the Wundt Archive in Leipzig, the reasons are most likely simple and technical in nature.
6. Researchers should assist archives and other repositories in making their treasures more accessible. One can best accomplish this by frequent publication of research findings in the scientific press. The development of inventories and search lists and their circulation and/or publication is most appreciated. Institutions, like the Archives of the History of American Psychology at the University of Akron, should always be informed of the content and location of important new finds in the history of psychology. The catalogue of archival information about the history of psychology and related areas is a very important beginning (Sokal, 1977).
7. Eminent psychologists and scholars in related fields should be encouraged to make arrangements in their wills for the transmission of their papers to relevant archives and libraries. Far too much is lost every year.
8. The division of the literary estates of important scientists has admittedly many negative consequences. There are, however, some benefits that should not be overlooked. First of all, it is a very exciting and satisfying experience to discover additional sections of a scholar's estate. Secondly, if such discoveries are separated in time, one can readily use the additional information as a means of verifying initial ideas and hypotheses. Finally, if all

materials relevant to Wundt had been assembled in one place, there would have been a greater danger of their destruction during World War II. Thus, it was gratifying for us to be able to reconstruct a picture of Wundt's life and work from widely dispersed, often independent, sources which agreed in essential points with that of the Wundt Research Group at Karl Marx University in Leipzig.

9. Finally, a bit of technical advice is offered. Anyone interested in archival research needs to acquire a complete, sturdy cupboard in basic black because letters, documents, and other primary sources, which are preserved in archives, are frequently covered with fine black dust.

Summary

A distinctive feature of modern accounts of the lives and work of eminent psychologists is the increasing utilization of archival and other documentary source materials. The present paper, chronicled in full, detail the difficulties and satisfactions experienced during a seven-year search for the estate and private papers of Wilhelm Wundt (1832–1920). The current conditions and major holdings of each repository were described and illustrated. In addition, information was provided about Wundtiana in important public archives and libraries in Canada, East and West Germany, Japan, Switzerland, and the United States. Finally, general guidelines were presented for other scholars interested in archival research on the development of modern psychology.

References

Bakan, D. The authenticity of the Freud memorial collection. Journal of the History of the Behavioral Sciences, 1975, 11, 365–367.
Balance, W. Frustrations and joys of archival research. Journal of the History of Behavioral Sciences, 1975, 11, 37–40.
Blumenthal, A. Language and psychology. New York: Wiley, 1970.
Boring, E. G. A history of experimental psychology. (2nd ed.) New York: Appleton-Century-Crofts, 1950.
Bringmann, W. & Balance, W. Wundt vs. Münsterberg: Roback's version challenged. American Psychologist, 1973, 27, 849–850.
Bringmann, W., Design questions in archival research. Journal of the History of the Behavioral Sciences, 1975, 11, 23–26.
Bringmann, W., Bringmann, G., & Cottrel, D. Helmholtz und Wundt an der Heidelberger Universität 1858–1871. Heidelberger Jahrbücher 1976, 20, 79–88.
Brooks, P. Research in archives. Chicago: U. Chicago Press, 1969.
Cadwallader, T. Unique values of archival research. Journal of the History of the Behavioral Sciences, 1975, 11, 27–33.
Cattell, J. M. Early psychological laboratories. Science, 1927, 66, 513–516.
Chiba, M. The story of Wundt's library. Unpublished Manuscript. Tohoku University, 1932.
Denecke, L. Die Nachlässe in den Bibliotheken der Bundesrepublik. Boppart: Boldt, 1969.
Drucker, R. Personal Communication, October 31, 1978.
Ellenberger, H. The discovery of the unconscious. New York: Basic Books, 1971.
Fechner, G. Die Tagesansicht gegenüber der Nachtansicht. (3rd ed.) Leipzig: Breitkopf & Härtel, 1919 (1879).
Fensch, D. Zur Rolle Wundts bei der Institutionalisierung der Psychologie in Leipzig. In G. Eckardt and D. Fensch (Eds.) Psychologiehistorische Manuskripte, Berlin: GDR Society for Psychology, 1977.
Fischel, W. Wilhelm Wundt and Emil Kraepelin in E. Seifert, G. Weber, & R. Wussing (Eds.): Karl-Marx-Universität 1409–1959. Leipzig: Enzyklopaedie, 1959.
Fontane, T. Fünf Schlösser. München: Nymphenburger Verlagsbuchhandlung, 1960.
Füssler, H. (Ed.) Leipziger Universitätsbauten. Leipzig: VEB Bibliographisches Institut, 1961.
Gröteke, R. Materialien zu Wilhelm Wundt im Archiv der Karl-Marx-Universität und einige Probleme bei der Bearbeitung. Beiträge zur Wundtforschung, 1976, 2, 94–102.
Hall, G. S. to Wundt, 1878.
Hall, G. Founders of modern psychology. New York: Appleton, 1912.
Holmes, O. W. History and theory of archival practice. In R. E. Stevens (Ed.) University Archives, Champaign, Illinois, 1964.
Iwahara, S. Personal Communication, June 29, 1976.
James, W. Review of "Grundzüge der Physiologischen Psychologie" by Wilhelm Wundt (Leipzig: Engelmann 1874). North American Review, 1875, 31, 195–201.
Kirsten, C. Personal Communication, August 22, 1974.
Kreiser, L. W. Wundts Auffassung der Mathematik – Briefe von G. Cantor and W. Wundt. Wissenschaftliche Zeitschrift Karl-Marx-Universität 1979, 28, 197–206.
Kroeber, W. Personal Communication, June 1975.
Lewis, N. D., & Landis, C. Freud's Library. The Psychoanalytic Review. 1957, 44, 326–354.
Manayama, K., Personal Communication, March, 1979.
Mommsen, W. Verzeichnis der schriftlichen Nachlässe in deutschen Archiven und Bibliotheken. Boppard: Boldt, 1971.

Meischner, W. Personal Communication, July 11, 1972.
Meischner, W. Personal Communication, October 31, 1979.
Münsterberg, M. Hugo Münsterberg: his life and work. New York: Appleton, 1922.
Nilsson, I. Personal Communication, October, 1979.
Perry, R. B. The thought and character of William James Boston: Little, Brown and Company, 1935 (2 vols.).
Peterson, P. Wilhelm Wundt und seine Zeit. Stuttgart: Kurtz, 1925.
Popplestone, J. Retrieval of primary sources. Journal of the History of the Behavioral Sciences, 1975, 11, 20–22.
Roback, A. A. A history of American psychology. New York: Library Publishers, 1952.
Sagara, M. Personal Communication, March 12, 1975.
Sander, F. Friedrich Sander. In L. Pongratz, W. Traxel, & E. Wehner (Eds.) Psychologie in Selbstdarstellungen. Huber: Bein 1972.
Schlotte, F. Beiträge zum Lebensbild Wilhelm Wundts aus seinem Briefwechsel. Wissenschaftliche Zeitschrift der Karl-Marx-Universität. 1955/56, 5, 333–349.
Schulze, W. A. Geschichte der Evangelischen Gemeinde, Neckarau. Mannheim: Grossdruckerei, 1970.
Sokal, M. The education and psychological career of James McKeen Cattell, 1860–1904. Unpublished Dissertation, Case Western Reserve University, 1972.
Sokal, M. A guide to manuscript collections in the history of psychology and related areas. Wellesley, Mass.: Wellesley College Colloquium on the History of Psychology, 1977.
Sokal, M. Personal Communication, September 3, 1979.
Tinker, M. Wundt's doctorate students and their theses (1875–1920). American Journal of Psychology, 1932, 44, 63–637.
Ungerer, G. A. Heidelberg vor der Reichsgründung 1871: Der Freundeskreis Wilhelm Wundts. Badische Heimat, 1979, 3, 423–438.
Varii. In memory of Wilhelm Wundt by his American students. Psychological Review, 1921, 289 153–188.
Watanabe, J. Personal Communication, September, 1978.
Wolf, H., Lülfing, H., & Unger, R. Die Nachlässe in den wissenschaftlichen Instituten und in den allgemeinbildenden Bibliotheken der Deutschen Demokratischen Republik. Berlin: Deutsche Staatsbibliothek, 1968.
Wundt, E. Wilhelm Wundts Werke: Ein Verzeichnis seiner sämtlichen Schriften. München: Beck, 1927.
Wundt, E. Wilhelm Wundt. Deutsches Biographisches Jahrbuch. Stuttgart: Deutsche Verlagsanstalt, 1928.
Wundt, M. Memorandum on "Distribution of Papa's Library". (October 1921).
Wundt, S. Diary 1877.
Wundt, W. Versuche über den Einfluss der Durchschneidung der Lungenmagennerven auf die Respirationsorgane. Johannes Müllers Archiv für Anatomie, Physiologie und wissenschaftliche Medicin, 1855, 269–313.
Wundt, W. Central innervation and consciousness. Mind, 1876, 1, 161–178.
Wundt, W. Der Spiritismus, eine sogenannte wissenschaftliche Frage. Leipzig: Engelmann, 1879.
Wundt, W. Die Sprache. (2 vols.) Leipzig: Engelmann, 1904.
Wundt, W. Erlebtes und Erkanntes. Stuttgart: Kröner, 1920.
Wundt, W. Gustav Theodor Fechner: Rede zur Feier seines 100jährigen Geburtstages. Leipzig: Engelmann, 1901.
Wundt, W. to Koenigsberger, June 22, 1902.

Wundt, W. to Lipps, June 22, 1895.
Wundt, W. to Lipps, December 26, 1894
Wundt, W. to Mau, June 16, 1872.
Wundt, W. Mythos und Religion. (Pt. 1). Leipzig: Engelmann, 1905.
Wundt, W. Eine Berichtigung. Literarisches Zentralblatt für Deutschland. 1915, 66, 1079.
Wundt, W. Philosophy in Germany. Mind, 1877, 2, 403–518.
Wundt, W. Testament. February 23, 1914.
Wundt, W. to Wundt, 1872 b.
Wundt, W. (Grandson) Personal Communication, December 12, 1972.

The Establishment of Wundt's Laboratory: An Archival and Documentary Study[1]

1980

Wolfgang G. Bringmann / Norma J. Bringmann / Gustav A. Ungerer

The establishment of Wilhelm Wundt's Leipzig Institute for Experimental Psychology during the Winter Semester of 1879–80 generally has been regarded as a major accomplishment in the institutionalization of psychology as a modern science. Beginning with the present convention of the American Psychological Association and continuing for the next twelve months, psychologists from all over the world will recognize the work of Wundt and the contributions of other early psychological laboratories.

It is unfortunate that little dependable information is available about the circumstances under which Wundt established his laboratory apart from the 1879 date, which has found its way into almost all histories of psychology and in many introductory textbooks (Bringmann & Oostveen, 1975). The present Invited Centennial Lecture hopes to remedy this situation with original information about the history of the Leipzig Institute. First, Wundt's brief stay at Zurich University from 1874–1875, where he received his call to Leipzig, will be described. Next, Wundt's first four years at Leipzig University will be chronicled with special attention to his teaching, research and personal life. The events of the founding year will be dealt with in considerable detail. Finally, the expansion and recognition of the Institute will be discussed. The paper concludes with a brief analysis of the controversies which still surround the 1879 founding of the Leipzig laboratory. In contrast to previous publications about this topic, the current research makes extensive use of archival materials, documents and eyewitness accounts.

1 An earlier version of this paper was presented as an Invited Centennial Lecture at the Annual Meeting of the American Psychological Association in New York City on September 4, 1979.

Zurich Interlude 1874–1875

Professor at Last

On June 18, 1874 more than 18 years after first qualifying as an academic teacher, Wundt at long last was given a regular academic appointment as Full Professor of Inductive Philosophy at Zurich University. His assignment was to lecture 10 to 12 hours per week in the College of Arts *(Philosophische Fakultät I)* and the Teachers College *(Lehramtsschule)* associated with Zurich University (Zurich Board of Education, 1874).

In the fall of 1874, the University of Zurich, which had only been founded in 1833, was still a very humble institution (Gagliardi, Nabholz & Strohl, 1938). It had only 10 classrooms in an old decrepit building and no library. Nevertheless, Wundt requested the assignment of a special room in the main building in the following courteous letter (October 11, 1874):

> *"... The undersigned has already had the honor of communicating to you in person that he owns a collection of physiological apparatus and teaching aids which he would be willing to use in his lectures if the necessary facilities were assigned to him in the university for their storage and display. I am sure that I do not have to discuss in detail how helpful it is for pedagogical reasons to supplement lectures ... with demonstrations and experiments."*

Wundt also made it clear that he had found a suitable space during a previous visit to the university:

> *"After having visited the available rooms together with Professor Vögelin ... I would like to recommend the anteroom which is located on the third floor of the university building. It has previously served as a room in which candidates for degrees have worked on their theses. Since a similar room on the second floor has the same function ... I assume that no serious obstacle is in the way of furnishing this room (for my purposes). This room would have to be outfitted with a big glass case for the storage of apparatus and other teaching objects. A large table would be required for the arrangement of equipment during demonstrations" (October 11, 1874).*

Wundt closed his letter with the request to have all necessary work completed in time for the beginning of the 1874–1875 Winter Semester.

In the meantime he may well have stored the bulky equipment in the farm house, which he and his wife rented in the *Unterstrass* suburb of Zurich. This conclusion is based on the ground plan of the small building, which Mrs. Wundt drew and labeled for her relatives. The sketch clearly identifies a room in the northwest corner of the building as *"Laboratorium"* (Wundt, 1874), It is also quite clear from additional notations that this lab was soon to be turned into a dining room.

Although no inventory of his apparatus has been found from that period, Wundt's equipment collection must have been extensive because it was valued at 4,800 Swiss Francs, or slightly more than his entire year's salary at Zurich University in a recently discovered insurance application (Wundt, 1874c). Nevertheless, Wundt taught no laboratory courses (Wundt, 1927) and published no experimental research whatsoever during the year in Zurich (Meischner & Metge, 1979).

A First Class Waiting Room

Unlike many German academics who viewed the University of Zurich merely as a "first class academic waiting room" (Gagliardi, Nabholz & Strohl, 1938), from which they hoped to escape quickly to more prestigious positions at the established German universities, Wundt appears to have expected to stay in Zurich longer than he did. In a letter to his friend Dr. Siegfried Brie (1838–1931) – a professor of law at Breslau University – who had invited him to his wedding, Wundt wrote (April, 2 1875):

"Until a few days ago I had still hoped to be able to take my planned trip to Heidelberg and Mannheim ... My housing problems have fortunately been solved. I have rented an apartment for next fall on the other side of Zurich – in Hottingen – in the house of Professor Steiner whom you may remember from Heidelberg ... "

He further explained to his friend that the pressure of lecture preparations for "two big new courses" which were to begin in less than two weeks, and which claimed all his spare time, prevented him from attending his friend's wedding. He also grumbled, in a manner familiar to most university teachers, about the academic calendar at Zurich which, unlike that of Heidelberg University to which Wundt had become accustomed, provided only a four weeks break between the Winter and the Summer Semester. Wundt confessed that it had not been easy for him to adjust to the much heavier teaching load in Zurich, since he had "enjoyed exceptional freedom" at Heidelberg University with regard to his teaching responsibilities. Wundt closed the letter with an overall positive evaluation of his stay at Zurich:

"Nevertheless, my wife and I like Zurich very much, especially after the first months of acclimatization have passed, during which we were, of course, not always spared the occasional twinge of nostalgia (April 2, 1875)."

Wundt's gratitude to Zurich University, which had given him his first real academic sopportunity, is also reflected in his autobiography (1920) where he devoted two chapters (pp. 242–260) not only to his own experiences but also to a detailed description and discussion of Swiss customs, politics and the school system. The educational authorities of the Canton Zurich in turn respected Wundt's expertise and consulted him for the remainder of his long life about recruitment decisions in philosophy, psychology and related fields. (Bringmann & Balance, 1973).

Call to Leipzig University

An Unexpected Letter

Less than seven months after his formal appointment to the faculty of Zurich University, Wundt received a most unexpected call to a newly established professorship of philosophy at Leipzig University. This ancient and prestigious institution was in 1875 the largest university in Germany with an enrollment of nearly 3,000 students (Eulenburg, 1909). The invitation to teach at Leipzig began with an "unofficial" inquiry from Friedrich Zarnke (1825–1891), the elected Dean of the College of Arts and Sciences (1875):

> *"Our Minister (of Education) – von Gerber – has given me the assignment to inquire whether you would be interested in accepting a full professorship of philosophy at our university at an annual salary of 1500 Thalers. The*

salary is not high for Leipzig, I must confess, but there will be an additional 100 Thalers from the college income, and lecture fees are estimated to amount to at least 600 Thalers. It may also be possible to obtain an increase of your salary from the Ministry of Education in the near future."

After this frank discussion of the salary situation, Zarnke explained to Wundt why he had been chosen by the faculty at Leipzig:

"... The faculty wants a scholar who has made scientific psychology his life's work and we would prefer to see the representation of this field in the hand of no one else but yourself..." (April 24, 1875).

Zarnke's letter arrived in Zurich on April 26, 1875 and Wundt answered affirmatively on the very same day. The text of the original letter, which was obtained from the Wundt Family Archive, will be reproduced in its entirety, since it has important bearing on the origin of Wundt's Leipzig Institute and Laboratory (1875b):

"Unterstrass near Zurich, April 26, 1875

Highly Esteemed Colleague!

After I received your inquiry this morning, I do not hesitate to send an affirmative reply at once. I am willing to follow a call to Leipzig under the conditions outlined by you and on the assumption that the moving expenses from here to Leipzig will be reimbursed.
I wish to make only ***one*** *request at this occasion. I already brought a collection of teaching aids – large illustrations and equipment – to Zurich, which are my property and which I am accustomed to use primarily in my lectures on psychology. Here (in Zurich), a small room in the university was immediately assigned to me for the accommodation of these objects. I would appreciate it very much if a similar space could be placed at my disposal in Leipzig.*

With Honest Respect,
Your Devoted,
W. Wundt"

This letter makes it very clear that Wundt knew that Zarnke's letter was only an unofficial inquiry, which would have to be followed up by a formal offer from Zarnke's superior, the Minister of Education of the Kingdom of Saxony. Wundt obviously did not need much time to make up his mind, despite the relatively small salary. His only condition, apart from the routine request for moving expenses, was to be given a room for the storage of his collection of teaching equipment. He had apparently liked the arrangement at Zurich, which had saved him the bother of bringing teaching materials from his home. While he desired such a room very much, it is also quite clear that Wundt would have accepted the Leipzig appointment, even if his space request had been denied.

Postal services and university administrations must have functioned considerably more effectively in 1875 than today because all employment formalities were completed during the twelve-day period from April 24 to May 5, 1875. Wundt seems to have been very satisfied with the arrangements and to have gained new hope, as can be seen in the following confident letter which he wrote to his new dean (1875b):

"Yesterday I received the official inquiry from von Gerber, the secretary of state, and I have already answered affirmatively. Since it is now definite that I shall be a member of your faculty beginning October I of this year, I will depart from the formal style of correspondence and let you know how much the recommendation of the Leipzig faculty (in my behalf) has pleased me, especially since it was so unexpected.

Although, I had found Zurich a satisfactory place of work, Germans never feel quite at home in Switzerland. I must confess that I know of no other German university that has made the choice of returning home easier than Leipzig because it offers so many opportunities to further (one's) scientific work. I hail this decision of the Leipzig faculty not only in my own interest but regard it as a welcome omen for the whole direction of philosophy which I represent" (May 6, 1875).

In the same letter Wundt also informed the dean of his proposed teaching schedule for the Winter Semester of 1875–1876.

Zarnke apparently shared Wundt's good feelings about the successful appointment. He also seems to have expected that philosophy at Leipzig would at last regain its former position of eminence, as he told Wundt:

> *"… I hope that your call to the university will one day be viewed as (the beginning of) an epoch in the history of German philosophy, especially of psychology and epistemology …" (Schlotte, 1955 / 56, p. 338).*

Contacts and Accomplishments

Historians of psychology and biographers of Wundt have had little to say about the reasons for Wundt's "unexpected" call to Leipzig. Wundt believed that the initial appointment had been the result of personal contacts rather than his scholarly accomplishments, when he wrote his autobiography more than forty years after the events. He had known his new dean since 1871 when he began writing book reviews in physiology, psychology, and philosophy for the prestigious literary and scientific weekly edited by Zarnke since 1850. Wundt had published 11 reviews in this magazine during 1875 alone (Wundt, 1927). Moreover, Carl Friedrich von Gerber (1828–1891), the person responsible for all academic appointments in Saxony, was a fellow "Southerner" who had served as chief administrator of Tübingen University while Wundt was a medical student there. Of his personal contacts in Leipzig, however, Wundt mentioned only the astrophysicist Carl Friedrich Zöllner (1834–1882) as the single "personality" among "the natural scientists and philosophers," who had shown a "real interest" in his appointment (Wundt, 1920, pp. 287–288). Zöllner, an innovative and highly controversial scientist, openly proclaimed his responsibility for bringing Wundt to Leipzig in his bitter rejoinder (1881) to Wundt's brochure on spiritism of 1879:

> *"My highly esteemed colleague, you know, of course, that you owe your presence in Leipzig primarily to me, since it was I who removed the various doubts about your call from Zurich to our university" (p. 20).*

In the same diatribe, Zöllner explained the reasons behind his strong endorsement of Wundt (1881):

> *"Since as an assistant of Helmholtz you had taken an active part in his physiological optical studies and had originally enjoyed a thorough education in the natural sciences, I believed that I possessed sufficient evidence from your writings on sensory perception and the axioms of modern physics that you would not succumb to the errors of the so-called philosophers" (p. 21).*

In other words, even Zöllner supported Wundt, whom he had first met in the home of a mutual friend during the winter of 1874–75 in Zurich, not because of their personal acquaintance but because he had been impressed by Wundt's education, academic experience, and the quality of his scientific writings.

Considerably more information about the history of Wundt's appointment has been found among the personal papers of his son, Max Wundt (1879–1963). Scarcity of time prevents the description of the complex academic negotiations, which took place between the faculty and the minister of education about the program in philosophy at Leipzig. Briefly, the program had been almost destroyed in the preceding decade, when one senior professor was called to another university and two others were lost through death. As Gerber so aptly put it in 1875:

> *"The representation of philosophy in the College of Arts and Sciences rested exclusively on the shoulders of Privy Councilor Professor Drobisch who was advanced in years and has already reached extreme old age" (April 29).*

Since Drobisch taught, as a rule, no more than two courses per semester, the teaching of philosophy at Leipzig usually fell into the hands of unpaid part-time instructors or enthusiastic amateurs, like Zöllner, who lectured irregularly on pet topics in addition to their normal duties. Philosophy was a required subject for degree examinations, however, and a speedy solution to the problem was needed in the spring of 1875.

Surprisingly, faculty and ministry of education officials were in agreement about the requirements for a suitable candidate. He had to be a prominent philosopher and able to teach courses in the major philosophical specialties from a historical point of view. He was also expected to be a natural scientist by training or to have demonstrated strong interest in the relationship between philosophy and the natural sciences (Report, 1875).

When the "wish list" of the faculty did not yield a qualified and willing candidate, the ministry suggested the appointment of Wilhelm Dilthey (1833–1911). He was firmly rejected by the faculty because of his limited publications and because "the full sincerity of his devotion to academic duties" was in doubt (Report, 1875). After a second "wish list," that had included Kuno Fischer (1829–1889) and Karl von Prantl (1820–1888) was also unsuccessful, the faculty recommended that the position be divided. Max Heinze (1835–1909), a gifted historian of philosophy and friend of Nietzsche, was chosen to fill the vacancy in History of Philosophy. In addition, the faculty also strongly recommended the appointment of Wundt as a specialist on the relationship between the natural sciences and philosophy in the following report (1875):

> *"We believe that we can recommend a scholar to the Royal Ministry who would be able to carry out this task in an outstanding manner. He is Professor Dr. Wilhelm Wundt in Zurich. By training a specialist in physiology, he was until recently the director of a physiological laboratory in Heidelberg. He has attracted the attention of philosophers through his 1866 publication Physical Axioms and their Relationship to the Principle of Causality and more recently through his comprehensive work, Principles of Physiological Psychology, and who was consequently called to a philosophical professorship at Zurich. We believe that we can be certain that he will present the direction, which has just been described, in a superior manner at our university" (p. 10).*

Although Zöllner was not mentioned in any of the documents, he may well have played a decisive role in obtaining Wundt's appointment by calling attention to Wundt's qualifications. The reports are replete with content and phrases which bear his mark. It is also worth noting that Wundt's laboratory experience at Heidelberg was known to the recruitment committee and seems to have played a role in their positive decision. More important than any of these considerations is the fact that Wundt did indeed believe strongly that philosophy should become the normative discipline for all fields of science, as he pointedly stated in his introductory lecture at Zurich University (1874a):

> *"In the meantime philosophy has no right to stand idle. In the evaluation of the general results of the sciences, in the development of scientific methods and principles, philosophy is confronted by an ever-increasing field of responsibility through which philosophy, in turn, can have a stimulating effect on the individual fields of science. As long as philosophy understands itself literally as the "science of sciences" it will be able to preserve a faithful picture of our own time for the future" (pp. 20–21).*

The Early Leipzig Years 1875–1879

Quietness and Fresh Air

Wundt arrived in Leipzig for the first time in his life at approximately 6 p.m., June 17, 1875 after a twelve hour train trip from Mannheim. He immediately went on a long walking tour of the town then sat down to write a letter to his wife in Zurich (1875c):

> *"Leipzig is quite a big city and much more impressive than Zurich... The old part of Leipzig consists of huge gray white houses and looks rather gloomy. However, the newer part around the Rossplatz,... is actually like a promenade with trees, course, I have already been at the university, which looks relatively insignificant... Tomorrow I will go to the housing commissioner and then we will know what can be found. I will do my best to find an apartment in the new suburbs... I realize, now that it was a good idea to come here myself to look for a home. A long-time resident (of Leipzig) might not fully understand how much value we place on quietness, fresh air and open spaces" (Whitsunday, 1875).*

Wundt apparently had rather mixed feelings about Leipzig as a future home, especially when he contrasted it with the semi-rural beauty of Zurich in early summer. He candidly admitted that the old town looked "gloomy", and that the university buildings were not much to brag about. He initially lived in one of the newer suburbs near the Bavarian Railroad Station. Soon, however, he moved his wife and two year old daughter Eleonore to a spacious apartment on the fourth floor of a university-owned building at *6 Goethestraße.* This apartment was located about two long blocks from the university. Across the street was the famous *Gewandhaus* Concert Hall at the entrance to a huge park which occupied the site of the old city fortifications.

A Disappointment

On November 20, 1875 Wundt formally became a full member of the Faculty of Leipzig University and a Civil Servant of the Kingdom of Saxony by taking the required oath of office in the presence of his dean and two senior colleagues, who served as witnesses. Later on the same day, he began his formal career as a professor of philosophy with a public introductory lecture on "The Influence of Philosophy on Empirical Science" (1876). Unlike his inaugural lecture at Zurich a year before, which had emphasized the importance of the natural sciences for modern philosophy, Wundt now stressed the importance of a philosophical orientation for the natural sciences and psychology. In contrast to the poorly documented claims by Harper (1949, 1950) which were popularized repeatedly by Boring, Wundt did not establish even a rudimentary laboratory when he began his regular teaching duties in early October of 1875. No storage space was assigned to him for his teaching equipment despite the promises of Zarnke and the Minister of Education until a year later (Fensch, 1977). The four year period from 1875 until 1879 was apparently one of getting settled and preparing for the demanding new duties as a professor of philosophy at a major university.

Table 1: Wundt's Teaching Schedule at Leipzig University 1875–1879[a]

Semester	Course Title[b]	Time	Public	Private
Winter 1875–1876	Psychology of Language	MTWTFS 6–7 p.m.	x	
	Anthropology	MT WTFS 4–5 p. m.		x
	Logic and Methodology	MTWTFS 4–5 p.m.		x
Summer 1876	Psychology	MTWTFS 4–5 p.m.		x
	Brain & Nerve	MTWTFS 5–6 p.m.	x	
	Physiology			
Winter 1876–1877	Cosmology	*MTWTFS 5–6 p.m.*		x
	Hist. Mod. Philosophy	*MTWTFS 4–5 p.m.*	x	
Summer 1877	Psychological Society	MTWTFS 6–7:30 p.m.		x-gratis
	Logic and Methodology	*MTWTFS* 5–6 p.m.		
Winter 1877–1878	Psychology	*MTWTFS 5–6 p.m.*	x	
	Anthropology	MTW,TFS 5–6 p.m.		x
Summer 1878	Hist. Mod. Philosophy	*MTWTFS 5–6 p.m.*	x	
	Psychological Society	MTWTFS 7–9 p.m.		x-gratis
Winter 1878–1879	Logic and Methodology	*MTWTFS 5*–6 p.m.		
	Office Hours	Daily 12–1 p.m.	x	
Summer 1879	Elements of Math. Logic	MTWITS 5–6 p.m.	x	
	Logical Society	MTWTFS 7–9 p.m.	x	
	Psychology	*MTWTFS* 5–6 p.m.		x

a – All information was obtained by author from published course schedules.
b – Course titles were translated by the author.

Academic Teaching

Table 1 summarizes Wundt's academic teaching at Leipzig University during the eight semesters from the fall of 1875 to the fall of 1879. A number of interesting conclusions can be drawn from these materials. Wundt had a relatively light teaching load with slightly more than two courses per semester and involving on average about 6 to 7 hours of contact with students. He scheduled most of his courses in the late afternoon and on Saturdays, probably in an effort to maximize his opportunities for personal research and writing. Most of the courses taught by Wundt were *private* lectures which attracted relatively large numbers of students and thus must have contributed substantially to his income. There were only two seminars – the *Psychological* and the *Logical Society* – both of which were taught in the summer of 1877 and again in the summer of 1879. Neither of these courses included practical psychological work of any type apart from occasional classroom demonstrations.

Dissertation Supervision

In addition to his relatively mild schedule, Wundt was also involved in the direction of dissertations for the first time. Table 2 describes the relevant features of the 12 dissertations which he supervised between 1875 and 1879 (Tinker, 1932). Half of the dissertations were written by a variety of foreign nationals from east European countries who, at that time, were flocking to Leipzig University because of its relatively easy requirements for admission to the College of Arts and Sciences. To obtain a Ph. D. from Leipzig University, one did not have to complete a set course of studies, as is the case today, but only had to take three oral examinations and write an acceptable dissertation. Eight of the ten dissertations supervised by Wundt in the first four years were clearly philosophical in nature and dealt with topics from logic and ethics in which Wundt was considered an expert. One of the two psychological dissertations (Dimitresco) focused on an esthetic-psychological topic. The second psychological dissertation was submitted by Wilhelm Gude, a teacher of the deaf, who had no formal university background. He apparently related Wundt's psychological ideas to the practical task of teaching deaf mutes to communicate by sign language.

Table 2: Dissertation Supervision by Wundt at Leipzig University 1875–1879

Year	Author	Nationality	Dissertation Title	Specialty
1876	Steppen, R.	German	Kant's Doctrine of the Thing Itself	Epistemology
	Swiento-chowski, A.	Polish	An Attempt to Explain the Origin of Ethics	Moral Laws
1877	Dimitresco, C.	Romanian	The Concept of Beauty	Aesthetics
1878	Bolliger, A.	German	The Problem of Causality	Logic
	Fischer, W.	German	Herder's Epistemology and Metaphysics	Epistemology Metaphysics
	Hartung, E.	German	The Ethical Principles of Giordano Bruno	Ethics
	Sobyc, P.	Polish	The Basis of the Pythagorean System	Logic
1879	Gude, W.	German	Physiological and Psychological Principles on the Origin of Movement and the Instruction of Deaf Mutes	Psychology
	Tzerteleff, D.	Russian	A Critique of Schopenhauer's Epistemology	Epistemology
	Vujic, M.	Yugoslavian	Substance and Causality	Logic

Facilities

During the Summer Semester of 1876, Wundt was at last given access to a storage room for his equipment after extended correspondence between the local university authorities and the Ministry of Education (Fensch, 1977). The only suitable place that could be found was a small little-used classroom in the *Konvikt* building, which had been constructed in 1840 to house a dining hall for poor students. Wundt's storage facility was located in the southwest corner of the third floor and measured approximately 450 square feet. There were four windows on the south side and a door on the opposite wall. The equipment room was located immediately adjacent to a staircase which, as Titchener has observed (1921), permitted Wundt to come and go unnoticed. By special order of the Minister of Education, Wundt's classroom was equipped with "three cabinets, 3 different tables and six cane bottom chairs" at a cost of "231 Marks, 75 Pfennigs."

The *Konvikt* building was situated in the center of the old university, as can be seen from Figure 1 (building No. 120). Immediately across was the university library while the major classroom buildings *(Vorderpaulinum* and *Augustaeum)* were nearby. The fact that Wundt had been able to obtain the assignment of even such a "humble space" as this can be viewed as somewhat spectacular when we consider that he had taught at Leipzig for less than a year and that all public university facilities were extremely limited. In 1875 it was still customary for professors at Leipzig University to teach and carry out their research in spacious apartments where they also often maintained libraries for the needs of their students.

Research and Publications

In addition to, or perhaps because of his light teaching schedule, Wundt was expected to continue his research and publishing as a matter of course. Comprehensive information about his publication record during the first four years at Leipzig University is contained in Table 3.

The data were obtained from the original bibliography compiled by Wundt's daughter (1927) and from a revision of the same list by two historians in the Wundt Archive in Leipzig (Meischner & Metge, 1979). Wundt had 88 publications consisting of some 1552 pages in these four years. There were numerous book reviews. Interestingly, two of his few English articles were published in the early issues of *Mind* (1876, 1877). There were also four polemical articles adding up to about three per cent of the total. If we accept Boring's figures about Wundt's productivity at face value (1950), it appears that the first four years at Leipzig yielded only an average number of publications.

Table 3: Wundt's Publication Record at Leipzig University 1875–1879[a]

Publication Type[b]	1875	1876	1877	1878	1879	Totals
Books	0 (0)	2 (215)	0(0)	1 (863)	1 (31)	4 (1109)
Book Reviews	19 (19)	25 (25)	18 (18)	10 (26)	0 (0)	72 (88)
Articles	2 (24)	1 (8)	3 (190)	2 (90)	2 (37)	10 (349)
Other	0 (0)	0 (0)	2 (6)	0 (0)	0 (0)	2 (6)
Totals	19 (19)	28 (248)	23 (214)	13 (979)	3 (68)	88 (1552)

a – *Information was obtained from Wundt, E. Wilhelm Wundts Werk (1927)*

b – *Number in brackets are page numbers, numbers outside brackets are number of publications for that year.*

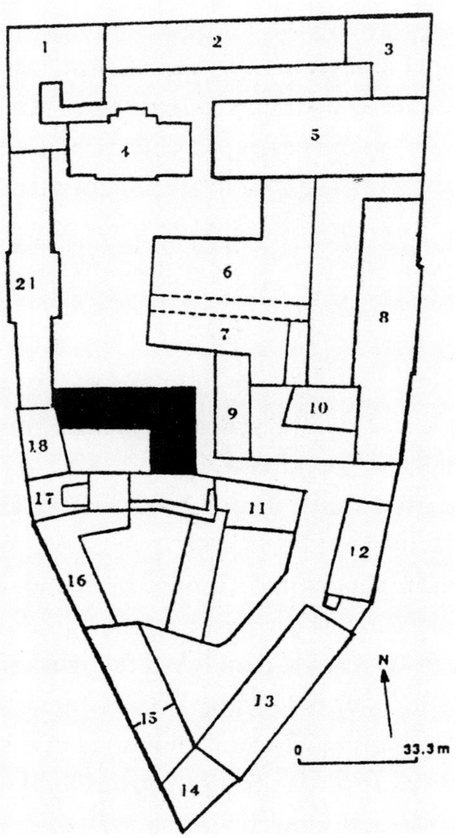

*Campus of Leipzig University ca. 1870–1890. Description of Leipzig University Campus**

1. *Princes' House*
2. *Mauritianum* (Stores and Apartments)
3. *Café "Felsche"* (Restaurant)
4. *Bomerianum* (Institutes for Germanistics & Philology)
5. *St. Paul's* (University Church)

6., 7. *Central Paulinum* (Library Collections)

8. *Augustaeum* (Classrooms)
9. *Storage*
10. *University Senate and Prison* (Karzer)
11. *Storage*
12. *Private Homes*
13. *Chemical and Archeological Institutes*
14. *Private Homes*
15. *Private Homes*
16. *Publishing Company Breitkopf&Härtel*
17. *Private Homes*
18. *Beguine's House*
19. *Annex to Beguines' House* (since 1888 Experimental Psychology) *Konvikt Building* (Dining Hall, 1879–1892 Institute for Experimental Psychology) (Black area).

** The campus map and the description of buildings of Leipzig University were adapted from Füssler (1960)*

Personal Life

Much information about Wundt's personal and family life has recently been found in diaries kept by his wife throughout their marriage (Bringmann & Ungerer, 1980). Mrs. Wundt's notes take the form of brief sentences or phrases. Wundt is typically referred to as "my husband" or simply as "W." Occasionally, when he is away on a trip or has just returned with gifts, he is referred to as "my sweet husband". Due to shortage of time, only a few highlights will be briefly mentioned.

The behavior and health of Wundt's daughter Eleonore ("Lorle") is, to noone's surprise, her mother's favorite topic. "Lorle" is often sick, hates to be bathed and screams whenever her father has to work. She spends much of her time outside in the fresh air "in the garden". When she is ill, she gets "zwieback and milk" or "pigeon soup," which she hates. Her father spent much time observing and recording the words she used and later published his findings in the first volume of his *Folk Psychology* (1901), which deals with language development.

Wundt's income, while low for Leipzig University, still exceeded that of nine tenths of the population (Hasse, 1878). They lived quite well. There were two maids, who frequently fought with each other and their employers. Mrs. Wundt's participation in cooking duties was limited usually to "pudding, pigeon soup" and "a salad". They engaged in an active social life, being frequently invited by friends for coffee and cake and for formal dinners. Accompanied by one of the maids, Mrs. Wundt did most of the shopping. She also polished the silver, sewed for her daughter and "patched" her husband's "torn trousers." During the winter semester, the Wundts entertained their colleagues from the university. They also enjoyed inviting students, who had no relatives in town, for formal and informal suppers. They had a subscription to the theater, the opera and the *Gewandhaus* concerts. Occasionally Mrs. Wundt attended a play or concert with one of the maids, and sometimes the two maids were sent alone. The maids were treated quite strictly. Mrs. Wundt never shirked her duty in reprimanding them or making sure that they attended church, did not stay out late and avoided dangerous male companions.

Since her husband's handwriting was difficult to read, Mrs. Wundt often copied his manuscripts for the publisher. She also translated the two articles for *Mind* (1876–1877). The Wundts liked to take long walks the year round, especially in the Rosenthal, where they often stopped for refreshments. Mrs. Wundt liked "hot chocolate," and her husband preferred a "beer" or "grog." The Wundts did not attend church except on special holidays, but they maintained social contacts with several ministers.

Wundt often talked about his research and classes with his wife. For example, he was very pleased when his seminar (*Psychological Society*) attracted a good enrollment and the students were active in their discussions.

The diary tells us also about Wundt's involvement in the time-consuming controversy about his views on spiritism, a dispute which lasted off and on from the fall of 1877 until the summer of 1880. We read in Mrs. Wundt's diary (1877):

> *"Tonight Zöllner came to visit and told the most miraculous things about the medium Dr. Slade and invited W. to a session at his place" (November 11, 1877).*

A day later she reports:

> *"W. was at Zöllner's where the medium performed the most fantastic things and called my husband a medium of 'strong power'" (November 12, 1877).*

Zöllner is, of course, the astronomer who facilitated Wundt's call to Leipzig and became his bitter enemy after their disagreement about the nature of parapsychological phenomena. He was generally regarded as a "patron saint" of believers in the supernatural, because of his highly polemical writings in the defense of his theory of a "fourth dimension". Slade was none other than the notorious American, Henry Slade, who had come to Leipzig as a guest of Zöllner and Fechner in the fall of 1877 after barely escaping prosecution for witchcraft and necromancy in England. Slade was a master of the art of "spirit" or "slate" writing, in which a medium produced mysterious messages without physical contact with the little slate tablets on which the messages were written (Bringmann & Balance, 1976).

What DID Happen in 1879?

Auspicious Beginnings

Traditionally, the academic year 1879–80 has been regarded as the period during which Wundt's laboratory became a reality. Research at the Wilhelm Wundt Archive in Leipzig and the Dresden State Archive fully support this claim. All in all, the year 1879 was an auspicious one for Wundt. On January 1 of that year, his regular salary was increased by about twenty-five percent to 5,400 Marks annually (Fensch, 1977). On January 26, his son, Max, was born, who, like his sister, Lorle, before him, would serve as a research subject for his father's studies of language development.

An Important Petition

Perhaps encouraged by events, Wundt submitted a petition to the Royal Saxon Ministry of Education on March 24, in which he requested a regular budget for the "establishment and support" of a collection of "psychophysical apparatus." Wundt's long letter to his superiors tells us a great deal about the development of his viewpoint concerning the function of a university laboratory:

> *"The undersigned had contemplated already at that time (1875) to connect psychophysical practice with his lectures ... in order to instruct those of his students who were particularly interested in psychology in the techniques of conducting their own psychophysical research work. He believed, however, that he should carry out these plans only after he had convinced himself that such practical activities were desirable."*

After having taught at Leipzig for nearly four years and having been able to stimulate interest in psychological research through the teaching of the seminar (*Psychological Society),* Wundt believed that the time had come to begin offering courses in psychological research techniques:

"Since the seminars on theoretical aspects of psychological research, taught by the undersigned, have attracted a significant enrollment, it has become ever clearer to him that they need to be supplemented by a practical introduction to the basic psychophysical research methods" (March 24, 1879).

In his petition Wundt also declared his willingness to donate his own collection of equipment to the university in exchange for an annual stipend of "600 Marks... for the establishment and maintenance of a set of psychophysical apparatus." Although the sum requested by Wundt was trifling, his request was denied due to "financial exigencies."

It almost looks as if Wundt had given up hope for his laboratory, because he did not offer his *Psychological Society* during the Summer Semester, as had been his habit since 1877. Instead he scheduled his seminar course in logic *(Logical Society).* However, in the Winter Catalogue for 1878–80, the psychological seminar was again listed (1879):

"Psychological Society. Monday 7–9 p.m. (private and gratis)."

Since it was a *private* course, students needed Wundt's permission to enroll but the word *gratis* indicated that no fee was to be charged.

An Eyewitness Account

Information about what took place in this seminar during the Winter Semester of 1879–1880 has been provided by an eyewitness – G. Stanley Hall (1840–1926). Hall is generally considered to be Wundt's first American student, although, having already received his doctorate at Harvard University, he was not formally enrolled at Leipzig. In Hall's autobiography, *Life and Confessions of a Psychologist* (1924), he comments:

"I also attended Wundt's seminary, in which his method was then to assign readings, expecting each to report in detail. He took incessant notes, so that in a sense we read for him; and I have thought this method was the key for the vast erudition which marks his publications" (p. 204).

Despite his sarcasm, Hall was to copy the format of Wundt's seminar course in later years at Clark University, even including the Monday night schedule. Hall's report also indicates that the *Psychological Society* did not include any opportunities for practical psychological research.

The Laboratory

Wundt has provided considerable information about the early days of his laboratory, which will be quoted in chronological order. The earliest account is contained in another petition to the ministry, dated April 4, 1882, in which Wundt once again summarized the history of his institute:

> *"The undersigned began ... to offer a practical seminar activity in addition to his theoretical seminar during the Winter Semester of 1879–1880."*

This practical seminar, as Wundt calls it to distinguish it from the *Psychological Society,* was not listed in the catalogue at all. Wundt provides the same information to the Austrian philosopher Jerusalem, who had inquired about the origin of Wundt's institute (1892):

> *"The main dates about the institute are quickly collected. In the winter of 1879–1880 it was opened first as a private undertaking. Stanley Hall and Max Friedrich ... were the first participants ... Initially the institute had only one single room at its disposal" (February 2).*

The official history of Wundt's laboratory, which he wrote on the occasion of the 500th anniversary of Leipzig University, is slightly more explicit (1909):

> *"Following the psychological seminars, which during the first semesters were held in the form of a colloquium, dealing with the topics of the formal lecture, individual students began to occupy themselves in this room in the Konvikt with research investigations" (p. 1).*

This interestingly suggests that the actual practical research of Wundt's institute was originated by his students. It is noteworthy that Wundt gives credit to his students for helping him to get his laboratory started. His comment may only have been a matter of courtesy on his part. On the other hand, Wundt may have known what most teachers of psychology eventually discover. It is dangerous to inspire students with your ideas about research or practical professional services, because they will eventually expect you to practice what you preach. While these and other accounts of the early laboratory vary, it is clear that Wundt regarded the unofficial practical research activities as the actual beginning of his institute. The practical research activities took place in the classroom on the third floor of the *Konvikt* building which had been assigned to Wundt in the summer of 1876.

Although G. Stanley Hall was eager to minimize his association with Wundt, he provides independent support for the existence of Wundt's laboratory in his autobiography (1924):

> *"... Wundt at Leipzig ... had only lately been elected full professor there ... and his laboratory was but little organized ... I participated as subject in several of the experiments. But as the laboratory was open only in the afternoon and especially because I felt it necessary to ground myself in physiology, I left Wundt and spent most of the day in the laboratory of Professor Ludwig, who gave me a problem in myology working with me a great deal... Wundt was an indefatigable worker and we rarely saw him outside the laboratory, although, even here he spent little time and did little work ... He impressed me as rather inept in the use of his hands" (p. 205).*

While Hall is obviously biased in almost all that he has to say about Wundt and his small laboratory, he nevertheless confirms its independent existence. His comparison with Ludwig's Physiological Institute is meaningless, when one considers that Carl Ludwig (1816–1895) had come to Leipzig a decade before Wundt and was able to move in a special laboratory building which had been constructed at the cost of nearly 200,000 Marks (Stieda, 1909).

Dissertation Research

According to Wundt, the first research project completed under his supervision in the laboratory was the dissertation of Max Friedrich on *The duration of simple and complex apperceptions* (1881). Since another Invited Centennial Lecture by Dr. Behrens of Pennsylvania State University has already dealt with this topic at length, our comments will be restricted to materials relevant to the establishment of the laboratory. Friedrich, who was by training a mathematician and not a philosopher, acknowledged that his work was carried out "under the direction of Professor Dr. Wundt." The preliminary research was begun in "early December" of 1879 and Wundt, Hall and Friedrich were the first participants. The data collection continued in early January of 1880 and ended along with the winter semester in early March. Despite Hall's claims that Wundt did not spend much time in the laboratory, we discover that he participated in the data collection on no less than 16 occasions between January 17 and March 5. We also find that Hall participated in the data collection only on an irregular basis. In conclusion, an approximate date can be fixed for the beginning of the actual work in Wundt's laboratory in the *Konvikt.* The earliest time is "early December," the latest suitable date would be January 17, when Wundt, Hall, Tischer and Friedrich participated as experimental subjects.

My Psychophysical Laboratory

It has been suggested by Boring that Wundt was not really aware of the establishment of his laboratory, and that he chose the 1879 date randomly many years later when he was writing the history of his institute (Boring, 1965). Nothing could be further from the truth, as we can learn from a letter of recommendation written by Wundt for Hall on June 18, 1880. Hall used this letter in securing his appointment at Johns Hopkins University, and a copy has been found in the papers of Coit Gilman (1831–1908). Wundt penned the recommendation in Latin letters rather than in the traditional German script which he used for most of his writing (1880a):

"I have come to know Dr. G. Stanley Hall well through frequent personal contact during his extended stay in Leipzig as a man of comprehensive philosophical knowledge, great scientific interests and solid independent judgment. In particular Mr. Hall has been able to gain a rare knowledge of the German scientific literature not only in psychology but also in the related subjects of sensory and neurophysiology."

As far as Hall's participation in the laboratory is concerned, Wundt states generously:

"He has participated in the work of my psychophysical laboratory during the winter semester of 1879–1880 and the summer semester of 1880 with great industry and success" (June 18).

Additional evidence that Wundt regarded his "humble" facilities on the third floor of the *Konvikt* as a laboratory can be found in correspondence between Wundt and Kraepelin dated August 4 and October 14, 1880.

Expansion and Recognition

The Philosophical Studies

Once Wundt had his own laboratory facilities in which his students were conducting independent psychophysical research, it comes as no surprise that he soon founded his own journal, the *Philosophical Studies*. Considerable new information about the origin of Wundt's journal has been discovered in his correspondence with the noted psychiatrist Emil Kraepelin (1880b):

"Your comment about a journal of psychology, which you regard as desirable has much interested me, especially since I have had similar ideas... I have currently a number of investigations on the time sense ... for which I do not yet have a place of publication ... The best physiological journals pursue other interests as a rule, and a philosophical journal ... does not have the necessary space for such topics ... If the project should become reality in any form, I would like to count on your collaboration" (August 4, 1880).

Wundt later elaborated some of his plans for such a project to Kraepelin (1880c):

> *"The plan of a psychological journal, which you suggested, has come closer to realization. After due deliberation, I think it would be best to extend the scope of the journal to the whole field of psychology and related subject areas … I also think it would be best if the journal would initially print only original research … and not reviews of other research" (October 14, 1880).*

Wundt had apparently talked to his publisher and many details were already worked out (1880d):

> *"The individual issues are to appear in an informal order … and the publication is to depend on available material. The publisher has declared himself willing to provide an honorarium of 40 Marks and 40 reprints of each article. I would like to bring out articles in the first issue which represent the different fields which the journal is to cover" (December 17, 1880).*

Wundt announced his plans to publish *Psychological Studies* in January of 1881. The main purpose of the new journal was to publish experiments "which over the last several years have been carried out in my laboratory." The title of the journal was already changed by August 4 of the same year to *Philosophische Studien.* It seems possible that the change in title was due to the fact that a journal called *Psychologische Studien* was already in existence and, moreover, dealt with the obnoxious topic of spiritism and other parapsychological phenomena (Wundt 1927). The first number of the *Philosophische Studien,* containing a long article by Wundt on psychological methods and the Friedrich dissertation was published in October of 1881. The first volume, however, was not completed until 1883.

Institute for Experimental Psychology

By April, 1882, Wundt felt sufficiently confident of the solid accomplishments of his laboratory to compose yet another petition for university support of his work. The lengthy missive began with a history of the laboratory (1882):

"Already at that time (1875), the undersigned had contemplated the eventual foundation of a seminar for experimental psychology, in which students could be instructed through practice in carrying out their own research. However, he had thought it best to delay specific petitions in this direction into his teaching at the university had produced the conditions necessary for such a seminar activity. Accordingly, the undersigned started a practical seminar program about two years ago during the winter semester of 1879–80 and in publicly announced practice beginning with the summer semester of 1880."

Wundt also reported that he had supported the experimental work of his students out of his own pocket. Thus, he had been forced to limit the areas in which research could be carried out to those for which his personal research equipment was suitable. He had apparently been able to attract quite a few students:

"To this practice in experimental psychology, a larger number of students had signed up than had originally been expected. These include not only students who are specializing in philosophy. Many students in the sciences and mathematics have actively participated in the psychophysical research as well."

Wundt also mentioned that he had supervised a significant number of dissertations which were published in his own journal:

"As far as the achievements of the Seminar for Experimental Psychology during the last two years are concerned, the undersigned would like to mention several pertinent dissertations, which were accepted by the College of Arts and Sciences and which have been published in the Philosophical Studies by him" (April 12, 1882).

Wundt also complained that the large anatomical drawings, which he had initially obtained as lecture illustrations for small classes, were totally inappropriate for his big lecture classes which exceeded 250 students. Finally, Wundt asked the Royal Ministry of Culture and Public Education to add the *Institute of Experimental Psychology* to the number of academic institutes of Leipzig

University. He also requested approval of an annual budget of 900 Marks for this institute.

This letter contains a whole chapter of psychological history. Wundt used the name *Institute* for the first time as a synonym for *Seminar*. His eloquent petition, however, was only partially successful. The Ministry thanked him for his efforts, refused the establishment of a regular budget, but agreed to provide the requested 900 Marks for the current year. Official recognition was not mentioned.

A Famous Visitor

Recognition of a somewhat different type came late in the fall in the form of a personal visit by William James (1840–1910) who had just returned from a trip to Prague to see Carl Stumpf (1882):

> *"I stayed in Berlin a week, in Leipzig five days, in Liege two and a half days with Delboeuf. In each place I heard all the university lectures that I could and spoke with several of the professors. From some I got very good hints as to how not to lecture. Helmholtz, for example, gave me the very worst lecture I ever heard in my life except one (that one was by our most distinguished American mathematician). The lecture I heard in Prague from Mach was on the same elementary subject as Helmholtz's and one of the most artistic lectures I ever heard. Wundt in Leipzig impressed me very agreeably personally. He has a ready smile and is entirely unaffected and unpretending in his manner. I heard him twice and was twice in his laboratory. He was very polite but showed no desire for further acquaintance" (November 26, 1882).*

James' letter makes it very clear that Wundt's laboratory was in existence at that time. His comments about Wundt's accessibility are in agreement with the observations of Hall, who in 1879 had found Wundt "very accessible and free to talk about everything." One also gains the impression that James is somewhat unhappy about his favorable impression of Wundt, because he was certainly familiar with Stumpf's intense personal dislike of Wundt and his work.

Call to Breslau

Wundt was considered for an appointment at Breslau University, as we discover in a letter from his friend Siegfried Brie (1883):

> *"The news in your letter surprised me to a high degree. It is the first word that they have thought of me in Breslau. Here, I heard only a short time ago that Paulssen in Berlin or Windelband in Strasburg had been recommended. Everyone here is of the opinion that the Prussian government does not like to call anyone from Leipzig... because in Prussia the system of academic calls seems to have been replaced by bureaucratic promotions. It would be a joy for my wife and myself to renew our friendship with you and your family, since we have no one as close as you in Leipzig. You know, of course, that my working conditions here in Leipzig are not the best. It is also doubtful if the Saxon government will make an effort to keep me."*

His friend's letter had placed Wundt in a difficult position. Wundt and his family enjoyed their friendship with the Bries family, but were not all that eager to leave Leipzig, as we find out in the next section of the letter:

> *"I very much doubt that any personal activity on my side will help the call. Secondly, I am in these matters a fatalist. I prefer to let events approach me and if they do not work out, I regard it as proof that they should not have occurred at all" (January 27, 1883).*

Nevertheless, the formal call was received and communicated by Wundt to his superiors together with a list of conditions which could help him decide to stay in Leipzig.

Reward and Recognition

The first bonus for deciding not to leave his position in Leipzig was a nearly forty per cent raise in salary from 5400 to 7500 Marks a year (Fensch, 1977). In addition, the local administrators in Leipzig were instructed to:

> *"... place the immediately adjacent small auditorium at his (Wundt's) disposal in addition to the room, which he has used until now in the Konvikt building, and to carry out the minor changes in construction according to his wishes."*

The minor changes desired by Wundt were, in fact, quite substantial as we can see in the drawings submitted by the architect and approved by the University. A total of 1614 Marks was expended to turn two old classrooms and a hallway into quite a respectable laboratory. The following changes were made (Drucker, 1883):

(a) The hallway area in front of classroom number V on the third floor of the *Konvikt* building was separated by walls and turned into an office waiting room. Part of it was to be used as a darkroom.
(b) The new classroom, which had been assigned to Wundt (Number III) on the same floor, was divided into two workrooms by the construction of a dividing wall.
(c) Storm windows and screens were installed on all windows.
(d) The walls and ceilings were painted with water-based paint. All woodwork was painted with oil paint.
(e) Connections for gas light were installed in all rooms and hallways and all rooms were connected with electrical lines.
(f) Three new cabinets, five tables and 12 cane-bottomed chairs were added to the existing furnishings of the laboratory. (August 1).

Altogether the enlarged laboratory of Wundt consisted of two large (Rooms 1 and 7) and five small rooms (2, 3, 4, 5 and 6) providing approximately 1000 square feet of space (Bringmann & Ungerer, 1980). Incidentally, the original storage room, which had been assigned to Wundt in 1876 (Fensch, 1977), now served as his university office (Room 1) except for a small section (Rooms 3 and 4) which was used as a dark room and for equipment storage.

The assignment and equipment of a permanent home for the laboratory was followed on June 26, 1883 by the inclusion of Wundt's Laboratory among the regular academic institutes of Leipzig University (Fensch, 1977). The new seminar was called *Institute for Experimental Psychology.* It also received a regular annual budget at that time. The Winter Catalogue of Leipzig University for 1883–1884 contains the information that Wundt's private laboratory had officially become the 26th institute or seminar of the university (1883/84):

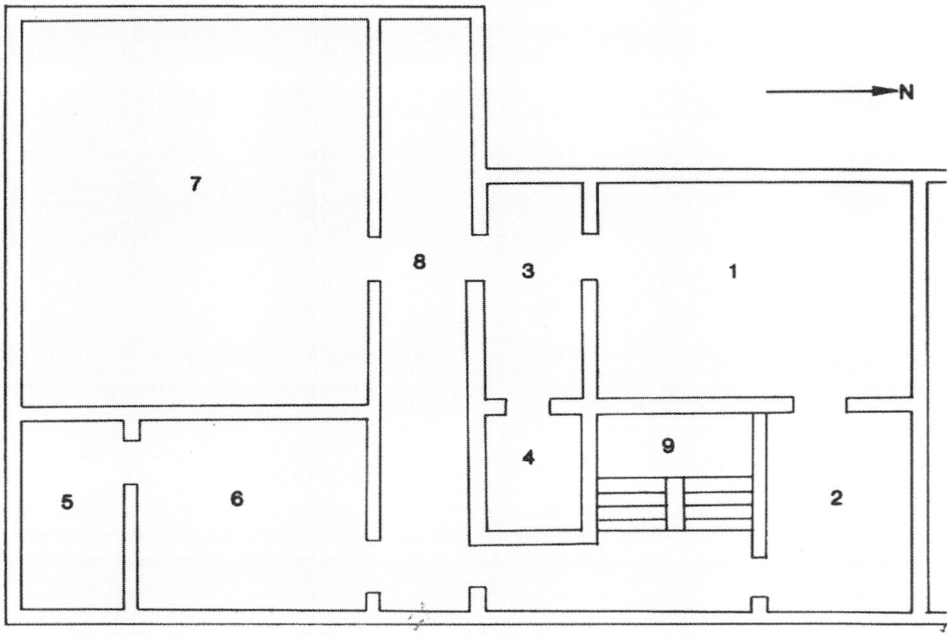

Floor plan of Wundt's Leipzig Laboratory.

1. Classroom # 5	4. Darkroom	7. Classroom # 4
2. Conference Room	5. Workroom (Laboratory)	8. Hallway
3. Waiting Room	6. Workroom (Laboratory)	9. Staircase

26. Institute for Experimental Psychology (Konvikt Building),
Professor Dr. Wilhelm Wundt, Director, 6 Goethestraße. Cand. math. G. Lorenz, Famulus, 6 Salomonstraße.

Final Developments

Wundt's laboratory was expanded once again in 1888 when two rooms in an adjacent building were vacated by the school of pharmacy then in 1892 the institute moved to eleven rooms on the third floor of an old classroom building at *12 Grimmaischer Steinweg.* These facilities previously had housed a gynecological clinic and included according to Wundt (1893):

> *"... eleven larger and smaller rooms ... The largest of these serves as a communal reading room. It contains a rather complete psychological library, journals and important works from related fields like physics, physiology, psychiatry, etc., and a small collection of important philosophical works. The means for the support of this library are obtained through regular fees each semester. All other services of the institute are free. The reading room is connected with the room for assistants, which also serves as the classroom for the introductory course and where the main power source (60 big Meidinger elements) of the institute is located. Twenty electrical lines connect with all work rooms. The lecture hall can also be supplied with the electricity required for demonstrations. Of the remaining rooms, three with southern exposure are devoted primarily to optical research. The darkroom, which has a special anteroom, is painted black including the furniture ... There is a special room for the chronograph. Another room contains a large "drop phonometer."... Special equipment exists to enable students, working in different rooms, to communicate during experiments with telegraph keys and telephone. Rooms for acoustic experiments are well insulated" (pp. 452–453).*

In this report for the Chicago World's Fair, Wundt also described the teaching program of the institute and its administration:

> *"The institute in its present form is administered by the director and an assistant paid by the university, who is an unpaid instructor. He and the director alternate in lecturing about general psychology and its sub-areas ... In addition, a private assistant, paid by the director supports them in this work. An older member of the institute (a so-called famulus) serves as assistant during lectures and monitor of the reading room."*

Finally, in the fall of 1897, Wundt was able to move his institute to the top floor of a newly built classroom building (*Paulinum* and *Johanneum)* at University Street, not far from the original location of the *Konvikt,* which had been torn down. All facilities were designed to his specifications and were to serve as a model for many similar laboratories in Germany and elsewhere. It was destroyed in World War II (Füssler, *1961).* Today, the Department of Psychology at Karl Marx University in Leipzig, which is the direct successor of Wundt's institute, is located in an impressive mansion several miles east of the main university buildings downtown (Füssler, 1961).

Discussion

The developmental sequence, which has just been described, can readily be distinguished in the origin of psychology programs in Canada and the United States. There seems to be some similarity to the development of psychological institutes and departments in other European countries as well. As psychologists, we rarely start with new and complete facilities. Perhaps we are in a way like Avis and must try harder! In the light of our own experience, the rise of Wundt's laboratory from "backroom bull sessions" to a fully recognized institute is eminently convincing, because psychology programs in so many universities everywhere have undergone the same sequence of growth.

Wundt vs. James

We have intentionally not dealt with the specific challenges to the 1879 date that have been published in the past by Harper (1949, 1950), Boring (1950, 1965) and others.[2] In essence, these publications have attacked the priority of Wundt's claims to have started his laboratory during the winter semester of 1879/1880. It has been suggested by Harper that William James operated his own small laboratory at Harvard University in 1875 and that, hence, credit

2 The work of Harper (1949, 1950) and Boring (1950, 1965) about the laboratory of William James is likely to be dramatically challenged in the near future since important new archival information has been discovered by Dr. Tom Cadwallader of Indiana State University in the Harvard Archives as this paper was going to press. According to Cadwallader, documents exist at Harvard, which show that William James requested permission and funds to start a psychological laboratory in 1883 but was turned down.

for establishing the world's first psychological institute should go to him. In a second article, published a year later (1950), Harper took a more conciliatory stance. At that time, he suggested that Wundt and Jahres should share the credit for the laboratory, because he recognized, on the basis of his reading of Wundt's 1909 history of the institute, that that "single room" in the *Konvikt* had already actually been Wundt's first laboratory at that time.

E. G. Boring used the information from Harper's two research papers (1949, 1950) to propagate his own views concerning the role of individual psychologists in the establishment of psychology as an independent science (1965):

> *"Wundt, scientific psychology's great entrepreneur, examined the growth of his enterprise and picked 1879 as the best date. It could not have been apparent at the time what significance that date would come to have, but history needs its markers in order to be readily understood and remembered, and the students of history are helped by dates on which to hang the skein of events that need to be kept in order. In 1879 there was no ceremony at the foundation of Leipzig's Psychologisches Institute. Wundt made no special speech, cut no ribbon at the entrance, dedicated no cornerstone for the refectory building, nor could he have recognized the significance of what was getting underway. History and progress moved on with their accustomed gradualness and only later was Wundt able to fix an absolute threshold on the growth curve of his laboratory" (pp. 7–8).*

Although undoubtedly expressive and seemingly convincing words, their accuracy must be seriously challenged in view of the extensive documentary evidence which has come to light and which has been presented to you today. The dating of the establishment of Wundt's laboratory is not, as Boring claimed, a subjective matter of convenience. I hope that this discourse has clarified the errors in Harper's interpretations. The small facility of James was at best a physiological or psychophysiological laboratory, primarily used for demonstration purposes and not for publishable independent research. Wundt had an institute of that nature already in 1865. He supported his physiological laboratory for ten years out of his own pocket, used it to teach his courses, published many articles on results obtained there and was, in part, chosen for his Leipzig position because of his experience with the laboratory method of instruction in Heidelberg. Thus, it appears that whether credit is given for the first psychophysiological facility or for the first predominantly psychological laboratory, Wilhelm Wundt deserves the recognition as the founder.

The Leipzig Institute of Experimental Psychology became a reality in early December of 1879. Wundt was fully aware of that he was doing and convinced of the importance of his undertaking. Without Wundt's humble but *functioning* laboratory at Leipzig, there would have been no dissertation by the mathematician, Max Friedrich. As Ludy Benjamin (1979) has cogently stated:

> *"Wundt's lab quickly became the stellar attraction for would-be psychologists from Europe and North America ... These psychologists were the founders of many of the early psychology laboratories" (p. 2).*

That is the point. Students from all over the world, including Americans, were inspired to carry out laboratory research and to publish in Wundt's Institute, and they spread scientific psychology around the world. It is this accomplishment which is signified by the centennial of scientific psychology.

References

Benjamin, Ludy (1979) A century of Science. APA Monitor 10; 1–3.

Boring, F. G. *A history of experimental psychology* (2nd ed.) New York: Appleton 1950.

Boring, F. G. On the subjectivity of important historical dates: Leipzig 1879. *Journal of the History of the Behavioral Sciences,* 1965, 1, 5–10.

Bringmann, W. G., & Balance, W. D. G. Wundt vs. Münsterberg: Roback's version challenged. *American psychologist,* 1973, 27, 849–850.

Bringmann, W. G., & Balance, W. D. G. Der Psychologe, der sich selbst geheilt hat. *Psychologie Heute,* 1976, 3, 43–48.

Bringmann, W. G., & Oostendorp, A. Information about Wundt and Freud in introductory textbooks and histories of psychology. Unpublished Manuscript. University of Windsor, 1973.

Bringmann, W., & Ungerer, G. A. An archival journey in search of Wilhelm Wundt. In L. Pongratz & Brozek (Eds.) *Historiography of Psychology.* Göttingen: Hogrefe, 1980 *(In Press).*

Cadwallader, T. *Personal communication,* January 14, 1980.

Drucker, R. Personal communication, October 31, 1979.

Eulenburg, F. *Die Entwicklung der Universität Leipzig in den letzten hundert Jahren.* Leipzig: Hirzel, 1909.

Fensch, D. Zur Rolle Wilhelm Wundt's bei der Institutionalisierung der Psychologie in Leipzig. *Psychologie Historische Manuskripte,* 1977, 1, 60–66.

Friedrich, M. Über die Apperceptionsdauer bei einfachen und zusammengesetzten Vorstellungen. *Philosophische Studien,* 1883 (1881), 1, 38–77.

Füssler, H. *Leipziger Universitätsbauten* Leipzig: VEB, Biographisches Institut, 1961.

Gagliardi, E., Nabholz, H., & Strohl, J. *Die Universität Zürich 1833–1933 und ihre Vorläufer.* Zürich: Erziehungsdirektion, 1938.

Gerber, C. F. Summary of Wundt's Appointment History, April 29, 1875.

Hall, G. S. *Life and confessions of a psychologist.* New York: Appleton, 1924.

Harper, R. The laboratory of William James. *Harvard Alumni Bulletin,* 1949, 169–173.

Harper, R. *The first psychological laboratory. Isis,* 1950, 41, 158–161.

Hasse, E. *Die Stadt Leipzig und ihre Umgebung.* Leipzig: Duncker & Humbolt, 1878.

James, W. to C. Stumpf, November 26, 1882. (Harvard U.).

Meischner, W., & Metge, A. Verzeichnis sämtlicher Veröffentlichungen Wilhelm Wundts. *Wissenschaftliche Zeitschrift der Karl Marx University,* 1979, 28, 243–250.

Philosophical Faculty Leipzig University. Report on recruitment activities for vacancy in philosophy, February, 1875.

Schlotte, F. Beiträge zum Lebensbild Wilhelm Wundts aus seinem Briefwechsel. *Wissenschaftliche Zeitschrift der Karl Marx University,* 1955 / 56, 5, 333–349.

Stieda, W. *Die Entwicklung der Universität Leipzig in ihrem tausendsten Semester.* Leipzig: Hirzel, 1909.

Tinker, A. Wundt's doctorate students and their theses 1875–1920. *American Journal of Psychology* 1932, 44, 630–637.

Titchener, E. B. Wilhelm Wundt. *American Journal of Psychology,* 1921, 32, 161–178. Wundt, E. *Wilhelm Wundts Werk.* München: Beck, 1927.

Wundt, S. Sketch of *Unterstrass* residence, 1874.

Wundt, S. Diary entry, November 11, 1877.

Wundt, S. Diary entry, November 12, 1877.

Wundt, W. Über die Aufgabe der Philosophie in der Gegenwart. Leipzig: Engelmann, 1874a.

Wundt, W. to Director of Education, October 11, 1874b. (Tübingen U.).
Wundt, W. to Brie, S., April 2, 1875a. (Tübingen U.).
Wundt, W. to F. Zarnke, May 6, 1875b. (Tübingen U.).
Wundt, W. to S. Wundt, June 17, 1875 c . (Tübingen U.).
Wundt, W. Central innervation and consciousness. *Mind,* 1876, 1, 161–178.
Wundt, W. Philosophy in Germany. *Mind,* 1877, 2, 403–518.
Wundt, W. *Der Spiritismus, eine sogenannte wissenschaftliche Frage.* Leipzig: Engelmann, 1879.
Wundt, W. to Ministry of Education, March 24, 1879. (Tübingen U.).
Wundt, W. Letter of recommendation for. *G.* S. Hall, June 18, 1880 a. (Clark. U.).
Wundt, W. to E. Kraepelin, August 4, 1880b. (Tübingen U.).
Wundt, W. to E. Kraepelin, October 14, 1880c. (Tübingen U.).
Wundt, W. to E. Kraepelin, December 17, 1880c. (Tübingen U.)
Wundt, W. to Ministry of Education, April 4, 1882.
Wundt, W. to W. Jerusalem, February 2, 1892, (Tübingen U.).
Wundt, W. Psychophysik und experimentelle Psychologie. In W. Lexis, (Ed.). *Die deutschen Universitäten.* Berlin: Asher, 1893, pp. 450–457.
Wundt, W. *Völkerpsychologie.* (vol. 1 & 2). Leipzig: Engelmann, 1900.
Wundt, W. *Das Institut für experimentelle Psychologie.* Leipzig: Hirzel, 1909.
Wundt, W. *Erlebtes und Erkanntes.* Stuttgart: Kröner, 1920.
Zarnke, F. to W. Wundt, April 24, 1875. (Karl Marx University).
Zöllner, F. Wissenschaftliche Abhandlungen (4 vols.). Leipzig: Staackmann, 1878–81.
Zürich Board of Education. Minutes of June 16, 1874. (Cantona L Archive Zürich).

Illustrations from the Life and Work of Wilhelm Wundt

1980

Wolfgang G. Bringmann / Gustav A. Ungerer / Holle Ganzer

1. *Heidelberg Wundt Exhibit.* The Library of Heidelberg University presented a special exhibit on "*Wundt's Heidelberg Period*" from October 28 to December 15, 1979 in honor of the Centennial of Scientific Psychology. In addition, the Psychological Institute of Heidelberg Univ... nized a special Wundt Colloquium with international partici... November 3–5, 1979. This poster was used to announce the ...

2. *Protestant Parsonage Neckarau.* Pencil drawing by Henri Ebert (ca. 1850) of the house in which Wundt was born on August 16, 1832, and where he lived until his father, a Protestant clergyman, was transferred in 1833. The small building on the right was the local prison (Schulze, W.: *Geschichte der Evangelischen Gemeinde Neckarau,* 1960).

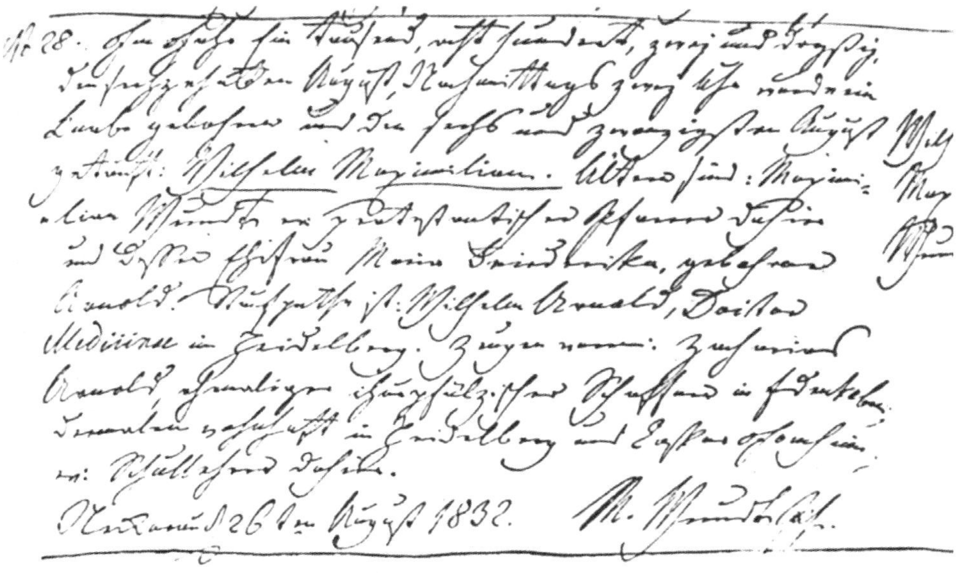

3. *Official Record of Wundt's Birth.* Wilhelm Wundt's birth was officially recorded by his father on August *26, 1832: "No. 28.* In the year one thousand eight hundred and twenty two, a boy was born at 2 o'clock in the afternoon of August 16, and baptized on August 26. Parents are: Maximilian Wundt, local Protestant minister and his wife, Marie Friederike, née Arnold. The godfather is Wilhelm Arnold, M. D. of Heidelberg. Witnesses were Zacharias Arnold, former Rhenish Palatine Estate Manager in Edenkoben, a resident of Heidelberg and Joachim Eykels, local school master.
Neckarau, August *26, 1832.* M. Wundt, Minister."
(Protestant Congregation Neckarau).

4. *Protestant Parsonage Heidelsheim.* Wundt spent his childhood years from 1836–1844 in the small town of Heidelsheim in Central Baden where his father served again as a Protestant Minister. For much of this time he lived in the stately half-timbered house, on the left side of this photograph. The room, which he shared with his tutor under the eaves of the house, has a commanding view of the romantic old town (*Härdle Karlsruhe*).

5. *Heidelberg Circa 1850.* View of Heidelberg from the east about 1850. On the left are the ruins of the famous castle. The university buildings were located in the narrow streets at the bottom of the hill. (Copper Engraving, Institute for Art History, Heidelberg University).

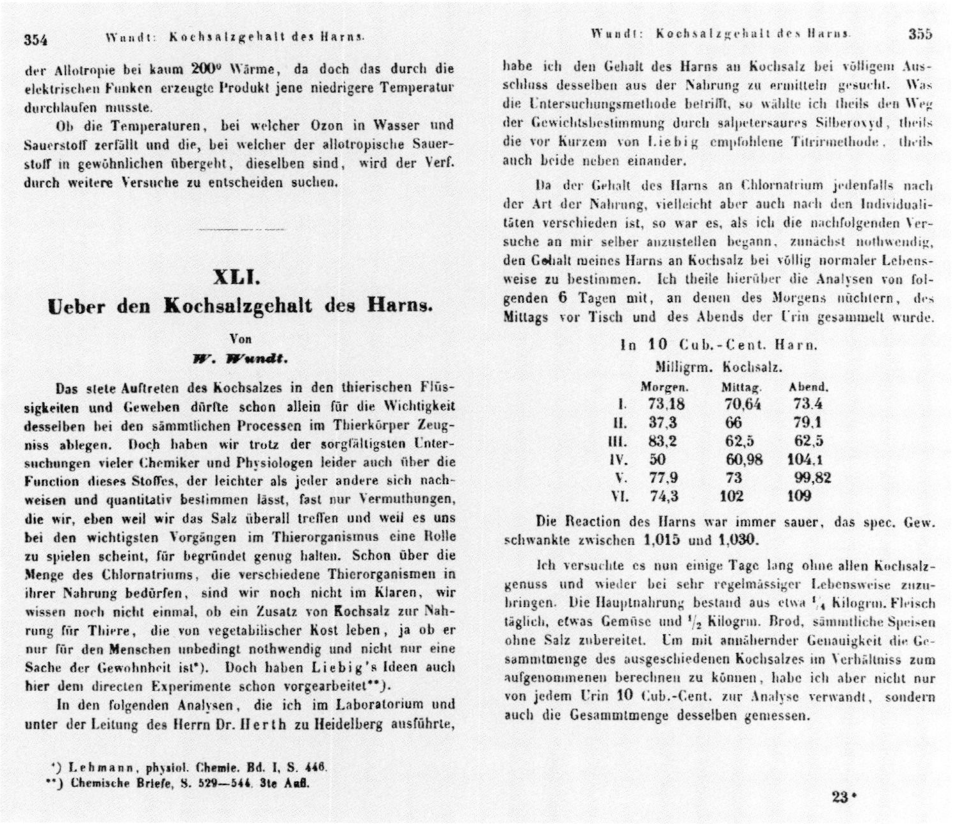

354 Wundt: Kochsalzgehalt des Harns.

der Allotropie bei kaum 200° Wärme, da doch das durch die elektrischen Funken erzeugte Produkt jene niedrigere Temperatur durchlaufen musste.

Ob die Temperaturen, bei welcher Ozon in Wasser und Sauerstoff zerfällt und die, bei welcher der allotropische Sauerstoff in gewöhnlichen übergeht, dieselben sind, wird der Verf. durch weitere Versuche zu entscheiden suchen.

XLI.

Ueber den Kochsalzgehalt des Harns.

Von

W. Wundt.

Das stete Auftreten des Kochsalzes in den thierischen Flüssigkeiten und Geweben dürfte schon allein für die Wichtigkeit desselben bei den sämmtlichen Processen im Thierkörper Zeugniss ablegen. Doch haben wir trotz der sorgfältigsten Untersuchungen vieler Chemiker und Physiologen leider auch über die Function dieses Stoffes, der leichter als jeder andere sich nachweisen und quantitativ bestimmen lässt, fast nur Vermuthungen, die wir, eben weil wir das Salz überall treffen und weil es uns bei den wichtigsten Vorgängen im Thierorganismus eine Rolle zu spielen scheint, für begründet genug halten. Schon über die Menge des Chlornatriums, die verschiedene Thierorganismen in ihrer Nahrung bedürfen, sind wir noch nicht im Klaren, wir wissen noch nicht einmal, ob ein Zusatz von Kochsalz zur Nahrung für Thiere, die von vegetabilischer Kost leben, ja ob er nur für den Menschen unbedingt nothwendig und nicht nur eine Sache der Gewohnheit ist*). Doch haben Liebig's Ideen auch hier dem directen Experimente schon vorgearbeitet**).

In den folgenden Analysen, die ich im Laboratorium und unter der Leitung des Herrn Dr. Herth zu Heidelberg ausführte,

*) Lehmann, physiol. Chemie. Bd. I, S. 446.
**) Chemische Briefe, S. 529—544. 3te Aufl.

Wundt: Kochsalzgehalt des Harns. 355

habe ich den Gehalt des Harns an Kochsalz bei völligem Ausschluss desselben aus der Nahrung zu ermitteln gesucht. Was die Untersuchungsmethode betrifft, so wählte ich theils den Weg der Gewichtsbestimmung durch salpetersaures Silberoxyd, theils die vor Kurzem von Liebig empfohlene Titrirmethode, theils auch beide neben einander.

Da der Gehalt des Harns an Chlornatrium jedenfalls nach der Art der Nahrung, vielleicht aber auch nach den Individualitäten verschieden ist, so war es, als ich die nachfolgenden Versuche an mir selber anzustellen begann, zunächst nothwendig, den Gehalt meines Harns an Kochsalz bei völlig normaler Lebensweise zu bestimmen. Ich theile hierüber die Analysen von folgenden 6 Tagen mit, an denen des Morgens nüchtern, des Mittags vor Tisch und des Abends der Urin gesammelt wurde.

In 10 Cub.-Cent. Harn.
Milligrm. Kochsalz.

	Morgen.	Mittag.	Abend.
I.	73,18	70,64	73.4
II.	37,3	66	79.1
III.	83,2	62,5	62,5
IV.	50	60,98	104.1
V.	77,9	73	99,82
VI.	74,3	102	109

Die Reaction des Harns war immer sauer, das spec. Gew. schwankte zwischen 1,015 und 1,030.

Ich versuchte es nun einige Tage lang ohne allen Kochsalzgenuss und wieder bei sehr regelmässiger Lebensweise zuzubringen. Die Hauptnahrung bestand aus etwa $^1/_4$ Kilogrm. Fleisch täglich, etwas Gemüse und $^1/_2$ Kilogrm. Brod, sämmtliche Speisen ohne Salz zubereitet. Um mit annähernder Genauigkeit die Gesammtmenge des ausgeschiedenen Kochsalzes im Verhältniss zum aufgenommenen berechnen zu können, habe ich aber nicht nur von jedem Urin 10 Cub.-Cent. zur Analyse verwandt, sondern auch die Gesammtmenge desselben gemessen.

23*

6. *Wundt's First Publication.* These are the first two pages of Wundt's earliest publication: *Ueber den Kochsalzgehalt des Harns* (On the salt content of urine), *Journal für practische Chemie,* 1853, 59, 354–363. The research, in which Wundt experimented on himself, was carried out in the private laboratory of his teacher Dr. Herth in Heidelberg during the 1852–1853 academic year.

Wilh. Wundt: Versuche üb. d. Einfluss der Durchschn. etc. 269

Versuche über den Einfluss der Durchschneidung der Lungenmagennerven auf die Respirationsorgane.

Von

WILHELM WUNDT in Heidelberg.

Die Veränderungen, welche die Respirationsorgane der Thiere nach der Durchschneidung der Lungenmagennerven erleiden, haben, als ein Gegenstand, der in gleicher Weise für die normale wie für die pathologische Physiologie vom höchsten Interesse ist, in neuester Zeit die Aufmerksamkeit vieler Forscher auf sich gezogen. Durch die hohe Vervollkommnung, die die pathologisch-anatomische Untersuchung überhaupt erhalten hat, wurde die Aufgabe ermöglicht, die Funktionsstörungen während des Lebens, die früher allein genügend berücksichtigt werden konnten, mit den Ergebnissen, welche die Leichenöffnungen lieferten, in Zusammenhang zu bringen.

Die Erfahrung zeigt, dass wo in einem Organ eine Funktionsstörung und eine materielle Veränderung neben einander auftreten, weitaus am häufigsten die letztere als das primäre angesehen werden muss. Es wird darum wohl gerechtfertigt sein, dass wir auch bei Betrachtung des durch die Vernichtung der nervi vagi gesetzten Zustandes an der gewohnten und klareren Anschauungsweise festhalten und vor Allem bestrebt sind: die Störungen der Respirationsfunktionen aus den Veränderungen der Respirationsorgane abzuleiten.

Die Untersuchungsmethoden, die man zum vorliegenden Zweck angewandt hat, konnten erst einigermassen genügen, sobald man bestimmte objektive Thatsachen festzustellen suchte. Man beobachtete so die Zahl der Athemzüge sowie

7. *Wundt's First Independent Research Project.* Wundt carried out his first independent research project in his mother's apartment. It dealt with: *Versuche über den Einfluss der Durchschneidung der Lungenmagennerven auf die Respirationsorgane* (Experiments on the effects of cutting the vagus and recurrent laryngeal nerves on respiration) and was published in *Müller's Archiv für Anatomie, Physiologie und Wissenschaftliche Medicin,* 1855, 269–313. For this work Wundt received a medal from the faculty of medicine and a small travel stipend. Our reprint was found among the books of his former teacher Maximilian Joseph von Chelius *(Heidelberg University).*

8. *Wundt's Favorite Teacher.* Ewald Hasse (1810–1902) supervised Wundt's medical residency in the winter of 1855–1856 and his dissertation research. Hasse was a noted pathologist, a native of Saxony and a relative of Wundt's eventual publisher Engelmann *(Mixed Technique, Scherzle, Frankfurt/Main. 1855, Heidelberg University).*

9. *Hermann von Helmholtz in Heidelberg.* Wundt worked as assistant of Helmholtz from 1858 until 1865. Helmholtz recommended Wundt for promotion to an assistant professorship and wrote him highly positive letters of recommendation between 1863 and 1871. This portrait shows Helmholtz near the end of his Heidelberg period *(Heidelberg University).*

10. Wilhelm Wundt Circa 1860. (Wundt Family Archive).

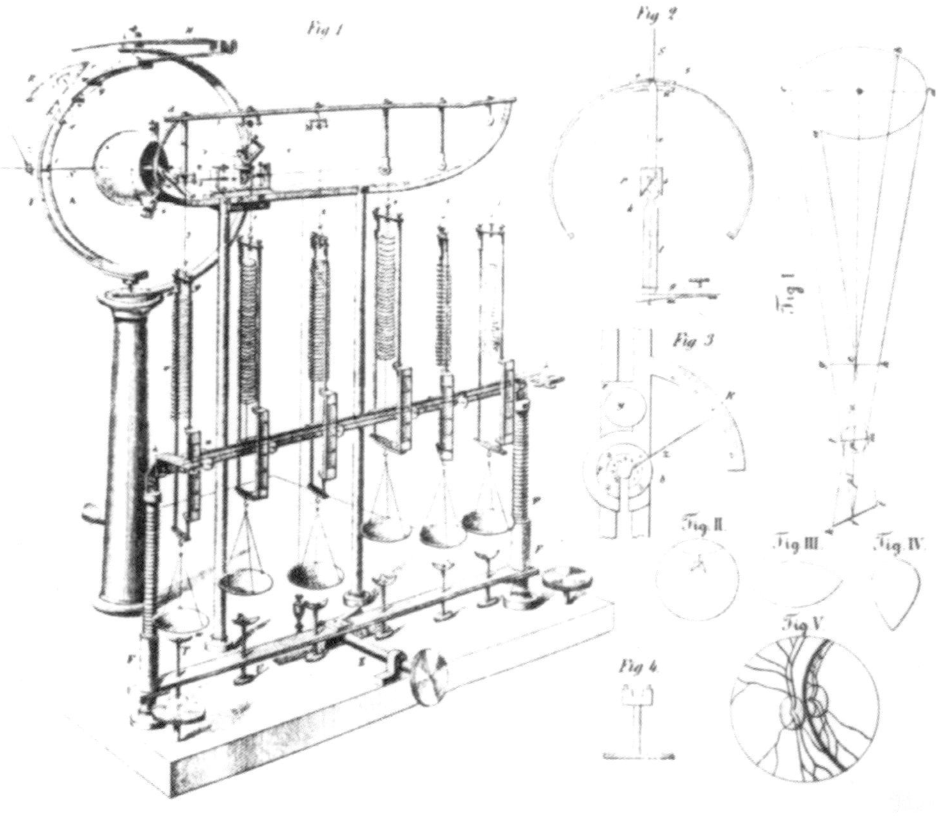

11. *Mechanical Model of the Eye.* This mechanical model of the eye was designed by Wundt and constructed according to his specifications by the mechanic Zimmermann in Heidelberg (Wundt, W., über die Bewegung des Auges, *Archiv für Opthalmologie, 1862, 8,* 1–87.

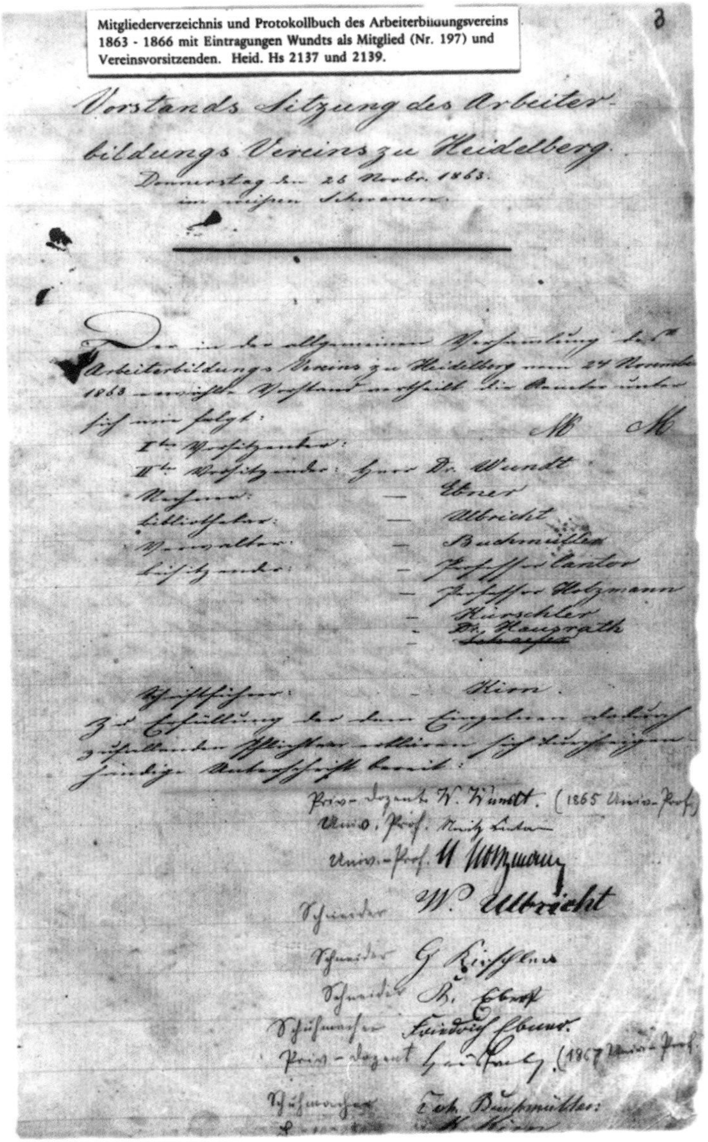
Mitgliederverzeichnis und Protokollbuch des Arbeiterbildungsvereins 1863 - 1866 mit Eintragungen Wundts als Mitglied (Nr. 197) und Vereinsvorsitzenden. Heid. Hs 2137 und 2139.

Vorstands Sitzung des Arbeiter-bildungs Vereins zu Heidelberg.
Donnerstag den 26 Novbr. 1863.

12. *The Workers Educational Association.* In 1863 Wundt co-founded the Workers Educational Association in Heidelberg and soon represented this group at regional and national conferences. The document lists Wundt as Vice President on November 26, 1863 *(Manuscript Division, Heidelberg University).*

13. *Wundt's First Laboratory.* In the summer of 1865 Wundt established his own psychophysiological laboratory in the *Haus zum Riesen* (House of the Giant) in Heidelberg. This attractive baroque building is still standing today across from the modern Psychological Institute of Heidelberg University. Wundt supported this facility from his own pocket until 1874. *(Archive Gottmann, Heidelberg, ca. 1900).*

14. *Parliament of the Grand Duchy of Baden in Karlsruhe.* Wundt was elected as member of the Second Chamber of the Baden Parliament (Landtag) in April of 1866 (City Archive Karlsruhe, StadtAK 8/PBS oXIVa1236).

Deutschland.

* **Heidelberg, 4. Juli.** Der seitherige Abgeordnete unserer Stadt, Herr Prof. Wundt, hat dem hiesigen Wahlmännerkollegium die Niederlegung seines Mandates durch folgendes Schreiben mitgetheilt:

Indem ich meinen Wählern anzeige, daß ich unter dem heutigen mein Mandat als Abgeordneter für die zweite badische Kammer niedergelegt habe, wünsche ich über die Motive dieses Schritts meinen Mitbürgern mit derselben Offenheit Rechenschaft abzulegen, die ich mir während meiner öffentlichen Wirksamkeit zur Pflicht gemacht habe. Längst hat sich mir die Ueberzeugung aufgedrängt, daß, wenigstens bei unsern gegenwärtigen Einrichtungen, die wirsame Betheiligung an den Geschäften der Volksvertretung mit den Pflichten des akademischen Lehrberufs und mit der Verfolgung wissenschaftlicher Arbeitsaufgaben für die Dauer unvereinbar ist. Trotzdem glaubte ich, so lange innerhalb der liberalen und nationalen Partei unseres Landes ernste Meinungsverschiedenheiten über das Maß und die Dringlichkeit innerer Reformbedürfnisse zu befürchten standen, verpflichtet zu sein, auf dem mir angewiesenen Posten auszuharren, um nöthigenfalls mit einzutreten für den unverzögerten freisinnigen Ausbau unserer Verfassung und Gesetzgebung. Durch die letzte Offenburger Versammlung hat sich erfreulicher Weise diese Lage der Dinge wesentlich umgestaltet. Die Regierung hat sich rückhaltlos mit den Forderungen des Offenburger Programms vom 26. Dez. v. J. einverstanden erklärt. Für mich ist dadurch die Verpflichtung gegen meine näheren Gesinnungsgenossen, die Entscheidung der zwischen der Regierung und der liberalen Partei entstandenen Differenzeu abzuwarten, erloschen, und es bleibt mir nur übrig meinen Wählern für das mir bisher erwiesene Vertrauen meinen innigen Dank auszusprechen.

Heidelberg, den 4. Juli 1869.

Dr. W. Wundt.

15. *Resignation from Political Life.* Wundt announced his resignation from Parliament to his constituents in Heidelberg on July 4, 1869. *(Heidelberg University).*

16. *Wundt About 1870.* Popular photograph of Wundt as an Associate Professor at Heidelberg University.

17. *Wilhelm Wundt ca. 1875–1880.* In the fall of 1875 Wundt was called to a Professorship of Philosophy at Leipzig University. This photograph, which was made by Brokesch during the early Leipzig period, was still sold in the 1880s *(Wundt Family Archive).*

18. *The American Medium Henry Slade.* Between 1877 and 1880 Wundt became involved in a bitter controversy about the nature of parapsychological phenomena. On November 11 and 12, 1877 he participated in two séances with the itinerant American medium Henry Slade (Zöllner, 1881).

19. *Wundt's Study.* Wundt wrote most of his later works in this room. His desk is now preserved in the small Wundt Museum organized by the Faculty of Psychology at Karl Marx University in Leipzig *(Wundt Family Archive).*

20. *Wundt's Leipzig Laboratory.* In early December of *1879* Wundt opened his Leipzig Laboratory in a small classroom on the third floor of this building *(Konvikt),* which also housed a dining hall for poor students. The drawing was reconstructed from an old photograph. Wundt expanded his facilities in this building in 1883 and in 1888 he gained access to the top floor of the adjacent building on the right. In *1892* his laboratory was moved from the *Konvikt* to a nearby classroom building.

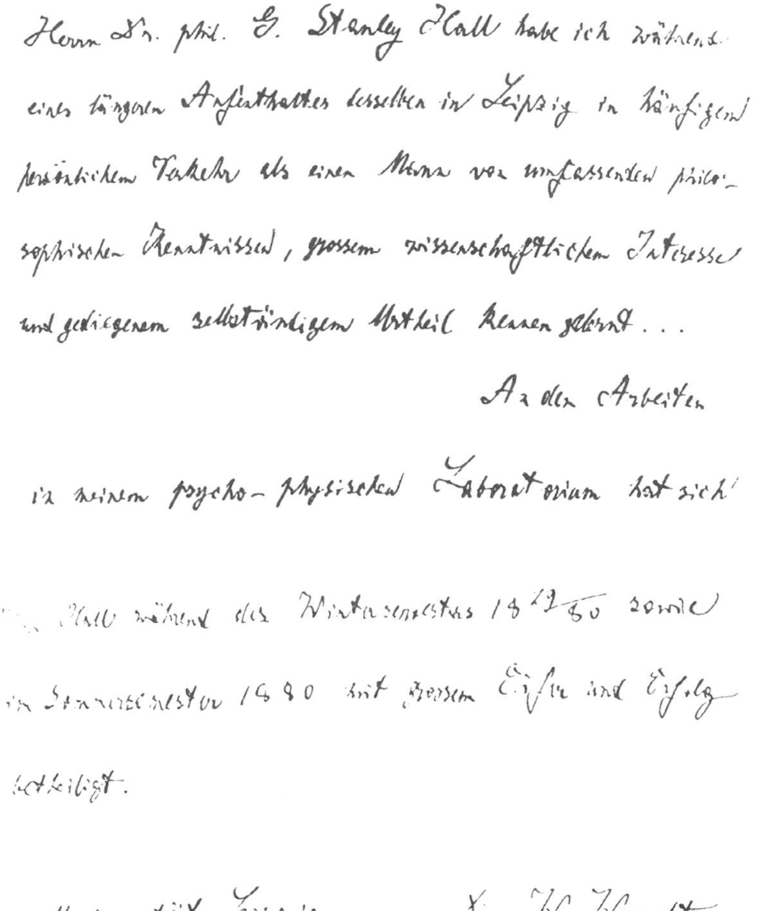

Herrn Dr. phil. G. Stanley Hall habe ich während eines längeren Aufenthaltes desselben in Leipzig in häufigem persönlichem Verkehr als einen Mann von umfassenden philosophischen Kenntnissen, grossem wissenschaftlichem Interesse und gediegenem selbständigem Urtheil kennen gelernt . . .

An den Arbeiten in meinem psycho-physischen Laboratorium hat sich Hr. Hall während des Wintersemesters 1879/80 sowie im Sommersemester 1880 mit grossem Eifer und Erfolg betheiligt.

Universität Leipzig, 18. Juni 1880.

Dr. W. Wundt, Prof. P. O.

21. *Recommendation for G. Stanley Hall.* The American psychologist and university president G. Stanley, Hall did some informal postgraduate work under Wundt during the 1879–1880 academic year. The present letter of recommendation by Wundt praised Hall highly for his "comprehensive philosophical knowledge, great scientific interest and solid, independent judgment." Wundt confirmed that Hall had participated in his "psychophysical laboratory … with great industry and success" *(John Hopkins University).*

22. *Wundt Portrait 1895*. Oil portrait of Wundt by Dora Arnd Raschid in Leipzig *(Wundt Family Archive)*.

23. Wundt's Seventieth Birthday.
Wundt celebrated his seventieth birthday in the small village of Tambach in Thuringia. This photograph shows him in the middle of relatives and friends. Wundt's senior students used the meeting at Tambach to found a new journal, the *Archiv für die gesamte Psychologie* (Archive for the Whole Field of Psychology, 1903). The individuals in the photograph are identified as follows:
Upper Row (left to right): Eleonore Wundt, Mosch (Assistant), Külpe, Meumann, Kirschmann, Miss. Schmiedel;
Second Row: Kraepelin, Wundt, Frau Wundt, Reinecke (publisher);
and First Row: Max Wundt and Wirth *(Wundt Family Archive).*

24. *Wundt Relief.* This relief was sculpted in 1905 by Pfeifer in honor of the 50th anniversary of Wundt's medical doctorate. It has become famous as the frontispiece of Boring's History of Experimental Psychology (1929) *(Wundt Family Archive).*

25. *Wundt Bronze Bust by Max Klinger.* Wundt's friend, the noted painter and sculptor, Max Klinger *(1857–1920)* created this *67* cm bronze bust in *1908 (Photo, Mannheim Kunsthalle).*

26. *Wundt in His Laboratory Circa 1910.* From left to right: Dittrich, Wirth, Wundt, Klemm and Sander *(Kroeber, Bonn).*

27. *Workshop of Wundt's Institute.* Wundt started the tradition of employing skilled mechanics in his institute who maintained and constructed much of the research and teaching equipment *(Sander, Bonn).*

28. Wundt and His Dog. (Wundt Family Archive).

29. The Proud Grandfather. (Wundt Family Archive).

Erlebtes und Erkanntes

Von

Wilhelm Wundt

Alfred Kröner Verlag in Stuttgart
1920

30. Title Page of Wundt's Autobiography (1920).

31. Wundt Plaque. This bronze plaque with a portrait of Wilhelm Wundt was created by the Leipzig sculptor Max Lange during World War I. After Wundt's death, the German Society for Psychology awarded a medal based on the relief by Lange to meritorious senior psychologists. The Wundt medal was awarded, among others, to Friedrich Schumann (1938), Willy Hellpach (1952), Karl Bühler (1960), Wolfgang Köhler (1962), Otto Selz (1970) and Heinrich Düker (1979) *(Wundt Family Archive).*

The Foundation of the Institute for Experimental Psychology at Leipzig University[1, 2]

1980

Wolfgang G. Bringmann / Gustav A. Ungerer

Summary. During the 1979–1980 academic year psychologists from all over the world will celebrate the centennial of the Institute for Experimental Psychology at Leipzig University, established by Wilhelm Wundt during the winter of 1879–1880. First, this paper will present the historical context in which the laboratory method of research instruction developed in nineteenth century Germany. Next, Wundt's extensive experience with laboratory research before coming to Leipzig will be described. Finally, the origin, development, and organization of Wundt's laboratory will be chronicled, beginning with his call to Leipzig. The implications of Wundt's achievement for modern psychology will be discussed. Emphasis is placed on the use of archival materials, documents, and eyewitness accounts.

Introduction

The establishment of Wundt's Leipzig laboratory during the Winter Semester of 1879–1880 is generally regarded as a milestone in the history of modern psychology as in autonomous science. During the next twelve months psychologists from all over the world will honor Wundt and his

1 A slightly modified version of this paper was presented as an Invited Centennial Lecture at the Annual Meeting of the American Psychological Association in New York on September 4,1979.

2 The preparation of this article was supported by a research award from the Dr. W.W. Kaempfer, the Dean of the College of Arts and Sciences, University of South Alabama, Mobile, Alabama, USA.
Offprint requests to: W.G. Bringmann, University of South Alabama, Department of Psychology, Mobile, Alabama 36688, USA.

work in a series of special commemorative events. The American Psychological Association has chosen to begin its centennial celebrations during the present annual convention. From now until the September 1980 meeting in Montreal, APA will recognize the contributions of Wundt and honor the founding of other early psychological laboratories (Benjamin 1978). The Faculty of Psychology (*Sektion Psychologie*) of Karl Marx University (German Democratic Republic) is preparing a major academic ceremony in honor of Wundt on October 31, 1979, und historians of psychology from many countries have been invited to attend the International Wundt Symposium which will follow from October 31 to November 2, 1979 (Meischner 1978). A special Research Colloquium on the History of Psychology has also been scheduled for November 3–5, 1979, at Heidelberg University (Federal Republic of Germany), where Wundt received his MD in 1855 and where he taught as a young academician from 1857 to 1874 (Bringmann 1975). Finally, the International Union of Psychological Science (IUPS) will hold its XXII Congress in Leipzig from July 6–July 12 in recognition of Wundt's pioneering achievements.

Unfortunately, little dependable information is available about the actual conditions under which Wundt established his laboratory apart from the date of 1879 which has found its way into almost all introductory textbooks und many histories of psychology (Bringmann und Oostendorp 1973). The Invited Centennial Lecture first addresses itself to the historical context in which the laboratory method of research instruction developed in the early nineteenth century. Next will be described Wundt's long experience with laboratory research before he came to Leipzig. Finally, the origin, early development, und organization of the Institute for Experimental Psychology will be chronicled, beginning with Wundt's call to Leipzig. The paper will try to go beyond a mere enumeration of dates, persons, and equipment und try to show what it was like to study experimental psychology under Wundt in the early days of his laboratory. The lecture will address itself at least briefly to the controversies that still surround the foundation of the Leipzig Institute in 1879. In contrast to previous publications about this topic, this research will be based on many new und unpublished sources including drawings, photographs, charts, maps, und other archival materials.

The Origin of the Seminar System of Research Instruction in Germany

In order to better understand the establishment of Wundt's Institute for Experimental Psychology, one must become familiar with the major characteristics of the German university system during the nineteenth century. As Paulsen has pointed out (1893), the traditional German university placed primary emphasis on the transmission of general cultural values und preparation for a professional career.

Berlin University, established in 1810 after Prussia's defeat by Napoleon, was the first German university dedicated to the scientific approach to learning (Cowan 1963). It is further characteristic of higher institutions of learning that they treat all knowledge as a not wholly solved problem and are therefore never done with investigation und research (p. 132). In the higher institution the teacher no longer exists for the sake of the student; both exist for the sake of learning (p. 133). The attendance at lectures is of minor importance. What counts is that the individual spends a number of years fully dedicated to the pursuit of learning in close contact with like-minded contemporaries and fully aware that there exists already a group of fully accepted persons who have devoted their lives to the discovery and dissemination of knowledge (p. 135).

Similar ideas were stated even more explicitly by Paulsen (1893):

> "... *It is no longer considered the student's business merely to acquire necessary professional knowledge from a few lectures and text books, but to learn to do independent scientific work. This change is reflected in the progressive improvement of the seminars and laboratories. During the eighteenth century, and even during the first half of the nineteenth, to study meant to attend dogmatic lectures in order to acquire, with their aid, an encyclopedic knowledge of one's subject. In the nineteenth century, the seminar system developed as a second form of academic instruction, its purpose being to train the student in any given department sufficiently to pursue an independent methodological investigation of a problem*" (pp. 64–65).

The major instrument of the new research orientation at German universities was the seminar or laboratory. According to the famous dictionary by Grimm (Heyne 1905) the term *Seminar* was derived from the Latin *seminarium* or "seed plot" *(Pflanzstätte)* during the eighteenth century and referred to an "institution for academic training". Specifically, a seminar was thus defined as an "institution for the methodological-scientific training of students in personal contact with professors" (p 558). The horticultural analogy is obvious and was a particular favorite of the educational reformers of the late eighteenth and early nineteenth centuries in Germany (Blättner 1952). Most important, of course, is the emphasis on "scientific-methodological training" and on "personal contact with professors" which constitute an innovative aspect of this teaching method.

Although the term *seminar* originally referred merely to a special method of instruction, the word was soon generalized to include a classroom or building in which such a seminar was taught. As other resources, such as libraries, equipment, and staff became available, the word *seminar* came to refer to a branch or institute of a university, which offered instruction in research techniques to advanced students under the close supervision of a professor and his assistant. The term *Institut* was typically used as the name for larger and more established seminars. In the early 1820s it became customary to use the term *Institut* as a name for seminars in the natural sciences or medicine which, by their very nature, were often larger and more prestigious than seminars in the humanities. The term *Laboratorium* was often used as a synonym for seminars or institutes in the natural sciences. However, at no time is it possible to simply equate seminars, institutes and laboratories with the contemporary concept of departments which was not introduced until the end of the nineteenth century in North American universities.

The first seminar was established in 1696 at the newly founded University of Halle in Germany as a training facility for high school teachers. Nearly one hundred years later, the neo-humanist, Friedrich August Wolf, gave new meaning to the concept through the founding of his *Philological Seminar.* In this institute he treated his students as friends while teaching the methodological skills needed for their own research. From philology and philosophy the seminar method soon spread to law, the natural sciences, and medicine. It was exported to other countries, notably the United States, late in the nineteenth century (Veysey 1965).

The new seminars and institutes began their work with the assumption that little or nothing was known and that truth would have to be discovered through the painstaking methods of inductive research. A seminar usually met two to four hours per week with a seminar leader who was a senior professor. This teacher instructed the students in how an assigned research project could be solved by the skillful use of existing research tools. Students were encouraged to discuss their preliminary results with other members of their seminar group and were expected to present findings in the form of a written report or thesis. Hence, the major function of seminars soon came to be the completion of an acceptable dissertation. Thus, seminars, laboratories, and institutes carried out all the activities associated today with scientific research leading to an advanced degree.

Individual seminars began for the most part as informal courses offered by ambitious and often charismatic junior professors. Initially, these *Gesellschaften* or societies were often held after the general lectures in the professor's home or at a nearby pub, and no lecture fees were charged in the hope of attracting more students. After several years, during which the respective club or society attracted a dependable enrollment, the university was approached for a room to be used as study hall by the members of the seminar. Eventually, the university might offer some financial support. Only after a seminar had existed for quite some time would it be listed in the catalogue and receive a regular budget.

German universities of the nineteenth century differed from most modern universities by their system of "public" vs. "private" instruction, which seems to have encouraged strongly proprietary attitudes among professors towards their private courses for which they received additional remuneration. The system varied considerably from one university to another and has been widely misunderstood in the literature. As a rule, professors offered one to two *private* lecture or seminar courses and one *public* course per semester. *Private* courses, for which the professor could charge a lecture fee, typically, dealt with important subject matter which was necessary to pass examinations and to prepare for one's future occupation. Public courses, for which no fees were charged, usually met for no more than an hour per week and covered topics of marginal importance. Thus, a popular professor, who taught an important subject, could expect an impressive income from his lecture fees in addition to the pittance he received as his regular university salary. Of course, in return for this additional income, the nineteenth century professor was expected to supply his own teaching and research equipment as well as books and journals for his own use and that of his students. In many instances he even had to provide his own lecture hall.

When Wundt assumed his teaching responsibilities at Leipzig University in the late fall of 1875, this university was already more than 460 years old and was the largest German university at that time (Eulenburg 1909). During the Winter Semester of 1875–1876 the university had an enrollment of 1762 male students who were taught by 158 academic teachers of whom 59 held the rank of full professor. Of the nearly 300 courses, which were taught at Leipzig during that academic year, 71% were formal lectures and only 29% were seminars, laboratories, and other practical courses.

The first institute at Leipzig University was the *Philological Seminar* which was opened officially in 1809 but which can trace its origin to philological and Greek societies started in 1784 and 1799 respectively (Stieda 1909). The laboratories and institutes in the natural sciences and medicine were for the most part established between 1860 and 1870 and, by the end of the century, all laboratories and institutes in the natural sciences were housed in their own impressive buildings (Füssler 1961).

Most seminars and institutes in the humanities and social sciences were not operative until the beginning of the 1880s and had to be satisfied with ancient and restricted facilities in poor condition of repair.

In conclusion, for a full understanding of the origin, early development, and organization of Wundt's Leipzig Laboratory, one must realize that basic research became an integral function of the German university only in the second half of the nineteenth century. The major instrument of this new research orientation was the *Seminar* or *Institut.* Seminars and laboratories frequently began their work as informal clubs organized and supported by innovative teachers in addition to their regular assignments. Seminars were not, as a rule, listed in university catalogues until they were well established. However, whether listed in university publications or not, seminars were regarded as the personal domain of the professors who had founded them. Consequently, all research projects carried out in a laboratory or seminar required the approval of the seminar director who was also expected to give his *imprimatur* to any publications that had been completed in his institute.

Wundt's Experience with the Laboratory Method before Leipzig

Wundt's own early life experiences with the laboratory method seem to parallel the development of the seminar method of research instruction throughout Germany during the nineteenth century. Unlike Justus von Liebig (1803–1873), who, even as a child, performed complicated chemical experiments in the small laboratory of his father's drug and paint business (Blunk 1940), Wundt had little access to scientific information in the small provincial town where he spent his childhood as the son of a Protestant minister (Bringmann, Balance, and Evans 1975). His formal education at the *Heidelberg Lyceum* from 1845 to 1851 included only a total of 12 hours of instruction in the natural sciences. In contrast the young Wundt studied ancient and modern languages for 12–14 hours per week. Apart from biology, which he was taught for two years and which included occasional field trips, Wundt's instruction in the sciences was almost entirely theoretical. During his first year as a medical student at Tübingen University he was equally disappointed by his program in the basic medical sciences, which again centered primarily on books and provided no opportunity for experimental work (Wundt 1920).

Returning from Tübingen to Heidelberg University for the Winter Semester of 1852, Wundt was fortunate to enroll in the chemistry course of Robert Bunsen (1811–1899) who had founded one of the earliest chemical laboratories at Marburg University in 1840. He was deeply impressed by Bunsen and particularly admired "the demonstrations of marvelous perfection" (Wundt 1920, p. 76) which illustrated the lectures. Under Bunsen's influence Wundt carried out his first research project (1853) which he enjoyed immensely because it was published and quoted in the scientific literature. Still, Bunsen was not perfect, as Wundt discovered quickly when he entered Bunsen's institute as a student:

"The impression of Bunsen's lecture strengthened in me the conviction that it would be necessary to experiment myself in order fully to understand all that went on...I was all the more disappointed, since the impression that I gained there was in complete contrast with the one I had received in the lectures. Bunsen, who was still occupied with obtaining the first primitive equipment for his laboratory and with his work, had little time for beginning students. He turned them over to his assistants who were still new in their positions" (1920, p. 77).

Wundt resigned from Bunsen's institute without delay and instead entered the private chemical laboratory of a young instructor who had impressed him with his interest and devotion to his students and their researches.

In 1854, Wundt carried out his first independent research (1855). Since Heidelberg University did not have a physiological laboratory at that time, he collected his data at home without elaborate research facilities. Although queasy about vivisection, his mother served as his laboratory assistant. Additional published research, which was completed at that time under similarly primitive research conditions, includes Wundt's belated and not quite official dissertation (1856) and his first venture into experimental psychology (1858).

During the summer semester of 1856, Wundt went for one semester to Berlin University to do postgraduate work in physiology in the laboratories of Johannes Müller (1801–1858) and Emil Du Bois-Reymond (1818–1896). Even in comparison to the meager research facilities at Heidelberg University, the conditions under which these eminent scientists had to work appalled Wundt (1920):

"I had expected to find a large laboratory with many workers but I was disappointed. At that time the chemical laboratories in Berlin were still very humble institutions. Gustav Magnus kept the physics collection at his home and it was but at all possible for students to work in his laboratory ... Johannes Müller worked during the winter in the old anatomy building. In the summer he used a few rooms on the upper floor of the University's main building. One floor above Müller was Du Bois-Reymond's so-called laboratory. Actually, it consisted solely of a hallway in which students were placed and a room in which he himself worked. Both sections of the laboratory were

almost totally independent of each other and I was the only one who worked in both. Müller had perhaps four students and I was the only one attached to Du Bois-Reymond" (pp. 107–108).

Wundt's next involvement with the laboratory came in the summer of 1857 when he offered his first course in experimental physiology to four students in his mother's apartment (Bringmann and Balance 1975). He attempted to cover the whole field of physiology in six weekly lectures. Demonstrations and laboratory work were also included. Severe illness, however, prevented Wundt from completing this project.

During his convalescence, Wundt applied for an appointment as laboratory assistant to Hermann von Helmholtz (1821–1894) in the newly established Physiological Institute of Heidelberg University (Bringmann, Bringmann and Cottrell 1976). Helmholtz, much like Bunsen, seems to have entrusted his laboratory to his young assistant who provided most of the instruction for beginning medical students. Although Wundt carried out these responsibilities faithfully, he appears to have been bored with such routine duties. Nevertheless, he made good use of the nearly seven years of his association with Helmholtz to perform and publish much of his early experimental research (Meischner and Metge 1979). When he resigned his appointment in the spring of 1865 (Bringmann, Bringmann and Cottrell 1976), he established a laboratory in his own apartment. He maintained this research facility for nearly ten years Wundt's private physiological institute in Heidelberg must have been a relatively large and well-equipped laboratory, because he was able to use it during the summer of 1871 to teach required courses in experimental physiology (Bringmann, Bringmann and Cottrell 1976). At that time, Helmholtz was called to Berlin as a professor of physics.

In the fall of 1874, more than 17 years after first qualifying as an academic teacher, Wundt was at long last given an appointment as Professor of Inductive Philosophy at Zurich University, which had only been founded in 1833, was still a very humble institution. It had only ten classrooms in an old decrepit building and no library of its own. Nevertheless, Wundt was able to obtain a special room "on the third floor of the main university building" (Wundt, 1874a) for the storage of the large collection of "physiological equipment and teaching aids" which he had brought from Heidelberg (Wundt 1874a and b). Moreover, evidence exists that Wundt also maintained a small laboratory for his personal research in the farmhouse that he and his wife rented in the *Unterstrass* suburb of Zurich (Wundt 1874).

In conclusion, Wundt was an experienced, self-taught expert in laboratory research long before he received his call to Leipzig University as a professor of philosophy. He had worked for nearly 23 years in various laboratories as a student and teaching assistant, and as an independent researcher in his own psychophysiological institute. Wundt had recognized early on that personal instruction was a crucial element in the training of laboratory researchers. He had also discovered on his own that the quality of experimental research was often independent of the size of the facility and the amount of available equipment. While he often supplemented his formal lectures with demonstrations, he did not regard such activities as research. Real research was a challenging empirical activity for Wundt which required active participation and regular publication of research results in scientific journals.

The Foundation of Wundt's Leipzig Laboratory

Wundt's call to the chair of philosophy at Leipzig University was a remarkable event. Internal disagreements at Leipzig had kept the position vacant for about a decade. It was also a most daring act for such an ancient institution to employ an "experimental physician as philosopher" (Schlotte 1955/56) and one who had done most of his previous work in physiology. Wundt was in no position to make big demands but requested the assignment of a small room for storing his research and teaching equipment (Wundt 1909):

> *"When the present director of the Institute for Experimental Psychology joined the faculty of the University on October 1, 1875, the Royal Ministry, with the concurrence of the Academic Senate, placed at his disposal a small former lecture hall in the refectory building for the storage of his demonstration equipment for his psychological lectures and his equipment for personal experimental work" (p. 118).*

Thus Wundt makes it clear that he had no functional laboratory when he came to Leipzig in the fall of 1875. He was assigned only a "storage" facility for his various equipment. These statements are consistent with other comments by Wundt about the "humble" beginning of his institute. The view that Wundt did not have an active laboratory and did little experimental research of his own at Leipzig before 1879 derives additional support from the fact that he concentrated primarily on the teaching of philosophical subjects there. An examination of Wundt's publication list from that period (Meischner and Metge 1979) shows no major work in experimental psychology and related fields between 1875 and 1879. The bibliography for these years consists primarily of book reviews in philosophy and psychology. The only book-length publications (Wundt 1876, 1878) deal with physiological topics and were obviously prepared before Leipzig. It is clear that Wundt used the first years in his new appointment to catch up on his reading in philosophy in which he had taken only a single formal course nearly thirty years earlier. Wundt had a relatively light teaching load but most of the courses during the early years in Leipzig were new for him. In addition, he became quickly involved in the supervision of dissertations. Beginning with the fall of 1877, a great deal of Wundt's time was occupied with a heated controversy about the nature of parapsychological phenomena which eventually spread to the public media (University of Pennsylvania, (1887). Finally a diary, which his wife kept on a regular basis, indicates that much of Wundt's time between 1875 and 1879 was devoted to his growing family. His daughter, *Eleonore*, was born in 1876, and his son, *Max*, was born in January 1879. Clearly, Wundt had little or no time to devote to the establishment of a teaching laboratory between 1875 and 1879.

Wundt has repeatedly described how the actual work of his laboratory began. Laboratory activities seem to have evolved from informal "bull sessions" of Wundt and some of his early students which followed the formal class meetings of his psychological seminar (Wundt 1909):

"From the fall of 1879 on, individual students began to occupy themselves with experimental projects in this room in the refectory building. In this way the first study originating from this seminar came about … Dr. Max

Friedrich's investigation into the duration of apperception during simple and complex ideas ... This work began in the **w***inter of 1879–80 and was published as a dissertation in 1883 and in volume I of the "Philosophical Studies"... In the following semesters several students and younger instructors participated in practical and research projects which initially were not listed in the catalogue" (pp. 118–119).*

Table 2: Wundt's Teaching Schedule at Leipzig University 1875–1879[a]

Semester	Title of Course[b]	Time	Public	Private
Winter 1875–1876	Psychology of Language	MTWTFS 6–7 p.m.	x	
	Anthropology	MTWTFS 4–5 p.m.		x
	Logic and Methodology	MTWTFS 4–5 p.m.		x
Summer 1876	Psychology	MTWTFS 4–5 p.m.		x
	Brain & Nerve Physiology	MTWTFS 5–6 p.m.	x	
Winter 1876–1877	Cosmology	MTWTFS 5–6 p.m.		x
	Hist. Mod. Philosophy	MTWTFS 4–5 p.m.	x	
Summer 1877	Psychological Society	MTWTFS 6–7:30 pm.		x -gratis
	Logic and Methodology	MTWTFS 5–6 p.m.		
Winter 1877–1878	Psychology	M TW TFS 5–6 p.m		
	Anthropology	MTWTFS 5–6 p.m.		x
Summer 1878	Hist. Mod. Philosophy	MTWTFS 5–6 p.m.	x	
	Psychological Society	MTWTFS 7–9 p.m.		x -gratis
Winter 1878–1879	Logic and Methodology	MTWTFS 5–6 p.m.		
	Office Hours	Daily 12–1 p.m.	x	
Summer 1879	Elements of Mathem.	MTWTFS 5–6 p.m.	x	
	Logical Society	MTWTFS 7–9 p.m.		x
	Psychology	MTWTFS 5–6 p.m.		x

a – All information was obtained by author from published course schedules.
b – Course titles were translated by the author.

Table 1: Wundt's publication record at Leipzig University 1875–1879 Summer 1879[a]

Type of publication[b]	1875	1876	1877	1878	1879	Totals
Books	0 (0)	2 (215)	0 (0)	1 (863)	1 (31)	4 (1109)
Book Reviews	19 (19)	25 (25)	18 (18)	10 (26)	0 (0)	72 (88)
Articles	2 (24)	1 (8)	3 (190)	2 (90)	2 (37)	10 (349)
Other	0 (0)	0 (0)	2 (6)	0 (0)	0 (0)	2 (6)
Totals	19 (19)	28 (248)	23 (214)	13 (979)	3 (68)	88 (1552)

a – Information was obtained from Wundt, E. Wilhelm Wundts Werk (1927)
b – Number in brackets are page numbers, numbers outside brackets are number of publications for that year.

From this description it is clear that the actual experimental research seems to have been carried out by Wundt's students. The first completed project was a dissertation which was eventually published in 1881. Only a small number of students and instructors, who were personal acquaintances, were involved in this work. The storage room thus became a laboratory when it was used for publishable research. It is interesting that Wundt gave credit to his students for helping him get his psychological laboratory started. This may be only a matter of courtesy on his part. On the other hand, Wundt may have known what most teachers of psychology eventually discover. It is dangerous to inspire your students with your plans for research or professional service. Eventually they will expect you to practice what you preach!

Wundt supported his private laboratory out of his own pocket until 1881, but two more years were to pass before the laboratory was officially recognized by being listed in the University catalogue (Fensch 1977). This recognition came only after Wundt was offered an attractive position at nearby Breslau University (Schlotte 1955/56). It was in this first facility that Wundt's earliest and perhaps his most prominent students, G. Stanley Hall (1844–1924), Emil Kraepelin (1856–1926), and James McKeen Cattell (1860–1944), did their work. Soon afterwards, Wundt expanded his laboratory into additional rooms in an adjacent building which had been vacated by the school of pharmacy. In 1892 Wundt's institute was moved once again to the third floor of a nearby classroom building which had previously housed the department of gynecology.

Table 3: Dissertation supervision by Wundt at Leipzig University 1875–1879

Year	Author	Nationality	Title of Dissertation	Specialty
1876	Steppen R	German	Kant's Doctrine of the Thing Itself	Epistemology
	Swiento-chowski A	Polish	An Attempt to Explain the Origin of Moral Laws	Ethics
1877	Dimitresco C	Romanian	The Concept of Beauty	Aesthetics
1878	Bolliger A	German	The Problem of Causality	Logic
	Fischer W	German	Herder's Epistemology and Metaphysics	Epistemology
	Hartung E.	German	The Ethical Principles of Giordano Bruno	Ethics
	Sobyc P	Polish	The Basis of the Pythagorean System	Logic
1879	Gude W	German	Physiological and Psycho-logical Principles on the Origin of Movement and the Instruction of Deafmutes	Psychology
	Tzerteleff D	Russian	A Critique of Schopenhauer's Epistemology	Epistemology
	Vujic M	Yugoslavian	Substance and Causality	Logic

(Wundt 1909). The new facility provided a total of eleven work rooms which were all equipped with electrical connections. Finally, in the Fall of 1897 Wundt was able to move his institute to the top floor of two new buildings (*Paulinum* and *Johanneum),* which had been designed to his specifications and which served as a model for many similar laboratories in Germany and elsewhere until their destruction in World War II (Füssler 1961).

Boring has suggested that Wundt determined the date at which his Leipzig Laboratory began his work only in retrospect (Boring 1965). However, he provided no support for this claim, apart from inferences based on a mistranslation of Wundt's official history of his institute (1909). Considerable information has been found in support of the traditional date for the establishment of Wundt's Leipzig laboratory (Fensch 1977). The first written reference to Wundt's laboratory can be found in a letter of recommendation which Wundt wrote for G.S. Hall on June 18, 1880, and which Hall seems to have used in obtaining his appointment at Johns Hopkins University in 1883 (Ross 1972). Specifically, Wundt made the following pertinent comments about Hall and his laboratory (Wundt 1880): "He has participated in the work of my Psychophysical Laboratory during the Winter Semester of 1879–80 and the Summer Semester of 1880" (p 2).

Additional support for the 1879 date comes from the pen of Dr. Friedrich who carried out the first experimental research in Wundt's Leipzig laboratory during the Winter Semester of 1879–80. Friedrich published a summary of his dissertation in the first issue of Wundt's new journal, *Philosophische Studien,* in the rate Fall of 1881. His lengthy research article is very helpful in gaining a picture of Wundt's laboratory (Behrens 1979). Friedrich, who was by training a mathematician and not a philosopher, acknowledges in his article that his research was carried out "... under the direction of Professor Dr Wundt ... during the Winter Semester of 1879–80 ..." (1881, p. 39). Pilot work was begun in early December with Wundt, Hall, and Friedrich being the first participants in the project. The collection of research data was resumed on January 17 and ended on March 5, 1880. It is interesting to note that Wundt himself participated as a research subject on sixteen occasions altogether.

Dr Martin Trautschold, another early collaborator of Wundt, is the first person to refer to Wundt's "Psychophysical Laboratory" in print (1882, p. 13). His dissertation research was completed during the Summer of 1880. Wundt and Hall again served as experimental subjects.

Recognition of a somewhat different type came in the Fall of 1882 in the form of a personal visit by William James (1840–1910) who mentioned Wundt's laboratory in a chatty letter to his, new friend Carl Stumpf (1840–1936) of Prague University. Writing from Paris on November 26, 1882, James made the following comments about Wundt and his laboratory (James, 1882): "Wundt in Leipzig impressed me very agreeably personally. He has a ready smile and is entirely unaffected and unpretending in his manner. 1 heard him twice and was twice in his laboratory..." (p 2).

Still further support for 1879 is derived from an article by Wundt's first assistant, *James McKeen Cattell,* in the journal *Mind* in 1888. In this account of Wundt's laboratory, which Cattell submitted to Wundt for approval prior to publication the date 1879 is again included.

Discussion and Summary

In conclusion, the present paper has reassessed in context the claims by Harper and Boring that Wundt established his laboratory at Leipzig in 1875, rather than 1879. Available primary sources have been utilized in the original German and show clearly that several translation errors were made by two historians. Wundt received only a storage room when he first went to Leipzig. His own experience of laboratories over two decades would not have permitted him to define a storage room as a lab. He seems to have spent the first four years in Leipzig catching up on the literature in philosophy. It is clear that Wundt saw a laboratory as more than a room filled with equipment. It had to be actively and meaningfully used.

During the course of a research project dealing with the history of psychology as an academic discipline in Canada, we had the opportunity to peruse many published and unpublished accounts describing the development of psychology at various colleges and universities, in order to learn more about the early teaching of psychology and the genesis of its resources. In this context we have arrived at a number of generalizations which suggest that psychology has followed a "rags to riches" story in North American as well as in Wundt's nineteenth century Germany.

1) Quite often psychological subject matter and even specific courses appear in catalogs before any psychologist is on the staff.
2) Eventually (and this may in some instances be decades later) a qualified teacher of psychology is employed.
3) This person is usually housed in other related or sometimes very unrelated departments. If he is the right kind of person, he will sooner or later talk the administration into giving him funds to buy equipment for class demonstrations or research, or, if he is good in the workshop, at least to purchase the materials for building the equipment himself. He will of course need space for storing his equipment and to carry out his research. This first space usually consists of unwanted corners for which more affluent departments have no longer any use.
4) Next follows a period of growth which usually starts with the establishment of a small autonomous department. The mother department and the admi-

nistration always seem to hope that if the offspring is given its own space, then things will quieten down. With the establishment of the department will frequently come a small formal undergraduate program. New staff follows, which in turn will require more space, need more equipment, and typically attract more students. Eventually, a graduate program may be added if the staff and facilities warrant this move.

5) At this stage, the department may receive its own building, wing, or floor in which facilities have been constructed and furnished according to specifications. It would be indeed rare for a new department to start at this stage. No one would expect to teach chemistry or physics without a functioning laboratory, but in psychology we must still prove that we deserve all that expense.

The developmental sequence just described can be readily distinguished in the origins of psychology programs in Canada and the United States, and there seems to be some similarity to this in European countries – in the East as well as the West. As psychologists we rarely start with new and complete facilities. Perhaps we are in a way like Avis and must try harder! In the light of our own experiences, the rise of Wundt's laboratory and institute takes shape in our mind's eye from "back room bull sessions" to the establishment of a recognized institute and its place in history as the first psychological laboratory.

As to the question as to who founded the first psychological laboratory and where and what time, the answer is now quite easy. A careful inspection of the interesting materials assembled by Harper (1949) shows quite clearly that his was a physiological or at best a psycho-physical institute. Wundt had such facilities as early as 1865, and did research then which was published. The building in which Wundt maintained this early laboratory from 1865–1874 still exists today across the street from the Psychological Institute of Heidelberg University (Bringmann 1975). Thus it would appear that whether credit is given for the psychophysiological facility or for the first psychological laboratory, Wilhelm Wundt deserves to hold the recognition as the founder. William James, on the other hand, according to his biographer Perry "not only disliked the psychological laboratory but came to disbelieve in any fruitfulness commensurable with the effort expended" (1935, p. 315). Experimental psychology got its real start only after James brought Wundt's student, Hugo Münsterberg (1863–1916) to America to "take charge of the Psychological Laboratory" (1892, p. 3). In contrast to James, Stumpf, and others, who disliked the tedium of laboratory work and taught only a handful of students, Wundt attracted nearly 200 doctoral students between 1875 and 1919 (Tinker 1932). As Benjamin has so cogently stated (1979):

> *"Wundt's Lab quickly became the stellar attraction for would-be psychologists who flocked to Leipzig from Europe and North America. His students included Oswald Külpe, Emil Kraepelin, Ernst Meumann and Hugo Münsterberg from Germany; Charles Spearman and Edward Titchener from Great Britain; Vladimir Bekhterev from Russia; and James McKeen Cattell, G. Stanley Hall, C.H. Judd, E.W. Scripture George Stratton, Lightner Witmer and Harry Kirke Wolfe from the United States. These psychologists and others under Wundt's tutelage were the founders of many of the early psychology laboratories. The seed had been planted and it grew rapidly. By 1900 there were 43 psychology laboratories in the United States alone, and 12 of those were begun by Wundt's students" (pp. 1, 3).*

That is the point. Students from all over the world, including America, were inspired to carry out research in Wundt's Leipzig laboratory, to publish their results and thus to spread scientific psychology around the world. It is this accomplishment that is honored during the Centennial of Scientific Psychology.

References

Behrens PJ (1979) Max Friedrich's study of apperception; the first dissertation in experimental psychology. Invited Centennial Address presented at Annual Meeting of the American Psychological Association, New York, September 1979.
Benjamin, L. (1979) A century of science. APA Monitor 10:1–3.
Blättner, F. (1951) Geschichte der Pädagogik. Heidelberg: Quelle & Meyer.
Blunk R. (1940) Justus von Liebig. Hamburg: Hammerich & Lesser.
Boring EG (1929) A history of experimental psychology. New York: Appleton.
Boring EG (1950) A history of experimental psychology, 2nd ed. New York: Appleton.
Boring EG (1963) History, psychology and science. New York: Wiley.
Boring EG (1965) On the subjectivity of important historical dates: Leipzig, 1879. J Hist Behav Sei 1: 5–9.
Bringmann W., Balance, W. (1975) Wilhelm Wundt: Teil 1. (Lehr- und Wanderjahre). Psychologie Heute 2:12–18 44–47.
Bringmann, W., Evans, R, Balance, W. (1975) Wilhelm Wundt 1832–1920: a brief biographical sketch. J Hist Behav Sei 11:287–297.
Bringmann, W., Bringmann, G., Cottrell, D. (1976) Helmholtz und Wundt an der Heidelberger Universität. Heidelberger Jahrb 20:79–88.
Bringmann, W., Oostendorp (1973) Information about Wundt and Freud in introductory textbooks and histories of psychology. Unpublished Manuscript, University of Windsor.
Cowan M, (1963) Humanist without portfolio: an anthology of the writings of Wilhelm von Humboldt. Detroit: Wayne State University Press.
Eulenburg, F. (1909) Die Entwicklung der Universität Leipzig in den letzten hundert Jahren. Leipzig: Hirzel.
Fensch D. Zur Rolle Wilhelm Wundt's bei der Institutionalisierung der Psychologie in Leipzig. Psychol Hist Manuskripte 1:60–66.
Friedrich, M. (1881) Über die Apperceptionsdauer bei einfachen und zusammengesetzten Vorstellungen. Philos Stud 1:39–77.
Füssler, H. (1961) Leipziger Universitätsbauten. Leipzig: VEB Bibliographisches Institut.
Harper R. (1949) The laboratory of William James. Harvard Alumni Bull 169–173.
Harper R. (1950) The first psychological laboratory. Isis 41:158–161.
Heyne, M. (1905) Deutsches Wörterbuch von Jakob Grimm und Wilhelm Grimm, Vol 10. Leipzig: Hirzel.
James, W. to Stumpf C. 11–26–1882.
James, W. to Münsterberg 112–21–1892.
Meischner, W., Metge A. (1979) Verzeichnis sämtlicher Veröffentlichungen Wilhelm Wundts, Wiss Z Karl-Marx-University 28:243–250.
Paulsen, F. (1906) The German universities. New York: Scribner's.
Perry RB (1935) The thought and character of William James (2 vols). Boston: Little Brown & Co.
Ross D. (1972) G Stanley Hall. Chicago: University Press.
Schlotte, F. (1955/56) Beiträge zum Lebensbild Wilhelm Wundts aus seinem Briefwechsel. Wiss Z Karl Marx Universität 5:333–349.
Stieda, W. (1909) Die Entwicklung der Universität Leipzig in ihrem tausendsten Semester. Leipzig: Hirzel.
Tinker, M. (1932) Wundt's doctorate students and their theses 1875–1920. Am J Psychol 44:630–637.

Trautscholdt, M. (1882) Experimentelle Untersuchungen über die Association der Vorstellungen. Philos Stud 1:213–250.
University of Pennsylvania (1887) Preliminary report of the commission appointed by the University of Pennsylvania to investigate modern spiritualism in accordance with the request of the late Henry Seybert. Philadelphia: Lippincott.
Veysey, L. (1965) The emergence of the American university. Chicago: Chicago Press.
Wundt, S. (1874) Sketch of Unterstrass house.
Wundt, S. (1877) Diary.
Wundt, W. (1855) Versuche über den Einfluss der Durchschneidung der Lungenmagennerven auf die Respirationsorgane. Johannes Müllers Arch Anat Physiol wiss Med 269–313.
Wundt, W. (1856) Untersuchungen über das Verhalten der Nerven in entzündeten und degenerierten Organen. Heidelberg: Mohr.
Wundt, W. (1858) Ueber den Gefühlssinn mit besonderer Rücksicht auf dessen räumliche Wahrnehmungen. Henle und Pfeufers Z ration Med (1858) 3–229–293.
Wundt to Director of Education, October 11, 1874a.
Wundt to Director of Education, October 1874b.
Wundt, W. (1878) Lehrbuch der Physiologie des Menschen (4th ed). Stuttgart: Enke.
Wundt, W. (1909) Das Institut für Experimentelle Psychologie. In: Rektor und Senat (eds) Festschrift zur Feier des 500jährigen Bestehens der Universität Leipzig, vol 4. Leipzig: Hirzel.
Wundt, W. (1920) Erlebtes und Erkanntes. Stuttgart: Kröner.

Experimental vs. Educational Psychology: Wilhelm Wundt's Letters to Ernst Meumann[1,2]

1980

Wolfgang G. Bringmann,
University of South Alabama, Mobile/USA
Gustav A. Ungerer,
University of Heidelberg, Federal Republic of Germany

Summary. Wilhelm Wundt founded his own journal, *Philosophische Studien,* only two years after the establishment of his famous Institute for Experimental Psychology at Leipzig University in 1879. During the following two decades the journal played a significant role in the development of experimental psychology as an autonomous science. *The Archiv für die gesamte Psychologie,* which was founded in 1903 by a group of Wundt's former students under the leadership of Ernst Meumann, was to serve a similar function in the institutionalization of educational psychology in Germany. The present study makes extensive use of previously unpublished letters, which Wundt wrote to Meumann between 1902 and 1905, in the description and analysis of the origin, objectives, and editorial practices of the *Archive.* Wundt's eventual dissociation from this journal and the foundation of the rival *Psychologische Studien* in 1905 will be discussed. Finally, theoretical disagreements between Wundt and Meumann about the nature and importance of educational and other fields of applied psychology will be presented.

1 The authors express their gratitude to Dr. Volker Schäfer, Director of the Tübingen University Archive, who made the Wundt-Meumann letters in the Max Wundt Estate available to them for their research.

2 Meumann's term "Experimentelle Pädagogik" has no direct equivalent in modern English usage. However, a close examination of the content of the Archiv für die gesamte Psychologie and of Meumann's other educational writings suggests that his work would be classified as research in educational psychology. The modern term "educational psychology" has therefore been used in lieu of Meumann's terms "Pädagogik" and "experimentelle Pädagogik" Offprint requests to: W.G. Bringmann, University of South Alabama,Department of Psychology, Mobile, Alabama 36688, USA.

Introduction

Two early psychological journals – Wundt's *Philosophische Studien (Philosophical Studies,* 1881) and Meumann's *Archiv für die gesamte Psychologie (Archive for the Entire Field of Psychology,* 1905) – have played a seminal role in the institutionalization of modern psychology as an independent science. The *Archive* was initially conceived as a brainstorm by a group of Wundt's senior students during the festivities associated with Wundt's seventieth birthday on August 16, 1902, almost forty years after the publication of his first program for the new psychology (Graumann, 1979; Wundt, 1862, 1863). Under the leadership of Ernst Meumann (1862–1915), many of the scholars involved in these discussions seem to have believed that the new journal would become the long-expected forum for the integration of the distinctive experimental psychology of the Leipzig Institute with other experimental approaches and with the beginnings of applied psychology in education and related fields. Unfortunately, although the first issue of the new periodical was published in 1903, no reconciliation between opposing factions was to take place at that time, owing to the sharply diverging views of Wundt and Meumann concerning the nature of psychology.

In this context, it will help to remember that interest in all types of educational matters, and in particular in the application of psychological principles and procedures to educational problems, was quite prominent around the turn of the nineteenth century (Blaettner 1951). Such concern was strongly reflected in the choice of articles, which the editors of the *Archive* – *w*ith the exception, of course, of Wundt himself – accepted for publication. Meumann, who was a respected authority in experimental as well as in educational psychology, quite obviously used his position as chief editor to inform his experimental colleagues of pertinent developments in educational psychology and the field of educational experimentation in the pages of the new publication. From our modern vantage point it is not difficult to see, as Engelhardt has suggested in his recent essay (1978), how the *Archive for the Entire Field of Psychology* played a role in the institutionalization of educational psychology analogous to that of *Philosophical Studies* for general experimental psychology.

A Declaration of War

Philosophical Studies. Following a suggestion of his student, the psychiatrist Emil Kraepelin (1856–1926), Wundt began preparations for his own psychological journal shortly after establishing the world's first psychological institute at Leipzig University (Bringmann 1979b). The inaugural issue of the *Philosophical Studies* was published in October of 1881. It contained a long theoretical article by Wundt on psychological methods and a summary of the first dissertation to emerge from his laboratory (Friedrich 1881). The journal appeared on a rather "informal" basis whenever sufficient material had been collected (Bringmann 1978).

It was the explicit purpose of the new publication to print research that had been carried out in Wundt's institute. Wundt (1882) had no intention whatsoever of opening the pages of the *Studies* to everyone:

> *"They do not wish … to provide a speaker's platform from which the representatives of all possible and impossible philosophical viewpoints could raise their voices to their heart's content. Rather, [they] wish to leave this task to [those] philosophical and psychological periodicals among which the present [journal] does not want to be included" (p. 615).*

On the more positive side, Wundt expected the *Philosophical Studies* to:

> *"… focus on the development of experimental psychology because this field is, in my view, the one most capable and in need of scientific treatment. Of course, the journal will also carry out forays into other fields of philosophy, notably those of epistemology and the philosophy of science. Additional fields will be included as interest and necessity demand" (p. 616).*

In his autobiography *Erlebtes und Erkanntes* (1920, pp. 312–314) and in the "Epilogue" to the final volume of the *Studies* (1903), Wundt emphasized that the adjective "philosophical" in the title of his journal was meant by him as a challenge or declaration of war against traditional philosophy and physiology (1903):

> *"To natural scientists and most of all to physiologists who still looked down on anything called philosophy with skeptical disdain, the title of the journal was to suggest that philosophy is a science just like any other field of the natural sciences. Most of all, physiology cannot dispense with philosophy, especially when it deals with epistemological questions, if it does not want to become altogether unscientific" (p. 794).*

Wundt was no less candid when speaking of the importance of his new journal for the general field of philosophy (1903):

> *"On the other hand the title of my journal was to impress on philosophers that psychology, whether one wishes to count it as part of philosophy or not, is a necessary preparation for philosophers and that psychology can fulfill this function only if it works with a scientific framework and methodology" (p. 795).*

Thus there is little doubt that Wundt thought of psychology primarily as an integral part of philosophy working with the methods of the natural sciences.

Heidelberg Yearbooks. A closer look at the content and organization of the *Philosophical Studies* from those years reveals that they not only served as the voice of modern psychology but preserved at the same time an earlier tradition of scientific publications, with which Wundt had become acquainted during his years at Heidelberg University as a junior academic (Bringmann 1975). Reference is made to the *Heidelberger Jahrbücber (Heidelberg Yearbooks),* which were originally founded in *1847* with the purpose of publishing important original research in various scientific disciplines for scholars and the educated public (Gall 1963). The *Heidelberg Yearbooks* can be traced to a whole series of earlier scientific periodicals in Germany, which in their time were quite indispensable (e.g. *Gelehrte Anzeigen in allen Wissenscbaften,* established in 1743; *Jenaiscbe Allgemeine Literaturzeitung,* established in *1785; Tübingensche Gelehrtenanzeigen,* established in 1786). Despite their somewhat grandiose titles, these periodicals did not really provide a comprehensive coverage of the sciences. Nevertheless, it must be acknowledged that they promoted a new definition of science which was remarkably free from dogmatic, theological restrictions. Wundt's *Philosophical Studies* follow to some extent this long-established tradition, although they concentrated for the most part on psychology as the science of mental life and epistemology. The global orientation of the *Studies* is particularly apparent in articles like Wundt's essay "Über die Eintheilung der Wissenschaften" (1889) in which he proposed quite a radical reorganization of traditional taxonomies. Finally, it must be remembered that Leipzig had been the uncontested center of printing and publishing in Germany since the end of the Thirty Years War. Thus, Wundt lived indeed in the ideal place as far as the publication and distribution of his writings was concerned. Moreover, the publication of scientific periodicals had dramatically outstripped the production of books since the 1850s and the market for scientific journals was particularly favorable among the public at large (Rarisch 1976).

When Wundt terminated his *Philosophical Studies* after the publication of the twentieth volume in 1903, he appears to have viewed the *Archive for the Entire Field of Psychology* as the logical successor for his *Studies* (1903):

> *"[The Archive] will restrict itself to psychology but embrace its branches extending coverage to folk psychology (Völkerpsychologie) in addition to experimental psychology insofar as this is possible in view of the present state of this science" (p. 795).*

In other words, Wundt expected the *Archive* to concentrate preeminently on research in his twin specialties, although he paid lip service to an interest in other "branches" of psychology.

From Theology to Educational Psychology

Education

Theology. Ernst Meumann was born on August 29, 1862, in Uerdingen (Rhineland) and there are obvious parallels between his early life and education and that of Wundt (Bringmann and Balance 1975; Müller 1942). Both Meumann and Wundt were the sons of Protestant ministers in Germany, both received their early education from private tutors, and both decided to study medicine upon graduating from the *Gymnasium.* Meumann, however, changed his mind under the influence of his father and began his university studies as a student of theology. He also studied philosophy under Christoph Sigwart (1830–1904) and psychology under Wilhelm Dithey (1833–1911) at Tübingen and Berlin Universities respectively.

Education and Philosophy. Completing his theological studies in 1887, Meumann for some time became a high school teacher of religion, Hebrew, and philosophy. Dissatisfied with the rigidity of the church authorities (Müller 1942), he soon resumed his philosophical studies with his father's blessings at Halle where he also enrolled as a medical student. His first research in psychology was his dissertation on "The basic law of association and the reproduction of ideas". Unfortunately, this work, which was completed in 1891 at Tübingen, was never printed and seems to have been lost (Müller 1942).

Experimental Psychology. Meumann initially came to Leipzig to convince himself personally of the uselessness of Wundt's experimental psychology. After only four semesters he became such an enthusiastic convert to Wundt's approach that he obtained an appointment as his "private" assistant in 1892 with important instructional responsibilities in the laboratory. In 1894 he was promoted to the respected position of Wundt's senior assistant. At that time Meumann became a close friend of Edward B. Titchener (1867–1927) with whom he shared lodgings for some time (Boring 1950). In Leipzig he carried out an important series of researches on the psychology of time perception (1893, 1894, 1896) and an important piece of equipment from these experiments bears his name (Schulze 1921). The high quality of these researches seems to have impressed Wundt and from that time he actively facilitated Meumann's academic career. Wundt, clearly regarding Meumann as a close personal associate, addressed him from about 1899 onward as his "Dear Friend" (Wundt 1899).

Academic Career

Zurich University. With active assistance from Wundt, Meumann began his career as a university professor on May 21, 1897, with his appointment to the Chair of Inductive Philosophy and Pedagogy at Zurich University, which had just become vacant through the death of Richard Avenarius (1843–1896), the positivist philosopher. Incidentally, this was the same academic position that Wundt himself had held from 1874 to 1875 and for which Hugo Münsterberg (1863–1916) had just applied in vain (Bringmann and Balance 1973). Following Wundt's example, Meumann quickly established his own laboratory at Zurich University, although the authorities of this institution were not at all enthusiastic about the new field (Müller 1942, p. 15).

Educational Psychology. Unlike Wundt, Meumann was fascinated by the possibility of applying the principles and procedures of experimental psychology to the solution of educational problems. The topic of his formal introductory lecture at Zurich University: "The relationships between experimental psychology and pedagogy" shows clearly how much his orientation had changed from that of Wundt. In Zurich, Meumann accomplished for the new field of educational psychology much the same objectives that Wundt had been able to achieve for experimental psychology more than twenty years before in Leipzig (Bringmann 1979b). Meumann not only published extensively on educational matters, he also began the development of a technical language in educational psychology and attracted to his program many doctoral students from North America and Eastern Europe (Müller 1942).

Practical Applications. Most importantly, however, Meumann developed close professional and personal contacts with individual teachers, schools, and their administrators. For example, as early as 1900 he spoke before a meeting of the entire school system of the Zurich canton on "The origin and objectives of experimental educational psychology" (Meumann 1901). Emphasizing the importance of his new science for the day-to-day work of the teacher, he suggested that psychology could assist education through: 1) medical and psychological evaluations of students, 2) early psychiatric diagnosis of the feebleminded, 3) the transfer of experimental results to instructional practice, and 4) the selection of gifted students for special enrichment programs.

It needs to be emphasized that Meumann's contributions, even during the Zurich period, were by no means restricted to the field of educational psychology. His list of publications from that period includes original writings in experimental psychology, physiology, psychiatry, philosophy, aesthetics, and theology (Watson 1974, 1976). Consequently, it should not come as a surprise that Wundt asked his respected colleague and friend to serve as editor of the proposed journal.

The Archive for the Entire Field of Psychology

Background

Origin. Wundt had initially planned to spend his seventieth birthday in the quiet hamlet of Tambach in Thuringia in the hope of avoiding publicity and the tiring official celebrations, which he disliked intensely (Wundt 1902). Unfortunately, his secret was revealed by his major publisher, Engelmann, who had discovered Wundt's hide-out in the process of sending him the latest batch of galley proofs. The inner circle of birthday guests, which has been immortalized by the title photograph in Walter B. Pillsbury's (1872–1960), *A History of Psychology* (1929), consisted among others of Meumann, Külpe, Kraepelin, and Wirth. In the course of the festivities these students suggested the foundation of the *Archiv für die gesamte Psychologie* which was to be published by Engelmann, as were many of Wundt's writings (Wundt 1927).

Objectives. It appears that the students had to exert considerable pressure to gain Wundt's support for the new publication venture. There is evidence that he had made up his mind to retire from teaching and spend his remaining years in Heidelberg completing his monumental anthropological psychology (Wundt 1902b). Wundt and his students hoped that the *Archive* would fill the gap caused by the expected cessation of the *Studies.* However, their main objectives for the new journal differed entirely and were quite irreconcilable. Eager to preserve the influence of his own brand of experimental psychology and his voice in academic appointments, Wundt was at least initially under the impression of being in control of the new venture. On the other hand, Meumann and his associates planned to use Wundt's prestige to expand the experimental psychology which he wanted to preserve in such a pristine condition.

Sources. The following discussion of Wundt's letters to Meumann about the *Archive for the Entire Field of Psychology* draws heavily on 19 unpublished letters written between 1902 and 1905. These letters were obtained from the large collection of Wundt's letters in the *Archive* of Tübingen University (Bringmann and Ungerer 1980). The originals were obtained from the Meumann estate by Wundt's daughter, Eleonore Wundt (1876–1957) who typed the transcriptions used in this research. The originals are preserved for the most part in the Wundt *Archive* at Karl Marx University in Leipzig (Meischner 1979). Although Wundt's letters to Meumann dealt with many topics of scientific and personal interest, our discussion will be limited to his comments and recommendations about important editorial policies and procedures. All quotations from Wundt's writings and letters have been translated into English for this project.

Editorial Policies and Procedures

The *Archive* was to appear on an irregular basis. There were to be original research articles and critical summaries of important research areas, in a manner reminiscent of modern publications like the *Annual Review of Psychology.* Most of the reviews were to be written by recognized scholars on the editorial board of the *Archive.* Younger and less prestigious researchers were to prepare research summaries on less important topics as the need for them arose.

German Contributors. The mainstay of the new publication would be the authors and reviewers from Germany, Austria, and Switzerland. Wundt devoted much thought to their selection and his letters to Meumann reveal what he candidly thought about many contemporary psychologists and philosophers. For example, his views of Friedrich Kiesow (1858–1940), his former student and a respected professor at Turin University in Italy, were quite ambivalent (1902):

> *"The review on the lower senses can be entrusted to Kiesow. He will do a good job but tends to write too much and cuts will be necessary. His own researches in this field will always be useful contributions. Apart from that, everything by him will have to be accepted with caution. However, to list him as one of the co-editors on the title page is, I believe, absolutely unthinkable" (October 23).*

August Kirschmann (1860–1932), Wundt's former assistant who held an important appointment in Canada, seems to have been a special favorite of Wundt (1903):

> *"... You should not be too upset that Titchener called the appointment of Kirschmann [to the Archive] "a mistake". After all, Titchener never liked Kirschmann during their Leipzig period. Kirschmann was included in the Archive not as an American but as a German, a characteristic which his American colleagues have been unable to forgive him. If we give him the right assignment, he will be a useful helper despite his tendency to act at times like a schoolmaster. His researches at Toronto University have yielded more useful results than the work of all the other Americans, as I discovered when 1 recently reviewed this literature" (June 5).*

Wundt's views on the quality of research carried out at Toronto are shared by a modern Canadian historian of psychology (Marshall 1979). Kirschmann lost his position in Canada largely owing to his German citizenship in World War I and for some time was employed and paid by Wundt as his "private assistant" (Wundt 1915).

Eager to find competent reviewers for his own specialty of folk psychology, Wundt suggested his eventual successor at Leipzig, Felix Krueger (1874–1948), and at the same time made it very clear that he hated popularizations of psychology (1903):

> *"Finally, let me put in a word for folk psychology. The present state of the field requires, I believe, primarily good reviews. The best contributor, Schurz, has unfortunately died. 1 am sure that Gosse in Freiburg can be won for*

> *[reviews of] primitive art ... For everything connected with sociology and the anthropological study of ethics you would find an excellent reviewer in Dr. Felix Krueger. Vierkandt does not seem to have understood that reviews in the style of newspaper scribbling do not belong [in the Archive]. What good are a few laudatory comments about comprehensive works like those of Schmoller and Schurz? Such reviews are worse than useless, they are harmful. I recommend that you give V. a hint. Perhaps he will do better. If not, he must be dropped" (July 11).*

Theodor Lipps (1851–1914) was recommended by Wundt to counterbalance the anticipated inclusion of reviewers from abroad whom Meumann was eager to appoint (1903):

> *"Further, it seems advisable to me to balance out an increase in foreign contributors by a similar increase in local ones, in a manner of speaking. For this reason, I am returning once more to Lipps. I do not think that any of the reasons that have been raised against him are valid, and I would regard it as an error if we did not offer him a place among the large number of contributing editors on the title page. After all, he has been very helpful in writing an article for the first volume. Whether he can reconcile his collaboration with his work for Ebbinghaus is his and not our business. That he is listed as a regular contributor on the title pages of several other journals is no problem whatsoever and it is unlikely that he will regard it as one" (June 5).*

If Wundt liked and respected a scholar, he was quite willing to accept him as a member of the editorial board whether he was an experimental psychologist or not. This was the case with the philosopher Friedrich Jodl (1849–1914) of Vienna University (1903):

> *"Further, I would like to recommend Jodl in Vienna. He is not actually an experimental psychologist but is close to the whole movement. He would be able to write excellent reviews on the history of psychology and Christian ethics" (June 5).*

Likewise, Wundt experienced no difficulties whatsoever in opposing German-speaking contributors whose psychological views were in opposition to his own. One such person was Karl Marbe (1869–1953) of Würzburg University who obviously had aroused Wundt's ire (1903) by the publication of his recent research on the experimental study of judgment (1901):

> *"Marbe has compromised experimental psychology with his latest work to such a degree that I do not want to have the Archive compromised by him as well" (June 5).*

The situation was considerably more complicated in the case of the prominent Austrian philosopher and leader of the Graz school of psychology, Alexius von Meinong (1853–1920). Meinong was clearly a man of great ability and influence and his student Stephan Witasek (1870–1915) was a very competent experimentalist. Thus, Wundt had to be diplomatic in his opposition to Meinong. His main argument was that Meinong's work did not quite fit the scope of the *Archive* (1903):

> *"As far as your inquiry about Meinong is concerned, I wish to urge caution towards him and others like him. The time does not appear to have come to make the Archive into a forum for [the expression] of all imaginable viewpoints in psychology. As the situation now stands, it appears best to limit the scope of views that are to be expressed in the Archive, to those suggested by the names of the contributing editors ... including Lipps, Höffding, and Jodl. This scope is broad enough but excludes all the more or less scholastic reflection psychology of Brentano... as well as the truly speculative psychologists. If you accept Meinong's writings, the journal will lose its character completely and nobody will know what to think of it" (October 9).*

His advice to Meumann on how to deal with the problem is quite shrewd (1903):

> *"I suggest that you tell Meinong in a friendly manner that we shall be happy to accept any experimental work by him, Höfler, and Witasek. [You might*

> *tell him openly] that the general philosophical orientation of the journal... unfortunately makes it impossible for us to accept theoretical articles by him and his like-minded associates. It is possible that the time will come one day when the Archive, like Pflüger's Archive in Physiology, does not have to adhere to such restrictions. However I believe that for the present psychology has not gotten that far" (October 9).*

It was, of course, unlikely that Meinong would carry out and publish any experimental research and Witasek published primarily in rival journals (Watson 1974).

Foreign Contributors. Meumann seems to have planned to include a number of foreign psychologists as co-editors and occasional reviewers in the hope of increasing the appeal of the *Archive* abroad. His prime candidates were his former roommate Titchener and Frank Angell (1857–1939) who had received his Ph.D. in experimental psychology under Wundt in 1891. Wundt strongly opposed the addition of "the Americans" to the editorial board because he wanted the *Archive* to be a German, not an "international" journal (1902):

> *"As far as Angell and Titchener are concerned, I must confess that I oppose the inclusion of foreign authors for the same reasons that I am against making the journal an international publication. The Archive will be read in America whether Angell and Titchener are listed or not. If we include them, why not also Scripture, Stratton, Judd, etc. After all, Titchener is already a co-editor of Mind and the American Journal [of Psychology]" (October 23).*

Wundt's opposition to Titchener must come as something of a surprise to American psychologists who concluded from Boring's histories of experimental psychology (1929, 1950) that Titchener was particularly close to Wundt, because he "represented the German psychological tradition in America" (1950, p. 410). Although he translated books written by Wundt *(Lectures on Human and Animal Psychology,* 1901, *Principles of Physiological Psychology,* 1904) and wrote extensively about Wundt's life and work (Watson 1976, p. 1119), Titchener does not seem to have been personally close to him.

Nevertheless, Meumann did not accept the exclusion of his friends without protest and Wundt had to concede (1903):

> *"By the way, I have nothing against the addition of Fr. Angell and Titchener. I only believe that Scripture should not be missing. He is the most industrious and hardworking of all and his work in phonetics is ... quite valuable. Furthermore, Scripture is not participating in any of the American journals. Thus, I would regard it as "a mistake" if he were not invited in addition to the other two. He currently lives in Munich and I can give you his address when I am back in Leipzig" (June 5).*

Edward W. Scripture (1864–1945) was, of course, another one of Wundt's Ph.D.s and a masterful experimentalist who had published important research in *Philosophical Studies* (1891, 1892). Moreover, he appears to have been a germanophile who earned a German MD degree in 1906 and taught "experimental phonetics" in Vienna from 1923–1933 (Boring 1950). While reluctantly agreeing to the addition of Americans to the editorial board of the *Archive,* Wundt demanded that the new journal should only accept "articles written in German" and that the Americans would "have to translate their articles or have them translated" (Wundt, June 5, 1903, pp. 1–2).

Meumann seems to have decided that the inclusion of the Americans was not worth the struggle and Wundt understandably agreed with him (1903):

> *"I can only agree with your decision not to include the Americans. It makes no sense merely to add their names to the title page. I am also convinced that the distribution of the journal [in America] will not be affected in the least. However, it would seriously suffer if we accepted articles in English and you and I would abhor this" (July 11).*

In other words, American scholars interested in experimental psychology were expected at least to read German. German psychologists, on the other hand, including Wundt himself, were infinitely less familiar with the English language. Today, of course, the situation is reversed!

Wundt's attitude towards foreign contributors was understandably far less restrictive when these were adherents of his own views in psychology and philosophy, as in the case of Alfred G. Lehmann (1853–1921) who at one time served as Wundt's assistant (1902):

> *"The situation with Lehmann is different [from that of Titchener and Angell], since Scandinavia does not have its own psychological journal and because Lehmann (regardless of his weaknesses as a psychologist) is an outstandingly competent experimentalist who has provided valuable contributions for the studies. I would be in favor of inviting Lehmann ..." (July 23).*

Harald Höffding (1843–1931), the Danish philosopher and proponent of a "psychology without a soul" (Zusne 1975) who had just started a course of lectures on Wundt's system at Copenhagen University was also warmly endorsed by Wundt (1903):

> *"I would like to return once more to Höffding. I am convinced that we would win in him not only a good name but also a competent and valuable collaborator, who ... of all non-experimental psychologists stands closest to the experimental direction [of our field]. That we have named Lehmann before him – whose personal friend he is – will not hurt him, since we have only started to include non-experimental psychologists with the publication of the second volume (of the Archive)" (July 11).*

The Final Editorial Board. From 1905 on Meumann edited the *Archive* together with Wilhelm Wirth (1876–1952) of the Leipzig Institute. The editorial board of the *Archive for the Entire Field of Psychology* included the following scholars by 1908: H. Höffding (Copenhagen); F. Jodl (Vienna); F. Kiesow (Turin); A. Kirschmann (Toronto); E. Kraepelin (Munich); O. Külpe (Bonn); A. Lehmann (Copenhagen); T. Lipps (Munich); G. Martius (Kiel); G. Störring (Zurich); W. Wundt (Leipzig). Counting Meumann and Wirth, seven of the thirteen editors and coeditors of the *Archive* had earned their doctorates in Leipzig under Wundt. Although six foreign universities were included, five of these were represented by former students of Wundt and eleven of the thirteen editors were German nationals.

In conclusion, the composition of the editorial board of the *Archive* shows clearly that Wundt had been able to get his way in the selection of candidates who either supported his views or who were beholden to him as his former students.

Practical Advice

Wundt's letters to Meumann contain a substantial amount of practical advice about the editorial work of the *Archive* which, owing to lack of space, will be presented selectively. While many of his comments may have been unnecessary, since Meumann was no novice to publishing, they nevertheless reveal that he knew what he was talking about. Meumann had apparently planned to provide each reviewer with all important source materials for any article, anticipating the approach of the *Psychological Abstracts* or *Contemporary Psychology.* Wundt sharply opposed this plan and his reasons make eminent sense (1902):

> *"I believe that the editorial office [of the Archive] will greatly reduce its work and do a better job if it views the authors of reviews as collaborators and not merely as editorial aids. An editorial office that plans to provide its reviewers with the whole literature not only about individual psychology but also about brain anatomy, psychology of language, mythology, etc., would in my view have to be not only omniscient but also omnipotent" (November 18).*

A few days later he was even more explicit about the same topic and again he impresses us with his expertise and common sense (1902):

> *"... If you entrust Wirth with an optical, and Krueger with an acoustical review, [you can expect that] they are already in possession of the whole literature on the subject and I cannot understand why you want to send it to them once more from Zurich. If Kraepelin or one of his assistants accepts a review on brain localization, the betting is 10 to 1 that the reviewer knows more about the topic than the editorial office does ... It is inconceivable that one can provide the author of a review article with preselected materials ... Instead, I would include the following [In the announcement of the Archive]. "The editorial office is willing to provide reviewers on request with books and articles not available to them." ... This is, of course, my own humble opinion" (November 27).*

Although the *Archive* was to be published on an irregular basis whenever sufficient materials had accumulated, Wundt urged Meumann to publish original articles at least as soon as possible after their arrival. Wundt's information about unwarranted delays came from his editor "Mr. Reinicke" of the Engelmann publishing company in Leipzig (1903):

> *"Reinicke writes that 30 sheets (circa 500 pages) of the Archive had been typeset and still nothing has been printed! Why don't you follow Pflüger's approach with his Archive? He prints single, double, or even triple issues... and has instructed the publisher to let the original articles appear in the order in which they came in. I admit that one must have some variety in the case of review articles. However, in the case of original research articles the author has a right to expect that one should not delay his article for months in favor of another one. The desired variety will come all by itself as long as the issues are published in quick succession" (April 20).*

Six months later Wundt spoke once more about the same problem, again giving evidence of his long experience with publishing matters:

> *"I conclude from your letter that Mr. Reinicke has not fully informed you of my recommendations. They consist of the following points: 1) to print the articles in the exact sequence in which they were submitted, and, 2) to print at the top or end of each article ... the note: "received on ... " and the date. If the issues are published whenever there is enough material, complaints about delays will not recur. Supplements are not necessary in the case of a journal like the Archive which appears irregularly. They cannot be avoided where a journal, like the Annals of Physics, appears each year in a limited number of issues and where this format is insufficient for the available material" (January 4).*

Wundt's recommendations to Meumann are the standard procedure today of most scientific journals.

Additional practical topics which Wundt mentions in his letters to Meumann include the questions of advertising for the *Archive* and of giving free subscriptions to some of the co-editors. His views on these matters are predictable. He believed that publication by the prestigious firm of Engelmann was the best conceivable form of advertising and that free subscriptions for selected editors were a waste of money which would cause dissension among the contributors.

Archive vs. Zeitschrift

During his extensive correspondence with Meumann about the *Archive*, Wundt repeatedly compared the *Archive for the Entire Field of Psychology* with the *Journal for Psychology and Sensory Physiology (Zeitschrift für Psychologie und Physiologie der Sinnesorgane)*, which had been published since 1890 by Hermann Ebbinghaus (1850–1909) and Arthur König (1856–1901) in collaboration with a group of renowned co-editors (e.g. Aubert, Exner, Helmholtz, Hering, Lipps, Müller, Preyer, and Stumpf). Wundt considered this journal throughout as a negative model of what the *Archive* was not to become (1903)

> *"You complain that the Archive costs more than the journal of Ebbinghaus and that some subscribers wish to cancel their subscriptions etc.... You can tell these subscribers that I know that they are wrong. One volume of E's journal consists, according to the publisher's announcements, of 30 sheets (circa 480 pages) and costs 15 Marks. One volume of the Archive consists of 40 sheets (circa 640 pages) and costs 20 Marks. This is exactly the same. Actually, Ebb.'s journal is rarely larger than 30 sheets. Most issues have fewer pages – 29 sheets on the average whereas the first volume of the Archive consists of 42 sheets (37 articles and 7 reviews). Hence, the Archive is actually cheaper, even when we overlook the superior quality of figures and tables in Engelmann's publications" (August 2).*

Wundt enjoyed making fun of the tendency of the *Journal for Psychology and Sensory Physiology* to publish mini-reviews of rather narrowly defined topics (1902):

> *"... I do not regard an excessive distribution and dissipation of review topics as practical. I must confess that I do not understand what should be covered by a review on 'The General Psychology of Consciousness' if the topic 'Con-*

tent of Consciousness' is to be assigned to another reviewer. How can one write a good and cohesive essay on 'Advances in the Psychology of Will' if one must exclude research on the 'Experimental Psychology of Volition'? Such dissipation ... invariably leads to the random arrangement of reviews which is typical of Ebbinghaus (and his journal)" (November 18).

These letters suggest that Wundt felt much less confident about gaining a hearing for his practical suggestions than he did for his recommendations for the editorial board. The tone of his criticism is much more stringent and he repeats his claims again and again. It is difficult to believe him when he states in another letter to Meumann that his recommendations are only his "humble opinions" (Wundt, November 18, 1902). Yet one is inclined to accept Wundt's conclusion as essentially correct when he tells Külpe in 1905 (December 5) that he "... exerted no influence whatsoever on the direction of the *Archive*". It is true that he wrote numerous heated letters to Meumann, the editor of the *Archive,* but the results of his efforts were most disappointing.

A Parting of Ways and a New Beginning

Opposition to Education

It has been suggested that Wundt's antipathy to the whole field of education and to educational psychology was the result of his personal experiences with schools and teachers. He has called the winter of 1845 "a school of suffering" in his autobiography (Wundt, 1920) because he was unable to complete his assignments to the satisfaction of his teachers who punished him unjustly and regarded him as stupid (Bringmann and Schmeich, 1975). Yet, he felt "like newborn" in the Heidelberg Lyceum which he attended from 1846 to 1851 and where under the influence of Bernhard Jülg (1825–1886), an admired teacher, he entertained thoughts of becoming a philologist. His negative outlook may have been again strengthened through his active involvement in the fight against religious control of the public schools in his home state, in which he participated as an elected member of the parliament of the Grand Duchy of Baden (Ungerer 1979).

Wundt also addressed himself at length and in considerable detail to educational matters in his autobiography (1920, pp. 253–258). He was expected to lecture on "pedagogy" during his brief appointment at Zurich University but felt relieved when the course, for which he had "neither time nor inclination", was cancelled (p 253). In this context, Wundt vented his strong opposition to the admission of grammar school teachers to universities (1920):

"Only the best graduates of teachers' seminars [normal schools] were at that time admitted to Zurich University. In addition, I also participated in the final examinations of individuals who became teachers immediately following their graduation from the seminar. During this work I could not help noticing that teachers without any university background frequently showed outstanding educational talents … In contrast, I discovered quite often that teachers who had received [additional] instruction at the university were often inferior in this respect. This observation makes psychological sense to me. It is important for a teacher to concentrate his interests. Pedagogical and scientific interests are, however, two very different matters, and I can imagine that the advanced scientific preparation of superior teachers can be accomplished only at the cost of practical educational skills" (pp. 255–256).

Wundt reported that his experiences in Zurich were later confirmed in Leipzig in the case of high school teachers. He believed that good teachers are usually born that way and what they gain in scientific sophistication is lost in their ability to understand and interact with children. This view was at the core of his antipathy to educational psychology! Still, he was willing to accept a compromise, as long as the *Archive* was predominantly a scientific journal (1903): "In general, the first three issues of the *Archive* made quite a scientific impression on me" (June 5).

However, he cannot avoid commenting on some of the educational research and its lack of quality:

"If only these schoolmasters would try to be less verbose. It is too much of a good thing that this Mr. Meyer needs about 150 pages and the detailed biographies of a dozen schoolboys to tell what any reasonable person would expect from the beginning" (June 5).

A Decisive Letter

Still, Wundt held his piece for another eighteen months. Clearly the decision was not easy. After all, Meumann was his close personal friend and, moreover, he had just closed down the *Philosophical Studies* in which he had printed much of his own writings and the work of his students. Finally, in December of 1904 the break between Wundt and Meumann occurred. Wundt's complete letter of resignation will be reproduced because it reiterates in no uncertain terms his views of educational psychology and the nature of his disagreements with Meumann. At the same time this letter gives a good example of Wundt's outstanding diplomatic skills. He began with the admission that the letter had not been an easy one to write.

> *"Leipzig, December 13, 1903*
>
> *Dear Friend:*
>
> *I have repeatedly started to write you about the 'Archive'. Now, since I have made the final decision which was required, I will not delay any longer."*

He then proceeded to build his case against Meumann's direction of their journal:

> *"The Archive has been drawn more and more under the influence of education perhaps this was true from the very beginning and I do not say this as an accusation against you. I only state a fact. You followed an inner necessity when you expressed those interests in the Archive that are closest to you at the present time."*

The charges against Meumann were quite specific:

> *"A total of 873 pages had been devoted to education and 715 pages to all other areas of psychology in the issues [of the Archive] that have so far been published. These numbers speak louder than anything else. It cannot be that too little material was available about other topics because the journal appears irregularly. It would have been just as possible to print one issue per year as three or four."*

Wundt then returns once more to the reasons for the changed orientation of the Archive.

"The predominance of educational materials [in the Archive] is an inner necessity because the pedagogical interest also dominates in you. I do not say this as an accusation against you. I only believe that you should draw the necessary conclusion. One should not give the impression of being what one is not. The Archive is an "Archive for Education and Psychology" [Education should be listed first because it is actually dominating] and I believe that it should be given this name."

Then, perhaps as a gesture of reconciliation, he suggested the following:

"The [change of title] can only help, for education is fashionable. I believe that many libraries and teachers' seminaries would then pay attention to the Archive which now overlook it. But this is really your decision."

Wundt then stated his own plans:

"Since the direction of the Archive has now so clearly expressed itself, I think that it is in our mutual interest and in the interest of psychology at large to separate the work of the Leipzig Institute [from that of education] and to publish it once again in a cohesive manner as in the past. Beginning with the New Year, I shall publish [the journal] 'Psychological Studies' on an irregular basis as the new edition of the 'Philosophical Studies'."

However, Wundt promised not to withdraw completely from the Archive:

"Drs. Wirth and Krueger, who are associated with my institute, will, of course, not withdraw their assistance with the review work from the Archive. You can also be assured that I shall continue my participation in the Archive, although it will not be an active one."

Finally, Wundt closed his letter with the hope that he and Meumann would remain friends:

"I wish above all that this separation of our ways should in no way affect our relations as friends.

Best wishes to the Störring family from me and my family.

Yours faithfully,
W. Wundt"

Whether we agree with Wundt's decision to dissociate himself from the *Archive for the Entire Field of Psychology* or not, we must respect his belief that his experimental psychology would eventually be destroyed by the very popularity of applied psychology. His views were shared by many of his contemporaries. For example, as O'Donnell has pointed out (1979), Titchener refused to attend the annual meetings of the American Psychological Association after 1897 (Boring 1961) and, in fact, established his own organization for experimentalists – the Society of Experimentalists – because he was convinced that a pluralistic organization like the APA could not adequately represent the interests of experimental psychologists (Boring 1967). E.G. Boring, Titchener's prize student, spent much of the 1920s combating the "pernicious tendencies of applied psychology after World War I" (O'Donnell 1979, p. 289) and even tried to use his famous textbook on the history of experimental psychology (1929) as a polemic in his struggle against the "crass opportunism of applied psychology" (p 294). Of course, it would not be at all difficult to find representatives of such purist points of view among psychologists wherever applied psychology is in ascendancy.

The contemporary reader of Wundt's final letter may note with some surprise that he hoped to remain Meumann's personal friend despite their serious disagreements about the nature of psychology. Wundt did indeed continue to correspond with Meumann about many issues until the latter's death in 1915. During a period when Meumann was called to Königsberg, Münster, Leipzig, Halle, and finally to Hamburg Universities within a decade, Wundt assisted him faithfully with shrewd advice. Meumann was not the only one of Wundt's many students with whom he disagreed about psychological and philosophical issues while maintaining at the same time close personal relationships. Wundt does not appear to have either liked or respected individuals who agreed with him at all costs. Quite the contrary, he seems to have enjoyed a good fight, even with his friends, because he believed that "in philosophy the battle among [different] viewpoints is a necessary help on the long road to truth" (Wundt, 1882). This outlook was most noteworthy in the case of Wundt's former student Hugo Münsterberg (1863–1916), who had sharply disagreed with his teacher's views about mind-body relationships (Münsterberg, 1888). Wundt not only recommended Münsterberg unambiguously for an academic appointment at the University of Zurich after their famous controversy (Bringmann and Balance, 1973), but corresponded with him regularly, even during World War I, until shortly before Münsterberg's death (Münsterberg, 1972). Wundt's attitudes towards respected colleagues and friends, who at times disagreed with him about substantive issues, are perhaps shown most clearly in the following note which he wrote Münsterberg in 1902:

"Although we differ in our views concerning psychology now as always, you may be sure that in retrospect ... I can well appreciate how much I owe not only to those who have stood at my side and shared my views as fellow workers, but also to those who, by their stern criticism of opinions, forced me to justify, ... what I believed I had found ..." (August 21).

References

Blättner, F. (1951) Geschichte der Pädagogik. Heidelberg: Quelle & Meyer.

Boring EG (1929) A history of experimental psychology. New York: Century.

Boring EG (1950) A history of experimental psychology, 2nd ed. New York: Century.

Boring EG (1961) Psychologist at large. An autobiography and selected essays. New York: Basic Books.

Boring EG (1967) Titchener's experimentalists. J Hist Behav Sci 3:315–325.

Bringmann, W. (1979) The establishment of Wundt's Leipzig Laboratory: An archival and documentary study. Invited Centennial Lecture at the Annual Meeting of the American Psychological Association, New York, September 4.

Bringmann, W. (1979) Graduate study in experimental psychology in the early days of Wundt's laboratory. Invited paper read at International Wundt Symposium, Karl Marx University, Leipzig (GDR), October 31 – November 2.

Bringmann, W. (1975) Wundt in Heidelberg 1845–1874. Canad Psychol Rev 16: 116–121.

Bringmann, W., Balance, W. (1973) W. Wundt vs. Münsterberg: Roback's version challenged. Am Psychol 28:849–850.

Bringmann, W., Balance, W. (1975) Wilhelm Wundt: Teil 1 (Lehr- und Wanderjahre). Psychologie Heute 2:12–18, 73–77.

Bringmann, W., Ungerer, G. (1980, in press) An archival journey in search of Wilhelm Wundt. In: Pongratz, L. and Brozek, J. (eds), Historiography of psychology. Göttingen. Hogrefe.

Engelhardt D. (1978) Dimensionen und Aspekte der Entstehung neuer Wissenschaften in der Neuzeit. Ber Wissenschaftsgeschichte 1:173–174.

Friedrich, M. (1881) Über die Apperceptionsdauer bei einfachen und zusammengesetzten Vorstellungen. Philos Stud 1:39–77.

Gall, L. (1963) Die Heidelberger Jahrbücher. Geschichte und Neubegründung. Zur Geschichte des Oberrheins 111: 307–331.

Graumann C. (1979) Wundt vor Leipzig Entwürfe einer Psychologie. Invited paper read at International Wundt Symposium, Karl Marx University, Leipzig (GDR), October 31–November 2.

Harper RS (1950) The first psychological laboratory. Isis 41:158–162.

Marshall, M. (1979) Spiritism and the assumptions of science. Invited paper read at Heidelberg Wundt Colloquium, Heidelberg (FRG), November 4–6.

Meumann, E. (1893) Beiträge zur Psychologie des Zeitsinns. Philos Stud 8:431–509.

Meumann, E. (1894) Beiträge zur Psychologie des Zeitsinns. Philos Stud 9:264–306.

Meumann, E. (1896) Beiträge zur Psychologie des Zeitsinns. Philos Stud 12:127–254.

Meumann, E. (1897) Die Beziehungen der experimentellen Psychologie zur Pädagogik. Unpublished manuscript.

Meumann, E. (1900) Entstehung und Ziele der experimentellen Pädagogik. Synodalbericht. Thalwil.

Meumann, E. (1912) Wilhelm Wundt zu seinem 80. Geburtstag. Dtsch Rundschau 38:193–224.

Meumann, F. (1915) Im Gedanken an Ernst Meumanns Jugend und Studienzeit. Z Pädagog Psychol 16:257–262.

Müller, P. (1942) Ernst Meumann als Begründer der experimentellen Pädagogik. Bazenheit: Kalberer.

Pillsbury, W. (1929) A history of psychology. New York: Norton.

Rarisch, L. (1976) Industrialisierung und Literatur. Berlin.

Schulze R. (1921) Aus der Werkstatt der experimentellen Psychologie und Berufsberatung. Leipzig: Voigtländer.
Störring, G. (1915) Nachruf für Ernst Meumann. Arch Ges Psychol 34:34–35.
Ungerer, G. (1979) Heidelberg vor der Reichsgründung 1871: Der Freundeskreis Wilhelm Wundts. Badische Heimat 3:423–438.
Watson R. (1976) Eminent contributors to psychology, vol. 1. New York: Springer.
Watson R. (1974) Eminent contributors to psychology, vol. 2. New York: Springer.
Wundt, E. (1927) Wilhelm Wundt's Werk. München: Beck.
Wundt, W. (1862) Beiträge zur Theorie der Sinneswahrnehmung. Leipzig and Heidelberg: Winter.
Wundt, W. (1863) Vorlesungen über die Menschen- und Thierseele (2 vols). Leipzig – Voss.
Wundt, W. (1874) Über die Aufgabe der Philosophie in der Gegenwart. Leipzig. Engelmann.
Wundt, W. (1889) Über die Eintheilung der Wissenschaften. Philos Stud 5: 1–55.
Wundt, W. (1903) Schlusswort des Herausgebers. Philos Studien 8:793–795.
Wundt, W. (1904, 1906) Vorwort des Herausgebers. Psychol Stud 1:1–3.
Wundt, W. (1920) Erlebtes und Erkanntes. Stuttgart: Kröner.
Wundt, W. (1905) to O. Külpe, 12–5.
Wundt, W. to E. Meumann, 12–23–1895; 10–6–1896; 4–12–1897; 10–19–1897; 1–15–1898; 4–11–1898; 7–30–1898; 10–29–1899; 1–1–1900; 3–1–1900; 3–14–1900; 12–1–1900; 8–4–1901; 5–3–1902; 10–23–1902; 11–18–1902; 11–27–1902; 4–29–1903; 5–5–1903; 7–11–1903; 8–2–1903; 8–19–1903; 10–1–1903; 10–9–1903; 1–4–1904; 1–9–1904; 12–13–1904; 12–20–1904; 1–7–1905; 7–13–1905; 7–16–1905; 11–12–1905; 1–7–1906; 1– 29–1907; 11–1–1907; 12–31–1907; 6–19–1908; 1908?; 1909 (spring); 1909 (spring); 2–3–1910; 3–10–1910, 3–15–1910; 3–30–1910; 6–30–1910; 5–9–1911; 1–2–1912; 10–29–1914.
Wundt, W. (1902) to H. Münsterberg, 8–21.

Adolf Hausrath (1837–1909). Geschichte und Glauben

1980

Gustav A. Ungerer

Hausrath ist eine der herausragenden Gestalten des 19. Jahrhunderts in Baden, weil er über sein Fach Kirchengeschichte hinaus eine Fülle von Erinnerungen hinterlassen hat, die für den Historiker unentbehrlich geworden sind.[1] Wir sehen ihn heute als Historiographen einer Welt, die uns in ihren Grundthemen stärker berührt als die Zeitgenossen des Kaiserreichs und der Weimarer Republik.

Dabei erhebt sich die aktuelle Frage, ob Personendarstellung als Geschichte noch eine Existenzberechtigung hat, wo doch inzwischen die Analyse des alltäglichen Lebens des 19. Jahrhunderts – überwiegend in Statistiken vorgelegt – eine bewundernswerte Bedeutung erlangt hat. Indessen ist als Ergänzung der Sozialgeschichte das experto credite – glaubt es dem, der es selbst erfuhr – wichtig.[2]

Hausrath hat in subjektiver und lebendiger Sicht seine Welt dargestellt, so dass sie dem Leser wieder neu ersteht. Und es mag das Flair zwischen den Zeilen sein, das uns interessiert und das uns keine gelehrte Abhandlung vermitteln kann.[3]

Einem Theologen wird man die Worte der Gebrüder Schlegel aus dem Athenaeum anmessen können: „Der Historiker ist ein rückwärtsgewandter Prophet." So stand es auch mit Hausrath, wenngleich seine Töne weniger aufregend waren als die eines Treitschke.

1 Zur Biographie:
K. Bauer: Adolf Hausrath. Leben und Zeit. Band 1 1837–1867, 1933.
Th. Kappstein: Adolf Hausrath. Der Mann, der Theologe, der Dichter. 1912.
Adolf Hausrath. In: Badische Biographien, Teil VI, 1935, S. 31–44 (Kappstein).
Hausrath, Adolf. In: Die Religion in Geschichte und Gegenwart, 1928, S. 1661.

2 Aeneis 11, 283.

3 Vor allem in: A. Hausrath: Alte Bekannte (3 Teile) 1899, 1901, 1902.
A. Hausrath: Richard Rothe und seine Freunde (2 Teile), 1902/1906.

Schule und Familie

Hausrath ist am 13. Januar 1837 in Karlsruhe in einem regen, offenen Pfarrhaus geboren worden. Geprägt wurde er durch den frühen Tod des Vaters, die Zeit des Vormärz, die Revolution in Baden 1848/49 und stärker noch durch die darauffolgende Zeit der Reaktion. Er gehörte jener badischen Generation an, die Beruf und Politik stets als Einheit betrachtet hat; Hausrath gedämpfter zwar als Holtzmann[4], Wattenbach, Bluntschli, Schenkel und Wundt. Freilich stand er über die Schwelle der Reichsgründung hinaus – im Gegensatz zu vielen Altersgenossen – noch im öffentlichen Leben. Hausrath lebte gern in Karlsruhe und nannte seinen Geburtsort eine angenehme Stadt. Schon 1847 starb der Vater und die vielfältigen Kontakte der Familie, die eine größere Haushaltung nötig gemacht hatten, wurden rigoros eingeschränkt.

Unter dem Pseudonym George Taylor gab Hausrath 1885 einen Roman mit autobiographischen Zügen heraus, in dem er einen Jungen über sich sagen lässt: Nach einer Jugend, die nur eine Abwechslung von Krankheit und Rekonvaleszens gewesen, zwischen Frauen und Dienstboten aufgewachsen, mit ungesunder Lektüre vollgestopft, und träumerisch durch Mangel an gleichaltriger Gesellschaft, war er frühreif und unreif, altklug und unklug[5]. Dies Selbstbild klingt nun ganz nach Lukas 1,66: Was wird aus dem Kindlein werden?

Der junge Hausrath jedenfalls hatte wohl sehr begründete Schwierigkeiten mit seiner Familie und wurde zu Gymnasialprofessor Gerstner in Karlsruhe in Pension gegeben, damit er mit dessen gleichaltrigem Sohn das Lyceum besuchen sollte. Diesen pädagogischen Versuch empfand er eher als Gefangenschaft. Die nachträgliche Bewunderung für die 48/49er-Revolution ist sicher auch deshalb entstanden, weil die aufregende Zeit ihm die Befreiung aus der Pension brachte. Die Familie floh nach Frankreich, und Hausrath ging in Lauterburg in die französische Schule, wo er die Weltgeschichte im Sinne Louis Napoleons erklärt bekam, so u. a., dass Karl der Große ein Franzose war.

4 Holtzmann war ein enger Freund Hausraths. s. Badische Biographien, Teil VI, 1935, S. 579–586 (Klostermann).

5 Aus dem Roman „Elfriede“, zit. nach K. Bauer, S. 53.

Die Studienzeit

1. Jena

Die Folgen der Revolution mit der Einsetzung der Standgerichte, mit der Wendung der evangelischen Kirche zur Orthodoxie und vor allem die widersprüchlichen Reden der Erwachsenen bei Tisch haben ihn schon während der Schulzeit veranlasst, ein eigenständiges politisches und Glaubensziel zu verfolgen.[6]

Später, als Vikar in Heidelberg, schrieb er seine Lebensmaxime nieder:

> *„Das Gewissen, das vor lauter Sorge für Recht, Ordnung, Gesetz und Pflichten den Menschen keine Zeit läßt, den ewigen Quellen dieser Normen nachzuspüren, verführt auch den Glauben zu einer gesetzlichen, juristischen, ich möchte beinahe sagen: polizeimäßigen Vorstellung von seinem Gott.“*[7]

Das Schloss Karlsruhe zu Beginn der 40er Jahre des 19. Jahrhundert. Foto: I. L. Klinger

Diese Sätze des 23-Jährigen zeigen zum einen das Interesse, Theologe zu sein und Kirchengeschichte zu betreiben, zum anderen zeigen sie die liberale

6 K. Bauer, S. 161.
7 K. Bauer, s. Fußnote 1.

Grundeinstellung, die Hausrath sich über politische Querelen hinweg bis ins hohe Alter erhalten hat.

Als Sohn eines Hofdiakons begann er unter dem sanften Druck der Familie das Theologiestudium, zunächst in Jena, wo bestimmend für seine späteren Studien Hase und Droysen als Autoritäten Geschichte und Kirchengeschichte lasen. Immerhin war er zu Anfang schon überzeugt, dass er nichts lehren werde, was er nicht glaubt, und dennoch Geistlicher werde. In diesem „dennoch" steckt die Problematik theologischen Lebens – und nicht nur des protestantischen – in Baden von 1848 bis über 1870 hinaus. Hiervon hat er später detaillierte Zeugnisse geliefert, sozusagen eine Geistesgeschichte des 19. Jahrhunderts in Einzeldarstellungen im aufgeklärt-evangelischen Tenor.[8]

In der Theologie sah er die sozialen Schwierigkeiten und Bewegungen sowenig wie die verfassungsgeschichtliche Wende, die Baden an eine hegelsche Staatsauffassung heranführte und deren wenig glückliche Vollendung sich durch die Reichsgründung vollzog. Gervinus' Bedenken gegen den preußischen Kaiserstaat verstand er ebensowenig wie die Tradition der katholischen sozialen Bewegung oder die der süddeutschen Demokraten.[9]

In Jena mokierte sich die junge akademische Welt über das Berliner geflügelte Wort von der Solidarität der konservativen Interessen. In der Reaktionszeit war Jena – wie Hausrath versichert – ein Hort der Freiheit, und die drei Semester dort haben wohl mehr durch die idealistische „Luft" als durch gründliche theologische Studien ein so mildes Licht in seiner Erinnerung erhalten.

Exkurs: Staatskirche in Baden

Sowohl Hausrath selbst als auch seine beiden Biographen haben uns über die Situation der badischen Politik in den 50er und 60er Jahren des vergangenen Jahrhunderts breit orientiert. [10] Was uns heute davon interessiert und worüber

8 s. A. Hausrath: Richard Rothe und seine Freunde, a.a.O.

9 Hierzu auch der neue Band: J. Becker et al. (Hrsg.): Badische Geschichte. 1979. A. Hausrath: Ein Prophet der Volkspartei. In: Preussische Jahrbücher, Band 59, Heft 6, Juni 1887, S. 559 ff.

10 J. Becker: Der badische Kulturkampf und die Problematik des Liberalismus. In: Badische Geschichte. 1979, S. 86–102. J. Becker: Liberaler Staat und Kirche in der Ära von Reichsgründung und Kulturkampf, Mainz 1973.

Hausrath uns bis in kleinste Facettierungen berichtete, soll hier kurz dargestellt werden. Es ist die Entscheidung für oder gegen eine vita contemplativa, so wie wir sie heute in den Kirchen wieder vielfältig erleben. Während wir heute das religiöse Leben eher dem Privatbereich zuordnen, war es im 19. Jahrhundert enger mit dem politischen verbunden. Das Verhältnis Kirche-Staat stellte sich für Baden in folgenden Reformideen dar:

- Der aufgeklärte Absolutismus Josephs des Zweiten hatte eine Trennung von Kirche und Staat initiiert, die noch spürbar war im ehemals vorderösterreichischen Gebiet von Freiburg.
- Eine Weiterentwicklung innerhalb des Verfassungsgedankens war die Staatskirchenhoheit, die eine Selbstregulierung kirchlicher Angelegenheiten vorsah.
- Unter dem Einfluss des Liberalismus war die Idee der Concordia inter ecclesiam et rem publicam eine weitere Variante. Gemeint war damit eine vertragliche Abgrenzung und Koordination der kirchlichen und staatlichen Aufgaben. Diese liberalistischen Vorschläge sollten in Baden mit dem Konkordat von 1860 besiegelt werden. Die Freisinnigen rebellierten.
- Nach 1860, im Aufschwung der freisinnigen Bewegung, die zahlreiche kirchlich gesonnene Anhänger hatte, wurden die Entscheidungen der I. und II. Kammer von der Staatsauffassung Häussers, einem ihrer Mandatsträger, beherrscht: Der Staat selbst hat eine religiöse Funktion und Mission, er besitzt die Omnikompetenz über alle Angelegenheiten seiner Untertanen. Die lutherische Auffassung über die Landeskirche hatte sich wiederum in die liberale Welt eingeschlichen. Die Absicht der Freisinnigen war es, die Aufklärung zu ihrem späten Ende zu bringen. Die Schulfrage galt deshalb als der Angelpunkt. Richard Rothe, der Lehrer Hausraths, brachte diese Überlegungen auf die kurze Formel: Der Kulturstaat soll die Sittlichkeit verwirklichen.

Zusammenfassend kann man sagen, dass der Staat Baden in seiner politischen und geistigen Entwicklung im Kleinen das vollzog, was man später im Großen als Kulturkampf bezeichnet hat – nur früher, liberaler und im Ergebnis dennoch hegelianisch: Der Staat wurde vergöttlicht.

2. Göttingen

1858 studierte Hausrath ein Semester in Göttingen. Die Stadt hatte auf ihn einen „ehrwürdigen, pedantischen und großväterlichen Eindruck“ gemacht, wie ein gepuderter Gelehrter. Die Kollegien waren von milchfrommer Süßlichkeit, er erfreute sich nur an seinen Fachbüchern und der neueren Literatur (z. B. an Lewes Buch über Goethe), vor allem aber an der Natur.

Göttingen hatte ihn angezogen wegen der Lehrtätigkeit von Hermann Lotze[11], der 1855 mit seinem Mikrokosmos eine Gegenposition zu den Materialisten Ludwig Feuerbach, Moleschott, Büchner und Vogt erstritten hatte. Hausrath war die Materialismus-Diskussion gut bekannt. Hier bewunderte er in Lotze denjenigen, der diese „Apostel ohne Gott“ in seiner Religionsphilosophie abfertigte. Es ist dennoch bezeichnend für Hausrath, dass er die Androhung der Regierung, Moleschott in Heidelberg die Lehrbefugnis zu entziehen, lebenslang als falsch beurteilt hat.

Der Zeit entsprechend rangen in der protestantischen Dogmatik der Rationalismus und der Empirismus miteinander. Während die Naturwissenschaften und die Medizin sich in die Tatsachen ihrer experimentellen Forschung vergruben, war der Reflex auf die Theologie nicht anders zu erwarten denn als Kritik an der historisch unexakten, mythologisch orientierten Kirchengeschichte. Die Frage Kants lag nahe, zuerst nach dem Bewusstsein des Historikers, dann auch nach dem des Gläubigen zu forschen: Gelangen wir zur Erkenntnis der Dinge durch die Sinne oder durch den Verstand? Die grundsätzlichere Frage, wie unsere Erkenntnis überhaupt zustande kommt, wurde dabei hintangestellt. (Sie hat einen Freund Hausraths, den späteren Philosophen und Psychologen Wundt, zur „Erfindung“ der Experimentellen Psychologie veranlasst.)[12]

Ausweg aus dem Dilemma war, dass neben Vernunft und Erfahrung der sittliche Wille die Türe zum Verständnis der religiösen Welt sei. Und Lotze konnte gegenüber den Materialisten „vom Fach her argumentieren“, weil er

11 Rudolf Hermann Lotze (1817–1881).

12 G. A. Ungerer: Wilhelm Wundt als Psychologe und Politiker. In: Psychologische Rundschau, Heft 2, 1980.
G. A. Ungerer: Wilhelm Wundt und Heidelberg. In: Badische Heimat, Heft 1, 1978, S. 31–43.
G. A. Ungerer: Heidelberg vor der Reichsgründung 1871. In: Badische Heimat, Heft 3, 1979, S. 423–438.

selbst Mediziner, Physiologe und Philosoph war. Deshalb erhofften Hausrath und seine Zeitgenossen von ihm eine Antwort auf die These Feuerbachs und seiner naturwissenschaftlichen Anhänger: Ist Religion eine Projektion des Menschen selbst oder ein metaphysisches Geschehen?

Im Verständnis der Religionspsychologie des 19. Jahrhunderts führte ein solcher Gedanke zur Problematik der Willens- und Glaubensfreiheit. Und ganz im Sinne der „sozialen Frage" um 1850 wird die Lösung im Spannungsfeld Individuum – Gesellschaft gesucht:

> *„So bleibt es wohl dabei: Der im Proletariat aufgewachsene Sünder ist das geworden, was er unter der Einwirkung dieser Einflüsse werden mußte, und für seine Schandtaten ist er sowenig in letzter Instanz verantwortlich, als der Karaibe, der sein eigenes Weib verzehrt. Der Töpfer macht aus dem einen Ton ein Gefäß zur Ehre, aus dem anderen zur Unehre, und das Gefäß spricht nicht zu seinem Bildner: Warum machst Du mich also?"*[13]

Göttingen wurde für Hausrath der Ort, die damalige Wissenschaftstheorie zu studieren, ein Gebiet, das er später nur ungern betrat, aber stets achtete.

3. Berlin

In Berlin genoss er die vielfältigen Anregungen in Studium, Freundeskreis und Theater. Dennoch gab es Wermutstropfen. Die Reaktion hatte ihr Netz besonders über die Fremden ausgebreitet. Einem Mitstudenten Hausraths widerfuhr folgendes Ereignis:

> *„Als Ewald im Frühjahr 1858 ohne Paßkarte ankam, erregte seine Mähne den Verdacht der öffentlichen Sicherheitsorgane, er wurde aufgegriffen und noch am späten Abend Jakob Grimm zur Rekognition ins Haus gebracht.» Auch den jungen Hausrath hätte die Polizei bei seinem ersten Aufenthalt in Berlin fast noch für einige Tage zurückbehalten."*[14]

13 Schriftliche Arbeiten zum Licentiatenexamen in Heidelberg. Heidelberger Fakultätsbuch 1861/62.

14 Hausrath besuchte 1856 seinen Paten von Marschall, der badischer Gesandter in Berlin war.

Er war nun im Zentrum des orthodoxen protestantischen Deutschland und fand sich in einem gesellschaftlichen und theologischen Wirrwarr wieder.

„Das ist denn das ‚Höhere', von dem … (der) Berliner mit solcher Vorliebe spricht. Wohin wir schauen, wir gewinnen überall den Eindruck, daß die Kräfte der königlich preußischen Kirche nicht ausreichen, in der Residenz des Landesbischofs neben den alltäglichen und künstlerischen Interessen auch nur einigermaßen zur Geltung zu kommen, ein Faktor im öffentlichen Leben zu werden. Wenn sie aber das nicht erreichen, wie sollte man erwarten, daß sie den Taumel des großstädtischen Treibens, in dem die jungen Seelen untergehn und die Alten verkümmern, auch nur einigermaßen zu bewältigen vermöchten?"[15]

Wie man erkennen kann, sind die seelsorgerlichen Aufgaben nach 120 Jahren dieselben geblieben. In jenem Winter 1858/59 begann sich Hausrath auf das Examen einzurichten und ging nach anfänglichem Zögern nach Heidelberg.

Berlin hatte für ihn noch eine besondere Lehre parat: Schleiermachers Ideen – er, das lumen mundi, der bedeutende Geist der Theologen – hatten den liberal erzogenen Hausrath durch die Vorlesungen von Twesten tief betroffen. Der Widerspruch zwischen Wundern und Mysterien zu wissenschaftlicher Erkenntnis schreckte ihn anfänglich, dennoch blieb für ihn das religiöse Bewusstsein dadurch unberührt. Seine Schlussfolgerung daraus ist typisch für die Zeit: Er verlagert die wissenschaftliche Erfahrung (als Sammlung von aktuellen Tatsachen im theologischen Bereich) in die historische Erfahrung der „Gattung":

„Was Jahrtausende in der Menschheit gelebt, kann nicht nur eine Wahnvorstellung gewesen sein, sondern muß eine tatsächliche innere Erfahrung des Menschen zum Ausdruck bringen, sonst hätte es nicht gedauert."[16]

15 K. Bauer, S. 129.
16 K. Bauer, S. 134.

Es ist, als ob wir den Versuch beobachten, vor der Flut der neuen positiven Wissenschaften zu einer Flucht in die innere – religiöse – Emigration aufzubrechen.

> *„Man sucht unmittelbare Aussagen unseres Gemüts in Betreff des Religiösen zu konstatieren und ihren Zusammenhang unter sich nachzuweisen."*[17]

4. Heidelberg

In der Metropole des Corpslebens gefiel es Hausrath zunächst nicht.

> *„... Die Leute selbst sind wenig regsam, die Kritik, die allein ein wissenschaftliches Leben erwecken könnte, ist von oben verpönt oder wenigstens ignoriert, kein Wunder, daß es mit dem theologischen Leben nicht fort will."*[18]

Am Predigerseminar in Heidelberg, das von dem umstrittenen Daniel Schenkel geleitet wurde, erfuhr Hausrath seine Ausbildung in Homiletik und Katechetik.[19] Nach einer Probepredigt in der Peterskirche hatte ihn ein Seminarist beim orthodoxen Kirchenrat angeschwärzt, was ihm zwar direkt keine Nachteile erbrachte, aber eine unschöne Fama für sein künftiges Leben bedeutete.

1860 hatte Hausrath seine Studien abgeschlossen. Im Jahr, in dem sich für Baden die Wende zum Liberalismus vollzog mit dem Regierungswechsel, den er folgendermaßen erlebte:

> *„Nie werde ich den zweiten April 1860 vergessen, an dem die Würfel endlich fielen. Auf Einladung Kuno Fischers hatte ich ihn nach Mannheim begleitet, wo er in der Druckerei von Hogrefe den neuen Band seiner Geschichte der Philosophie zu korrigieren pflegte, um so den Druck zu beschleunigen. Der erste, der uns entgegentrat, war der alte Philolog Nüsslin, der kam, um sich zu erkundigen, ob noch immer kein Telegramm aus Karlsruhe eingelaufen sei."*

17 Ebenda.

18 K. Bauer, S. 141.

19 A. Hausrath: Geschichte der theologischen Fakultät zu Heidelberg im 19. Jahrhundert. Rektoratsrede 1901.

Blick vom Haus Fallenstein-Hausrath auf Stadt und Schloss Heidelberg. Das verschollene Gemälde zeigt Gervinus als Gast der Fallensteins. (G. Saal). Foto: Kurpfälzisches Museum Heidelberg.

Das Concordat sollte gegen den Widerspruch der Kammer und weiter Teile der Bevölkerung durchgesetzt werden.

„Da endlich kam der Telegrafenbote: das Ministerium entlassen. Stabel Justiz, Lamey Inneres, Vogelmann Finanzen, Ludwig Krieg, Nüsslin Staatsrat ohne Portefeuille usw.“[20]

Vikariat und erste Forschungen

Inzwischen hatte sich Hausrath mit seiner langjährigen Freundin Frieda Arnold verlobt. Mit ihr hatte er einen lebendigen Briefkontakt nach England unterhalten, der uns über seine persönlichen Ansichten zu Studium, Politik

20 A. Hausrath: Alte Bekannte 1, S. 57ff.

und vor allem kirchlichen Fragen ausführlich orientiert. Die Situation in Heidelberg war keineswegs leicht für einen angehenden Vikar. Das beunruhigende Element war Daniel Schenkel, der sich vom orthodoxen Saulus zum liberalen Paulus gewandelt hatte, daneben existierte Rothe, der mit seinem freundlichen Wesen, der zurückhaltenden Art und seinem profunden Wissen der kleine Melanchthon genannt wurde. Es erscheint wie ein Problem unserer Zeit, wenn Hausrath schreibt:

> *„Es geht in der Geschichte zumeist so, daß die Parteien, die gestern noch das Prinzip der Bewegung, des Fortschritts und der Weiterentwicklung vertraten, schon am ersten Tag, da sie zum Besitz gelangt sind dessen, was sie erstrebten, sich selbst wieder abschließen, stabil werden und, statt von ihrer Basis aus weiter zu wachsen, in Konservatismus gleichsam vorholzen.“*[21]

Dies zu verhindern fühlte sich allerdings der Theologe Hausrath berufen, so wie viele seiner Kollegen, die als Privatdozenten Heidelberg bevölkerten und auch verunsicherten.[22]

Als Vikar beobachtete er an sich eine Schwäche, die ihn auch später bedrückte: Er sprach sehr leise und für eine größere Gemeinde fast unverständlich. Nach Abschluss seiner Dissertation und Beginn der akademischen Laufbahn hat er nur noch selten gepredigt, fand aber in den Medien von Zeitung und Büchern einen gleichwertigen Ersatz. 1862 erhielt er die Erlaubnis, als Dozent Kirchengeschichte zu lesen, was er sich schon als Abiturient gewünscht hatte.[23]

Die Predigermelancholie wich der Forschungstätigkeit über das Neue Testament. So bearbeitete er die Interpretation der Johanneischen Apokalypse, die er der „Bibelfabrik“ Josias Bunsens beisteuerte. Bunsen hatte eine ganze Reihe junger Wissenschaftler um sich geschart, und nach seinem Tod hat der Freund Hausraths, Holtzmann, die Bibelübertragung fortgesetzt. Die Analyse geriet ihm freilich historisch-kritisch, was Bauer in Übereinstimmung mit

21 K. Bauer, S. 161ff.

22 G. A. Ungerer: Der Professor unter den Arbeitern. In: Rhein-Neckar-Zeitung, 3/4. Nov. 1979, S. 14, s. dieser Buchband.

23 A. Hausrath: Richard Rothe 1, S. 299.

Heidelberg zu Beginn des 19. Jahrhundert. Stich von J. Rieger. Foto: I. L. Klinger.

Hausrath als Mangel gesehen hat, zumal der Beitrag ursprünglich nicht akademisch, sondern populär gedacht war.[24]

Neben der kirchengeschichtlichen Dozentur hatte er eine Reihe außerfachlicher Anregungen, die ihn stark bewegten. So entstand z. B. in den 60er Jahren die Experimentelle Psychologie; sie befasste sich mit sinnesphysiologischen Problemen, die wiederum das Gebiet des psychophysischen Parallelismus betrafen. Wundt, der neben der Völkerpsychologie auf diesem Gebiet sowie über Ethik forschte, spazierte häufig mit seinem Freund Hausrath in den Wäldern um Heidelberg, wobei der Pudel Wundts als Demonstrationsobjekt dienen musste. Nach der Gründung des philosophisch-historischen Vereins 1863 hatten beide vor, eine Zeitschrift herauszugeben; aus diesem Plan ist freilich nichts geworden.[25]

Eine Donnerstagsgesellschaft, die zunächst aufgeschlossene Theologen vereinigte, erweiterte sich später zu einer gelehrten Tafelrunde, in der Hausrath mit Schenkel, Bluntschli, Wattenbach und Rothe diskutierte.

24 Später verändert in D. Schenkels Bibellexikon.

25 E. Hofmann: Zur Erinnerung an die Gründung des Historisch-philosophischen Vereins. In: Ruperto-Carola, 5. Jg., Nr. 9/10, 1953.

Protestantenverein und publizistische Arbeit

David Schenkel, Lithografie Grimminger, Zürich. Foto: I. L. Klinger.

1859 hatte Daniel Schenkel seine Redakteurstätigkeit bei der „Allgemeinen Kirchenzeitung" wegen liberaler Haltung aufgeben müssen; kurz darauf gründete er eine neue „Allgemeine kirchliche Zeitschrift", in der auch Hausrath mitarbeitete.

Im Zeitalter der großen Polemiker (Zola, Treitschke etc.) wurde die Diskussion auch zwischen den theologischen Fraktionen nicht immer im Sinne der Bergpredigt geführt. Hausrath schreibt über Schenkel, dass er die Fähigkeit hatte, „aus dem theologischen Gegner ein mythologisches Ungeheuer zu machen, das er dann nach Herzenslust zerzauste und zerpflückte."[26] Daneben übernahm Hausrath die Redaktion des Süddeutschen Evangelischen Kirchenblattes, eine zeitraubende Arbeit. Die inhaltliche Aufgabe war zudem keineswegs angenehm: In beiden Blättern musste er die Angriffe der Pietisten, die Vorwürfe der orthodoxen Protestanten und die Polemik der katholischen Gegner abwehren. Als Historiker wollte er seine Leser über die Entstehung des Canons der Bibel unterrichten, eine Aufklärung, die der sturen Wortklauberei, dem Biblizismus, entgegenwirken sollte. Hieraus ist eine Sammlung von Aufsätzen entstanden, die man als eine Art Baedeker Palästinas im kirchengeschichtlichen Sinne bezeichnen kann.[27]

Seit der Auflösung des Deutschen Reiches 1806 hatte das Kirchenvolk der Protestanten keine umfassende Vertretung mehr gehabt.

26 A. Hausrath: Richard Rothe II, S. 222.
27 A. Hausrath: Geschichte der alttestamentlichen Literatur in Aufsätzen. 1864.

Schenkel fasste die Idee, vor allem die aufgeschlossenen Kreise zu sammeln; es entstand der Protestantenverein, in dem Hausrath Sekretär wurde. Obwohl J. C. Bluntschli und Schenkel mit großer Wortgewalt an die Öffentlichkeit traten, konnte der Verein sein selbstgestecktes Ziel nicht erreichen. Und jene Mütter und Väter, die ihren Kindern eine weniger dogmatische und konservative kirchliche Erziehung wünschten, indem sie die Wahl der Pfarrer mitbestimmen wollten, wurden herb enttäuscht: Das Gemeindeprinzip setzte sich nicht durch.

Im Oberkirchenrat in Karlsruhe

Hausraths Schwager, der Staatsbeamte und spätere Ministerpräsident Jolly, votierte 1864 dafür, dass er als Assessor in den Oberkirchenrat berufen werden sollte. Es scheint, dass Hausrath in dem Gebäude Sophienstraße-Hirschstraße in Karlsruhe zunächst keine begeisternden Stunden erlebt hatte: „Man lernte sich im amtlichen Verkehr den ganzen Tag so genau kennen, daß man gar kein Bedürfnis hatte, sich auch am Abend noch näher zu treten.“[28] Zu tun hatte er mit der religiösen Erziehung der Kinder, mit Konfirmationsproblemen, mit der Überwachung der Pfarrkandidaten, mit der Aufsicht über einige Diözesen und Schulangelegenheiten und mit den theologischen Prüfungen. Im gleichen Jahr heiratete er. (Seine Frau entstammte der Familie Fallenstein, die eine der schönstgelegenen Villen in Heidelberg – spätere Wirkungsstätte von Max und Marianne Weber – besaß.[29] Die Trauung hielt Rothe.)

Karlsruhe erschien ihm angenehmer, als er Kontakt zum damaligen Reformator der Dramaturgie, Devrient, aufgenommen hatte. Zudem entwickelten sich persönliche Freundschaften zu Gustav Freitag, Max Duncker und vor allem Heinrich von Treitschke, die er alle im Hause seines Schwagers Baumgarten kennengelernt hatte. Während dieser Zeit arbeitete Hausrath weiter an neutestamentlichen Problemen, aus denen 1865 das Buch „Der Apostel Paulus“ hervorging. Tenor des Buches war die wissenschaftliche Bibelkritik und kurze Zeit

28 A. Hausrath: Alte Bekannte I, S. 73, zit. nach Bauer, S. 199.

29 Dort kehrte Gervinus ein, der den zweiten Schwager Hausraths, Baumgarten, als Hilfsarbeiter (cit. K. Bauer, S. 201) für seine historischen Studien in Lohn genommen hatte.

nach seiner Veröffentlichung wurde es in mehrere Sprachen übertragen.

Die Reformgesetze unter der Regierung Lamey, ab 1860, griffen massiv in das Verhältnis Kirche-Staat ein. Auch Hausrath wurde davon persönlich – ebenso wie in seinem Amt – bewegt, umso mehr als sein Schwager Jolly an deren Ausarbeitung beteiligt war. Diese turbulente Zeit ist bei Joseph Becker sowie im neu erschienenen Band Badische Geschichte dargestellt, eine weitere Erörterung erscheint deshalb nicht vonnöten.[30]

Julius Jolly, Schwager Hausraths, badischer Ministerpräsident. Stadtarchiv Karlsruhe 8/PBS III 720.

Leben-Jesu-Forschung

Eine für Hausrath wissenschaftlich wichtige und zugleich öffentlich diskutierte Frage war die „Leben-Jesu-Forschung". Sie war nicht nur eine innerkirchliche, sondern wurde zu einer politischen Angelegenheit.

1835 hatte Strauss sein „Leben Jesu" publiziert.[31] Dieses Buch war von den Theologen sehr übel aufgenommen worden. „Einen Raffael und Dürer, Dante und Klopstock kann keiner begreifen, der das Christentum haßt."[32] Hausrath selbst hatte im Jahre 1862 das Markusevangelium quellenkritisch untersucht und Anmerkungen zum Lebensbild Jesu als menschliche Gestalt gemacht.[33] Ohne Zusammenhang mit Hausraths Veröffentlichung folgte E. Renans „Vie de Jésus" 1863, im gleichen Jahr von D. Fr. Strauss „Das Leben Jesu für das deutsche Volk bearbeitet" und David Schenkels „Das Charakterbild Jesu".

30 siehe Fußnote 10.

31 A. Hausrath: David Fr. Strauss und die Theologie seiner Zeit. Zwei Teile, 1876/78.

32 Kappstein, S. 108.

33 A. Hausrath: Die synoptischen Evangelien, ihr Ursprung und geschichtlicher Charakter. 1862.

Richard Rothe. Lithografie B. Weiss 1854. Foto: I. L. Klinger.

Für die wissenschaftliche Arbeit war Schenkels Buch durchaus entbehrlich, für die damalige kirchenpolitische Lage aber war es eine Art Anschlag gegen das Dogma. Schenkel wurde daraufhin zum Vorwurf gemacht, dass er und seine Anhänger sich nicht mehr unter dem „Bekenntnis“ befänden, d. h. außerhalb der von Hebel vermittelten „Unierten Kirche“ stünden. Ein Kritiker von Schenkels Jesu-Bild hatte einen Spottvers verfasst: „Des Herrn Charakter, wie ich suche, kann ich nicht finden in dem Buche, doch finde ich Herrn Schenkel seinen, das heißt – keinen.“[34]

Hausrath empfand es als schmerzlich, dass dieser Streit selbst mitten durch den Oberkirchenrat ging und persönliche Freunde entfremdete. In den Angriffen der Orthodoxen sah er allerdings die Lehrfreiheit bedroht, ein Problem, das über Baden hinaus die Gemüter in Schwaben, Hessen und Preußen bewegte.

In der Folgezeit standen politische Fragen im Vordergrund: großdeutsche Lösung oder kleindeutsche (mit Preußen); dabei brachte der Krieg 1866 für Hausrath und seine Freunde einen Umschwung zugunsten Preußens. Von nun an aber war der Streit um die innerkirchliche Verfassung und um dogmatische Divergenzen der Sache der deutschen Einigung untergeordnet, und so kam man zu keiner abschließenden Aussage in theologischen Fragen.

In der Ersten Kammer

Nach dem Krieg 1870/71 begann für Hausrath eine ausgedehnte publizistische Tätigkeit. 1867 war er Professor in Heidelberg geworden und die folgende Zeit bis zu seinem Tod 1909 ist ausgefüllt mit historischen Forschungen auf mehre-

34 K. Bauer, S. 228.

ren Gebieten wie dem Alten und dem Neuen Testament, der Geschichte der Reformation, der Entwicklung der Dogmendiskussion im 19. Jahrhundert, sowie synoptischen Arbeiten über Häretiker des Mittelalters. Neben diesen wissenschaftlichen Publikationen schrieb er eine Reihe von Romanen und Novellen.

Vor der Besprechung einiger wesentlicher Werke Hausraths soll seine politische Tätigkeit kurz erwähnt werden. 1889 – 52-jährig – wurde er als Vertreter der Universität Heidelberg in die Erste Kammer entsandt. Seiner freisinnigen Auffassung der früheren Zeit folgend, wurde er Mitglied der Nationalliberalen Fraktion. Obgleich ihn eine Menge parlamentarischer Arbeit erwartete, gewann er der Situation doch humoristische Seiten ab. So schrieb er nach der Eröffnung in einem Brief nach Heidelberg: „Ich muß vorläufig sagen, daß unsere süddeutschen Junker eigentlich ganz gemütliche Käuze sind.“[35] (In der Ersten Kammer saßen die Vertreter des Adels, der Kirchen und Universitäten.)

Es waren jene Jahre, in denen sich die Nationalliberalen erneuert hatten und gleichzeitig das Zentrum unter Wacker aus der Katholischen Volkspartei hervorgegangen war. Die Universitäten nahmen einen ungeahnten Aufschwung. Hausrath war auch außerhalb der Erste Kammer in der Hochschulpolitik tätig. In Heidelberg wurde er zweimal zum Rektor (eigentlich Prorektor, da der Großherzog nominell Rektor war) gewählt, wobei ihm das Universitätsjahr 1901/02 fast unerträglich wurde durch die immense Verwaltungsarbeit. 1907, zwei Jahre vor seinem Tod, wurde er Ehrenbürger der Stadt Heidelberg.

Geschichte zwischen Offenbarung und Erfahrung

Im Vergleich zu seinen Kollegen wurde Hausrath schon in relativ jungen Jahren mit Ehrungen bedacht. Mit 32 Jahren erhielt er den Doktor honoris causa der Wiener theologischen Fakultät wegen seiner fundierten Kenntnisse in neutestamentlichen Fragen. In seinem Dankesschreiben heißt es: „Erlauben Sie mir, daß ich die verliehene Würde dankbar nehme als Aufforderung, meine Arbeit nicht in den Dienst der Zeitströmungen, noch in den einer Gewalt, sondern lediglich in den Dienst der Wahrheit zu stellen.“[36]

35 Kappstein, S. 74.
36 Kappstein, S. 92 ff.

Interesse weckt heute, dass Hausrath eben jene Polarisierung von orthodox-fortschrittlich, positivistisch-idealistisch, vita contemplativa-vita activa nicht mitvollzog und wir ihn so nicht einordnen können. Als Theologe betrachtete er die aufstrebenden Wissenschaften Medizin, Physik, Chemie mit ihrer oft theorielosen Anhäufung von Fakten als dubios. Das Vorwort zu seinen „Religiösen Reden und Betrachtungen" aus dem Jahr 1872 enthält über die theologischen Aspekte hinaus eine durchaus moderne Zielrichtung: „Die Prinzipien des Denkens, die Offenbarungen des Empfindens verkümmern über der Beobachtung, der Erfahrung, dem Experiment und ihren Hilfswissenschaften."

Weiterhin ist es aus Hausraths geistiger Haltung verständlich, dass er die religiöse Kraft des katholischen Lebens bewunderte: „… hier ist mehr Freiheit der Erbauung, indem dieser Kultus uns weiten Spielraum läßt, die Symbolik seiner Formen mit dem Gehalt unseres inneren Lebens zu erfüllen."[37] Dagegen stellt er psychologisierend die evangelische Praxis: „Wie langweilig ist eine gewöhnliche Versammlung mit einer gewöhnlichen Predigt eines gewöhnlichen Geistlichen."[38]

Sein bedeutendstes Werk, die „Neutestamentliche Zeitgeschichte"[39], dessen Vorwort programmatisch war, wurde in den Jahren der „großen Versuche" geschaffen, gleichzeitig mit Mommsens „Römischer Geschichte", Moritz Cantors Vorlesungen über die „Geschichte der Mathematik", Wundts „Grundzügen der Physiologischen Psychologie" u. a. m. Die vier Bände weisen Hausrath als mutigen und zugleich selbstkritischen Forscher aus. Er wagte den großen Wurf in einer Zeit, in der die meisten Fachkollegen aus Furcht vor der Fülle ungeklärter historischer Details zu einer Gesamtschau nicht kommen wollten.

Die Auffassung, Geschichte als Dialektik der sozialen Zustände zu erklären, wie es zuvor Marx, dann Adolph Wagner (1835–1917) unternahmen, konnte Hausrath in den Prinzipien nicht annehmen. „Das Christentum ist das Werk Christi, nicht der Verhältnisse."[40] Also doch eine „heilige" oder

37 Kappstein, S. 97.
38 Vorwort zu: Religiöse Reden und Betrachtungen.
39 Teil 1–4, 1868/72/73/77.
40 Vorrede zur Neutestamentlichen Zeitgeschichte.

Heilsgeschichte? Keineswegs: Als Historiker läßt er keine „magische" noch „mythische" Ableitung des Christentums zu. Für ihn ist Christus der Untertan des Antipas, der Gegner der Rabbiner.[41] Auch hier wird die Stellung Hausraths deutlich: „Prophete links, prophete rechts, das Weltkind in der Mitten", Geschichtsschreibung nicht als Ablehnung oder Zustimmung, sondern als Berichtigung zu begreifen.

Eduard Devrient (1801–1877), Leiter des Hoftheaters Karlsruhe. Foto: J. L. Klinger.

Weitere Forschungen

1876 erscheint Hausraths Untersuchung über David Friedrich Strauss, den Leben-Jesu-Forscher. Mit diesem Werk beginnt er seine historischen Darstellungen der protestantischen Theologie im 19. Jahrhundert.[42]

Obgleich Hausrath die Anthropologie Strauss' nicht im Geringsten teilt, sieht er in ihm doch einen bahnbrechenden Geist, der den Kampf mit der verkrusteten Welt der damaligen Theologie aufnimmt, eine Herkules-Arbeit, für die Strauss zweifellos um einige Unzen zu leicht an Geist war.

In mehreren Italienreisen schuf sich Hausrath das Wissen und die örtliche Kenntnis zu seiner Studie über Luther in Italien.[43] Sie wurde durch einen interessanten Fund angereichert: Hausrath hatte ein Pilgerbuch entdeckt, nach dessen Anweisungen Luther das päpstliche Rom besucht und kommentiert hatte. Schon in den „Kleinen Schriften" (1883)[44] war ein Artikel über „Luther und Käthe" erschienen und die Biographie des Reformators sollte zum zwei-

41 Kappstein, S. 87. Ein weiterer Versuch: A. Hausrath: Über Jesus und die neutestamentlichen Schriftsteller. 1908.

42 siehe Fußnote 31.

43 A. Hausrath: Luthers Romfahrt. 1894.

44 A. Hausrath: Kleine kirchengeschichtliche Schriften. 1883.

ten Hauptwerk Hausraths werden. In ganz anderer Richtung wirken die Eindrücke Italiens ebenfalls fort: Der Romanautor Hausrath verlegt den Ort der Handlung seines „Antinous“ (1880) ins kaiserliche Rom.

Nach langer Quellenforschung war inzwischen ein anderes Projekt gediehen. 1891–95 publiziert er über die mittelalterlichen Haeretiker – Protestanten im wörtlichen Sinne –, die er als Märtyrer versteht, Abälard, Arnold von Brescia und die Arnoldisten.[45]

Es mutet merkwürdig an, dass Hausrath in einem Brief an seinen Verleger Rodenberg 1890 sich selbst als „echten Sozialisten“ bezeichnete[46]; damit will er ausdrücken, dass er sich mit seinen „historischen Weltverbesserern im Mittelalter“ identifiziert und sie ebenso wie sich selbst gegenüber den zeitgenössischen aufstrebenden Sozialisten abgrenzen möchte.

Zum Melanchthon-Jubiläum 1897 hielt Hausrath eine Rede, die u. a. die theologische Konvergenz zu Luther, aber auch die Divergenz beider beleuchtete. Eindringlicher noch geriet die Abhandlung „Luther und Aleander auf dem Reichstag zu Worms“ im gleichen Jahr. Wir sehen schon in Umrissen den Entwurf zur Biographie Luthers.

Mit der Rektoratsrede über die „Heidelberger Theologen des 19. Jahrhunderts“ war er auch zum Geschichtsschreiber seiner Fakultät, zum Schreiber einer Ideengeschichte geworden.

Das Volksbuch

1904 erscheint „Luthers Leben“ im ersten Band. Dieses Werk könnte man dem Genre des Bildungsromans zuordnen, wenngleich die quellenkritische Arbeit in jeder Zeile sichtbar wird. Auch die Tendenz des Buches hat Hausrath nicht verschwiegen, wenn er schreibt: „... in ihm (Luther, Verf.) besiegt der Liberale den großen Freiheitskämpfer ... und der Altgläubige sieht in ihm den Erneuerer des biblischen Glaubenslebens.“[47]

45 Ursprünglich war das Programm weiter gefasst. Zu den Genannten sollten dargestellt werden: Dante, Colas Rienzi, Hus, Savonarola, Serveto, Galilei.

46 Kappstein, S. 144.

47 Vorrede zu Luthers Leben, Band I.

Luther wird hier usurpiert von der liberalen politischen Richtung, eine zeitbedingte Sicht, die sicherlich seiner Persönlichkeit eher gerecht wird als beispielsweise die Publikationen über den Klassenkämpfer. Als Widerspruch zu diesem Zitat erscheint, dass Hausrath im gleichen Atemzug ein Programm vorlegt, das nicht die politische Geschichte der Reformationszeit, sondern deren Geistesgeschichte zum Gegenstand hat.

George Taylor

Die Früchte der Quellenforschung pflückte Hausrath nicht nur für seine wissenschaftlichen Werke. Ein boshafter Kollege nannte ihn, wegen seiner Tätigkeit als Romancier, den besten Schriftsteller unter den Kirchenhistorikern und den besten Kirchenhistoriker unter den Schriftstellern. Ein Körnchen Wahrheit ist sicher davon richtig. Seine Romane und Novellen sind uns heute zum größten Teil Dokumente des Fin de Siècle. Wie Fritz Martini von Heyse sagt, dass seine Sprache „vom gleichmäßigen edlen Bildungsstil nicht loskommt", so auch bei Taylor-Hausrath.[48] Er ist wohlwollend mit Felix Dahn verglichen worden oder mit den Darstellungen des Ägyptologen Georg Moritz Ebers (1837–1898), dessen Geschick in der Verknüpfung seines gelehrten Wissens mit spannender, konfliktreicher Handlung lag. Dies gilt zum Teil auch für Hausraths Romane. Andererseits sehen wir die Schwächen ebenso wie sein Biograph Kappstein, der über den Roman Potamiäna sagte: „… zuweilen (hat man) den Eindruck, als sei ein gewisser Theologieprofessor aus Heidelberg … an der akademischen Durchbildung des einfachen Mannes von Alexandria (wo die Legende spielt. Verf.) nicht ganz unbeteiligt."[49]

Die Sujets zu seinen dennoch unterhaltsamen Büchern stammen aus der Antike, dem Mittelalter und der Reformationszeit. Die Kulturschilderung und der historische Hintergrund sind mit großer Werktreue verfasst. So entstanden von 1880 bis 1900 insgesamt acht Romane und Novellen. Nachdem das Pseudonym gelüftet war, schlug die Meinung über sie in heftige Kritik um. Hausrath rührte das wenig. Seine Bücher erreichten trotzdem bis zu acht Auflagen. „Mir ist die Romanform nur eine der Formen, in die ich den einzigen

48 Fritz Martini: Deutsche Literaturgeschichte. 1961, S. 421.
49 Kappstein, S. 169ff.

Zweck aller meiner Arbeit kleide." „Nehmen mir die Leute mein trocken Brot nicht ab – nun so streiche ich ihnen Butter darauf, dann schnappen sie danach." Etwas selbstkritischer bemerkt er: „Der Professorenroman ist vielleicht gar keine Dichtungsart, sondern eine didaktische Spezies …"[50]

Forschung als Dienst

Überschaut man das Leben Hausraths, erstaunt die große wissenschaftliche Breite, die sich zum Ziel setzte, vor allem den Laien – nicht nur den Fachgenossen – daran teilnehmen zu lassen, ihn zu instruieren, zu bilden; Popularisierung im guten Wortsinn. Aber die Zeiten waren doch anders geworden, der ästhetisch-kontemplative Typus des Forscher-Dichters fügte sich nicht mehr so glatt in die lautstark gewordene Politik oder in die ihrer Familiarität beraubte Universität. Zu Ende seines reichen Lebens meinte dann auch Hausrath: „Die Welt, die wir liebten, nimmt schon zuvor von uns Abschied und die, von der wir einst scheiden werden, ist dann bereits nicht mehr die unsere …"[51]

Für freundliche Hilfe danke ich Herrn Dr. W. Werner und den Damen und Herren der Universitätsbibliothek Heidelberg sowie Herrn Stadtarchivar Berchtold und der Fotografin Frau I. L. Klinger. Besonderen Dank schulde ich Herrn Dr. D. Golücke vom Kurpfälzischen Museum Heidelberg.

50 Kappstein, S. 157.

51 Kappstein, S. 67. Hausrath fährt fort: „Mit diesem Gedanken sehe ich seit Jahren der Zerstörung des Heidelberger Schloßbildes zu …" Im gleichen Sinn der Kunsthistoriker Carl Neumann: Heidelberg als Stadtbild. 1911, S. 34: „Es ist nicht zu sagen, wieviel Böses ein einzelner in seinem Wahn anrichten kann, daß nicht 100 Jahre reichen, es wieder gut zu machen."

Between Socialism and Liberalism: Wundt's Political Career 1863–69

ca. 1980[1]

Wolfgang G. Bringmann / Gustav A. Ungerer

Abstract

Although Wilhelm Wundt has emphasized in his autobiography that he regarded politics, "the active participation in the interests of state and society", as the "most powerful motive" of his life, this aspect of his career has generally been disregarded by historians of psychology. The present paper seeks to reconstruct Wundt's political activities as President of the Heidelberg Workingmen's (or Worker's) Educational Association (1863–1866) and as Elected Member of the Second Chamber (Lower House) of the Baden Parliament (1866–1869) with the aid of new archival and documentary sources. Wundt's political and psychological writings from that period of his life will be critically compared to assess their interrelationships within the context of the political scene during the second half of the nineteenth century. (40 German and 32 English references).

Historians of psychology generally view the establishment of the Institute for Experimental Psychology at Leipzig University during the Winter Semester of 1879–1880 as the most important contribution of Wilhelm Wundt to the development of psychology as an autonomous science. In recognition of this epochal achievement, the International Union of Psychological Science (IUPS) plans to honor the 100th birthday of Wundt's laboratory by holding its 22nd Congress in Leipzig (GDR) during the summer of 1980. There will be a special memorial exhibition and an ambitious publication program(*).[2] Similar com-

1 Als Vortrag eingereicht für die Jahrestagung der American Psychological Association (APA) 1978 in Toronto/Canada, s. Schr. von Bringmann an Ungerer vom 30.1.1978. (Anm. Hrsg.)

2 Im Manuskript fehlen die genauen Quellenangaben. Die Lücken werden durch (*) gekennzeichnet (Anm. Hrsg.).

memorations are also being planned in the United States and other countries for the centennial year(*). It must, therefore, come somewhat as a surprise to read in the preface of Wundt's autobiography(*) that he regarded politics – "the active participation in the interests of state and society", rather than the development of his Leipzig laboratory, as the "most powerful motive" of his life(*).

Wundt systematically wrote his autobiography in a complete thematic form, because he believed that "... a day by day or year by year ..." approach would not be "worth reading"(*). He was also convinced that "... the contents of a life order themselves in a sequence which brings together materials from different spheres of life ...."(*). Additional complications for the reader derive from Wundt's persistent habit of moving back and forth in time when chronicling even a single event and of omitting almost all specific references to historical dates, which would permit the reader to organize what he has learned. Despite the considerable difficulties, which these stylistic features pose for the student of Wundt's political career, it is possible to discern the following three stages in the development of his political thinking and activities:

1. ***Enthusiastic Observer*** During the first stage, the young Wundt was primarily an enthusiastic observer of the often turbulent political scene in his home state, the Grand Duchy of Baden. Specific episodes described by him begin with the memorable "village revolution" of the fall of 1838 (pp. 3–6) continuing with his anger and sorrow over the expropriation and devastation of farm land for the construction of a railroad station (pp. 36) and his resentment over the religious influence of public schools (pp. 39–41). During the German Revolution of 1848–49, which seems to bring the early period of his political involvement to an end, he was a spectator at the organizational meeting of the Frankfurt Parliament, which was held in Heidelberg (p. 7). A few months later he was among the huge crowd listening to the fiery oratory of Robert Blum, the leftist vice-president of the Frankfurt Parliament, who was executed by a firing squad in Vienna during the repression of the German revolution (p. 7). Finally, in the summer of 1849, Wundt watched the Battle of Waghäusel and the defeat of the republican troops from a nearby mountain followed by the entry of the victorious Prussian occupation troops into Heidelberg (pp. 3–9). Although the de-

scription of politically relevant events in Wundt's autobiography vary from a few lines to a few pages, it is obvious that politics left a strong impression on him, and that the sympathies of the young Wundt were clearly on the side of the oppressed and revolutionaries and not with the forces of law and order. Although quite a few authors comment briefly on Wundt's politics in a very general and condescending manner, their evaluations are at best based on secondary and even tertiary literature of doubtful quality. Only two publications were found in the literature, which address themselves at least briefly to the origin of Wundt's political interests and attitudes in the first period. Bringmann and Balance(*) have described the village revolution and its background on the basis of unpublished archival materials and suggest that personal disappointment and suffering made Wundt a "champion of the underdog" very early in his life. Ungerer(*) has suggested that Wundt's stand during the controversy about school legislation in Baden in the 1860s was influenced by his disappointing and humiliating experience in the Catholic *Gymnasium*.

2. ***Active Party Politician*** During the second stage of Wundt's involvement in politics, which again lasted approximately a decade, he assumed a far more active role. The beginning of this stage is placed in the early spring of 1856, when Wundt, as a medical intern in the Heidelberg Hospital, was exposed to the life of the poor (pp. 97–100). His brief stay at Berlin University in the summer of that year also exposed him to the living conditions of the urban proletariat (pp. 105–106). Wundt's participation in the political life of his home state began with his election as President of the Heidelberg Workingmen's Educational Association in 1863 (pp. 15–19) and culminated in his service as an elected Member of the Lower House of the Baden Parliament from the spring of 1866 until the summer of 1869 (pp. 9–13, 19–30). During this period, Wundt seems to have been an idealistic liberal, who wanted to free the workers from a machine-like existence and to assure their dignity and autonomy. As far as state politics were concerned, Wundt was a strict constitutionalist and, like many of his friends and fellow citizens, a bitter opponent of Bismarck and the control of public affairs by the military.

Most standard biographies, especially the ones written by German authors, mention, that Wundt was a member of Baden Parliament(*). The earliest detailed account of Wundt's career as a party politician can be found in the monograph *Wilhelm Wundt und seine Zeit* (Wilhelm Wundt and his time, 1925), which was written by Peter Petersen, who received his Ph. D. under Wundt, and who seems to have had full access to the resources of the small archive organized by Wundt's daughter in Großbothen near Leipzig(*). Petersen gives a straight forward account of Wundt's association with the Workingmen's Educational Association Movement and of Wundt's activities in the Baden Parliament. He identifies Wundt as a humanitarian socialist, whose outlook on politics was typical of the liberal bourgeoisie during the nineteenth century, but concludes quite incorrectly that Wundt became an admirer and ardent follower of Bismarck after the Austro-Prussian War of 1866. Still, Petersen is forced to confess that he experienced considerable difficulties in assigning Wundt to one political orientation.
Bringmann and Balance have in several biographical studies(*) suggested that Wundt's activities in the Workingmen's Educational Association, between 1863–1866 and his contact with individuals like the philosopher and economist, Friedrich Albert Lange, and the co-founder of the German Social Democratic Party, August Bebel, place him among the liberal predecessors of the German Social Democratic Party. East German scholars in psychology, political science and other fields have shown intermittent interests in Wundt's politics since the mid-fifties, but their evaluations of Wundt's writings and political activities are surprisingly contradictory. Earlier writers(*) tended to emphasize the continuities between Wundt's political thought and the socialism prevalent in the German Democratic Republic, while recognizing, of course, areas of clear disagreement. Only recently, Meischner(*), the Director of the Wundt Research Collective in Leipzig has criticized that point of view and interpretation as "dubious", suggesting that the conclusions of Bringmann and Balance(*) are "unfortunately based on an ignorance of German political circumstances in the 19th century". Unfortunately, although East German authors have had access to the collection of Wundt papers in the KMU Archive, they base their conclusions almost exclusively on an analysis of isolated quotations from Wundt's writings and make hard-

ly any use of independent archival and documentary sources relevant to Wundt's politics during that second period.

3. ***Political Publicist*** Although Wundt frequently commented on political questions in his writings, after accepting a chair in philosophy at Leipzig University in 1875, he seems to have largely abstained from politics in Leipzig. In this third stage of his political career, Wundt worked primarily as a political publicist and "*elder* statesman", who attempted to use his prestige as a scholar in the defense of the political and military aims of Germany during World War I. He devoted a considerable portion of the last two chapters of his autobiography to a polemical discussion of the reasons for the defeat of Germany (pp. 373–382) and the lessons which the new republican government must accept to prevent a recurrence of past mistakes (pp. 396–399).
   Wundt's polemical writings during World War I are somewhat better known to psychologists but their evaluation has also been inconsistent and superficial. They were exceedingly popular in Germany during WW I(*), and early studies by Wundt's German students indicate that he was an ardent and admirable German patriot during and even after World War I(*). Wundt's American students, on the other hand, have quite generally regarded his publications during that period as aberrations which, as Titchener has suggested piously, should be forgotten.
   In the bitter years after World War II, Baumgarten(*) proclaimed erroneously that Wundt, as well as Scheler and Kulpe were ideological forerunners of the Nazis.

Objectives It is the purpose of the present investigation to re-examine in depth Wundt's political thinking and work during the decade from 1859–1869 in which he served as the President of the Heidelberg Workingmen's Educational Association and as a Member of the Lower House of the Baden Parliament. Specifically, an attempt will be made to reconstruct the full range of Wundt's political activities in the social, intellectual and political context of the time. Wundt's political life will be related to his psychological and philosophical writings from that period. Finally, an attempt will be made to relate Wundt's political involvement to the politics of German academics during the second half of the nineteenth century.

Sources Since previous work on Wundt's political thinking in the field has at best relied on Wundt's autobiography *Erlebtes und Erkanntes*(*) and, more typically, on a limited number of secondary sources of doubtful validity, the present paper will draw on four types of previously inaccessible or under-utilized sources: (1) Personal letters to relatives that deal with political matters have been obtained from the Wundt Archive in Leipzig, the Manuscript Collection of Heidelberg University and the private collections of the Wundt family. These materials will be supplemented with records and documents pertinent to Wundt's work in the workers' educational movement such as membership records, minutes of meetings, etc. (2) Wundt's own political writings have played an important part in our work. They include the papers and books on political topics in the bibliography compiled by his daughter(*). Also of particular importance for our work were Wundt's psychological writings that touch occasionally on political issues (i.e. his *Lectures on Animal and Human Psychology*(*), the several editions of his *Ethics*(*) and selected portions of the *Völkerpsychologie*). (3) Contemporary newspapers have been another important source of information about Wundt's political career. These included four local, one regional and one national newspaper which were consulted for the decade 1859–1869. Newspapers, which were generally in favor of Wundt's political views, as well as those who opposed him, were included. (4) Finally, extensive use has been made of the vast literature on the development of political parties in Germany as well as the unification of Germany. Of particular value in this were biographies written by Wundt's colleagues and others familiar with the political scene in Germany and Baden during that period.

II. Background

We shall restrict ourselves in this paper to a summary of the major historical events in Germany at large and, especially, in Wundt's home state Baden, in which he was directly involved. Details from Wundt's life will only be included in the narrative, if they provide new insights, since his life is well known through a series of recent biographical studies.

Unification The problem of the national unification of Germany, which had remained dormant since the failure of the 1848–49 Revolution, is perhaps the most significant political development which occurred during Wundt's decade as a party politician(*). Traditionally, two radically different solutions were debated. The first has been called the "greater Germany" or *Grossdeutschland* solution because it hoped to eventually associate all German states in a federal union with a national parliament under the Habsburg Crown. Thereby Germany would be united as a modern nation and, at the same time, continuity with the past would be preferred. The "great Germanists", as the proponents of this solution were called, were commonly found in Southern Germany, among the rural population, the middle classes in small towns and the politically active Catholics. Alternatively, North Germans, Protestants, intellectuals and members of the middle classes with industrial and commercial interest advocated the establishment of a *Kleindeutschland* (little Germany) which they conceptualized as a tightly centralized modern parliamentary state under the leadership of Prussia and with the exclusion of Austria. Wundt's home state, the Grand Duchy of Baden, with its sizable Catholic population, generally favored the "greater Germany" solution, although the Grand Duke himself, who was a son-in-law of the Prussian King, and the Liberal Party who had formed the government, had decided preferences in favor of a smaller Germany under Prussian Leadership.

National Union Interest in the unification of Germany revived dramatically near the end of the 1850s by the defeat of Austrians at Solferino and the establishment of Italy as an independent kingdom. Thus, in the summer of 1859, liberals and nationals from all over Germany founded the "*German National Verein*" or "*National Union*" as an echo of the powerful *Societa Nationale Italiana* which, under Cavour's leadership, had played such a pivotal role in bringing about the unification of Italy. The National Union was not a political party but an elite lobbying group which drew its members from the middle and upper bourgeoisie. It consisted primarily of small businessmen, intellectuals, professionals, government officials and other notables. The specific goals of the National Union were: the concentration of all military and democratic power in one single hand, the restoration of a general representative assembly for the nation, alert protection of all true German interests against foreign nations ..., the supplanting of an illegal bureaucratic and police regime by a rationally constituted system of self-government in province, community, and association(*).

The *Nationalverein* sought to achieve these objectives by peaceful and constitutional means. It encouraged its members to establish *Progressive Parties* in the different German states which, by gaining control of the individual legislatures, would eventually compel their rulers to work for the unification of Germany as well. The attitude of the National Union towards the working classes was strangely ambivalent. It encouraged its members to seek political support of the masses for their liberal and national causes and in 1862 the executive committee financed the visit of 12 German workers to an international exposition in London. On the other hand, the union repeatedly refused to lower its membership fees to encourage workers to join because it apparently believed that the movement would become dangerously radicalized by the inclusion of members from the lower classes. In contrast to other states of South Germany, the National Union had a substantial membership in Baden and one of its earliest meetings was held in Heidelberg during May of 1860.

Progressive Party Although unstable alliances of individual politicians existed in Germany since the early part of the 19th century, it was not until the beginning of the 1860s that political organization, analogous to our modern parties, were formed. The most important one at that time was the Prussian *Fortschrittspartei* or *Progress Party* which is better known as the *Progressive Party*. This organization was formed in the summer of 1861 and, soon afterwards, similar political organizations with the same name were established elsewhere in Germany. The Progressive movement began strictly as a radical emphasis on a moderate political program and this orientation did not change throughout the history of this organization. It fought not for the domination of the state government but against the encroachment of private and civil liberties against bureaucratic and aristocratic encroachment. The most important specific goals included: equal and independent administration of justice, separation of church and state, secularization of the school system, freedom of the press, economic liberty and the legislative rights of the popular representatives. In their struggle with the absolutist system in Prussia, the Progressive Party which, throughout remained in opposition to the government under Bismarck, strongly desired the support of the working classes and accomplished its goal quite successfully by establishing at many places educational clubs for workers – *Arbeiterbildungsvereine*, which were soon joined by the most active spirits of the working class. Unfortunately, the liberals in Prussia and elsewhere did not really view the workers as real partners but offered them instead only education for cultural advancement and cooperative self-help for economic improvement. However, conflict and defeat were not always the lot of the liberal and progressive parties. In Wundt's home state a liberal government, headed by August Lamey, was initially formed in 1860 and liberals remained in power until the middle of the 1870s. Between 1860 and 1865 the Baden liberals accomplished a remarkable program of governmental and constitutional reform. The political rights of parliament remained limited by the independence of the princely government whose members could be impeached individually for extreme misgovernment but not politically controlled by the representatives of the people. Dissatisfied with this state in affairs, a group of radical liberals under the leadership of Kiefer founded, in the summer of 1865, the *Progressive Party of Baden* which at times included nearly half of the membership of the lower house of the state parliament. However, they largely wasted their time in an endless and most unproductive struggle about the secularization of the public schools in Baden against the opposition of the majority of the population.

Workingmen's Educational Association. Workingmen's Educational Associations (WEAs) have been a feature of the social scene in Germany since the beginning of the 19th century. During the 1848–49 revolution they played a substantial role in radical politics but were actively repressed during the 1850s. Between 1859 and 1863 numerous WEAs "sprang up like mushrooms after a warm summer rain" all over Germany(*). Many of these groups, however, were founded through the influence of the National Union and the various liberal and progressive parties, who strongly believed that a solution of the "social question" was best accomplished by helping the workers improve their earning capacities through a combination of basic and technical education. In addition, these WEAs also frequently established cooperatives and loan organizations among their members to further their material welfare directly. Dissatisfied with the timidity of their liberal leaders, radical members of the WEA movement invited Ferdinand Lassalle in 1862 to assist them in their "legal and peaceful but untiring incessant agitation for the introduction of the universal and direct suffrage". Lassalle, who had initially been a member of the Prussian Progressive Party, believed that the workers needed to conquer the state by the ballot box and that the state would then be able to raise the exploited and overworked working class to the level of free human beings by setting up vast "production associations" owned and operated by the workers themselves. By establishing his own organization, the General Association of German Workers (*Allgemeiner Deutscher Arbeiterverein*) in 1863, Lassalle caused a split in the WEA movement. Nevertheless, the majority of the workers remained loyal to their traditional alliance with the liberal bourgeoisie at least until after the Austro-Prussian war of 1866. The importance of Lassalle's organization was further reduced when his strong support of Bismarck's politics became widely known and especially after he was killed during a duel. The substantial number of WEAs in South and Central Germany who had remained outside the organization of Lassalle in 1863, formed the Union of German Workers Associations (*Verband der Deutschen Arbeitervereine*) in 1864 under the leadership of August Bebel. Bebel, whose political views at that time were quite similar to those of the Progressive Party and who largely shared their extreme aversion to Bismarck, however, rapidly moved to the left in the next few years. By 1868 he was able to induce his organization to join the Marxist International Workers Associations, and in 1869 the union combined with some Lassalleans to form the *Social Democratic Workers' Party* (SAP) in the famous Eisenach meeting. In Baden a large number of WEAs were formed between 1861 und 1863 with the support of the liberal government of Lamey. These organizations were clearly viewed as a barrier against Lassalle and his movement. The WEAs in Baden for the most part joined up with Bebel's organization in 1864 but not its transition into a formal socialist party.

Bismarck Despite the lofty goals and political efforts of the National Union and the Progressive Parties, Germany was not united during the 1859–69 period by constitutional process. The unification of Germany came about through the political statecraft of the Otto von Bismarck, the Prime Minister of the Kingdom of Prussia. We do not have space to chronicle in full detail the complex strategies employed to achieve the goal but will focus only on the major events pertinent to our topic. Bismarck ruled Prussia from about 1862 until 1866 against the fierce opposition of the Progressive Party. He was able to develop intense national sentiments among the population by the 1864 war against Denmark and to effectively exclude Austria from the German Federation through the Seven Weeks War in the summer of 1866, and to unite the northern states of Germany in the North German Federation under Prussian leadership. Finally, the Franco-German War of 1870–71 brought about the ultimate unification of Germany in the Second German Empire and with the Prussian King serving as hereditary Emperor of a tightly centralized, modern state. Sentiments of the leading classes in Baden were largely in favor of Bismarck's "little Germany" solution and were strongly supported in their efforts by Grand Duke, Frederick I, who was son-in-law of the Prussian King. At the beginning of the Austro-Prussian War, Baden strongly supported a stance of "armed neutrality" for the smaller North and South German Principalities in the last session of the German Federal Parliament in Frankfurt before the outbreak of the war. The population itself, which was predominantly Catholic, favored the alliance with Austria and consequently Badensian troops fought against Prussia. Their military efforts do not seem to have been very efficient and in the summer of 1866 Prussian troops occupied Heidelberg for a second time in less than twenty years. Baden was forced to pay a heavy indemnity by Prussia and between 1866 and 1870 became virtually a political satellite of Prussia, although it was not admitted to the newly established North German Federation. During the War of 1870–71 Baden fought with Prussia and the other German states against France and the Grand Duke played a significant role in the eventual formation of the united German Empire.

Wundt At the beginning of the 1859–1869 period, Wundt held an appointment as an unpaid lecturer or *Privatedozent* in Physiology at Heidelberg University. He also served as laboratory assistant or instructor in the Institute of Physiology at this university under the renowned Hermann von Helmholtz. His salary for this work was equivalent to that of a skilled craftsman at that time. Wundt remained in this humble position until the spring of 1865 but, although he performed his duties faithfully and to the full satisfaction of employer for about seven years, he seems to have been bored by the time-consuming routine. Having taught regular courses of his own since the summer of 1857, his formal teaching in psychology began with a course of "Anthropology" in the winter of 1859 and "Psychology as a Natural Science" in the summer of 1862. At the beginning of his political period, Wundt published one book and seventeen larger and smaller articles primarily in the field of experimental sensory physiology. During the next ten years he added more than 50 articles and six books. Whereas he had published initially primarily in physiology, his writings after 1862 became increasingly more psychological and philosophical in nature. Although he did not receive a regular salaried appointment at Heidelberg University until 1871, he seems to have been able to support himself and his mother comfortably through income derived from his publications of popular textbooks in medicine and physiology which went through several editions and were even translated into foreign languages. During his association with Heidelberg University as an academic teacher, Wundt was instrumental in the organization and leadership of two academic organizations, the Natural Science Society, which was founded in 1858 and the Philosophical-Historical Society, which was established in 1863.

III. Wundt in Politics

The National Union We have mentioned already that Wundt's political interest and social conscience became somewhat reawakened near the end of his medical education during his internship among the poor in Berlin and his post-graduate studies at the University of Berlin. Information about the onset of actual political activities can be found in a letter in which he thanked the National Liberal Club of Heidelberg for their congratulations to his 80th birthday(*). The relevant text of this letter was published in the *Leipziger Tagblatt* of August 27, 1912:

> *"Your letter awakes in me memories from a time whose impressions have remained indelible in my memory. It was during the transition period, which was so significant for our home state Baden as well as the entire German fatherland during the War of 1866 and immediately afterwards, that I had the privilege of representing the city of Heidelberg in the Baden legislature. The direction, which was at that time called the 'Progress Party' adhered in Baden to a political program which here, more than in Prussia and in other states, was equivalent to that which was later adopted by National Liberal Party. This became apparent most of all during the negotiations over the foundation of the National Union, in which I was also permitted to take place. These deliberations, which took place in Heidelberg under the leadership of Rudolf Bennigsen, and in which our city played an outstanding role, belong to most valuable political memories ..."(*).*

It is important that Wundt makes in this letter a clear distinction between the National Liberal Party of 1912 and the Progress Party of 1866, despite his insistence that these two political organizations had an identical political program. More importantly he dates the beginning of his political activity at a substantially earlier time. The National Union was initially founded in the summer of 1859 and the Heidelberg Declaration, to which he seems to refer, was issued on May 6, 1860. His political mentor was Eduard Pickford (1823–1866) whose somewhat unstable and Bohemian personality and behavior differed radically from Wundt's scholarly, conscientious and even somewhat pedantic outlook on life. We also have a general idea of how Wundt was introduced to the political ideas and activities of this organization. Pickford was the son of an English textile manufacturer from Manchester who had spent his retirement years in Heidelberg. Eduard, the youngest of the children, had been sent to a business school in Leipzig as a teenager to prepare himself for a commercial career and at this institution he became acquainted with the famous socialist agitator Ferdinand Lassalle. After a brief and unsuccessful stay as an apprentice merchant in Lyon, Pickford returned to Heidelberg to complete his preparation for a regular university career. During an educational visit to England he learned to speak English fluently to become an admirer of the British political system as well as enthusiastic follower of John Stuart Mill whose essay "On Liberty" he published in 1860 in a German translation. He began offering lectures in economics and political science only one year before Wundt began his medical studies at Heidelberg. From 1856–1857 he edited an economical journal with the title *Germania* and in the fall of 1860 he started his own newspaper, the iconoclastic *Volkszeitung für Süddeutschland* (South German People's Journal) for which Wundt served as a theater reviewer. Pickford was a member of the National Union from 1859 on and belonged to its executive board since 1865. Like Wundt he was a founder of organizations by profession. Thus he established in Heidelberg alone a Business and Trade Association, and the Workingmen's Educational Association (WEA) in the spring of 1863.

Workingmen's Educational Association Although a large and active republican *Arbeiterbildungsverein* had existed in Heidelberg during the 1848–49 period, its traditions were abolished by the reactionary decade following the repression of the German revolution. The Heidelberg Workingmen's Educational Association (WEA), with which Wundt was actively associated from 1863–1874, was founded in April 27, 1863 in the Restaurant "*Fauler Pelz*" (Lazy Bones). The meeting was described in the *Mannheimer Anzeiger* as follows:

> *"At the suggestion of the Mannheim WEA, a worker's conference took place yesterday under the chairmanship of Mr. Eichelsdorffer, which was attended by approximately 300 workers and friends of the cause from Heidelberg, Wiesloch and here (Mannheim). The chairman presented a lengthy address about the workers' movement and suggested (proposed) that the workers in Heidelberg should also form an association to further their intellectual and spiritual (moral) development. Mr. Wenzel and Mr. Bomarius of the Mannheim association also spoke warmly on the same topic. It was a pleasure to note that 120 workers immediately expressed their interest in the establishment of a WEA in Heidelberg (by signing a petition). Moreover, Dr. Mittermaier, Dr. Busch, Miller, Genz and I. Kircher, who attended the meeting, kindly offered their assistance as well. The meeting also dealt with*

a number of organizational details of the WEA and the claims of Lassalle, which will be discussed in greater detail at executive committee was authorized to schedule the next meeting at an appropriate time."

Johann Peter Eichelsdorffer, who had called the meeting, was a shoemaker by trade and had been a member of the WEA movement as early as 1843. He had founded the Mannheim WEA 1862 and was the editor of a small socialist newspaper (*Arbeiterhalle*). Eduard Pickford became the first president of the Heidelberg WEA and he was apparently responsible for preparing the registration of the new club as an official organization. Its constitution was largely copied from that of the Mannheim branch. Only a few changes were made. German words were substituted for all words of foreign origin at the suggestion of Dr. Brugger, the president of the local "Association for the Purity of the German Language." In addition, the innocuous phrase from the Mannheim statutes "... religious and political discussions ... are inadmissible ..." was made more explicit and concise. It now read "... however, all discussions concerning church matters or the form of government and the state constitution ... are excluded ..."(*). This paragraph had to be included in the constitution of the WEA because it was required by the Baden Law of Association. Furthermore, the leaders of the group appear to have wanted to make it very clear that the Heidelberg WEA stood in clear opposition to Lassalle and his political views.

After Pickford was elected to the Lower House (*Zweite Kammer*) of the Baden Legislature in 1863 and moved away from Heidelberg to become editor of the prestigious national-liberal *Konstanzer Zeitung*, the executive committee of the WEA was re-elected and included the following persons in November of 1863:

1. President: vacant
2. Vice-President: Herr Dr. Wundt (lecturer)
3. Treasurer: Ebner (shoemaker)
4. Librarian: Ulbricht (tailor)
5. Administrator: Buchmüller (shoemaker)
6. Board of Governors: Prof. Cantor (professor), Prof. Holtzmann (professor), Kirschler (tailor), Dr. Hausrath (lecturer)
7. Secretary: Kirn (bookseller).

Since there was no president, Wundt seems to have carried out his responsibilities until he soon afterwards was elected to this office. It is interesting to note that among the nine positions on the executive committee, which were filled at that time, only four were held by workers or skilled craftsmen and the other five by four university teachers and a businessman. All academic members belonged also to the Historical Philosophical Society, which Wundt had helped found at Heidelberg University during the same year and two of these academicians (Hausrath and Holtzmann) had been his close personal friends since the final years of high school.

Despite its name, the majority of those who became members of new WEA were not workers in our sense of the word but skilled craftsmen. The real poor, the urban proletariat, belonged to the WEAs as little as did the members of the high aristocracy. Even factory workers were quite an exception in the Heidelberg group. The organization achieved a peak membership of 300 during the first months of its existence. Enrollment had dropped dramatically to about 100 workers by the early spring of 1864. It is quite possible that many may have been too tired after a 13–15 hour work week. A sizable number of those who had left the organization did so only temporarily while taking on employment outside Heidelberg during their required journeyman period. Eventually, the membership stabilized about 80–100 of whom perhaps a third participated in the various programs on a regular basis. Membership numbers and attendance records are quite comparable to those of other WEAs in other sections of Baden(*). In addition to the members from the local working class community, the WEAs traditionally enrolled a large number of honorary members from the middle and upper middle classes who, as a rule, did not participate in the regular programs but helped the organization survive through their generous financial contributions.

Programs The liberal leaders of the WEA movement during the early 1860s were convinced that the best way to assist the working class in its development of political maturity was to help the poor and oppressed become educated men and property owners. Consequently, the programs of the Heidelberg WEA amply reflect these dual goals of education and cooperative self-help. In order to assure a regular program the WEA rented after a lengthy search a suitable room "adjacent to the kitchen" in the "White Swan", an old pub on a main street, where a small library was also started by Wundt. The meetings began usually at 8.30 p.m. but the room was most likely also available at other times. There were, of course, regular business meetings chaired by Wundt or one of the other members of the executive committee in which the workers had opportunity of deciding about the activities of their club and make sure that their interests were properly taken care of by their leaders. Far more important, however, were the regular meetings with their cooperative educational, and social activities about which we are well informed through the existing minutes(*), the announcements of the regular meetings and their topics as well as the reports on special events which can be found in the local press from that period.

Cooperative Programs Shortly after Wundt took over as president of the organization, a number of self-help programs were begun on a cooperative basis. These included the establishment of a small savings and loan association and a health insurance fund to provide some assistance to workers who were too sick to work. Later on, a special fund was developed to assist members who, according to tradition and law, were obligated to remain "journeymen" and who would occasionally need emergency funds until they were able to find employment again. The WEA seems to have served also as an informal employment office where the members could find out about a job and exchange information about employers and working conditions. The WEA seems also to have functioned as a type of pressure group which, as we shall see, was at times asked to speak out on questions of interest for its members by the authorities. Since the members of the WEA came from different parts of Germany and had worked at many places during their required journeyman period, the organization was able to provide useful information about working opportunities and conditions not only in Baden but elsewhere in Germany.

Basic Education The typical worker of that period has at best completed grammar school and many needed and desired improvement in basic skills. Thus, during the winter of 1863–64 a solid and wholesome program of basic education was initiated, which was conducted every day of the week. There were regular classes in German composition, spelling, and basic arithmetic.

Later bookkeeping, drawing and calligraphy were added on request. Undoubtedly, anyone who after his long working day forced himself to go to school for several hours late in the evening, must have been highly motivated.

Adult Education The majority of workers seem to have joined the Heidelberg WEA because they were attracted by its extensive program of interesting and often useful lectures. Although some opponents of Wundt and the WEA movement have claimed that the junior professors and untenured instructors of Heidelberg University who, for the most part, served as instructors and speakers in the WEA, were only interested in the workers because otherwise no one was listening to them, an inspection of the programs makes clear that most of the topics were for the most part directly aimed at the immediate interest of the audience. Just as an illustration we list some of the practical talks for the 1863–1869 period:

- Life insurance and savings clubs (Cantor).
- Pfeiffer's cooperative movement and the WEA.
- Astor or the right way to escape poverty and to achieve honor and wealth (von Langsdorff).
- The influence of science on the life of the worker (Schroter).
- How to start a savings and loan association (Wundt).
- The trade school for construction workers in Holzminden (Brugge).
- Immigration and the worker (Weingartner).
- The situation of the worker, unions and cooperatives in Northern Italy (Wundt).
- Machines and the work of shoemakers.
- The dedication of the workers club in Pforzheim (Wundt).
- Recent strikes in Germany and their implication (Wundt).
- History of the working class (Cantor).
- The cooperative movement of Schultze-Delitzsch (Wundt).
- The inventor of the Jacquard loom (Wattenbach).
- Building cooperatives (Wundt).
- Child labor legislation (Eichelsdorffer).
- The education of children who work.

Another area of interest to the members of the WEA was modern science and especially popular information on a variety of scientific problems and questions. Specifically the following talks were given:

- Natural science (Wundt).
- The solar system (Cantor).
- The climate of the world (Weber).
- The distribution of the human races (Wundt).
- Lightning rods (Wundt).
- Magnets (Cantor).
- About light (Wundt).
- The cultivation and utilization of tobacco.
- Human labor (Wundt).
- The German polar expedition (Cantor).
- Wind and weather (Wundt).
- The invention of the telegraph and the locomotive (Cantor).
- Darwin's theory of evolution (Wundt).
- The conservation of energy (Wundt).

Lectures on historical, literary or artistic subjects comprise only a very small percentage of those offered and again most seem to have some bearing on important current events:

- Ethnographic pictures and models by Kiesewetter from his trips through Asia.
- The German unification movement of 1848 and its failure (Wattenbach).
- The Schleswig-Holstein question (Wattenbach).
- The history of Prussia and Baden since 1800 (Wattenbach).
- The destruction of Heidelberg (Thorbeck).
- Lake dwellings in Switzerland (Wattenbach).
- History of tobacco (Thorbeck).
- Memories of a trip to Spain (Wattenbach).

These lectures were held on the average once or twice a month less frequently in the summer. It is obvious that Wundt, as the president of the organization, must have been expected to provide a substantial proportion of these lectures himself. He also was able to draw on his friends and associates at the Heidelberg University on a regular basis. At any event the list of topics makes it clear that the majority of talks had relevance to the daily life and interests of the workers. It comes somewhat as a surprise to note that Wundt, whom historians of psychology have typically portrayed as such an "impractical academician", was able to lecture with ease on a broad spectrum of practical and interesting topics. There is some evidence that his interests in experimental psychology and in the beginning of *Völkerpsychologie* were reflected in his lectures but only to a very limited degree. Thus, the program of the Heidelberg WEA shows that Wundt during the 1860s was strongly interested in communicating his ideas to larger groups of people and that his similar attempts in popular journals, like the *Gartenlaube,* were part of a general trend to find and please an audience. Wundt's fame as a popular lecturer also led to invitations to speak to other WEAs and educated public elsewhere in his home state. His accounts in *Erlebtes und Erkanntes* has played down the importance of these endeavors, which at that time, however, seem to have played an important part in his life.

Social Activities After their long working hours, it is obvious that the workers also wanted to relax and beer drinking and singing were part of every regular meeting. In addition, there were "social evenings" with special entertainment by members or guests. In 1863 a choir was formed, which performed during festivities and attracted considerable notice from the public. A theater group was formed and performed plays for which admission was charged. Thus, in September of 1864, a French play by Lebrun(*) was performed. Most likely Wundt took an active part in these activities as well. He was a bachelor who must have had a good bit of free time, and we know that he regarded himself as somewhat of a specialist on the theater. He had a life-long interest in the works of Shakespeare and during the political period also wrote theater reviews for a local paper. Wundt apparently initiated the establishment of a small library of fiction and non-fiction books which was kept in the clubroom. Every year the foundation of the Heidelberg WEA was honored by a special anniversary celebration with formal speeches, invited guests, a ball and entertainment by the choir.

Regional Conferences The Heidelberg WEA maintained close contacts with similar organizations not only in Heidelberg but elsewhere in Germany. It was represented at the *Frankfurter Arbeitertage* in June of 1863 by Pickford(*). When Wundt became president he also assumed the representation at meetings in Baden (Karlsruhe) and elsewhere in South Germany. (Mainz, Pforzheim, Stuttgart). When meetings of the organization were too far away, a friend of the movement would be asked to serve as a delegate. Thus Karl Biedermann served as representative at the Leipzig meeting at the recommendation of Bebel(*) and Eichelsdorffer went to Gera in 1867. At these meetings Wundt became personally acquainted with leaders of the workers movement from elsewhere in Germany. For example, in Pforzheim he got to know Sonnemann, the influential editor and owner of the prestigious *Frankfurter Zeitung,* and the Neo-Kantian philosopher Friedrich Albert Lange who, according to Wundt, assisted him in his appointment to the Chair of Inductive Logic at Zurich University in 1874. At any event Wundt and the other delegates to regional WEA meetings would report the latest development in the movement on a regular basis to their home associations.

Trade School Controversy It is clear from the summary of Wundt's activities as president of the Heidelberg WEA that he was most certainly open to social question of his time. More detailed information about his own political views at that time can be derived from his own writings and from the newspaper coverage of his fight for compulsory post grammar school vocational education.

By way of background, in Germany at that time, teenagers, who had completed the compulsory eight years of elementary school and who had been apprenticed to learn a trade, were expected to participate in a compulsory school program. This provided them with basic instruction in academic subjects and which, in addition, taught them specialized technical knowledge required for their trade. In the summer and fall of 1865 this system of instruction came under heavy attack in Baden and the Heidelberg WEA and other community organizations were invited to submit expert opinions about this controversial topic. Public meetings were held and a great deal was written in the press about the topic. Wundt and the Heidelberg WEA argued strongly in support of the continuation of compulsory schooling for apprentices:

"We believe that we must speak in favor of compulsory attendance of trade schools. Our own experience has strengthened our conviction that the abolishment of compulsory trade school education will soon result in a substantial reduction of attendance. Most of the apprentices, who are only 14-years old, do not possess the necessary maturity which is required for voluntary attendance of school. Smaller trade schools would be forced to close and individuals who want to attend voluntarily would have no opportunity to do so … compulsory education is a protection for minors of those parents and guardians who neglect their educational responsibilities … compulsory trade schools were established because the instruction received in public grammar schools had not been sufficient for the needs of the worker … The establishment of Workingmen's Educational Association shows this claim to be true, since many workers have to learn with great difficulty as older people as they did not have an opportunity of learning when they were much younger."

Wundt also suggested that apprentices in all trades should be instructed in "bookkeeping, business mathematics and business correspondence." Furthermore, the actual instruction should be scheduled during the work hours of the student and he should be given free time without a reduction of pay to attend trade school. All apprentices should be obligated to attend trade school until reaching a certain age, as had been the law with regard to grammar school.

The opponents of compulsory trade school education organized public meetings and expressed their rancor in the press. They were found particularly among the employers and the wealthy classes. They argued that "any school, which is not attended by a student on voluntary basis and with pleasure, cannot be successful. The *Konstanzer Zeitung,* edited by Wundt's friend Pickford attacked Wundt and the Heidelberg WEA as enemies of "free trade" who were inviting the hated "police state to come back through the keyhole." Moreover, compulsory trade school education would be a total waste of money, because future workers could learn all that they needed to know in the compulsory elementary schools. Wundt eventually won in this controversy. Today his recommendations for trade school reform have long been adopted in Germany. Although his views on this question differed sharply from those of other liberals at that time, they were far more acceptable among liberal politicians not only in Germany but also in the USA.

Universal Manhood Suffrage In the early spring of 1866 Wundt became involved in the movement opposing the agitation in favor of direct, universal manhood suffrage which was strongly supported by the WEAs associated with Lassalle's General German Workingmen's Society(*). At that time Bismarck, also favored the extension of the franchise to the lower classes voters in the hope of reducing the political influence of his liberal opponents by increasing the number of fully qualified but difficult to control voters. In this situation Wundt insisted not only that the WEAs in Baden and elsewhere, which were allied in Bebel's Assembly of German Workingmen's Societies(*), withhold their support from these election reforms but actively opposed Lassalleans as well as Bismarck in public speeches and newspaper articles. Wundt argued at first not very convincingly that the WEAs should not be involved in any political agitation since this was forbidden by their constitution. Specifically he made the following points in his speech "Universal suffrage and the workers' question".

> *"In the program of Lassalle and the Social Democrats the slogan 'universal and direct' suffrage has a positive meaning. Universal suffrage is expected to bring about the great goal of Lassalle's reform plans – state support – through the direct participation of the working classes and their representatives in legislation. Of course, Lassalle and his followers have known for some time that, even with the introduction of universal suffrage, state support or working class goals is still far from being realized."*

He suggested that the WEAs are being used by the followers of Lassalle and by Bismarck in their joint struggle against the embattled Prussian Progressive Party. If workers really wish to improve their lot:

> *"Agitation for the abolishment of Bismarck's ministry would be regarded as most deserved accomplishment at the present time … Once WEAs become involved in such political agitation, they will be considered as political organizations and sooner or later excuses will be found to control or even dissolve them …"*

According to Wundt the risk of dissolution is not worth it, since he doubts that the membership of German legislatures would really be changed.

"Any cautious legislation, which desires to accomplish true freedom and equality, must restrict the suffrage to those who give evidence of external and internal independence."

Thus, he concludes that "soldiers, servants and welfare recipients ... who could be commanded to the ballot box ..." should be prevented from voting by law. Wundt further supports his argument by the example of France.

"A warning example of how far the extreme extension of the suffrage can lead is given in the political history of France. The republic of 1848 dug its own grave with 'suffrage universal'. The empire is the direct result of universal suffrage. Napoleon despotism has gradually removed all democratic institutions of the year 48 but has understandably retained 'suffrage universal'."

Wundt concludes his speech by pointing out that the Baden legislature was currently deliberating on changes in the election procedures which would make direct and universal suffrage a reality within a "few months". Wundt's opposition to the popular franchise at first glance appears to violate liberal principles of civil rights, as we understand them today. His view was widely shared by political leaders of his time. Thus, F. A. Lange regarded the establishment of a parliament on the basis of universal suffrage as a "questionable experiment" and Bebel, the courageous leader of the nascent German social democratic movement, oppose the extension of franchise because he was convinced that the workers were not "mature enough".

Member of the Baden Parliament Wundt has noted in his autobiography that it was not a big step from the presidency of the Heidelberg WEA to membership in the Lower House of the Baden Parliament. Actually, however, a great deal of energetic effort was expended to carry out the time-consuming responsibilities of a legislator in addition to his duties as an associate professor of physiology at Heidelberg University. It must also be remembered that Wundt had resigned his appointment as assistant to Helmholtz in the spring of 1865 and depended now for his support exclusively on student fees and income from his publications.

Election The direct impetus for becoming a parliamentarian was the death of his friend Eduard Pickford on March 19, 1866, who had represented the city of Heidelberg in the Lower House of Baden – the so called Second Chamber (*Zweite Kammer*). Although one Catholic and one Protestant candidate for the seat had declared their interests and one of them was already considered as good as elected, Wundt was chosen on April 26, 1866 as successor to Pickford receiving the votes of 45 of the 51 electors who were present at the election meeting. He was chosen for the remainder of Pickford's eight-year term and would have to stand for re-election in 1873. Like Pickford, Wundt became a member of the Baden branch of the Progressive Party (*Fortschrittspartei*) and remained an active member of Parliament until his resignation in the late summer of 1869.

Lamey One of his first actions as a new deputy was to join a delegation from Heidelberg which awarded a "silver laurel wreath" to August Lamey, the Baden Prime Minister, as an honor for the successful completion of important reform legislation between 1860 und 1866. These reforms included for example the emancipation of the Jews, a reorganization of state and community administration, reform of the judiciary, and modernization of laws concerning trade, commerce and banking.

Political Storm Clouds The spring of 1866 brought fears and discussions of a German war which would in one way or another involve Baden. The historian Thorbeck gave a lecture with the appropriate title "The destruction of Heidelberg" in the WEA. Worried employers discharged more than 800 workers in nearby Mannheim and added to the general fears of economic pressures. A local physician published a "psychiatric diagnosis" of Bismarck's mental condition in the *Heidelberger Journal* which aroused further conflict. In early May of 1866 a conference of parliamentarians from all over Germany took place in Frankfurt between Prussia and Austria by peaceful reconciliation. Wundt was one of 25 deputies that attended this meeting from Baden. At that time he was convinced that he could reconcile his political views with that of the liberal government, although in important issues he and his colleagues from the left wing of this party were at loggerheads with the administration largely composed of adherents of their own party. As far as the conflict between Prussia and Austria was concerned, Wundt favored a state of "armed neutrality" for Baden. Unfortunately, he did not know that the government in Karlsruhe had decided in favor of a "mild" war in which the Badensian troops would fight (or, as some have said) pretend to fight on the side of Austria and the other South German states like Bavaria, Württemberg and Hessen Darmstadt. Political opinions in Heidelberg were sharply divided. Even his own party could not agree whether Prussia or Austria deserved to be supported in this conflict. Wundt generally favored a *kleindeutsche* solution under the leadership of Prussia but without Bismarck. He compared the expected war to the German War of Liberation against Napoleon somewhat inappropriately and was regarded in Heidelberg as a *Preussenfresser*, a blind enemy of Prussia and Bismarck. He denied in the *Heidelberg Journal* that he was an enemy of Prussia but reiterated that "Bismarck does not really desire the unification of Germany but wants only the extension of his hegemony. Most likely Bismarck aims at the creation of centralized military dictatorship …."(*). After the war started, Wundt and a small group of deputies approached the Grand Duke with a petition to end the fighting as quickly as possible because the country and especially, Heidelberg was going through a series of economic crisis. Prussian troops occupied the city on August 1 only to depart on August 29, 1866.

Peace Commission The session of parliament during the fall of 1866 was still under the influence of the war in which Austria and its South German allies had been decisively defeated by the Prussian war machine. In October, Wundt was chosen by his colleagues as a member of the parliamentary "*Commission for the Armistice and the Peace Treaty*". Under the new government, Lamey had become a deputy once more and this commission was responsible for the review of the peace treaty. Discussions in parliament gave Wundt renewed opportunity to warn of the danger of Prussian overlordship. He strongly but unsuccessfully opposed the Prussian military system by the Badensian army. As a typical leftist liberal of his period, Wundt opposed the creation of a professional army and urged the development of a volunteer army based on the draft system.

Military Legislation Beginning with the legislative period of 1867 Wundt worked actively in a number of important parliamentary committees. Our discussion will restrict itself to his work with regard to military legislation, education and the legal status of college students. At that time Heidelberg was being discussed as a potential garrison town. The location of a military base was, even at that time, considered to be anything but an honor. Opponents stressed that the city would become "too noisy and peace would disappear." It was also feared that "the morals of female persons would suffer". There was also a great deal of dissatisfaction with proposed legislation which would increase the period of compulsory military service from 2 to 3 years. From Heidelberg alone, 308 citizens signed a petition against this law and Wundt, as the member of parliament for Heidelberg transmitted their request to the Second Chamber. Although Wundt had never served in the military, he was interested in military questions. At one time, shortly after completing his medical studies in 1855, he had even entertained the plan of becoming a military physician. He had hoped that, like Helmholtz, he would have sufficient leisure time to continue his scientific research.

In the immediate aftermath of the Austro-Prussian War of 1866, the Baden government tried very much to win the goodwill of the Prussian government by a systematic policy of *Borrussofication* (Prussification). Baden even appointed a Prussian general as secretary of war. Wundt strongly opposed this interference with national independence of his home state. By January 1868, however, he has changed his view and now supports military legislation which is uniform for the various German states.

School Legislation The Grand Duchy of Baden had experienced serious disturbances since the beginning of the 1860s about the role of church and state in public education. The Catholic majority of the population rejected any control of government over the schools. This resistance was a strong popular movement which had no equal among the Protestant part of the population and which actually exceeded in vigor the support of the liberal and progressive government. Wundt had expressed his opposition to "clerical interference" with matters of state in public meetings castigating with inflammatory language the "ultramontane" movement and deriding in a sharply satirical manner the "backward Austrian aristocracy." In this context he called the Austrian government "a regime of bigoted priests."

Specifically, he intervened in the school legislation from the fall of 1867 on. He proposed that fathers should have the sole decision over what schools their children should attend. Consequently, he proposed the establishment of so called *Simultanschulen* in which children would be educated together regardless of their religious persuasion. In December of 1867 Wundt defended in a long speech the education of women teachers for the lower classes of boys' schools and for girls' schools. Furthermore, he proposed a reduction in the number of classes devoted to religious instruction. His amendments of the new school legislation, which have just been mentioned, were all defeated. However, in the last year of his parliamentary activity, the secular public schools, which he had proposed, were established in Heidelberg and during the next decade in all of Baden. Thus, in the final analysis, Wundt's objective of ending the clerical supervision of public education was belatedly accomplished.

Academic Privileges The final accomplishment in the reform legislation proposed by the liberals in Baden, was the reform of academic judication. Conservative politicians, who had themselves been active members of elite dueling fraternities opposed any changes in the existing laws which gave college students special privileges if they violated any law.

Liberal members of the second chamber and liberal students' organizations were in favor of treating students before the law like all other citizens. Wundt became the chairman of a special committee of the lower house which was to review the draft legislation submitted by the first chamber. In November 1867 he submitted his own draft which was accepted with minor changes. Thus, the liberal view had won out in this matter as well.

Resignation After three years of intensive political activity Wundt was very dissatisfied with the political conditions in Baden. For example, in May 1869 he stated publicly that the new Prime Minister, Jolly, was treating the proposals of the parliament "with such a lack of respect that one must seriously question his acceptance of the principles of constitutional form of government." After the famous "Offenburg Meeting" in May 1869, Wundt becomes more and more estranged from the crisis-ridden National Liberal Party to whose left wing he had belonged (Progressive Party or "*Fraktion*"). He does not even join the local chapter in Heidelberg of this group and in July of 1869 he officially resigns from his elected office. He has stated that the main motive for this decision was that he had spent too much time in politics and needed to devote his energy to his academic career. He speaks one more time at a meeting of his party in November of that year in support of direct, universal suffrage in Baden. During the Franco-Prussian War, of 1870–71 Wundt returns briefly to public life. For some time he works as a military physician and in 1871 he is elected lay judge but does not seem to have functioned in this capacity at all.

IV. Discussion

At the end of our long presentation of Wundt's political career between 1859 and 1869 we are now able to draw a number of conclusions about the nature of his political thinking and activities, about the relationship between politics and psychology and about the importance of this period in Wundt's entire life.

1. In the first place it is clear now that the accounts, which Wundt gave in his autobiography of these political days, have tended to downplay their extent and importance, despite his avowal in the preface. Wundt did vastly more work in the field of politics than even he has admitted or than has generally been known in the history of psychology. We may, of course, wonder why this was done. I believe that the main reasons were that the decade of his political involvement was, on balance, a very disappointing and painful experience and that he chose to deemphasize the degree of his participation to perhaps disguise the extent of his failure. Wundt seems to have been hurt most by the break of the WEAs with their liberal sponsors – that is, with himself. He seems, in fact, to have resented the politicization of the workers strongly because it intensified barriers between classes. Still, a measure of ambiguity remained until shortly before his death. Thus, in *Erlebtes und Erkanntes*(*) he connects the new republican government once again to the days of the WEAs in the 1860s.

   The most important sign of this change of mind is the desire for a broadening and intensification of education found among all classes of the population. The organization of adult education courses ... is one of the most popular phenomena. Not a small degree of merit has been earned by the social democrats … Ceaselessly social democracy has worked for the educational uplifting of the workers not just to their advantage but also to serve itself. And one must recognize that it has achieved its goal behind which the working populations of other countries have remained far behind. We possess, and this is recognized even by our enemies, the best educated working class in the world. To the same degree, in which it has reached this high level, it must gradually stop regarding itself as a class which is hostile towards other members of the community. The elite among our working class is beginning to turn from a class hostile towards society into one which is taking its rightful place in its middle and which is carrying out its duty(*).

2. Wundt's activities in the WEA and in the Second Chamber seem to have been influenced by his strong concern for his fellow citizens and seem also to derive their impetus from an identification with the poor and the oppressed which in Wundt's case does apparently have its origin in early formative experiences. While individual actions may be difficult to understand for us today, it is very clear that Wundt persistently tried to act in concord with his own liberal and democratic beliefs. In fact, he continued in his activities often when it would have been far more advantageous to him to compromise. I believe that he resigned from his political work indeed, because he felt that "politics needed a whole person." He had been forced to learn that the reality of politics was very much at variance with his own political ideals. Thus, he had to discover that the liberal government of his home state was not much more devoted to the principles of constitutional government than Bismarck's Prussia or Napoleon III's France. Wundt's political views were typical of the educated middle classes of his time and were widely shared by other political leaders. E. G. Lange, A. Bebel and Marx and Engels believed at that time that political changes in Germany would have to be based on a working class which was better educated and more mature. Wundt and the liberals of his time also underestimated the importance of actual political power. They believed that they could force a government to apply its constitution to the fullest. In contrast to the national wing of the Progressive Party in Prussia and in Baden, Wundt did not substantially change his belief in constitutional government and Bismarck's

policy won out. Our conclusions therefore are in sharp disagreement with the views so popular among historians of psychology that Wundt's was illiberal and autocratic in his political views. If he had held this view, he might have remained more successful in politics.

3. Our paper should also help to put to rest the claim that Wundt was an extremely impractical academic who had no sense for practical issues of daily life. His political work shows him to be a highly capable public speaker who was able to influence the public by his speeches. Wundt's political speeches are still interesting today and one is surprised about their readability after so much time. Newspaper summaries of his talks to the WEAs in Heidelberg and elsewhere also show that he was able to speak to persons of limited education in an interesting, popular manner which absolutely lacked condescension. In fact these political speeches were written during a time when Wundt was writing about psychology and folk psychology in popular magazines and was even entertaining the idea of starting such a journal himself.
   Wundt's skill as a politician must also have been useful when in the late 1870s he was trying to establish his first laboratory in Leipzig against significant opposition.
4. Wundt's political life coincided with his turning away from physiology and philosophical writings show the influence of his political experience. The influence of his politics is most closely shown in the several editions of his Ethiks and in his *Völkerpsychologie.*

Das Haus des Fotografen

1980

Kathrin Ungerer-Heuck / Gustav-Adolf Ungerer

(Vorbemerkung Hrsg.: siehe hierzu im Nachwort den Abschnitt „Das Gottmann'sche Fotoarchiv: eine Trouvaille": dieser Aufsatz ist Teil des Begleitbandes zur Ausstellung: „Beruf: Photograph. Ernst Gottmann sen. & jun. 1895–1955", Heidelberg 1980. Die Abbildungen stammen aus dem Archiv Gottmann. Der Familie Nagel-Gottmann sei herzlich gedankt für ihre Zustimmung zum Wiederabdruck).

Zum Verständnis des Werkes beider Fotografen gehört auch das räumliche Ambiente, in dem sie gelebt und gearbeitet haben. Eine Besonderheit mag sein, dass das Atelierhaus mit dem angebauten Wohngebäude eine Einheit bildet und vom Architekten speziell für die Bedürfnisse des Fotografen geplant wurde. 1975 zeigte uns Frau Friedel Gottmann ein Buch des Architekten Ludwig Jahn[1], der beide Gebäude 1906/07 entworfen hat. Jahn schreibt:

> *„Man wird in der Gliederung des Baukörpers möglichst einfach bleiben müssen und das Nötige genügend finden. Vor und Rücksprünge, Risalite, Dachaufbauten, Giebel, Erker usw. wird man nur da anbringen, wo die Grundrißbildung oder die Bewohnbarkeit es erfordern. Fenster und Türen müssen da sitzen, wo sie durch die Raumgestaltung verlangt werden; sie dürfen nicht der Symmetrie oder Achsenführung wegen dort angebracht sein, wo sie unrichtige Beleuchtung ergeben, oder wo sie dem Verkehr nicht Rechnung tragen."*[2]

Aus diesem Gedanken sind Haus und Arbeitsstätte des Fotografen gebaut worden.

1 Prof. L. Jahn: „Späte Ernte". Dichtungen und Aufsätze, o. O. 1936, Privatdruck.
2 Ebenda, S. 148.

Die Pläne für den Neubau

Gottmann sen. hatte vor 1906 den Lörracher Architekten L. Jahn beauftragt, das bislang unbebaute Areal westlich des Gebäudes Bienenstraße Nr. 5 zu beplanen. Das relativ kleine Grundstück ließ nur geringen Spielraum, ein Atelierhaus und ein Wohngebäude günstig einander zuzuordnen. Im Entwurf entstanden ein dreigeschossiges Wohnhaus, traufständig zur Karpfengasse, und ein Mitteltrakt mit Atelier und Nebenräumen, der das Wohnhaus Bienenstraße mit dem Neubau in der Karpfengasse verband. Die verbliebene Freifläche wurde als „Gärtchen" konzipiert.

Nach Auskunft seiner Schwiegertochter wollte Gottmann sen. zu späterer Zeit in das Wohnhaus Karpfengasse ziehen. Dies veranlasste – neben der besseren Erschließung des Mitteltraktes – den Architekten, beide Gebäude durch einen Treppenturm zu verbinden, der die Höhenunterschiede der Geschosse beider Häuser ausgleichen und ein rasches Überwechseln von den Wohn- zu den Arbeitsräumen ermöglichen sollte. Der Mitteltrakt mit einer geschlossenen Brandmauer auf der südlichen Grundstücksgrenze war infolgedessen nach Norden orientiert und entsprach den Anforderungen an Aufnahmetechnik und Entwicklung der Fotoplatten.

Kurze Beschreibung des Ateliers und seiner räumlichen Umgebung

Der Zugang

In der baulich repräsentativen Bienenstraße lag der Hauptzugang zum Atelier. Ein mächtiger Torbogen wurde in die Front des alten Gebäudes eingefügt. Von einem kleinen Vorplatz dahinter gelangt man über Treppen zum zeitweiligen Fotogeschäft (jetzt Frisiersalon) und zu den Wohnungen. Neu geplant war der breite, einläufige Treppenzugang mit Zwischenpodesten und zweiflügeligen Türen, der wie eine Art „Scala Regia en miniature" zum Atelier hinaufführt. Diese Treppe schließt ab mit dem Eingang zum eigentlichen Bereich des Fotografen, der auf drei Geschossebenen den Funktionen Arbeiten, Repräsentation und Wohnen Raum bietet.

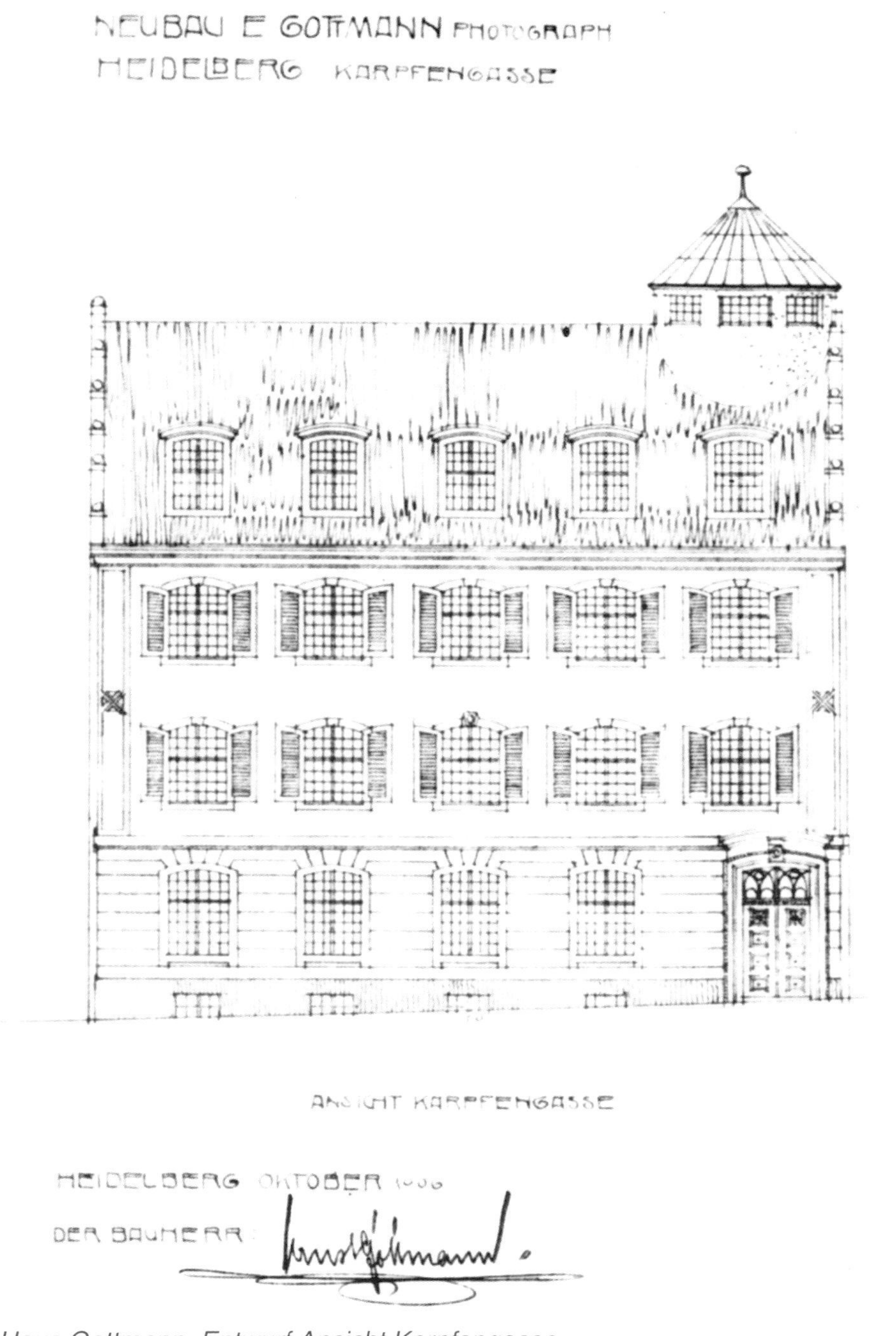

Haus Gottmann, Entwurf Ansicht Karpfengasse.

Haus Gottmann, Ansicht Bienenstraße 6 (Familienarchiv Gottmann).

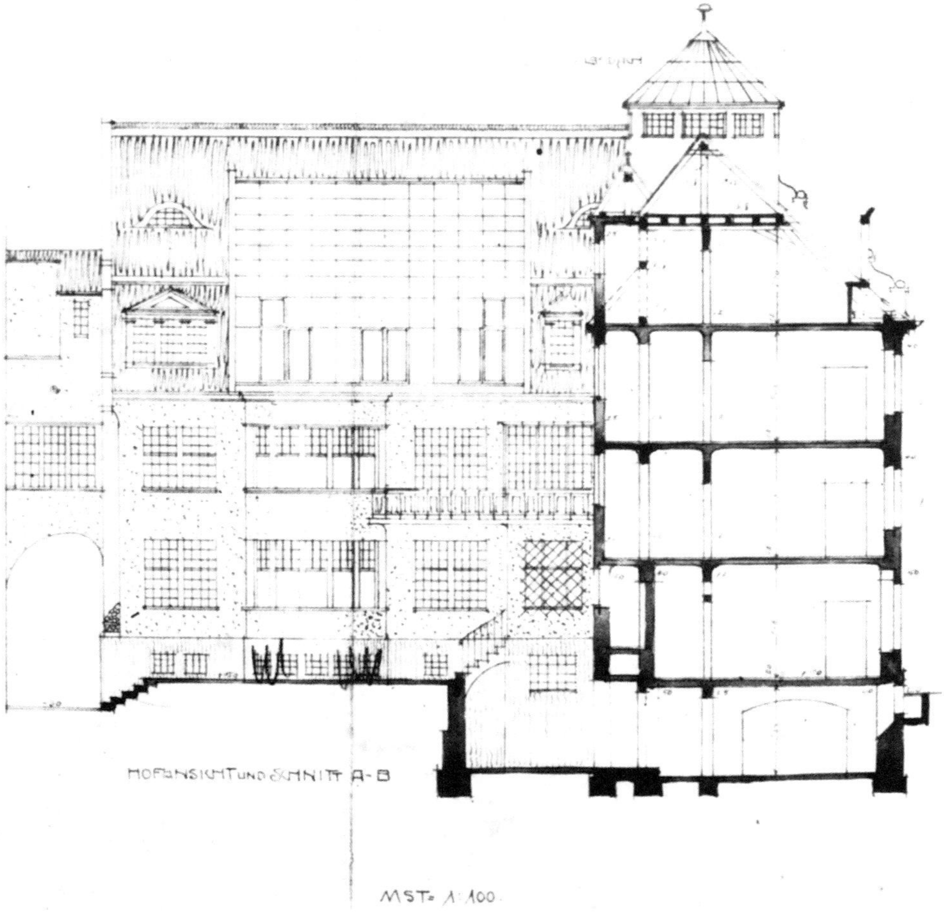

Haus Gottmann, Entwurf Hofansicht mit Atelier.

Hofansicht mit Blick auf Atelier und Balkon im ersten Obergeschoss (Familienarchiv Gottmann).

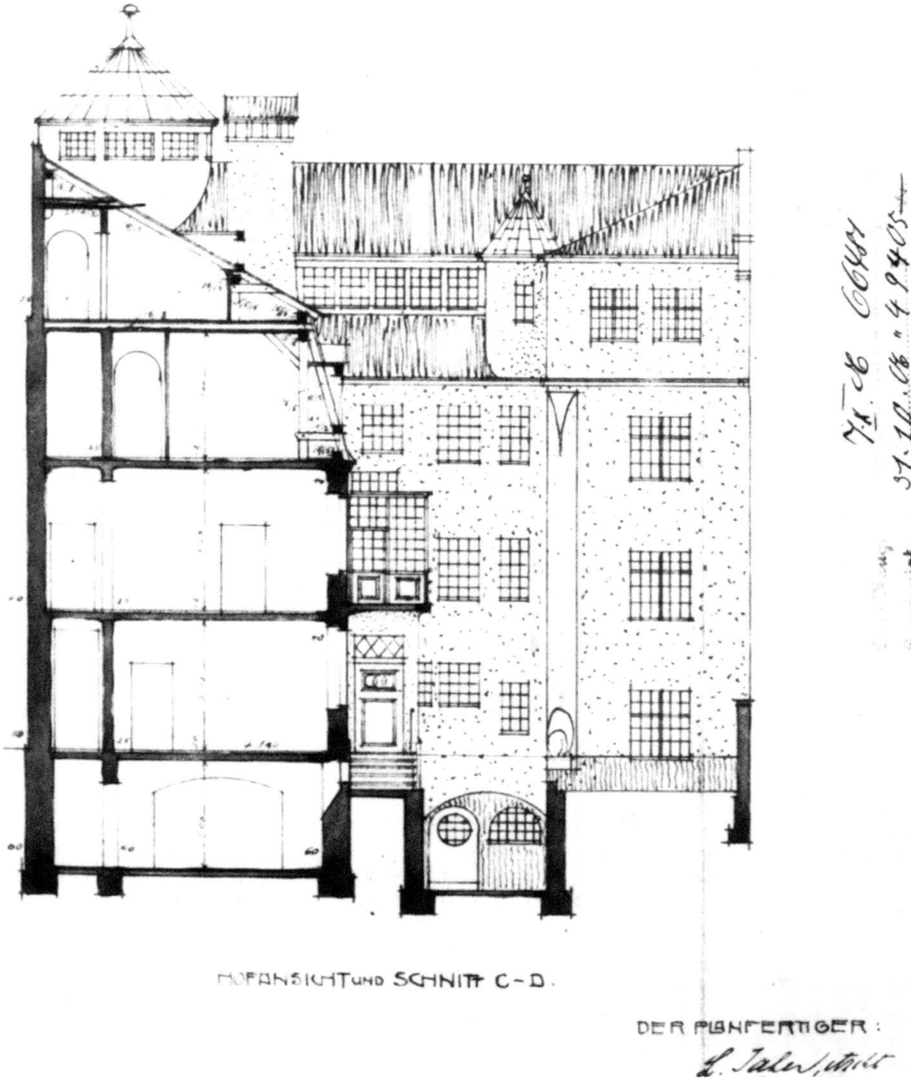

Haus Gottmann, Entwurf Hofansicht.

Hofansicht mit Blick auf Garten
(Familienarchiv Gottmann).

Das erste Obergeschoss

Neben dem Eingang in den Mitteltrakt führt ein inneres Treppenhaus zum großen Atelierraum im zweiten Obergeschoss. Ebenfalls vom Eingang aus gelangt man in das darunter gelegene „Jägerzimmer“, das zum Empfang engerer Freunde und Kunden diente. Holzvertäfelung, Kamin und verbleite Glasfenster mit Wappenmotiven im altdeutschen Stil sind noch vorhanden. Westlich schließt sich ein Teil der technischen Räume an für das Entwickeln der Platten und ein kleiner, schattiger Balkon, zum Garten hin orientiert, auf dem die Fotoplatten mehrere Stunden dem Tageslicht ausgesetzt wurden. Von den Technikräumen aus gibt es überdies einen Zugang über den Treppenturm zum Wohnhaus Karpfengasse.

Das zweite Obergeschoss und der Dachraum

Das innere Treppenhaus besitzt ähnlich repräsentative Details wie das Jägerzimmer. Auch hier läuft die Holztäfelung den Stufen folgend bis zum eigentlichen Atelier, die Stockwerksfenster sind bleiverglast und von Jahn in florealen Motiven künstlerisch ausgearbeitet. Auf halber Treppe und oberstem Podest wird die Treppe belichtet durch zwei weitere Glaskunstfenster mit Landschaftssujets. Von besonderem Interesse ist das große Atelier mit Vorraum deshalb, weil die meisten Portrait- oder Gruppenaufnahmen in dieser Umgebung arrangiert wurden. Dem Bedürfnis des Kunden und dem Zeitgeschmack entsprechend ist die Innenausstattung repräsentativ entworfen. Man betritt von der Treppe her das Atelier, von dem ein niedriger Vorraum (Wartezimmer) durch einen Korbbogen vom Atelier getrennt ist. Hier befand sich eine intime Sitzgruppe in Louis-Seize-Formen. Ein dreigeteiltes Glasfenster mit ähnlichen Motiven wie im Treppenhaus erhellt den Raum, an der Ostwand hängt ein Kristallspiegel mit Goldrahmen, bis in Tischhöhe läuft ein helles Holzpaneel um. Die Hauptmerkmale des Ateliers sind die Flächengröße (ca. 55 qm), seine Höhe (4,50 bis 6 m Pultdach), Verglasung vom First bis in Bodenhöhe, seine Helligkeit. Der geschlossenen Südwand ist ein Jugendstilbrunnen vorgesetzt. An der östlichen Wandseite führt eine gewendelte Holztreppe zum – nicht einsehbaren – Archivraum unter dem Dach. Die Westwand des Ateliers besteht aus einem großen, reliefierten zweiflügeligen Portal in Holz, hinter dem sich ein kleiner Raum für den „Ge-

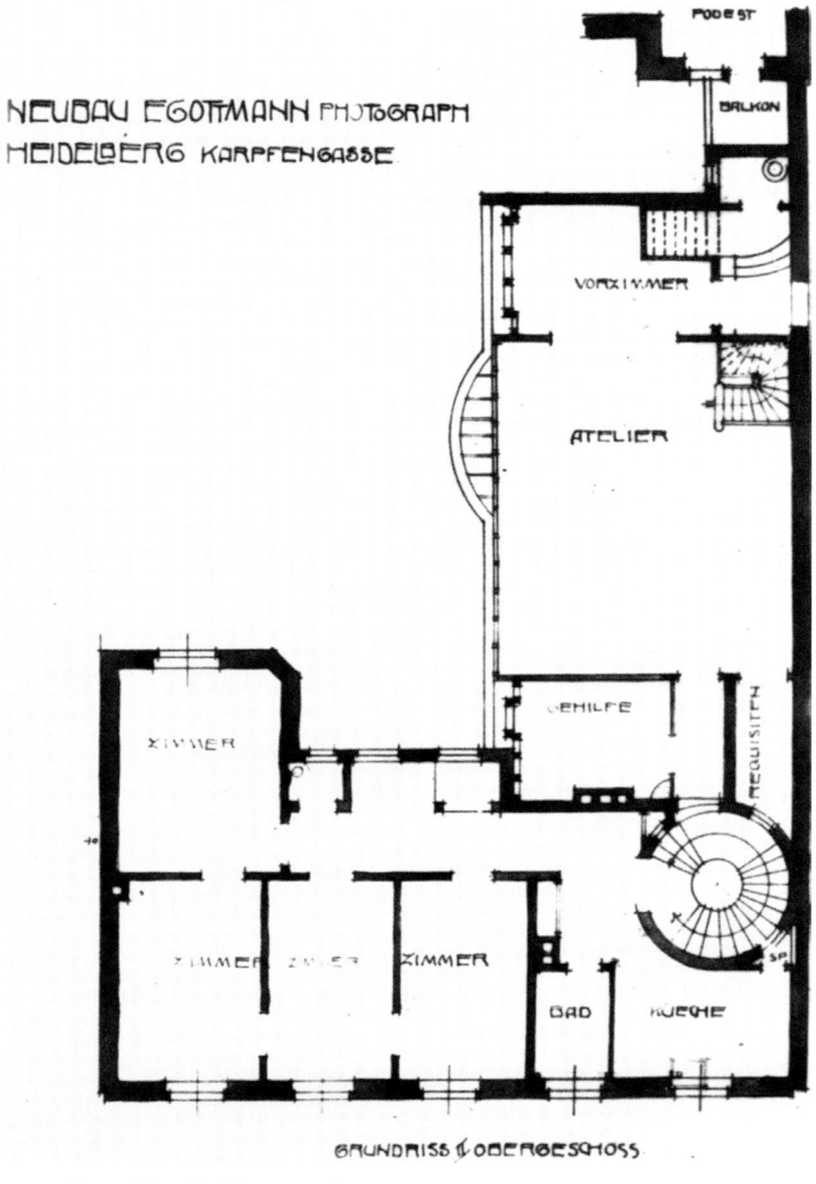

Haus Gottmann, Grundriss II. Obergeschoss.

hilfen" verbarg. In einem Zwischenraum, der auch einen Zugang zum Treppenturm besitzt, wurden die Requisiten aufbewahrt. Die Inneneinrichtung des Ateliers (Brunnen, gewendelte Treppe etc.) sollte wie ein repräsentativer Wohnraum wirken und hatte zugleich die Funktion, als Hintergrund für Aufnahmen zu dienen. Auf der Treppe, die noch eine Halterung für Fahnen oder Standarten trägt, wurden z. B. Vereinsaufnahmen arrangiert. Portraitaufnahmen zeigen die kassettierte Tür, Gruppenaufnahmen den Korbbogen etc. Auf einer historischen Aufnahme kann man überdies erkennen, dass das verglaste Pultdach und die Fensterfront nach Norden bei Bedarf durch Vorhänge abgedunkelt werden konnten.

II. Obergeschoss, Vorzimmer (Familienarchiv Gottmann).

Oben: II. Obergeschoss, Atelier
Unten: Garten, Pergola mit Wandbrunnen
(Fotos: Familienarchiv Gottmann).

Das achsiale Konzept des Architekten

Der gesamte Atelierbau ist auf eine Mittelachse bezogen, die innen im großen Atelierraum durch den Wandbrunnen und außen durch den Erkervorbau (Jägerzimmer im 1. Obergeschoss) markiert ist. Auch der Garten verdeutlicht in seiner Anlage die Mittelachse durch eine gepflasterte, pergolaüberdachte Wegführung, die an der 2 m hohen nördlichen Grundstücksmauer mit einer zweiten Brunnenanlage endet.

Die Heidelberger Tradition

Die harmonische Einfügung des Neubaus in seine Umgebung war offensichtlich ein wichtiges Anliegen des Architekten. Hierbei zeigt sich insbesondere seine Vertrautheit mit der Formensprache des Heidelberger Barock, Achsialität, Gliederung der Baumassen, Wechselbeziehung zwischen Innenraum und Fassadengestaltung und Gartenanlage, Materialauswahl und konstruktive Details. Allerdings war Jahn durchaus ein „moderner" Architekt, der die barocke Formensprache im Sinne seiner Zeit interpretierte.

Die Mittelachsenbetonung des Atelierhauses wurde bereits beschrieben. Das Wohnhaus in der Karpfengasse zeigt sowohl barocke Einzelformen (Heidelberger Haustüre mit „Ohren" und Oberlicht, Fenstergewände mit Segmentbögen, kleinteilige Sprossengliederung, Gaupenfenster im Dachgeschoss, Schieferdeckung, Tür- und Fenstergewände in reliefiertem Formstein) als auch Jugendstilelemente (Aufhebung der Achsialität durch exzentrisch gelegenen Eingang und betonte Einzelfenster). Diese wenigen Beobachtungen könnten erweitert werden. Insgesamt gesehen lässt sich dieser Bau betrachten als ein gelungener Versuch, „modernes" Bauen um die Jahrhundertwende in die historische Heidelberger Altstadt einzufügen.

Die Ambitionen von Architekt und Bauherr

Der Architekt Jahn wollte sein Metier als Kunst verstanden wissen, soweit es aus seiner schriftstellerischen Tätigkeit, der Gesamtkonzeption des Entwurfs und vielen minutiös entworfenen Baudetails zu erkennen ist. Architekt und Fotograf stimmten in ihrer Selbsteinschätzung als Künstler überein. Der funktionale Ablauf des Fotografenbetriebes wurde von Jahn auf originelle Weise mit den repräsentativen Wünschen des Bauherren verbunden. Der Hauptzugang als „Scala Regia", Jägerzimmer, Sitzecke, das Atelier als Salon, kunstgewerbliche Details in der Innenausstattung deuten darauf hin. Die eigentliche „Werkstatt" und das Wohnen treten dagegen kulissenhaft in den Hintergrund.

Garten, mit Pergola und Wandbrunnen (Familienarchiv Gottmann).

Carl Eckard (1822–1910).[1] Zwischen Revolution und Konstitution

1981

Gustav A. Ungerer

Probleme eines liberalen Lebens

> *„Wie für die Jahre des Vormärz, als das badische Großherzogtum die Schule des deutschen Liberalismus war, so gilt auch für die beiden Jahrzehnte nach 1860, daß die paradigmatische Bedeutung der politischen Entwicklung in Baden das reale Gewicht dieses kleinsten der deutschen Mittelstaaten bei weitem übertraf.“*[2]

Baden war also in manchen Dingen für die spätere Entwicklung des Deutschen Reiches ein vorgezogenes Modell. Dies betrifft speziell den Kulturkampf, aber auch andere Gebiete der Innen- und Wirtschaftspolitik. Carl Eckard, im Vormärz aufgewachsen, bis ins hohe Alter führender Liberaler in Baden, war gleichsam die Verkörperung dieser von Becker abgesteckten Zeitspanne.

Welchen der vielen Liberalismen repräsentierte nun Eckard? War es der mehr national gefärbte, der radikaldemokratische, der soziale oder der aufgeklärt-klassische Liberalismus? Wir können vorweg sagen, dass Eckard zu all diesen Richtungen in verschiedenen Lebensabschnitten gehörte, sie selbst in Baden prägte und propagierte.

1 Die Schreibweise des Vornamens variiert, wir halten uns an jene seiner Memoiren. Carl Eckard: Erinnerungen aus meinem Leben. Mannheim 1908. Im Folgenden abgekürzt: Carl Eckard (1908).

2 J. Becker: Der badische Kulturkampf und die Problematik des Liberalismus. In: Badische Geschichte. 1979, S. 87.

Nach 1849 allerdings zieht sich wie ein roter Faden eine Tätigkeit durch sein Leben, die von Historikern so umschrieben wird: „Es war bezeichnend, daß genau in dem Moment, als der bürgerliche Liberalismus politisch zum Schweigen verurteilt war, er auf wirtschaftlichem Gebiet weithin popularisierend zum Sprechen kam.“[3] Der Freiraum der gewerblichen Tätigkeit wurde für Eckard nicht nur ein Feld der Worte, sondern auch ein sehr reales Geschäft. Der Homo Oeconomicus ist die Lebensweise vieler Liberaler gewesen, in einer Zeit, in der ihnen der Zugang zu Politik und Verwaltung verwehrt war.

Der Eid und die Folgen

Das Elternhaus, in dem Eckard am 13.3.1822 geboren wurde, stand in Engen im Hegau.[4] Der Vater arbeitete in fürstenbergischen Diensten, pflegte Musik und Malerei. Die Erziehung des Sohnes war denn auch umfassender als die übliche Schule es bieten konnte. Nachhaltig beeindruckten den Jungen Wanderungen durch den Hegau. Freunde hatte er in allen Bevölkerungsschichten. Der Vater komponierte unter anderem Musikstücke für Spieluhren, die gerne von Fabrikanten aus dem Schwarzwald aufgekauft wurden. Vielleicht ein Aperçu auf die Zukunft des Ökonomen und kunstbegeisterten Sohnes? Der Privatunterricht und die Stellung des Vaters hoben den Sohn schon früh aus dem Kreis der Gleichaltrigen heraus. Er wurde katholisch im ökumenischen Sinne Wessenbergs erzogen, dem er später in Konstanz persönlich begegnete. Die Studienreife erhielt er 1839 in Konstanz. Sein juristisches Studium begann er in Freiburg bei Rotteck und Welcker.[5]

---

3 W. Conze: Möglichkeiten und Grenzen der liberalen Arbeiterbewegung in Deutschland. Heidelberg 1965. S. 15.

4 Zur Biographie, neben Carl Eckards Memoiren: K. Obser: Carl Eckard. In: Badische Biographien. Bd. 6. Karlsruhe 1935.
Karlsruher Zeitung 1910. Nr. 239.
Badische Landeszeitung 1910. Nr. 408. Die FDP/ DVP in Baden-Württemberg und ihre Geschichte. Hrsg. P. Rothmund und E. R. Wiehn. Stuttgart 1979.
In dem Band „Badische Geschichte“, Stuttgart 1979, herausgegeben von der Landeszentrale für politische Bildung, wird Eckard nicht erwähnt.

5 Carl Eckard (1908), S. 13f. Dort die Geschichte des Rotteckdenkmals.

Carl Eckard in seiner zweiten Mannheimer Zeit. Foto I. L. Klinger.

Mit dem Eintritt in eine Verbindung – Euthymia – begann die lange politische Biographie Eckards. Es wurde ruchbar, dass sich dieser Studentenkreis mit politischen Themen befasste. Die Göttinger Sieben „gaben den erwünschten Anlaß"[6] schreibt er rückblickend. Dem Rektor genügte dies, um den jungen Demokraten die Relegation anzudrohen. Nach dem Examen 1845 und kurzem Interim als Referendar in Engen erhielt Eckard die Aktuarstelle in Donaueschingen zur Verwaltung, der Hauptstadt der Musik im Süden des Landes. Hier, am Hofe, fand er reiche kulturelle Anregungen. Unter anderem hörte er Liszt, die Geschwister Milanollo, und sang selbst. Ein Jahr darauf musste er eine Stelle in Hüfingen antreten, wo er das gesamte Justizwesen übertragen bekam. In fürstliche Dienste, die ihm Karl Egon antrug, mochte er

6 Carl Eckard (1908), S. 15.

nicht eintreten, die Schattenseiten einer Hofadministration hatte er in Donaueschingen erlebt, und sein Vater bestärkte ihn in der Ablehnung.

„In der Landstadt Hüfingen wehte ein schärferer politischer Wind als in der Residenzstadt Donaueschingen."[7] Ein Teil seiner Freunde war republikanisch und meist militant, und Eckard geriet immer stärker in Gewissenskonflikte mit seinem Treueeid. Während des Heckerzuges hatte er versucht, beruhigend auf die Bevölkerung einzuwirken, aber der Druck der politischen Freunde und sicher auch ein Teil eigener Sympathie wurde größer.

Und nun kam das Jahr 1849.

> *„Ganz unerwartet erhielt ich folgenden Erlaß: Ministerium des Innern, Karlsruhe, den 22. Mai 1849. Dem Rechtspraktikanten und Amtsverweser Eckard zu Hüfingen wird hiermit eröffnet, daß er zum Mitglied der Seekreisreglerung in Konstanz provisorisch ernannt ist und diese Dienststelle sogleich anzutreten hat. Die Vollzugsbehörde, gez. L. Brentano."*[8]

Wer ihn vorgeschlagen hatte, wissen wir nicht. Er wird republikanischer gesonnen gewesen sein, als er es in seinen Memoiren zugeben wollte. Dennoch gehörte er nicht zu den „Sensenmännern". Nach Rücksprache mit seinem Vater nahm er die Stelle an.

Auf schmalen acht Seiten beschreibt Eckard sein Wirken in Konstanz für die Ziele der Revolution. Allerdings hatte sein Ressort sich mit der Bauverwaltung zu befassen, dem militärischen Bereich nicht untergeordnet. So drängte Eckard schon in den ersten Tagen auf den Ausbau des Münsters.

Mit den Letzten floh Eckard nach der Schweiz, kehrte freiwillig wieder zurück, wurde verhört und angeklagt. Die Haft und die anschließende Wartezeit bezeichnet er als den „Tiefstand" seines Lebens.[9] Der Tenor des Urteils[10] sprach ein Berufsverbot aus, das ihn zu folgendem „Gelübde" zwang: „Es blieb mir dies eine Lehre für mein ganzes Leben, so daß ich selbst dann, als eine

7 Ebenda, S. 24.
8 Ebenda, S. 34.
9 Ebenda, S. 43.
10 Akten Eckard betreffend im Generallandesarchiv: GLA 76/1651.

ehrenvolle und unanfechtbare Berufung in den Gr(oßherzoglichen) Staatsdienst an mich erging, davor zurückschreckte ...“[11]

Neubeginn

Ende 1849 trat Eckard in die Kanzlei von Dr. Bertheau in Mannheim ein, einem Freund seines Vetters Friedrich von Engelberg. Sein schlechter Ruf als verurteilter Neunundvierziger besserte sich durch einen glücklichen Umstand: Durch Vermittlung von Julius Bassermann wurde Eckard in den Musikkreis der Familie Röchling gezogen, wo er seine spätere Frau kennenlernte.[12]

Fügen wir zu Röchlings noch die Namen Engelhorn, Clemm, Ladenburg, Reiss, Fries, Giese, Caro, Siegle und Haueisen hinzu, die in mehr oder minder näherem Kontakt miteinander standen, mehrfach verwandtschaftlich verbunden und wirtschaftlich verflochten waren, dann haben wir den „Gründerkreis“ der badischen Industrie im Rhein-Neckar-Gebiet in der 2. Hälfte des 19. Jahrhunderts vor Augen.[13]

Viele dieser neuen Bekannten, voran Engelberg, verwendeten sich in Karlsruhe für Eckard. Schließlich wurde 1856 das Berufsverbot aufgehoben und ihm Offenburg als Sitz seiner Anwaltspraxis zugewiesen. Im gleichen Jahr heirateten Eckard und Fanny Röchling. So war er verwandtschaftlich und bald auch wirtschaftlich mit der Mannheimer bürgerlichen Aristokratie verbunden.

Offenburg: die Stadt der Liberalen

Sieben Jahre hatte Eckard auf seine Rehabilitierung gewartet. 1856 zog die Familie nach Offenburg. Die Anwaltspraxis mit zwei weiteren Kollegen gedieh zunächst sehr bescheiden. Die öffentliche Anerkennung blieb indessen nicht aus. Als 1859 die Stelle des Bürgermeisters verwaist war, Wiedemer amtierte nicht mehr, wurde Eckard ein Jahr später „nahezu einstimmig“ zum Nachfolger gewählt. Er lehnte jedoch getreu seinem „Gelübde“ ab. Er versi-

11 Ebenda, S. 42.

12 D. R. Nutzinger (Hrsg.): Lebenserinnerungen einer alten Mannheimerin. Völklingen/ Saarbrükken 1938. S. 54 u. S. 114.

13 Jos. A. Raimar: Der Gründerkreis der chemischen Industrie im Rhein-Neckar-Raum, bes. der BASF. In: Pfälzische Familien- und Wappenkunde. 14. Jahrg. 1965.

Offenburg vor 1860. Foto: I. L. Klinger.

cherte dem Gemeinderat, in dessen Gremium für die Mitbürger tätig zu werden. Von 1860–1868 war er Stadtrat, was im „einheimischen Familien- und Parteienwesen" nicht immer einfach war.[14] Schon 1861, ein Jahr nach der liberalen Wende in Baden unter Lameys Reformkurs, wählten ihn die Offenburger Wahlmänner als Vertreter in die Zweite Kammer nach Karlsruhe.

Wenn wir heute von den politischen Versammlungen jener Zeit in Offenburg lesen, kommen uns diese Notizen wie Berichte über Volksfeste vor. Sie sind unzählig, und auf ihnen wird immer wieder der Katalog liberaler Forderungen vorgetragen. Der Stagnation im Inneren von 1849–1860 folgte eine überbordende Geschäftigkeit vieler Honoratioren in Baden.

Geschäftigkeit aber nicht nur im politischen Sinn: Eckard gründete in Offenburg mit elsässischen Industriellen 1857 eine „Spinnerei und Weberei". Er selbst war Vorsitzender des Aufsichtsrates. 1869 kam die „Baumwollspinnerei und Weberei Kollnau" hinzu, deren Grundkapital von Familien in Offenburg und der Familie Jeanmaire aus dem Elsass aufgebracht wurde. Die Maschinen lieferte André Koechlin & Cie. aus Mühlhausen. In dieser Fabrik wurde im großen

14 Carl Eckard (1908), S. 51.

Stil geplant: 14340 Spindeln und 336 Webstühle liefen.[15] Gleichzeitig baute Eckard mit Lamey, Kiefer, Kirsner, Mathy, Bluntschli, Fauler und vielen anderen die Freisinnige – später Nationalliberale – Partei in Baden auf.

In einer Stadt, die Franz Volk und Karl Heinrich Schäuble verteidigt hatte, war es ganz selbstverständlich, dass sich ein Zentrum liberaler politischer Strömungen bildete. Offenburg als Versammlungsort war auch deshalb günstig, weil es ungefähr in der Mitte des badischen „Stiefels" und an der Rheintalbahn lag.

Fassadendetail des Rathauses in Offenburg. Foto: I. L. Klinger.

Mit Errichtung des Kreisgerichts in Offenburg gewann die Stadt auch an staatlicher Bedeutung. Ebenso erweiterte sich das gesellige Leben der Honoratioren. Eckard nahm an all diesen Aktivitäten lebhaften Anteil, vor allem pflegte er die Musik, wobei seine Frau auf ein strenges Ritual achtete, was nicht immer zur Freude der Zuhörer geriet.[16]

In den Großunternehmen Badens

Der Jurist Eckard mit seinen vielen Verbindungen war schon in Offenburg ein gesuchter Organisator neuer Unternehmen.[17] Ihn zog es deshalb zum Brenn-

15 O. Kähni: Offenburg und die Ortenau. Offenburg/Mainz 1946. S. 18.
16 Lebenserinnerungen einer alten Mannheimerin … S. 113.
17 Für die Wirtschaftsentwicklung Badens wurde herangezogen:
W. Fischer: Wirtschaft und Gesellschaft im Zeitalter der Industrialisierung. Göttingen 1972. S. 75–85 und 358–463.
R. Haas: Die Entwicklung des Bankwesens im deutschen Oberrheingebiet. Mannheim 1959.
F. Walter (Hrsg.): Geschichte Mannheims vom Übergang an Baden 1802 bis zur Gründung des Reiches. Mannheim 1907.
C. v. Wüstenhoff: Gründung und Entwicklung der Kreditinstitute in Mannheim und Ludwigshafen in der Mitte des 19. Jahrhunderts bis 1911. Diss. Heidelberg 1967.

Ansicht Mannheims um die Jahrhundertmitte. Foto: I. L. Klinger.

punkt der aufstrebenden Wirtschaft – Mannheim –, die Ortenau war ihm zu klein geworden.

Vor allem wandte er sich dem Aufbau von Banken zu. Bis 1870 gab es in Baden nur Privatbanken, einige Kreditkassen und Filialen ausländischer Banken. Größere, rein badische Institute fehlten und wurden dringend für den Ausbau der neuen Industrie in Mannheim und Ludwigshafen benötigt. Auch eine badische Notenbank fehlte. Man kann diese Entwicklung auf die staatliche Politik zurückführen, die bis zur Reichsgründung vor allem Niederlassungen des gewerblichen Mittelstandes gefördert hat. Großunternehmen galten als zu risikoreich und wegen ihres möglichen Einflusses auch als gefährlich. In Widerspruch zur offiziellen Politik stand allerdings die rege Beteiligung von Beamten der Genehmigungsbehörden in den großen Unternehmen, deren Mitarbeit längere Zeit ohne Wissen der Regierung lief. Nicht die Unternehmer interessierten den Staat, vielmehr die Einrichtung von Musterbetrieben, vor allem in strukturschwachen Gegenden, wie wir heute sagen (z. B. St. Blasien). Die Industrie, der Fleiß und die „Kunstfertigkeit" sollten erzieherisch auf das Umland wirken. In diese merkantilistischen Vorstellungen mischten sich jene des wirtschaftlichen Liberalismus. So kam der Staat allmählich ab von der „privilegierten Manufaktur" (Privilegium exclusivum) und konzessionierte stattdessen Betriebe nach wirtschaftlichen und nicht mehr nur sozialpolitischen Kriterien.

Nach der Reichsgründung entstanden dann analog zum anderen Deutschland sehr rasch Großbetriebe wie BASF und Giulini, deren Gründung meist schon um 1850 herum geschehen war.

Nach der Übersiedlung Eckards und seiner Familie 1870 nach Mannheim entwickelte er eine noch weit größere Aktivität im wirtschaftlichen Bereich als zuvor. Daneben war er von 1871–1874 noch Reichstagsabgeordneter. Schon in der Offenburger Zeit trat der Direktor der Württembergischen Vereinsbank, Dr. K. Steiner, an Eckard heran, die Statuten für ein ganz Baden umfassendes Bankinstitut auszuarbeiten. Dies Vorhaben erweiterte sich, so dass Eckard in folgenden Instituten bald eine führende Rolle spielte:

- Rheinische Kreditbank,
- Rheinische Hypothekenbank,
- Pfälzische Hypothekenbank,
- Deutsche Vereinsbank Frankfurt a. M.,
- Mannheimer Versicherungsgesellschaft,
- Kontinentale Versicherungsgesellschaft,
- Mannheimer Handelskammer,
- Aufsichtsrat der Baumwollspinnerei und Weberei Lamprechtsmühle,
- Aufsichtsrat der Badischen Anilin- und Sodafabrik,
- Verwaltungsrat der Pfälzischen Eisenbahnen.

Vom Mitglied der republikanischen Regierung 1849 bis hin zum Aufsichtsrat in verschiedenen Gremien, ein beachtlicher Wandel im Leben Eckards. Sein Engagement in der Wirtschaft des Landes ist dennoch der folgerichtige Entschluss des ehedem von öffentlichen Ämtern ausgeschlossenen Juristen, wie oben angedeutet wurde. Hinzu kommt, dass das Mannheimer Bürgertum den kommerziellen Aufstieg der Stadt auch als Befreiung von adeliger Bevormundung empfand. Schon der Auszug des Hofes nach München wurde keineswegs beklagt: „... sparsame, fleißige, tüchtige Bürger suchen nicht ihr Heil in Schmeicheln und Kriechen vor denen, die Luxus treiben."[18]

18 Aus Mathy's, Rundschau' 1847.

Soziale Pflichten

Das Leben Eckards würde nicht dem eines Mannes des 19. Jahrhunderts entsprechen, fehlten die vielen mit großem persönlichen Einsatz getragenen sozialen Verpflichtungen. Ähnlich Bluntschli hat dieser ruhelose Mann unablässig die Verbindung von Wirtschaft und sozialem Leben insgesamt gesucht. Musil hat jene bürgerliche Attitüde ironisch die „Vereinigung von Seele und Wirtschaft"[19] genannt und formuliert: „Er spricht von Liebe und Wirtschaft, von Chemie und Kajakfahrten, er ist Gelehrter, ein Grundbesitzer und ein Börsenmann; mit einem Wort, was wir alle getrennt sind, das ist er in einer Person, und da staunen wir eben."[20]

Eckard wirkte sieben Jahre im Komitee des Nationaltheaters Mannheim, in der badischen Sektion der Deutschen Schillerstiftung, war im Verwaltungsrat einer Töchterschule in Mannheim tätig, deren Protektorin die Großherzogin Luise war. 15 Jahre wirkte er als aktives Mitglied des „Sängerbundes" in Mannheim.

Eine konsequente Entwicklung nahm Eckard in seinen religiösen Anschauungen. Katholisch erzogen, liberal gesonnen, war für ihn das Unfehlbarkeitsdogma eine unüberwindliche Schwelle. Als sich in Mannheim 1874 eine altkatholische Gemeinde bildete mit mehr als 200 Mitgliedern, trat auch Eckard mit seiner Familie bei. Seine Frau war unierten Glaubens. 1895 wurde er Kirchenvorstand und führte eine lokale Kirchensteuer ein, die den Grundstock zu einem neuen Kirchenbau legen sollte.

Der Staat als Haut[21]

Eckard hat – mit vielen seiner Freunde – ohne selbst ein Staatsamt auszuüben den Staat verändert. Der Druck, den sie dem Staat entgegensetzten, wurde oft von der Regierung mit Gegendruck beantwortet. Indessen gab es darin über die Notwendigkeit eines politischen Grundkonsenses keinen Streit, wie grimmig auch immer debattiert wurde. „Der Staat schmiegt sich an den sozialen Organismus an, wie sich die Haut über dem Körper bildet."[22] Ganz so leicht

19 R. Musil: Der Mann ohne Eigenschaften. Hamburg 1952. S. 108.

20 Op. cit. S. 190.

21 Der Ausdruck stammt von Ortega y Gasset in: Über das Römische Imperium. Stuttgart 1955. S. 51f.

22 Op. cit. S. 53.

Rechte Gebäudeseite (2. v. r.): Rheinische Hypothekenbank um 1905 in Mannheim. Foto I. L. Klinger.

ging es oft nicht zu, wie wir z. B. aus der Aufkündigung der Zusammenarbeit mit der Regierung Ende der 60er Jahre wissen. Die tiefgreifenden Gegensätze in der Innenpolitik sind aber durch Eckard und andere Politiker mit oft erstaunlichem politischen Instinkt gelöst worden. Seine Vita war das Beispiel eines ausgewogenen Gleichgewichtes zwischen Verfassung einerseits und persönlicher Ungebundenheit andererseits.

Die Wiedereröffnung der Straßburger Universität 1872.
Ein Augenzeugenbericht von Wilhelm Deecke

1981

Gustav A. Ungerer

Ein zwiespältiges Ereignis

Selbst nach mehr als 100 Jahren ist das Geschehen für den Historiker nur schwer zu durchschauen. Welche politischen, ideellen und persönlichen Bestrebungen kreuzten sich bei der Wiedereinrichtung der Straßburger Universität nach dem Krieg 1870/71? Das Ereignis wurde von vielen Ressentiments von deutscher und französischer Seite begleitet, sodass man erst das Gestrüpp der politischen Propaganda roden muss, um anhand verlässlicher Quellen zum tatsächlichen Geschehen vorzudringen.[1]

Wilhelm Deecke im Alter von 65 Jahren. Foto: I. L. Klinger.

1 Zu Straßburgs Geschichte und Universität:
P. Ahne: Strasbourg 1850–1950. Métamorphoses et dévelopernent. Strasbourg 1959.
L. Brentano: Elsässer Erinnerungen. Berlin 1917.
Alte Strassburger Universitätsreden. Hrsg. Vorstand der Vereinigung ehem. Strassburger Dozenten. Frankfurt a. M. 1932.
A. Schricker: Zur Geschichte der Universität Straßburg. Straßburg 1872.
Statistische Mitteilungen über Elsaß-Lothringen. Heft 1–3. Straßburg 1873.
O. Berger Levrault: Annales des professeurs des Académies et Université alsaciennes. 1523–1871. Nancy 1892.

Hilfreich ist dabei die literarische Form des Tagebuches. Deeckes Aufzeichnungen (bisher unveröffentlicht) erstrecken sich von 1872 bis 1897, begleiten also einen wesentlichen Zeitraum der elsässischen Geschichte unter deutscher Verwaltung. Der kurze Auszug über die Feier am 1. Mai 1872 mag einen Einblick in die „gezügelte Subjektivität" des Autors geben.

Der Bericht Deeckes ist auch in anderer Hinsicht von Interesse:

- Sowohl in der Gesamtbeurteilung als auch in Einzelheiten weicht seine Darstellung vom offiziellen Festbericht ab.[2]
- Seine Beschreibung spiegelt die lebendige Nähe dessen, der unmittelbar am Geschehen beteiligt war, und verlangt vom Leser das nachträgliche Miterleben.
- Deeckes Darstellung ist kritischer als es die damaligen Medien in ihren Berichten sein wollten.

Über den kurzen Tagebuchbericht hinaus gewinnt man bei der Durchsicht weiterer Quellen den Eindruck, dass einige Elemente der französischen Akademie sich in den Institutionen der deutschen Universität wiederfinden. Es gab also, hinter der Fassade deutschtümelnder Reden, differenzierte Traditionen, die auch über die spektakulären politischen Ereignisse hinweg Fortbestand hatten.

Man darf ebensowenig verkennen, dass die langersehnte Reichsgründung sich fokusartig auf Straßburg konzentrierte als Ort des Erwin von Steinbach, Goethe, der Humanisten, des Austauschs von deutscher und französischer Kultur. Die Gründung stand dennoch ganz unter dem Aspekt der nationalen Strebungen.

G. Meyer: Die Entwicklung der Straßburger Universität aus dem Gymnasium und der Akademie des Johann Sturm. Frankfurt a. M. 1926.
Amtliches Verzeichnis des Personals und der Studierenden der Universität Straßburg für das Sommer-Halbjahr 1873. Straßburg 1873.
A. Nöldeke: Jugenderinnerungen aus dem Deutschen Elsaß. Hamburg 1934.
O. Mayer: Die Kaiser-Wilhelm-Universität Straßburg. Berlin/Leipzig 1922.
E. Anrich: Zur Geschichte der deutschen Universität Straßburg. Straßburg 1941, S. 118–148.
G. Anrich: Die Kaiser-Wilhelm-Universität Straßburg in ihrer Bedeutung für die Wissenschaft 1872–1918. Berlin/Leipzig 1923.
C. Dietzel: Straßburg als Deutsche Reichsuniversität und die Neugestaltung des juristischen und staatswissenschaftlichen Studiums. Frankfurt a. M. 1871.
Straßburg und seine Bauten. Hrsg. Architekten- und Ingenieurverein für Elsaß-Lothringen. Straßburg 1894.

2 Die Einweihung der Straßburger Universität am 1. Mai 1872. Officieller Festbericht. Straßburg 1872. (Im Folgenden: Festbericht…).

Oberprima des Lyceums mit Konrektor Deecke 1874. Foto: I. L. Klinger.

Stimmen zur Begründung der Universität

Die Reden, die an jenem 1. Mai 1872 gehalten wurden, entsprechen dem Stil des 19. Jahrhunderts, sie sind pathetisch, die der deutschen Teilnehmer patriotisch, geprägt von den Siegen im Krieg und der Reichsgründung.[3] Es gab auch mahnende Worte von ausländischen Festgästen, die Autorität genug besaßen, die Feier losgelöst vom augenblicklichen Überschwang zu sehen. So sprach als Vertreter der österreichischen Hochschulen Prof. Tomaschek (Wien) die Worte: „Das erste friedliche Fest, welches Deutschland (nach dem Kriege. Verf.) feiert." Und als Abgeordneter der deutschsprachigen Schweizer Universitäten sagte Prof. v. Wyss (Zürich) in seinem Grußwort: „ … im Gefühle der Gemeinsamkeit, welche die Wissenschaft über Staats- und Stammesgrenzen hinaus zwischen allen ihren Vertretern begründet … ."

3 s. Alte Straßburger Universitätsreden, a. a. O.

Ein Jahr zuvor hatte Prof. Köchly (Heidelberg) zusammen mit Abgeordneten des Reichstags eine Motion zur Begründung einer Reichsuniversität in Straßburg eingebracht. Er befürwortete darin eine Musteruniversität: „... mit möglichster Beibehaltung bisher erprobter und bereiter Lehrkräfte und mit gebotener Rücksicht auf die Eigentümlichkeit jener Grenzlande." „Vielleicht eine Anstalt, auf deren Boden der deutsche und französische Geist in den friedlichen Künsten der Wissenschaft und höheren Bildung wetteifern, also eine internationale Universität, in welcher eine Anzahl Lehrstühle von ausgezeichneten deutschen und französischen Gelehrten besetzt werden."[4]

Diese Vorstellungen ließen sich nicht verwirklichen.

Die Übergangszeit

Rückblickend ist man versucht, die Universität Straßburg im Jahre 1872 als eine akademische und kulturelle Enklave im Elsass zu bezeichnen, gäbe es nicht eine Reihe Verbindungslinien, die die ältere französische mit der neuen „deutschen" Universität verknüpft.

Das Kollegium des Lyceums in Straßburg 1874. Foto: I. L. Klinger.

4 Reichstagsverhandlungen vom 24. Mai 1871. Stenographischer Bericht S. 292 ff.

Während des Krieges und weiter bis zur formellen Aufhebung der Académie (April 1872) hielten Professoren der protestantischen und der medizinischen Fakultät weiterhin Unterricht. Aus der protestantischen Fakultät stammte auch der erste Rektor der neuen Universität (s. u.).

Zu dieser offenkundigen Fortsetzung der Académie kamen weniger deutlich erkennbare Zusammenhänge.

Freiherr von Roggenbach, Badischer Staatsminister a. D., Organisator der Straßburger Universität. Foto: I. L. Klinger.

Dazu ist ein Blick auf das französische System nötig. Durch Napoleons I. Dekret von 1808 wurden alle Universitäten und Schulen – zentralistisch – in Akademien umgewandelt, die in sich die gesamten Einrichtungen der Erziehung von der Volksschule bis zur Hochschule vereinigten. Die regionale Zusammenfassung entsprach den Oberlandesgerichtsbezirken. Der Akademie stand der Grand Maitre vor, dem als „Kanzler" der Récteur beigeordnet war. Straßburg war innerhalb Frankreichs ein Sonderfall, weil die breite Fächerung der Fakultäten, Seminare und Fachschulen erhalten und erweitert werden sollte. So bestanden nach 1818 – und nach einigen Umformungen – folgende Fakultäten innerhalb der Akademie: Theologie, Jura, Medizin, Philosophie, Naturwissenschaften, Pharmazie, Sanitätswesen. Weitgehende Reformen waren für 1869 angekündigt, aber nicht mehr ausgeführt worden, wegen der Kriegsereignisse.

Die Besonderheit der deutschen Universität ab 1872 liegt nun darin, dass sich die Traditionen der Akademie und Reformvorstellungen im neugegründeten Reich ergänzten. C. Dietzel hatte schon bald nach Kriegsbeginn eine

Schrift verfasst, in der er die „Gunst der Stunde" auch für eine Reform des deutschen Fakultätensystems kommen sah: und zwar in Straßburg. Es sollte die juristische Fakultät erweitert werden um eine staatswissenschaftliche Abteilung, was auch geschah. 1877 trennten sich die philosophische und die naturwissenschaftliche Fakultät, so hatte sich das Beispiel der Faculté des Lettres und Faculté des Sciences durchgesetzt. Das pharmazeutische Institut behielt seine Eigenständigkeit über die Schwelle der Neugründung hinweg, schließlich kam 1905 noch eine katholische Fakultät hinzu. Auch personell gab es eine Kontinuität. Von 54 neuen Ordinarien waren 17 aus der alten Universität übernommen worden. Über diese Verbindungen hinweg darf nicht täuschen, dass die Gründung der Straßburger Universität ganz anderen offiziellen Zwecken dienen sollte: ein Instrument der Reichseinigung, eine Kaderschmiede für Beamte der Reichsämter zu sein, zugleich Elsass-Lothringen für das Reich zu gewinnen.[5]

Freiherr v. Roggenbach hatte den Auftrag erhalten, die personelle Organisation der neuen Universität zu bewerkstelligen. Er zog vor allem junge Dozenten und Professoren nach dem Elsass, die z. T. hervorragende Wissenschaftler waren.

Der Augenzeuge Wilhelm Deecke (1831–1897)[6]

Deecke kam aus Lübeck – wo er Gymnasiallehrer war und seine ehemalige Schülerin Therese Struve heiratete – über Elberfeld nach Straßburg. Sein Freund Baumeister, der das Schulwesen in Elsass-Lothringen nach 1871 neu ordnen sollte, hatte ihn empfohlen. Seine Hoffnung, Direktor des Lyzeums

5 Der Etat der Universität betrug 1871/72 600 000 Mark und 1876 873 000 Mark. Damit lag Straßburg an dritter Stelle hinter Berlin und Leipzig. Der Gehaltsetat lag sogar an zweiter Stelle hinter Berlin. Die Sonderzulagen im ersten Jahr für Beamte veranlassten eine Reihe Neuankömmlinge, in Saus und Braus zu leben und sich zu verschulden.

6 Zur Biographie von W. Deecke und seinem wissenschaftlichen Werk:
C. Pauli: Wilhelm Deecke. Nekrolog. In: Beiträge zur Kunde der Indogermanischen Sprachen. 25. Band 3/4 Heft 1899, Sonderdruck.
Th. Deecke, A. Baumeister: Wilhelm Deecke. In: Jahresberichte über die Fortschritte der classischen Alterthumswissenschaften. 1897. Sonderdruck.
In beiden Beiträgen ein Verzeichnis der Schriften Deeckes.
Th. Deecke: Erinnerungen aus meinem Leben. Masch.schriftl. Manuskript. Unveröff.

zu werden, zerschlug sich, weil ein zweisprachiger Lehrer eingestellt wurde, Dr. Benguerel aus Neufchâtel – aus Rücksicht auf die Bevölkerung. Er selbst wurde nach dem Weggang Benguerels Rektor (1874). Unter dem Statthalter Manteuffel kritisierte er die Schulpolitik und wurde an das kleinste Gymnasium (Bouxwiller) als Direktor strafversetzt. Die Jahre 1884 bis 1889 verbrachte er in ländlicher Abgeschiedenheit. Sein wissenschaftliches Werk (Etruskologie) gedieh fort, obwohl der Tod des Sohnes Adolf ihn bis zu seinem Lebensende in eine seelische Krise führte.

Ernst Deecke, Vater von Wilhelm Deecke, Portrait 1839. Foto: I. L. Klinger.

Deecke war von Ausbildung Altphilologe, hatte in Berlin und Leipzig studiert. Die Semesterferien verbrachte er zeitweilig bei seinem Vater in Frankfurt, der dem Nationalparlament als Abgeordneter Lübecks angehörte. Aus der Fülle der Veröffentlichungen seien die beiden erwähnt, die seine Stellung innerhalb des Faches deutlicher erkennen lassen:

„Corssen und die Sprache der Etrusker. Eine Kritik." Stuttgart 1875. Mit dieser Untersuchung erneuerte sich die wissenschaftliche Frage nach der Herkunft der Etrusker. Bekannter wurde er durch die Umarbeitung des Buches von K. Ottfried Müller: „Die Etrusker." 2 Bände, Stuttgart 1877, Nachdruck Graz 1965; Deecke ließ den Text unangetastet und arbeitete alles an neuerer Forschung als Kommentar ein.

Deecke starb 1897, nach achtjähriger Tätigkeit am Gymnasium in Mühlhausen, im Diakonissenkrankenhaus zu Straßburg. Albert Schweitzer hat ihm in seinen Erinnerungen einen verständnisvollen Nachruf gewidmet. Auch sein wissenschaftlicher Kontrahent Carl Pauli schrieb im Nekrolog: „Sein Tod war nicht nur bloß für Elsaß-Lothringen ein Verlust, sondern auch die wissenschaftlichen Kreise betrauerten sein Hinscheiden."

Der Bericht über das Gründungsfest 1872

Mittwoch, der 6. Mai

„Endlich ist die Festzeit mit ihren Nachwehen so weit vorbeigerauscht, dass ich wieder ein paar Zeilen der Erinnerung niederzuschreiben imstande bin.[7] Mittwoch um 9 Uhr früh versammelten wir uns,[8] sämtliche Lehrer und die Schüler bis Quinta incl. abwärts, auf dem Schulhofe, die Lehrer im Frack, weisse Halsbinde (ich trug doch eine schwarze), weissen Handschuhen (auch die waren bei mir schwarz) und Cylinder und zogen um 9 ½ Uhr in feierlicher Prozession unter Führung des Direktors über die Strasse ins Schloss.[9] Die Teilnahme der sämtlichen Lehrer und erwachsenen Schüler (ca. 120) war als Bedingung gestellt für das Leihen des Zeltes zum Überdecken des Schlosshofes.[10] Denn da kein Saale in Strassburg gross genug war, um die auf ca. 3000 angewachsene Zahl der Festteilnehmer aufzunehmen, hatte man, mit Hilfe jenes unseres Preisvertheilungszeltes, den inneren Schlosshof in einen Saal verwandelt.[11] Zwei ungeheure Masten, der Fuss mit Stricken umwickelt, trugen die Mitte des Zeltes; da es ganz nicht gross genug war, war der hinterste Raum mit Brettern überdacht, in die Glasfenster eingelegt waren. Um den hässlichen Anblick der Zeltleinewand zu verdecken, waren unter das Zelt Wolken von weissem leichten Zeug mit schwarzen und blauen Längsstreifen befestigt. Die Arkaden rechts und links waren mit Brettern

7 1. Mai 1872. Das Datum sollte an den 1. 5. 1567 erinnern, an dem Kaiser Maximilian II. Straßburg das Privileg der Akademie erteilt hatte.

8 Gemeint ist das Lyceum. Deecke hatte einen Text in lateinischer Sprache verfasst, der die Glückwünsche aller elsässischen Schulen und Lehrer beinhaltet. Der endgültige Text wurde wegen Zeitmangel des Kalligraphen um 32 Wörter gekürzt. Abdruck im Festbericht.

9 Dr. Benguerel stammte aus Neufchâtel, beherrschte die deutsche Sprache nicht vollkommen, was zu Disziplinarschwierigkeiten mit den Schülern führte, die z. gr. T. den zugezogenen Beamtenfamilien entstammten.

10 Das Schloß Rohan.

11 Auf der Abbildung S. 350 ist im Hintergrund links ein Teil der provisorischen Überdachung des Schlosshofes zu erkennen.

Frühschoppen im Café Lips nach dem Fest der Gründung. Foto: I. L. Klinger.

verschlagen, doch so, dass oben die Rundung frei blieb, um Licht und Luft von den Nebenhöfen aus hereinzulassen. Da hierdurch ein ungehinderter Luftzug entstand und auch durch die lockere Zusammenfügung der Zeltstücke und deren unteren Rand der Wind eindrang, war die Temperatur, trotz der Menschenmenge, eine gemässigte, und wohlig empfand man die Luftverbesserung, wenn einmal ein stärkerer Windstoss die Zelte und Wolkendecke erschütterte. Deren fortwährendes Wogen und das sanfte Schaukeln der Mastenspitzen gewährte ausserdem für nicht seekränkliche Augen einen sehr angenehmen Anblick, ja mich störte oder ängstigte es durchaus nicht, als mehrmals das Zelt in frischer Brise sich aufwallte und sich an

Der Einzug zum Fest der Gründung. Im Hintergrund das Schloß Rohan. Zeitgenöss. Zeichnung. Foto: I. L. Klinger.

einer Strecke donnernd losriss. Die innere Decoration der Wände, der das hintere Holzdach tragenden Säulen, war weiss und roth. An der Hinterwand waren Medaillons mit den Wappen der Universität und der früheren Fakultäten,[12] an den Seitenwänden grosse Schilde mit den Wappen der elsässisch-lothringischen Städte. Die Zwischenräume füllten Tannenzweige und -gewinde, Fahnen aller Art. Unter dem hinteren Holzdache war ein in 2 Stufen ansteigendes Podium: auf der oberen, an der Hinterwand, sass das von Hrn. Stockhausen dirigierte Orchester, auf der unteren der gemischte, von Hrn. Sering geleitete Gesangverein, unter den Damen an einer Säule rechts meine Frau.[13] Vor der Mitte des Podiums stand die rothsamtene Rednertribüne, an ihren Seiten höhere Postamente mit Büsten, darunter

12 Es handelt sich um die Fakultätswappen der Zeit von 1621–1793.

13 Therese Deecke, die Frau Wilhelm Deeckes, war seit ihrer Lübecker Zeit mit dem Dichter E. Geibel (1815–1884) bekannt, der – wie V. v. Scheffel und A. Stöber – einen Festbeitrag lieferte.

links zunächst die des Kaisers. Etwas vorgerückt, auch erhöht, zwischen der Bühne und der Kaiserbüste stand der Tisch für die Urkunden, rechts hatten die Stenographen ihren Sitz. In der Ecke beim Eingang rechts war ein großer, halb verhüllter photographischer Apparat aufgepflanzt, der seine Öffnung drohend wie ein Kanonenrohr der Rednertribüne zugewendet hielt. Wir fanden den Saal bei unserem Eintritt noch fast ganz leer und erhielten durch die Festordner, der Verabredung gemäss, unsere Plätze an den beiden Seitenwänden entlang. Ich, ziemlich nach vorne, stieg später auf meinen Stuhl, sodass ich den herrlichsten Überblick des Ganzen hatte und Alles aufs Genaueste hören konnte. Ein müder Student sass meist auf meinem Stuhl. Die Anordnung der Plätze war so, dass zunächst in Halbkreisen um die Rednertribüne rechts die neuen Professoren, links die Deputationen und fremden Festgäste, in der Mitte die officielle Welt sass, d. h. die Regierungs- und Stadtbehörden. Hinter diesen, in längeren, schon gerade werdenden Reihen sassen die Damen, dann die Studenten, hinter ihnen das übrige Publicum. Der Saal füllte sich nach unserem Eintritt rasch. Die Farbenstudenten kamen in bunten Zügen mit wallenden Barretten, breiten Schärpen und grossen Schlägern und lehnten ihre Fahnen an den Baldachin der Rednertribüne. Die Anordnung war gut getroffen, so dass nur selten ein vorübergehendes Gedränge entstand."

Donnerstag, der 7. Mai. Fortsetzung

„Die Feier begann um 11 Uhr präcise mit einem Festmarsch[14] des Orchesters, während dessen die Professoren und Docenten und Deputationen und hervorragenden Festgäste, die sich im Nebensaale links versammelt hatten, unter Vortritt zweier Pedellen – mit Silberstäben – einzogen und ihre reichlich bemessenen Plätze einnahmen. Es folgte eine Ouverture,[15] nach welcher der Oberpräsident von Möller hinter den Tisch trat, auf dem die Führer der Deputationen die Glückwunsch-Rollen und -Tafeln zu den officiellen Urkunden gelegt hatten, und die Eröffnungsrede für die Universität hielt, indem er nach wenigen, einleitenden Worten die Kaiserliche Gründungsurkunde verlas und mit einem dreifachen Hoch auf den Kaiser schloss. Er

14 Dieser Programmpunkt fehlt im Festbericht.
15 Nachweis fehlt ebenfalls.

spricht leider unbedeutend und las, da er eigentlich der Brille bedarf, stotternd und ohne Ausdruck, so dass viel von der gewünschten Feierlichkeit verloren ging. Schön, und fast wie ein berechneter Effekt, machte es sich, dass gerade während seiner Rede und lange nachher durch einen Spalt des Holzgebälks ein breiter Sonnenstrahl ihn, den Tisch mit den Urkunden und die Büste des Kaisers hell beleuchtete. Während der Rede war der photographische Apparat in lebhafter Thätigkeit.[16] Zum Schluss verlas der Ob.Präs. noch ein Glückwunschtelegramm des Kronprinzen[17] und übergab die Stiftungsacte dem neuernannten Rector Bruch, Decan der theolog. protestant. Fakultät.[18] Dieser ein kleiner, schmächtiger Mann von über 80 Jahren, geborener Strassburger und früher Mitglied der französischen Universität,[19] antwortete vom selben Platze hinter dem Tische her in langer Dankesrede, für viele unverständlich wegen seiner altersmatten, oft von Husten unterbrochenen Stimme. Er gestikulierte noch lebhaft, aber unschön. Der Inhalt war angemessen, aber wenig erhebend, doch behauptete das Ganze die nöthige Würde.[20] Schliesslich verlas er die Beglückwünschungsadresse des Reichstags[21] und dankte für das Album der Damen, und übergab die Stiftungsurkunde dem Senatssecretär Dr. Schricker. Der Gesangverein stimmte darauf den Chor an ‚Die Himmel erzählen des Ewigen Ehre …'. Dann betrat Prof. Springer, geb. Böhme, aus Bonn berufen, Kunstlehrer und Historiker, die Rednertribüne und hielt die Festrede.[22] Leider las er gegen seine Gewohnheit, wohl aus Scheu vor der grossen Feierlichkeit und aus Furcht, im Schwunge der Begeisterung ein ungeeignetes Wort zu sagen. Die Rede offenbarte daher zu sehr die kunstvolle Ausarbeitung und auch

16 Die historischen Aufnahmen konnten bisher nicht gefunden werden.

17 Text im Festbericht.

18 Die Stiftungsurkunde und die Anstellungsurkunden der Professoren und Dozenten datieren vom 22. April 1872.

19 Aus dem protestantischen Seminar wurden fast alle Dozenten übernommen. S. E. Anrich: Zur Geschichte der deutschen Universität Straßburg. Fußnote 1.

20 Prof. Dr. Joh. Friedrich Bruch (1792–1874), geboren in Pirmasens, nicht wie Deecke vermutet Elsässer. Theologe.

21 s. Festbericht.

22 Prof. Dr. Anton H. S. Springer (1825–1891), Kunsthistoriker und politischer Schriftsteller, war wegen seiner Nationalbestrebungen und öffentlichen Reden aus Österreich vertrieben, später in Bonn Professor. Er war bei der Gründung 1872 zum Prorektor ernannt worden.

seine Stimme reichte nicht aus. Er sieht schon ältlich aus und war nachher ganz erschöpft. Der Stil war gut, die zweite Hälfte, welche die Freiheit der Wissenschaft betonte, etwas lang, aber mehrfach erhebend. Es folgte der Chorgesang ‚Der Herr ist gross ...'. Im Namen der deutschen Hochschulen begrüsste dann Prof. Waitz aus Göttingen die neue Schwester, unvorbereitet, in gewöhnlichem rhetorischen Pathos, mit feierlich geschwenktem Cylinder[23]; ihm folgte Prof. Tomaszek[24] aus Wien im Namen der österreichischen Universitäten, begeistert, schwungvoll, politisch, daher von der empfänglichen Versammlung jubelnd begrüsst; um so vorsichtiger, abgemessener, ausdrucksloser sprach Prof. v. Wyss aus Zürich[25] im Namen der Schweizer. Nachdem der Rector im Namen der neuen Universität gedankt hatte, spielte die Musik noch eine Ouverture[26] und ging dann in die Hymne,Heil Dir im Siegerkranz' über, in die das Publicum einfiel. Damit schloss die Feier. Sie war streng officiell, würdig, aber etwas matt u. nüchtern. Weder ein Prinz, noch Bismarck, noch ein Vertreter des Reichskanzleramts war gekommen, auch kein Vertreter des Preuss. Unterrichtsministeriums, keine Deputation des Reichstags.[27] Auffällig war, dass Roggenbach[28] nicht sprach, noch irgend jemand von der Mairie oder als Vertreter des Reichslandes; auch kein Führer einer Studentendeputation. Auch der Schulrath Baumeister kam nicht zu Wort und übergab unsere Adresse später privatim dem Rector. So endete die

23 Prof. Dr. Georg W. Waitz (1813–1886), Historiker. Ein gesuchter Festredner, der u. a. 1865 zum Universitätsjubiläum nach Wien entsandt wurde, um die Grüße der Göttinger Universität zu übermitteln.

24 Prof. Dr. Tomaschek – so die Schreibweise (1828–1878), breite Darstellung in: Biografisches Lexikon des Kaisertums Österreich. Wien 1882, 46. Teil, S. 49–56.

25 Prof. Dr. Georg von Wyss (1816–1893), nach Umhabilitation Historiker in Zürich, vielfach in der Politik seines Kantons verflochten. Biographie in: Historisch-Biografisches Lexikon der Schweiz. Neuenburg 1934, S. 612.

26 Kein Nachweis im Festbericht.

27 Die Texte der Telegramme s. Festbericht.

28 Freiherr v. Roggenbach hatte im Auftrag Bismarcks die Gründung und die Berufungsverhandlungen mit viel Fingerspitzengefühl vorbereitet. Das Amt des Universitätskurators – vergleichbar dem jetzigen Kanzler an deutschen Hochschulen – in Straßburg lehnte er ab. „Das Dienen unter Bismarck war ihm schwer geworden", wie er sagte.

Feier bald nach 1 Uhr. Bescheidenheit war ein lobenswerther Charakterzug derselben; mit Ausnahme Möllers sprach kein Nationalpreusse."[29]

Mein Dank gilt den Damen und Herren der Universitätsbibliothek Heidelberg sowie Frau I. L. Klinger für die Fotoarbeiten, vor allem aber Frau Gertrud Ungerer, Freiburg, die Deeckes Tagebücher in leserliche Form übertragen hat.

29 Die Statthalter:
Möller Eduard v. (1814–1880),
Manteuffel Edwin v. (1809–1885),
Hohenlohe (Schillingsfürst) Chlodwig v. (1819–1901).

Die Festhalle „Rosengarten“ in Mannheim. Zur Baugeschichte

1982

Gustav A. Ungerer

Es vergeht kaum ein Tag, an dem der „Rosengarten“ nicht für Konzerte, Massenveranstaltungen, Ausstellungen und Versammlungen genutzt wird, dies seit fast 80 Jahren. Und stets ist der Besucher von neuem überrascht von der reich plastifizierten Fassade, den zwei Portalen, Schlünden gleich, steingewordene Märchenfiguren zwischen Idylle und Eros.[1]

Das Traumhafte der äußeren Erscheinung stimmte in der Zeit des Jugendstils ganz mit der Funktion des Gebäudes überein: die Festhalle des Bürgertums der reichen badischen Wirtschaftsmetropole zu sein. „Die Kunst ist heiter, das Leben ist ernst.“ Dieser fatale Satz wurde einer Epoche zur Maxime, die die Schönheit als Lebensgefühl pflegen wollte, und sie baute ihre Paläste, die wir nun zäh erhalten. Das Pendant, die Sicht auf die rauchenden Schlote Ludwigshafens, auf die Zeichen der Industrie und des Lebens Ernst, sind uns nicht ebenso sympathisch geblieben (s. hierzu die Vogelperspektive auf Mannheim und Ludwigshafen, K. Grote (um 1900).

Anmerkung der Hrsg.: Dieser Beitrag steht im Kontext mit dem Portrait über Carl Eckard (s. Buchband). Carl Eckard (1822–1910) war familiär wie beruflich mit dem ‚Gründerkreis‘ der Industrie und des Finanzenwesens im Rhein-Neckar-Raum verflochten. Seit 1870 wirkte er in Mannheim und partizipierte vermutlich auch am vielfältigen städtischen Kulturleben. – Um 1981/82 hatte Ungerers Ehefrau Fragen zur Festhalle „Rosengarten“ konservatorisch zu beraten. Das Begleitthema Baugeschichte übernahm der Autor, um für sich das räumliche Umfeld von Carl Eckard anschaulich zu machen (s. hierzu auch die Buchrezension über die Kulturdenkmale der Stadt Mannheim). Ungerer hat den Gebäudekomplex anhand des Programmbuchs zur Einweihung im Jahr 1903 beschrieben und gewürdigt: Der „Rosengarten“ galt als ein einzigartiges repräsentatives Bauwerk im Großherzogtum Baden und er wurde zum wichtigsten Ort gesellschaftlicher Großereignisse. – (Bau im Zweiten Weltkrieg schwerst geschädigt. In den 1972–74er Jahren neu errichtet. Vom Ursprungsbau blieb die eindrucksvolle Schaufassade zum Friedrichsplatz erhalten).

1 Hans H. Hofstätter: Geschichte der europäischen Jugendstilmalerei, DuMont, Köln, 1965, S. 44 f.

Nach dem 5. Badischen Sängerbundfest vor 90 Jahren in Mannheim wurden die Stimmen aus dem Bürgertum immer lauter nach einer der Stadt angemessenen Festhalle.[2] Die Vorgeschichte bis zum ersten Spatenstich für den Neubau ist ein Lehrstück in Sachen Bürgerwillen gegen die Verwaltung. Endlich siegte die Beharrlichkeit. Wir überspringen die vielen Petitionen und Vorverhandlungen über den Standort und die Finanzierung.

Der Wettbewerb und die Bauvergabe

Der Bürgerausschuss verabschiedete 1897 die Vorlage zur Ausschreibung eines engeren Wettbewerbs und bestellte die Sachverständigen für die Jury. Illustre Namen der damaligen Architekturwelt waren vertreten: Prof. Schäfer, Karlsruhe, Prof. Thiersch, München und Prof. Wallot, Dresden.

Die Ausarbeitung sollte von drei Büros geliefert werden:

- Prof. Bruno Schmitz, Berlin,
- Baurat H. Seeling, Berlin,
- Architekt Bernhard Sehring, Berlin.

Die beiden Letztgenannten gaben ihren Auftrag wegen Überlastung zurück. Im November 1898 gingen über den Auftrag hinaus sechs Arbeiten ein. Von diesen kamen vier in die engere Wahl: Schmitz, Victor Lindner (Mannheim), W. Spannagel (München) und Wilhelm Brurein (Mannheim). Gekürt wurde die Planung von Schmitz, die beziehungsreich die Chiffre „Carl Theodor“ trug.

Die Pläne wurden der Öffentlichkeit zugänglich gemacht durch eine zweiwöchige Ausstellung, während der eine Reihe zusätzlicher Anregungen diskutiert wurde, die der Stadtrat dann mit der Vergabe verknüpfte. So sollten alle Fassaden aus Haustein gearbeitet werden. Die Betonung lag auf einem „prachtvollen“ Gebäude, das von allen Seiten aus monumental wirken sollte.

Die Stadtverwaltung nahm selbst die Bauträgerschaft an sich, Schmitz war nurmehr beauftragter Architekt. Der Rohbau sollte nach der Finanzplanung 1 598 600,– Mark kosten. Durch den Einbau zusätzlicher Funktionen und

2 Städtische Festhalle. Zur Weihe des Hauses. Musikfest Ostern 1903, Programmbuch. Mannheim, Bensheimer. Im Innentitel handschriftliche Signatur Felix Mottl.

Ansicht der Festhalle. Fassade von Nordwesten kurz vor der Fertigstellung. Repro: I. L. Klinger.

den Innenausbau betrugen die Kosten schließlich 2 647 177,– Mark. Der für damalige Verhältnisse enorme Aufwand ergab sich unter anderem auch dadurch, dass eine Dependance des zu klein gewordenen Nationaltheaters geschaffen werden sollte.

Unter reger Beteiligung der Mannheimer Bürger hatte sich ein Raumkonzept durchgesetzt, das Räume enthielt für:

- Festlichkeiten (Sänger, Turner, Schützen, Militärfeste, Kongresse und
- Volksversammlungen),
- Ausstellungen und Bazare,
- Musikveranstaltungen größeren Stils, Militärkonzerte, Masken- und andere Bälle,
- Sinfonie- und ähnliche „vornehme“ Konzerte,
- Theateraufführungen,
- Vereinsversammlungen, Familienfeste, Vorlesungen,
- ein Tagesrestaurant.

Der Architekt Bruno Schmitz (1858–1916)

1858 wurde Schmitz in Düsseldorf geboren, trat Mitte der 70er Jahre in die Kunstakademie ein, fühlte sich aber in der Bauklasse sehr eingeschränkt durch die trockene Art der Studieninhalte und wechselte zum Architekturbüro von Hermann Riffarth.[3] Die noch ganz im Schinkel-Stil verhafteten Bauten Riffarths interessierten ihn nicht lange, er wandte sich als Aushilfe an angesehene Büros wie Giese & Weidner, Kyllmann & Heyden und Raschdorff. Zugleich studierte er Kunst an der Akademie. In dieser Zeit gewann er den internationalen Wettbewerb um das Monument für Vittorio Emmanuele II in Rom (1883). (Heute heißt das Denkmal im Volksmund spöttisch die „Schreibmaschine".)

Hinzu kamen in rascher Folge Preise für die Pläne zum Künstlerhaus in Amsterdam und zum Landesmuseum in Linz. Ein Jahr lang leitete er die Baustelle in Linz (1884). Mit 26 Jahren hatte Schmitz schon eine Fülle von Wettbewerben gewonnen – der Denkmal-Schmitz –, Erfahrung in der Bauausführung und eine Reihe kleinerer Gebäude geplant. Er zog nach Leipzig und arbeitete im Büro des Raschdorff-Schülers August Hartel, der sich dem gotischen Historismus-Stil verschrieben hatte. Sein Wunsch, durch Hartel in die Sparte Kirchenbau Eingang zu finden, ließ sich nicht realisieren. In Leipzig löste er sich von den „akademischen" Schulen und Stilrichtungen und ließ sich in der Baumetropole Berlin 1885 nieder. Bis 1890 reiste er durch Holland, Belgien, Frankreich, Italien und Österreich. 1888 erhielt er den 1. Preis für ein Siegesdenkmal in Indianapolis. Der Preisverleihung folgte seine erste Reise in die Staaten.

Viel beachtet wurden seine Arbeiten am Kyffhäuser-Denkmal, 1890, zum Kaiser-Wilhelm-Denkmal an der Porta Westfalica, 1896, am Deutschen Eck, 1897, und viele andere Projekte. Eine Verwandtschaft zu den Arbeiten von Richardson in USA ist wahrscheinlich.[4]

3 Über Bruno Schmitz: Deutsches biographisches Jahrbuch. Stuttgart–Berlin–Leipzig 1925, Überleitungsband 1, S. 259–262. Allgemeines Lexikon der Bildenden Künste. Hrsg. H. Vollmer, Leipzig 1936, 33. Band S. 175. Zentralblatt der Bauverwaltung, 36, 1916, S. 257 f. Nachruf.

4 Henry Hobson Richardson 1838–1886, bei Henry-Russell Hitchcock, New York The Museum of Modern Art 1936.

Beethovenportal. Hier hatte sich Bruno Schmitz' Denkmalerfahrung niedergeschlagen. Repro: I. L. Klinger.

Auf dem Friedrichplatz in Mannheim plante Schmitz mit dem Bildhauer Prof. Volz, Karlsruhe, das Denkmal für Großherzog Friedrich I. von Baden, er machte Vorschläge für die Arkadenhäuser, ein Reiss-Museum und den „Rosengarten".

Dem Rosengarten-Bau verwandt ist z. B. das 1906 entstandene Weinhaus „Rheingold" in Berlin. Immer stärker beschäftigte sich Schmitz mit stadtplanerischen Projekten. Auf den Vorschlägen für Mannheim aufbauend folgte der Stadt-Umbau für Charlottenburg, für Groß-Berlin und Düsseldorf. Alle diese Vorschläge zeigen schon titanenhafte Züge, die Realität scheint dem Zeichenstift hinderlich.

Dem „Rosengarten“ ebenfalls sehr nahe steht die Planung für die Tonhalle in Zürich.

Es ist hier nicht der Ort, ein Werkverzeichnis von Bruno Schmitz vorzulegen, dennoch scheinen die genannten Bauten ein Dilemma anzudeuten.[5] Schmitz als Architektur-Künstler des Jugendstils versuchte die Erlebniseinheit zu verwirklichen, die in zwei Welten sich bewegte: die reale Welt, die positivistisch lebte und handelte und das „ästhetische Nebenreich, in dem die Seele zu Hause war.“[6]

Der Bau von 1903

Blickte man vom Wahrzeichen Mannheims – dem Wasserturm – auf den „Zirkel“ und seine Randbebauug, fiel dem Auge der „Rosengarten“ als Baumasse nicht besonders auf. Der Architekt hatte einen Trick angewandt. Die nördliche Hälfte des Gebäudes lag gut einen Meter tiefer im Terrain. So wirkte der gewaltige Bau dezenter gegenüber den umliegenden Häusern. Denn immerhin erreichte der Komplex eine Länge von 144 m und eine Breite von 102 m, eine Firsthöhe von nahe 30 m, die Turmspitzen ragten über 35 m auf. Die Fläche von 4800 qm entsprach der eines mittleren Kaufhauses. Sie genügte damals, weil die diversen Funktionen ineinandergriffen. Dadurch, dass der Dachraum für die Säle mitgenutzt wurde, erschien der Bau innen größer als von außen

5 Einige Bauten von Bruno Schmitz:
Völkerschlachtdenkmal in Leipzig 1900–1913,
Kaiser-Wilhelm-Denkmal in Halle 1903,
Bismarckdenkmal für Hamburg 1903,
Palais Carl Stollwerk, Köln 1899–1900,
Villa für Herm. Stollwerk, Köln 1903–1903,
Deutsches Haus für die Weltausstellung in Saint Louis 1903–1904,
Konzertpavillon im Kurpark zu Luzern 1908,
Neue Synagoge in Berlin,
Hôtel Imperial in Dresden 1885,
Kantonale Bank St. Gallen 1885–1886,
die Tonhalle in Zürich ist nach seinen Entwürfen verändert.

6 Hofstätter a.a.O. S. 38.

Partie aus dem Konzertsaal. Eine der reich inkrustierten Wände und die Decke des Konzertsaales. Repro: I. L. Klinger.

gesehen. Dieses architektonische Prinzip, das durch die neuen Verfahren der Beton-Konstruktion ermöglicht wurde, kann ebenso bei den Hallenbädern jener Zeit beobachtet werden.

Auf einem Basaltsockel steht das Gebäude ganz in Mainsandstein gearbeitet. Die zurücktretenden Wandfelder sind noch als in der ursprünglichen Planung vorgesehene Putzflächen zu erkennen. Stimmig zum rötlichen Sandstein hatte sich Schmitz eine Besonderheit für die Dachdeckung einfallen lassen. Die rundliegenden Unterziegel (Nonne) wurden rot getönt, die aufliegenden (Mönche) grün glasiert. Das ergab einen samtweichen, pastellfarbenen Rot-Grün-Ton.

Die Südfront erhielt eine Terrasse, unter der die Vorhalle sich einfügt mit zwei reich geschmückten Portalen. Sowohl das Mozart- wie das Beethoventor zeigen die reiche Erfahrung des Denkmalspezialisten Schmitz. Beide Büsten sind halbreliefartig von einer Gruppe steinerner Chimären umgeben, die die „schmeichelnde" und die „packende" Musik symbolisieren. Unter den Gesimsen sind gewellte Profile angebracht, die gleich moderner Notation Tonsequenzen darstellen. Beethoven ist der Adler des Zeus beigegeben, der Psyche hilft, das Wasser des Lebens zu schöpfen.

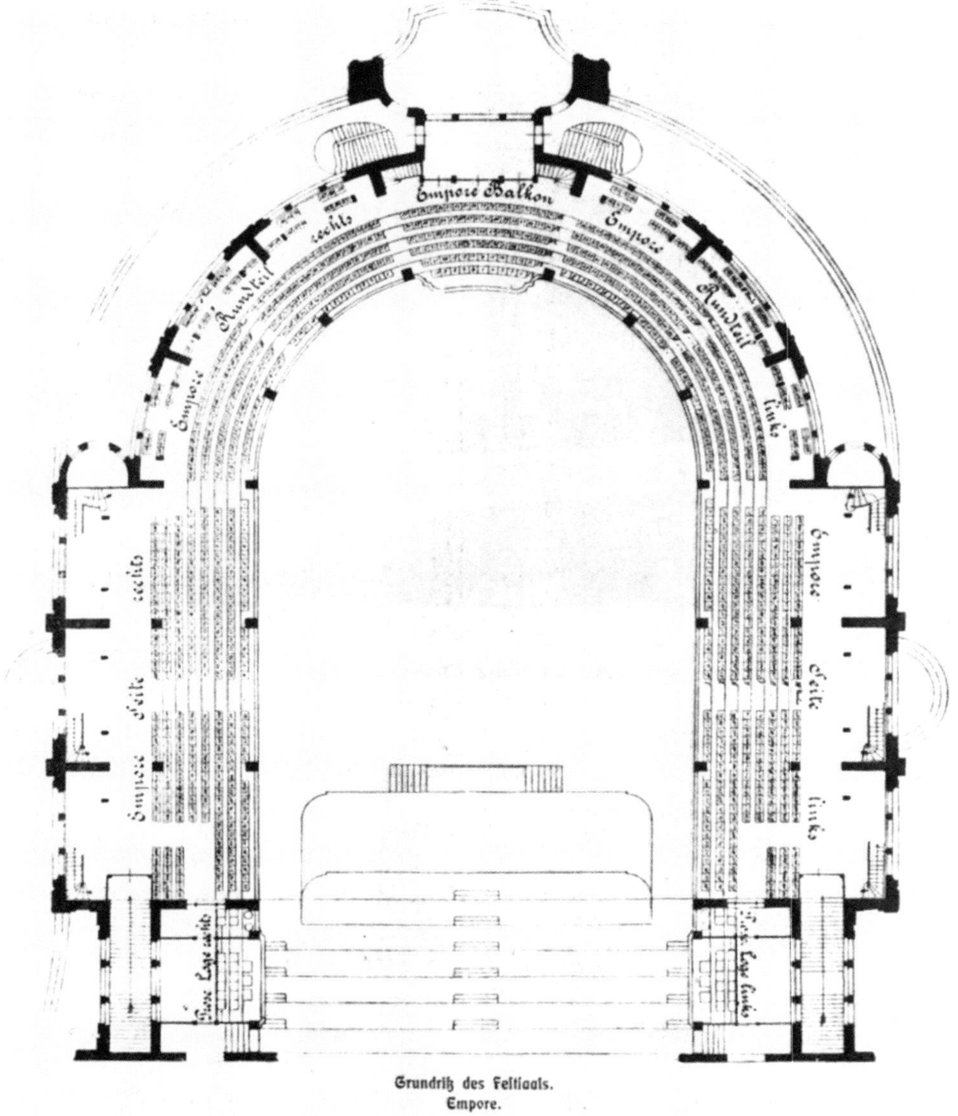

Grundriss des Festsaales. Die Empore des Festsaales. Repro: I. L. Klinger.

Die Eingangshalle mit üppiger Wanddekoration und Kassettendecke war (ursprünglich) dreischiffig, die Treppenräume nicht gerechnet. 40 Säulen von pantelischem Marmor mit Salacata-Einlagen trugen einen Raum, der 50 m lang, ca. 25 m breit und 5 m hoch war. Neuartig waren die rosettenförmigen Beleuchtungsanlagen aus Messingbronze an der Decke.

Über dem Eingangsbereich befand sich der Konzertsaal mit einem elliptischen Gewölbe. Er trug die Maße: 45 m Länge, 30 m Breite und 15 m Höhe. Eine Besonderheit stellten die beiden Kronleuchter dar, deren jeder eine Bogenlampe und 130 elektrische Birnen fasste, wobei die gleißende Helligkeit des Bogenlichts gemildert wurde durch stufenweise abgehängte Glaskaskaden.

Das ausziehbare Konzertpodium des Saales faßte ca. 300 Sänger und 100 Orchestermusiker. An der entgegengesetzten Front war die Theaterbühne eingerichtet. Die Sitze der Zuhörer konnten mit einem Griff nach jener oder dieser Bühne hin gewendet werden. Über dem Orchesterpodium war die Orgel angebracht nach pneumatischem System, mit 3 Manualen und Pedal, 49 Registern, 2932 Pfeifen, der Blasebalg wurde elektrisch betrieben. Dieser Saal bot maximal 1576 Gästen (inkl. 300 Stehplätze) Raum.

Hinter dem Sängerpodium wurde ein Versammlungssaal geplant, dessen Decke in einem Kettengewölbe gearbeitet war, seine Maße betrugen 18,60 m auf 13,60 m. Kleinere Versammlungen, Bälle und Konzerte sollten hier stattfinden. Maximal 300 Sitzplätze konnte er bieten.

Die gewaltigen Dimensionen der Anlage werden beonders deutlich beim Festsaal. Er war mit 46 x 46 m ca. 1900 qm großund fasste 1570 Sitzplätze. 12 Pilaster und Säulen trugen die großen Flachbogentonnen. Auch hier war eine Orgel mit Prospekt für klassische Konzerte eingefügt. Ein ausgeklügeltes System sorgte für Frischluft und Wärme, die Zufuhr war in Deckenfriesen untergebracht.

Technikgeschichtliche Details

Von der produzierten Energie her gesehen handelt es sich beim „Rosengarten“ um ein Teil-Block-Werk. Bei vollem Betrieb wurde aus dem öffentlichen Netz Elektrizität zusätzlich eingespeist. Die Bogenlampen außerhalb des Gebäudes und Glühbirnen wurden mit 220 Volt – teilweise mit 120 Volt – betrieben. Insgesamt waren 60 Bogen und 3000 Glühlampen in Aktion.

Für diesen Aufwand wurde eine Kraftstation gebaut, die pro Stunde 45 kW Gleichstrom lieferte, der umgeformt wurde. Für Licht und die Luftumtauscher waren 17 Motoren in Betrieb mit einer Leistung von 110 PS. Der Verbrauch bei normalem Betrieb betrug ca. 300 kW/Stunde. Die Heizung erfolgte als Dampfluftsystem mit vier Niederdruckkesseln. Vier Ventilatoren von 2,5 m Durchmesser sorgten im Keller für die Umwälzung der Luft, wobei Ansaug- und Absaugvorgang umkehrbar eingebaut waren.

Allein der Festsaal benötigte 8 Bogenlampen und 1130 Glühbirnen. Die Nacht sollte zum Tage gemacht werden, die Räume heller als die Sonne erstrahlen – durchaus ein zeitgemäßer Wunsch.

Die musikalische Einweihung

Das Haus war gebaut. Es folgte ein musikalisches Szenarium über drei Tage hinweg (Ostern 1903, Sonntag d. 12. April bis Dienstag d. 14. April). Die Musiker-Namen, die dieses Fest gestalteten, wecken die Erinnerung an die talentiertesten Künstler jener Zeit. So waren u. a. aufgeboten:

- Felix Mottel (Dirigent aus Karlsruhe),
- Emilie Herzog (Sopran aus Berlin),
- Bertha Morena (Sopran aus München),
- Jeanette Gumbacher-de-Jong (Sopran aus Berlin),
- Ferruccio Busoni (Klavier aus Berlin),
- Carl Friedberg (Klavier aus Frankfurt a. M.),
- das Joachim-Quartett (J. Joachim, K. Halir, E. Wirth, R. Hausmann aus Berlin).

Aus den Orten der Kurpfalz wurde ein gemischter Chor von ca. 1000 Damen und Herren gebildet, deren Stimmgewalt dennoch das Haus widerstand, Armierung und Beton konnten diese Trompeten von Jericho nichts anhaben.

Die Programme der Aufführungen halten sich durchaus in konventionellem Rahmen. Alle aufgeführten Werke waren 1903 schon in den Kanon bürgerlichen Lebens eingebunden. (Beethoven, Schubert, Bach, Mozart, Haydn, Brahms, Wagner, Cornelius, Bruckner, Liszt.)

Einzig Hugo Wolfs Lieder wurden dem Publikum besonders anempfohlen. Sein Liedzyklus scheint dem damaligen Hörer noch nicht vertraut gewesen zu sein. Die glanzvollen Konzerte wurden aufgeteilt in ein Eröffnungskonzert unter der Leitung von W. Kähler, Hofkapellmeister in Mannheim – wobei die Orgel eingeweiht wurde von A. Hähnlein – und einen Kammermusikabend. Ostermontag-Nachmittag war ganz den Chören gewidmet, der 3. Tag einem weiteren Kammerkonzert.

Damit war das Gebäude seiner alltäglichen Nutzung überantwortet.

Für bauhistorische Hinweise danke ich meiner Frau K. Ungerer-Heuck, für die Reproduktionen der Fotos Frau I. L. Klinger. Mein Dank gilt auch Herrn Chr. Präger, der sich demnächst mit einer Arbeit über Bruno Schmitz vorstellen wird.

Hans Huth: Die Kunstdenkmäler des Stadtkreises Mannheim.

1982

Gustav A. Ungerer

Ein wesentlicher Teil unserer kulturellen und sozialen Entwicklung seit dem Mittelalter hat sich in den Städten abgespielt. Augenfällig sind es erhaltene Kulturdenkmäler, die diese Entwicklung verkörpern. Mannheims Fortgang von der Grundsteinlegung der Festung (1626) bis zur Wirtschaftsmetropole Badens ist reich dokumentiert in den Bänden von Hans Huth: Die Kunstdenkmäler des Stadtkreises Mannheim. München, Deutscher Kunstverlag. Bde, I u. II, 1982. Die Baugeschichte Mannheims ist hier zum ersten Male breit der Öffentlichkeit vorgestellt, ein Jahrhundertwerk, denn Oechelhäusers Bände hatten – zu ihrer Zeit – die Stadt ausgespart.[1] Nur etwa 3% der Altbauten in Baden-Württemberg sind Kulturdenkmäler. Für Mannheim, von großen Zerstörungen in Kriegs- und Nachkriegszeit heimgesucht, ist es daher ein erstaunliches Faktum, dass 1 700 Seiten kaum reichen, das gesamte bauliche Erbe darzustellen. Man könnte hieraus schließen, dass alle Hebel in Bewegung gesetzt werden, diese bedeutende Baukultur zu erhalten. Seit aber der Großherzogliche Baumeister Friedrich Weinbrenner den Kampf gegen den Abriss der Klosterkirche zu St. Blasien 1807 aufnahm, und seit vor 130 Jahren die Denkmalpflege in Baden institutionalisiert wurde, haben sich wohl fachliche Akzente verschoben. Die Mühen zur Erhaltung von Bauwerken sind indes nicht geringer geworden.

Zu den Baudenkmälern in Städten gehören nach den Rechtsbegriffen zuständiger Juristen ca. 104 verschiedene Kategorien: vom Amtshaus bis zum

1 Adolf von Oechelhäuser (1852–1923, Kunsthistoriker, Denkmalpfleger und Hochschullehrer; zusammen mit Josef Durm (1837–1915), Architekt, Bauforscher, Großherzogl. Baudirektor, ebenfalls Hochschullehrer) war er der Herausgeber der Reihe Die Kunstdenkmäler des Großherzogtums Baden, die seinerzeit allerdings unvollständig blieb (Anm. d. Hrsg.).

Zollhaus. Für Mannheim mit seiner facettenreichen Baugeschichte als Festung, Residenz und Industriestandort übergenug, diesen Katalog aufzufüllen. Dies hat der Autor nach jahrelanger Vorarbeit übersichtlich und bis in die Details genau geleistet.

Dem Benutzer des Werkes wird folgendes „Gerüst" geboten:

- Zur Übersicht: Karten, Einführung in Geschichte und Kunstgeschichte, Bibliographischer Apparat
- Die Festung Mannheim und die Stadt im 17. und seit dem 18. Jahrhundert
- Die Stadtgestalt bis zum Beginn des 20. Jahrhunderts
- Die Festung im 18. Jahrhundert
- Das Schloss
- Öffentliche Gebäude, Rathäuser, Kirchen, Krankenhäuser usw.
- Hafenanlagen, Industriebauten, Brücken, Bahn- und Postgebäude, die Wasserversorgung
- Private Villen und Häuser
- Denkmäler
- Parks, Gärten und Friedhöfe
- Die Stadtteile
- Orts-, Künstler-, Handwerker-, Personen- und ikonographisches Register.

Der sehr sorgfältig erstellte Apparat ermöglicht dem Leser ein rasches Auffinden, die ausführliche Quellenangabe zu jedem vorgestellten Objekt einen guten Überblick zu weiterer Forschung. Die Inventarisation der Bauwerke war allerdings erschwert, weil das städtische Bauarchiv – als wichtige Datenquelle – kriegszerstört war und weil die Innenausstattung – vor allem der Privatbauten – nicht überprüft werden konnte.

Die Bücher im Buch:

Innerhalb des I. Bandes wird auf 300 Seiten die Geschichte des Schlosses und seiner Gärten behandelt. Hier spielt der Autor alle Register, deren die Baugeschichte und Inventarisation fähig ist: Dieser Teil der Dokumentation gibt ein fast lückenloses Bild der Bauten und Ausstattung der Residenz. Ehedem Geplantes, Realisiertes, Zerstörtes, Wiederaufgebautes und Rekonstruiertes

Die Kunstdenkmäler in Baden-Württemberg

Stadtkreis Mannheim

Deutscher Kunstverlag München Berlin

Abbildung: Die Kunstdenkmäler Baden-Württembergs, Stadtkreis Mannheim, Ausschnitt aus C. Kuntz 1812 Blick auf das Schloss von der Stefanienpromenade.

sind derart ineinander verwoben, dass diese Seiten für sich schon ein eigenständiges Buch darstellen.

Ein Aspekt der Denkmalpflege ist die Erwartung der Öffentlichkeit. Nicht auszudenken, hätte man das Schloss nach der Zerstörung (quasi als Pendant zum Heidelberg Schloss) dem „Sterben-Lassen“ überantwortet, wie es an anderen Orten geschehen ist.

Jene öffentliche Meinung nach dem Krieg und in urbaner Umgebung verlangte nach dem Wiederaufbau. So vermitteln die Seiten über die Geschichte des Schlosses ein ideelles Gesamtbild aus Vergangenheit und Gegenwart, Verschwundenes ersteht sinnfällig zu Vorhandenem, als ob die Epochen der Baugeschichte übereinanderprojiziert würden.

Ein weiteres Buch-im-Buch bilden die nicht mehr vorhandenen, die abgegangenen Bauten. Auch sie haben das Stadtbild einst geprägt; ohne Kenntnis dieser Bauten ist ihre nähere Umgebung oft unverständlich. Vice versa stehen jetzt hervorragende Zeugen der Baukultur in mediokrer Umgebung, was den Leser der Bände und Kenner der jüngeren Bautätigkeit in blankes Entsetzen bringt. Wie es scheint, sind Schocks dieser Art auch in Zukunft zu erwarten.

Die beiden Bände spiegeln die gegenwärtige Auffassung von Denkmalpflege wieder, insofern sind sie ein zeitgeschichtliches Dokument. Von der romantischen Auffassung – ad fontes (in eigentlichem Sinne hieß das auch „Bewahrung der Quellen“) – über den Beginn dieses Jahrhunderts – „Konservieren, nicht Restaurieren“ – bis heute ist zwar ein langer Weg abgeschritten, kontinuierlich auf der Suche nach Identität, verschoben hat sich der Denkmalbegriff aber dennoch: Der Autor trägt dem veränderten Bewusstsein – im Sinn des Denkmalschutzgesetzes – Rechnung.

Lag zu Oechelhäusers Zeit der Schwerpunkt auf ästhetisch hervorragenden, mindestens durch Alter, Würde, Erhabenheit herausragenden Baudenkmälern, so erweitert sich dies First-Class-Spektrum um die Denkmale der Technik- und Sozialgeschichte.

Mit der Konzentration der Industrie in und um Mannheim beginnt der Arbeitersiedlungsbau, schließlich der Massenwohnbau; die Prosperität der Bürger manifestiert sich in der gleichen Zeit in Bank- und Versicherungsgebäuden, Villen und repräsentativen öffentlichen Bauten (Rosengarten). Im Gefolge dieser Entwicklung tritt von Mannheim zentripetal wirkend die

Arbeiterbewegung in Baden auf, über deren Zeugnisse wir allerdings nichts erfahren (wo wurde die erste Arbeiterzeitung gedruckt, wo wohnte der Arbeiterführer Eichelsdörffer?).

Scheint es schwierig, im Netz der Sozialgeschichte Mannheims einige Knoten zu finden und zu bewahren, so gelingt dies in der Technikgeschichte leichter. 23 Seiten sind dem Hafen gewidmet, seiner Geschichte von 1843 an, Industrie- und Brückenbauwerke eingeschlossen. Über den unterirdischen Städtebau wird unterrichtet, zur damaligen Zeit modernste Anlagen, wie z. B. die Wasserversorgung durch das Hauptpumpwerk.

Im ersten Band befassen sich 255 Seiten mit der Geschichte der Kirchen. Bewundernd betrachtet der Leser den Hochaltar der Jesuitenkirche, der in unseren Tagen (sc. als Rekonstruktion) wiedererstehen soll. Unverständlich scheint, dass der Kirche als Wahrerin der Tradition die beinahe rastlose Umgestaltung besonders neuerer Kirchen angelastet werden muss. Über die Renovierung der Heiliggeistkirche 1953 äußerte ein Zeitgenosse: „... ein ausgezeichnetes Beispiel zeitgemäßer Reinigung und Erneuerung der lahmen Neugotik der Jahrhundertwende."

Der erneute Zugang zu Bauten des Historismus blieb den Laien unserer Tage vorbehalten:

Mannheim hat auch hier eine reiche Tradition, die direkt mit der Auftragsvergabe an damals bedeutende Architekten zusammenhängt. Qualitätvolle Bauten des Historismus sind trotz Teil-Zerstörung nicht nur bei öffentlichen Gebäuden und um Platzanlagen zu finden (z.B. die Arkadenbauten am Friedrichsplatz), sondern auch unter den privaten Mietshäusern und Villen. Stellvertretend seien nur zwei genannt, die – ein in Mannheim seltener Fall – original erhaltene Dächer besitzen: Kolpingstraße 7/8, eine Villa im prächtigen neubarocken Stil (1907) und die Villa des Indanthren-Erfinders René Bohn, Am Oberen Luisenpark 5 (Architekt L'Ange (Paris),1904).

Das System der Quadrate der Innenstadt ist ein Grundmuster städtebaulicher Erweiterung geblieben – bis nach dem Zweiten Weltkrieg. Nachdem die Festung niedergelegt war, wurden die Straßen in den entstandenen freien Ring hinein verlängert. Erst unsere Zeit meint hier ihren Bauwillen anderen Kategorien folgen lassen zu sollen. Gerade deshalb ist die Darstellung in Band I als Einleitung zu diesem Bereich so lehrreich. Der – in doppeltem Sinn „inwendige" Plan der Stadt sollte ein Baumotiv bleiben. Seine Veränderung (Straßenlegung, Parzellierung) erzeugt Disharmonien, die Bewohner und Besucher beständig in die Irre führen. Dies sei den Architekten und Baumeistern, die Mannheim heute beplanen, „ins Stammbuch geschrieben“: Die menschlichen Proportionen von Straßen und Plätzen entstammen Zeiten, die solche Prinzipien unausgesprochen achteten.

Die Bände sind ein eigenständiges wissenschaftliches Werk, unabhängig von Denkmallisten der Kulturdenkmäler des Landesdenkmalamtes. Sie wenden sich an Historiker, Architekten, Kunsthistoriker, die Bauverwaltung, Kirchen, Schulen, Einrichtungen der Kulturpflege und Erwachsenenbildung, Nicht zuletzt sind die Mannheimer Einwohner angesprochen, die die Baugeschichte ihrer Stadt kennenlernen wollen.

Gründungsvater der „Experimentellen Psychologie“. Wilhelm Wundt war Assistent von Hermann von Helmholtz und Professor an der Ruperto Carola. Ausstellung zu Leben und Werk

Rhein-Neckar-Zeitung Heidelberg Nr. 249, Seite 5
Freitag, 27. Oktober 1995

Gustav A. Ungerer

Aus seiner Feder stammt das weltweit erste psychologische Lehrbuch. Wilhelm Wundt, der am 31. August vor 75 Jahren verstarb, wird nun auch in Heidelberg als Gründungsvater der „Experimentellen Psychologie“ mit einer Wanderausstellung[1] über Leben, Werk und Persönlichkeit geehrt. Vom 27. Oktober bis zum 15. Dezember ist die Ausstellung mit zahlreichem, bisher nicht veröffentlichtem Fotomaterial im Psychologischen Institut der Universität zu sehen.[2]

Der in (Mannheim-)Neckarau geborene Wilhelm Wundt begann seine akademische Karriere in Heidelberg, gründete dann aber an der Universität Leipzig sein „Institut für Experimentelle Psychologie“, um wiederum 1902 sein Altersdomizil in der Plöck zu beziehen. Das Leipziger Institut entwickelte sich unter seiner Leitung zu einem Mekka für führende Köpfe dieser neuen Disziplin. Indes ist über Wilhelm Wundt, der aus der Verbindung von Physiologie und Philosophie die neue Disziplin der Psychologie schuf, im Gegensatz etwa zu Sigmund Freud, dem Begründer der Psychoanalyse, bisher nur wenig in der Öffentlichkeit bekannt. Zwei große Strömungen – die Naturwissenschaften und die Philosophie – hat Wundt zusammengeführt und daraus die Experimentalpsychologie entwickelt. Die drei Wundtschen Kriterien für das Experi-

1 s. Anhang I, S. 444f.

2 Ein Großteil der Fotoaufnahmen ist publiziert in: Georg Lamberti: Wilhelm Maximilian Wundt (1832–1920). Leben, Werk und Persönlichkeit in Bildern und Texten. Bonn, 1995.

„Haus zum Riesen", ehem. Physiologisches Institut (Foto: I. L. Klinger).

ment, Willkürlichkeit, Wiederholbarkeit und Variierbarkeit, werden noch heute in jedem psychologischen Lehrbuch zitiert.

Fast 20 Jahre lang war Wilhelm Wundt der Heidelberger Universität und der Stadtgeschichte verbunden. 1856 hatte er an der Ruperto Carola zum Dr. med. promoviert und sich bereits ein Jahr später als Privatdozent für Physiologie habilitiert. Nach einer fünfjährigen Assistenzzeit bei dem berühmten Naturforscher Hermann von Helmholtz wurde er 1864 Professor für Anthropologie und medizinische Psychologie in Heidelberg und, nach einem kurzen Ausflug in die Politik als Abgeordneter im Badischen Landtag, 1874 Professor für induktive Philosophie in Zürich. Ein Jahr später erhielt er dann einen Ruf der Leipziger Universität und dort setzte sich die Wandlung vom Physiologen zum Psychologen Wundt stürmisch fort.

Der Unterzeichnende hat wichtige Lebensstationen von Wilhelm Wundts Heidelberger Zeit zusammengetragen:

Privatdozent als Assistent

Während des Sommersemesters 1857, kurz nach seiner Habilitierung, erlitt Wundt eine schwere Lungenerkrankung, unterbrach seine Lehrtätigkeit und bewarb sich 1858 als Assistent von Hermann von Helmholtz. Dieser sagte zu. Bis 1863, also in fünf Jahren Assistentenzeit, hatte Wundt trotz vieler Konditionen, die Helmholtz (bzw. die badische Unterrichtsverwaltung) ihm aufgebürdet hatte, 50 Artikel und mehr als 2000 Buchseiten auf seinen Spezialgebieten der physiologischen Psychologie und der Völkerpsychologie publiziert. Unter anderem waren ihm für 300 Gulden Jahressalär (das Existenzminimum für einen Privatdozenten) neben zwei bis drei Stunden Unterricht in der Woche auch die Vivisektionen, die Vorbereitungen aufwendigerer Experimente sowie sämtlicher Demonstrationen für die Vorlesungen und den Unterricht in mikroskopischer Anatomie auferlegt.

Arbeit führte zu Krankheit

Das Mikroskopieren verursachte schließlich auch einen sogenannten Astigmatismus, eine krankhafte Veränderung der Hornhautkrümmung, der in

Wilhem Wundt (Foto: I. L. Klinger).

Leipzig dann zu seiner vollständigen Erblindung führte. Der Fotograf in der Heidelberger Zeit hat die Augenschwäche bei Wundt retuschiert.

Zwar hätten Helmholtz' Untersuchungen über die Akustik und Wundts Arbeiten über die physiologische Psychologie eine Zusammenarbeit nahegelegt, doch tauschten sich die beiden Wissenschaftler überhaupt nicht aus. Der Grund hierfür ist in der Sozialgeschichte von Universität und Stadt zu suchen. Noch 1863 empfahl Helmholtz in einem Gutachten seinen Assistenten für die Stelle eines außerordentlichen Professors und hob dabei dessen hervorragende Kenntnisse hervor: Die Befähigung, eine wissenschaftliche Verbindung der Physiologie der Sinnesorgane und der Psychologie zu schaffen, bezeichnete er als „das gänzlich Neue".

Um so erstaunlicher ist, dass er 1868 in einem Brief moniert, Wundt würde „in der Politik herumdümpeln und in Arbeiterkreisen verkehren", und dies nur, um zu Geld zu kommen. Die politische Situation in Heidelberg erhellt den Hintergrund des Verdikts. Helmholtz fand es merkwürdig, dass ein junger Wissenschaftler, statt an seiner Karriere zu basteln, in die Politik ging.

In Baden existierte damals die Tradition der liberalen Intellektuellen, die aktiv in Kommunal- und Staatspolitik eingriffen. Diese Tradition war Helmholtz suspekt. Er selbst war nicht zuletzt durch die Heirat mit der Tochter des Hauses von Mohl rasch, möglicherweise wider Willen, in die „verknöcherte Ordinarienwelt" integriert worden. Die jungen Privatdozenten und Professoren, die sich in einem Kreis um Henriette Feuerbach zusammenfanden, erkannten hingegen die sozialen Probleme der Bevölkerung und sahen sich bemüßigt zu handeln.

Hilfe zur Selbsthilfe

In seinen „Vorlesungen über die Menschen- und Thierseele", die Wilhelm Wundt 1864 verfasste, legt er seine ethischen Grundlagen des politischen Engagements fest: Der vierte Stand, sprich die Arbeiter und Handwerker, sollte durch Bildung sowie Hilfe zur Selbsthilfe emanzipiert werden. 1863 hatten deshalb verschiedene junge Dozenten und Professoren in Heidelberg den Arbeiterbildungsverein gegründet. Den Arbeitern und Handwerkern wurde Fortbildung in Rechnen, Schreiben und Englisch angeboten. Dazu kam ein Freizeitprogramm mit Laientheater und Chor sowie ziemlich ermüdenden Vorträgen aus Dozentenkreisen. Wundt führte den Vorsitz und kam rasch in Kontakt mit anderen Zirkeln der Arbeiterbewegung.

1866 wurde er dann von einem Wahlmännergremium in die Zweite Badische Kammer nach Karlsruhe entsandt. Bereits seit 1863 hatte er an entscheidenden Reformgesetzen mitgearbeitet. Er setzte sich unter anderem für neue Schulgesetze, die Gewerbefreiheit und die Gleichstellung der Juden ein. Ein Gesetz paukte der Nationalliberale Wundt mit seinen Parteifreunden gar selbst durch: Die Gleichstellung der akademischen Bürger mit den „Normalsterblichen" – und nebenbei auch die Bestrafung jeden Duellhändels.

Der Krieg zwischen Preußen und Österreich im Jahre 1866, in den auch Baden hineingezogen wurde, veränderte die politische Stellung der Heidelberger Intellektuellen. Rasch wandelten sich die Heidelberger Professoren von Verteidigern des alten Habsburg zu glühenden Verehrern Bismarcks. Wundt hatte jedoch seine Stellungnahme in der renommierten „Allgemeinen Augsburger Zeitung" dezidiert gegen den „undemokratischen Bismarck" formuliert und bezog bald politische Prügel, bis er schließlich wegen Differenzen mit der Regierung in Karlsruhe sein Mandat niederlegte.

Vielfältige Publikationen

Das wissenschaftliche Geschäft gedieh Wundt trotzdem. Von 1858 bis 1862 waren sechs Aufsätze über die Theorie der Sinneswahrnehmung erschienen, die 1862 als Buch vorlagen. 1863 folgten die zwei Bände über die „Menschen- und Thierseele". Das Lehrbuch der Physiologie des Menschen kam in erster Auflage 1865 heraus und das damals weit verbreitete Handbuch der medizinischen Physik 1867. Helmholtz hat von all diesen Tätigkeiten wenig erfahren. Wundt lehrte weiterhin die Studenten, die Mikroskope zu benutzen und bereitete die Experimente vor. 1865 kündigte er seinen Vertrag mit Helmholtz.

Im deutsch-französischen Krieg 1870 und1871 arbeiteten die beiden dann wieder zusammen. Es wurden sogenannte Hilfslazarettzüge zusammengestellt, die Verwundete von den Frontlinien nach Heidelberg brachten. Helmholtz, Wundt und andere fuhren nach Straßburg und brachten französische und deutsche Soldaten mit, die in einer Reihe von Krankenstationen, darunter auch der Marstall und das Freimaurerhaus, versorgt wurden. Beide veranstalteten wiederholt Kolloquien über die effiziente Behandlung von Kriegsverletzungen, und für beide war es die letzte Berührung mit der medizinischen Praxis.

Als Wundt am 3. August 1870 am Bahnhof auf einen Lazarettzug wartete, traf in Heidelberg die Nachricht von der Gefangennahme Napoleons III. ein. Wundt zog daraufhin mit einem Trommler durch die finsteren Gassen der Altstadt und verkündete den Sieg. Das brachte ihm eine Rüge wegen Ruhestörung ein. Nur ein Jahr später feierten indessen die Bürger Heidelbergs den Sedantag mit nicht endenwollendem Patriotismus bis in die späte Nacht.

Wundt wurde 1874 nach Zürich berufen und etablierte sich dann in Leipzig. Sein Haus in der Plöck 48, das er in vielen Sommermonaten bewohnte, wurde gemeinsam mit dem Nachbarhaus, Plöck 50, abgerissen. Nicht einmal eine Inschrift zeugt von der Zeit, die der Begründer der Experimentellen Psychologie in Heidelberg verbracht hat.

Wilhelm Wundt and the Workers' Educational Movement

1994

Wolfgang G. Bringmann / Gustav A. Ungerer / Michael W. Bringmann

Zusammenfassung: Obwohl Wilhelm Wundt (1832–1920) die Politik als stärkstes Motiv seines Lebens angesehen hat, ist dieser Aspekt seiner Laufbahn von seinen Schülern infrage gestellt und fehlinterpretiert worden. Dieser Beitrag beschreibt Wundts Engagement in der Arbeiterbildungsbewegung in Heidelberg zwischen 1863 und 1866. Die Bedeutung der politischen Ansichten Wundts wird im Kontext neuerer Forschung zur politischen Rolle der deutschen Akademiker im 19. Jahrhundert in Deutschland diskutiert.

Abstract: Although Wilhelm Wundt (1832–1920) regarded politics as the "most powerful motive" of his life, this aspect of his career continues to be questioned and misinterpreted by scholars. The present article describes Wundt's involvement in the activities of the Workingmen's Educational Association in Heidelberg (HWEA) between 1863 and 1866. The implication of Wundt's political views will be discussed within the context of recent research on the political role of German academics in 19th century Germany.

Historians of psychology generally regard the establishment of the Institute of Experimental Psychology at Leipzig University as the most important contribution of Wilhelm Wundt to the development of modern psychology as an independent science (Hilgard, 1987). It comes, therefore, as a surprise to read in Wundt's autobiography, Erlebtes und Erkanntes (1920, preface), that he viewed politics, "... the active participation in the interests of state and society" as the "most powerful motive" of his life.

With few noticeable exceptions (Bringmann, Balance, & Evans, 1975; Ungerer, 1979, 1980), Wundt's political involvement was for the most part derided, denied or distorted by scholars discussing this aspect of his career. As early as 1868, Hermann Helmholtz (1821–1894) suggested in a letter to Emil Du Bois Reymond (1818–1896) that Wundt only "dabbled in politics" and "workers' clubs" to make money (Kirsten, 1986, p. 228). In turn, Du Bois Reymond took the position that "Politics may well be the best field for …" Wundt, who, after all, was a terrible scholar and a clumsy experimenter (Kirsten, 1986, p. 230). Edward B. Titchener (1867–1927), who is widely recognized as "Wundt's foremost disciple" in the USA (Viney, 1993) considered the political claims of his famous teacher "… as the illusion" of "an old man", who "… had not fully learned to know himself" (Titchener, 1921). Only a few years later, Wundt's biographer, Peter Petersen (1884–1952), correctly characterized Wundt as a typical "nineteenth century liberal" but incorrectly concluded, that Wundt became an admirer and ardent follower of Bismarck after the Austro-Prussian War of 1866 (Petersen, 1925). Finally, only recently, a Brazilian historian of psychology, savaged Wundt as "the bourgeois socialist" and "Bismarck admirer", for his moral failure to speak out against the widely reported "ethnocide" of the Hereros by the German colonial authorities (Stubbe, 1992, pp. 129–130).

It is our chief objective to provide more accurate and detailed information about Wundt's active political involvements as a member and as president of the Heidelberg Workingmen's Education Association (HWEA) between 1863 and 1866. To remedy the problems of previous accounts, the following primary resources were utilized: (1) Wundt's own political newspaper articles between 1863 and 1868 (Wundt, 1920, pp. 5–7), (2) more than 200 contemporary articles about Wundt's WEA work from Heidelberg, Baden and other south German newspapers (Ungerer, 1980), (3) Wundt's major psychological publications, which touch on general political matters (Wundt, 1926, pp. 48, 53), (4) A variety of archival and documentary source materials about the HWEA branch, including letters from and to Wundt, and (5) Wundt's pertinent but difficult autobiographical writings (Wundt, E., 1926, p. 56).

The Background

To fully understand Wundt's political views and activities, it will be necessary to provide basic information about the political situation in Germany, Prussia and Baden, and major events in his personal life between 1859 and 1863.

Germany and Prussia

The problem of German unification, which had lain dormant since the failure of the 1848–1849 Revolution, was the central political issue in the 1859–1863 period (Nipperdey, 1985). Traditionally, two quite different solutions of this problem were debated (Hamerow, 1969, 1972). The members of the smalltown middle class and the politically active Catholics of South Germany hoped to unite all German "states" in a federal union of Greater Germany" under the leadership of Austria. Alternatively, North Germans, Protestants, intellectuals and members of the middle class with industrial and commercial interests. preferred the creation of a "Little Germany" excluding Austria. Prussia and its new king, William I of Prussia (1787–1888) were to take the leading role in such a centralized, modern, parliamentary state.

The major promoter of German unification under Prussian leadership was the elite National Union organization. This lobby was founded in the fall of 1859. Its membership of more than 25,000 middle and upper-middle-class liberals, democrats and nationalists was recruited from all German states (Nipperdey, 1985).The chief goal of the group was the promotion of constitutional government for all of Germany and each of its component states. The National Union also strongly advocated the extension of civil rights across Germany, including an independent judiciary, separation of church and state, free public education, freedom of the press, free trade, and universal suffrage.

Since the National Union was not a political party, it encouraged its members to establish Progress Parties in the different German states, which, in turn, were to compel their respective govemments to work for the unification of Germany (Sheehan, 1978). The first branch of this party was established in Prussia and a similar organization was also formed in Wundt's home state.

When Otto von Bismarck (1818–1898), the Prussian prime minister closed parliament in 1863 and called for new elections, the Progress Party began to establish a network of educational clubs of "Workingmen's Educational Assoeiations" (WEAs) throughout Prussia in the hope of gaining the political support of the working classes in its struggle with the government (Sheehan, 1978).

Baden

The political situation in the Grand Duchy of Baden during this time was quite similar to that in Prussia. In 1860, the National Union held one of its organizational meetings in Heidelberg and its membership in Baden was the second largest after Prussia. In the same year, Grand Duke Frederic I of Baden (1852–1907), a son-in-law of the Prussian King, ushered in a "new era" in politics with the appointment of August Lamey (1816–1896), as his liberal minister of the interior (Becker, 1979). Lamey's controversial reform legislation included the secularization of public schools, the emancipation of Jews, and comprehensive free trade laws (Andermann, 1979). During the "new era", the Progressives became the leading political party in Baden and encouraged the establishment of Workingmen's Educational Associations throughout the state (Schadt & Schmierer, 1979). As far as the question of German unity was concerned, the Protestants in the larger cities of Baden tended to favor a "Little Germany" under Prussia's leadership. The largely Catholic population of South Baden however, strongly supported a "Greater Germany" under Austria. Many Badensians, however, sat on the fence or endorsed a "Little Germany" without the hegemony of Prussia (GaU, 1968).

Wundt

In the late fall of 1863, Wundt was a 31-year-old physician, who held a joint appointment as teaching assistant of Helmholtz and as an adjunct instructor of physiology in the Medical Faculty of Heidelberg University (Bringmann, Bringmann, & Cottrel, 1976). During the academic year, he spent about two days a week providing basic laboratory instruction to medical students as well as offering 2 or 3 courses of his own. In addition, Wundt was recognized by none other than Helmholtz (Bringmann, Bringmann, & Cottrel, 1976) as:

> *"... a thorough and broadly educated scholar, who has discovered ... an entire series of interesting, new facts ... in sensory physiology. His philosophical and general scientific background have enabled him to work more productively in the field concerned with the relationship between sensory physiology and psychology" (p. 83).*

His publication list up to 1863 covers four closely printed pages in the 1926 bibliography prepared by his daughter! Wundt, who received only a small income from his two positions, was a bachelor sharing the apartment of his mother (Bringmann, 1975). He also had an active circle of friends among the younger teachers at Heidelberg with whom he met on a regular basis to exchange information about their respective researches in the natural sciences, philosophy, psychology and history.

Wundt became involved in the activities of the National Union in May of 1860 when he was only 27-years-old (Wundt, 1912). At that time, the executive board of this organization met in Wundt's home town to draft the "Heidelberg Declaration", which summarized its political goals for the South German states. Wundt was introduced to politics by his close friend and mentor, Eduard Pickford (1823–1866), who was a member of the executive board of the National Union (Weech, 1875). Pickford's father was a wealthy, English textile manufacturer, who had moved to Germany to raise his 10 children in Heidelberg. Pickford had tried to become a businessman but, eventually, chose the life of a journalist and university instructor in political science. In contrast to the scholarly and somewhat pedantic Wundt, Pickford was a worldly and romantic person, who was fluent in English, French and Genoan. He had traveled widely in Europe and was an admirer and follower of John Stuart Mill (1806–1873). During the early 1860s, Pickford lived in Heidelberg as editor of the iconoclastic South German People's Journal. Research data show that Wundt belonged to those Badensians, who favored a smaller Germany but were very skeptical about the military power of Prussia and the political strategies of Bismarck (Ungerer, 1979).

Wundt and the Heidelberg WEA

From the spring of 1863 to the spring of 1866, Wundt was actively associated with the Heidelberg Workingmen's Educational Association (HWEA; Arbeiter Bildungsverein Heidelberg) (Ungerer, 1978, 1979). During this period, he was mentioned 83 times in local and regional newspapers! His busiest year with the group was 1864. After 1866, his involvement declined visibly. The last entry for this work was found in 1869.

The HWEA was founded on April 27, 1863 in the restaurant "Lazy Fur" Heidelberg with the strong support of the Mannheim branch of the organization. Wundt's work was first mentioned in the Heidelberg Journal of December 8, 1863. It was a brief invitation to donate books "of an entertaining nature" to the local WEA and to turn them over to "Dr. Wundt at 72 Main Street" in Heidelberg.

An initial group of 300 from the Heidelberg area was eventually reduced to a core group of about 80 signed-up members. Attendance at the various activities of the group was less regular in the winter than in the summer. The membership of the HWEA included "tanners, dyers, coppersmiths, brewers watchmakers, furriers, rope makers, printers, upholsterers, bakers, tinworkers, beltmakers, gunsmiths, carpenters, cabinet makers, millers, saddle makers, gardeners. bottle makers, mechanics, butchers, fishers, hatmakers, basket weavers, knife makers, brick layers and pastry cooks." In addition, a handful of faculty members from Heidelberg University and a dozen students joined the group (Ungerer, 1978).

Wundt's friend Eduard Pickford was the founding president of the HWEA. However, he resigned in the summer of 1863 to accept an appointment as editor of a prestigious, liberal newspaper in South Baden. Wundt, who initially had been chosen as vice president, appears then to have assumed leadership of the club after his friend's departure. Interestingly, the nine-person executive committee of the HWEA included only four workers, with four university teachers and one businessman!

In order to guarantee a regular program, the HWEA rented a hot, cheap room, "next to the kitchen" in the old "White Swan" pub in Heidelberg. The small lending library, which Wundt had started, was kept in this room. There were regular business meetings, chaired by Wundt or another member of the executive, and frequent meetings of an educational or social nature. The HWEA founded a small savings and loan association for its members and a special "health" insurance fund to provide assistance to members, who were unable to work due to illness. The organization also served as an unofficial employment office, which collected and disseminated information about social and working conditions in other parts of Germany and abroad. An active choir and a theater were organized to enrich the social life of the young workers.

The most important program was an "evening school", organized by Wundt and a mathematics lecturer at the university, to offer daily classes, except on Sundays, in "German, bookkeeping, arithmetic, writing, drawing" and "singing." These classes were, of course, held after the workers' typical 12–14 hour work day!

Formal lectures on a variety of practical and educational topics were given once a week by members or guests from the community. Wundt personally gave 17 lectures between 1864 and 1869 (Ungerer, 1978):

> *"Political and historical lectures during 1863/64 dealt with the history of Baden and Prussia from the beginning of the 19th century. Current events, like the political and military situation in Schleswig-Holstein, were also discussed. Wundt and the mathematician, Moritz Cantor, gave a series of lectures about technical and scientific topics. For example, Wundt talked on four evenings about modern physics and chemistry. Cantor lectured about telegraphy and the invention of the steam engine. The topic of emigration was discussed … [by] Professor Langsdorf. Finally, Wundt offered two lectures on ethnographic topics …" (p. 38).*

As Wundt related in his autobiography, his active work with the Heidelberg WEA brought him into closer contact with WEAs and their leaders in other parts of Germany. Specifically, Wundt participated in the conferences at "Mainz, Frankfurt, Karlsruhe, Pforzheim" and "Nuremberg" (Wundt, 1920). He also met other eminent leaders of the WEA movement including the future Social Democratic leader, August Bebel (1840–1913), the Leipzig historian and politician Friedrich Biedermann (1812–1901), and the philosopher and historian of materialism, Friedrich Albert Lange (1828–1875). It is possible that this acquaintance with Lange, who held a professorship of philosophy at Zurich University between 1869–1872, may have helped Wundt to obtain his first, regular professorial appointment at the same institution in 1874 (Bringmann, Balance, & Evans, 1975b).

During the summer and fall of 1865, the traditional trade school system for apprentices came under serious attack by the proponents of free trade in Baden (Bringmann, 1975a). At that time teenagers, who had been apprenticed to learn a trade, were expected to continue their education through a compulsory, part-time program of instruction. Free traders, including Wundt's friend Pickford, wanted to eliminate the school program, "because future workers should have learned all they needed during their regular school years." A number of heated public meetings took place to debate the question. Finally Wundt and the HWEA submitted a comprehensive report supporting the traditional system of compulsory trade school education (Wundt, 1865):

> *"... the abolishment of the compulsory trade school program will drastically reduce the attendance. Most of the ... 14-year-old apprentices do not possess the maturity for voluntary school attendance ... Compulsory attendance is a protection for minors, whose parents or guardians neglect their educational responsibilities ... The current trade school education programs were established because the instruction by the grammar schools was not sufficient for the needs of a modem worker. The ... WEA knows this ... is true, because many [of its members] have to learn with great difficulty what they did not learn when they were much younger" (p. 12).*

Wundt also suggested that apprentices in all fields should be given instruction in "book-keeping, business mathematics and business correspondence". Further, he recommended that the classes should be scheduled during the regular work day and that students should not lose any income while they were in classes. Wundt and the WEA eventually won the battle and today his recommendations are law throughout Germany.

In the early spring of 1864, Wundt became an active opponent of the political agitation for "universal manhood suffrage" in his home state. At that time the expansion of the franchise was strongly supported by the rival General German Workingmen's Association (GGWA). This rival organization had been founded by Ferdinand Lassalle (1825–1864), the charismatic labor leader. It was rumored that Lassalle supported universal manhood suffrage, at least in part, to strengthen Bismarck in his fight against his liberal opposition (Sheehan, 1978).

Specifically, Wundt noted that the Baden WEAs were forbidden by law to become involved in political discussions (Wundt, 1866b). He urged the workers "to fight Bismarck and not the liberal parliamentarians" if they really wished to improve their lot. In his view "soldiers, servants and welfare recipients" should not be allowed to vote because they "could be commanded to cast their vote for a political oligarchy." According to Wundt, the republican France of 1848 "… dug its grave with suffrage universal". He cautioned workers to be patient for a "few more months" because the Baden parliament was already working on plans for a comprehensive election reform.

Wundt's opposition to the popular franchise clearly clashes with our modern view of civil liberties. Yet, it was widely shared by liberal and even socialist politicians of the time. For example, Lange regarded "universal suffrage" as a "questionable experiment" and Bebel opposed the broadening of voting rights at that time because he was convinced that most workers were "not mature enough to vote" (Bringmann, 1975a).

1863 to 1866 was also successful for Wundt's academic and research career (Bringmann, 1974b; Bringmann, Bringmann, & Cottrel, 1978). During this period he published three books (Wundt, 1863, 1865, 1866) and eight research articles. He also gave up his humble assistantship under Helmholtz, was promoted to the "titular rank" of professor, and opened a small laboratory of his own (Bringmann, 1975a).

After Wundt's friend Pickford, the incumbent Heidelberg delegate to the lower house of the Baden parliament, died in March 1866, it was clear that Wundt was the local favorite as his successor. He had become well-known through his work with the local labor organization, was a rising star at Heidelberg University, and came from an old and respected family in the region. Consequently, it was not so big a step from the presidency of the HWEA to membership in the Baden parliament (Wundt, 1920). However, Wundt first had to be elected.

The election was a complex process. Candidates for public office had to be male citizens of Baden and at least 30 years old. They also were expected to have an income of at least 10,000 guilders or about $ 4,000 per year. Wundt, who lived exclusively on his meager earnings as an untenured academic, managed, with the assistance of relatives and friends, to obtain a license or "patent" as a wine dealer, which was regarded as sufficient proof of his financial qualifications.

At that time, election to the Baden parliament was carried out by an electoral system after several candidates had been nominated. The electors met on April 26, 1866, and 41 of 50 ballots were cast for "Professor Dr. Wundt" (Bringmann, 1975b). His competitors, two editors of local conservative newspapers, received onIy six of the 50 electoral votes.

Discussion

In summary, Wundt belonged to a progressive group of young university teachers at Heidelberg between 1859 and 1869, whose political goals incl uded the separation of church and state, free elections and the constitutional support of civil liberties. They favored a people's militia, rather than a standing army and a "little Germany" federation of Germany with Prussia but without Bismarck. They hoped to solve the social question by improving the education of workers and eventually by the expansion of the franchise to all adult males. Initially, Wundt seems to have closely followed the platform of the Progress Party, later the interests of his constituents became more important for him.

In closing, four points merit special attention. First, Wundt was a real dyed-in-the-wool politician and not just a starry-eyed amateur. Nevertheless, he managed to continue his research and to strengthen his academic position during the same period.

A truly old-fasbioned liberal, he can be distinguished from the somewhat late "academic socialist" because of his extended, practical experience with the WEA movement (Ringer, 1969).

It appears that his political work was influenced by his academic writing and researches in experimental psychology and the new field of anthropological or folk psychology (Smith, 1991):

> *"Wundt saw his own political experiences as matters of great importance: not because of his deep involvement in them but because, by focusing and ordering the experiences of the community, politics shaped his thought and work even though, as a scientist, he recognized the need to be as objective as possible. In fact Wundt's intellectual development corresponds fairly closely to the pattern that we have observed in other members of his generation: that of a liberal social scientist confronting the problems of liberalism and in consequence looking for new theoretical patterns in cultural crisis" (p. 122).*

In other words Wundt and some of the other social-minded academic politicians of the time (i.e. Virchow, Welker, Bluntschli, etc.), were led to politics by their academic work. A detailed documentation of this pattern, which will be based on an analysis of Wundt's major anthropological writing, is currently in progress.

Finally, it was a pleasure to discover the value of a novel source of information for the history of psychology. We are, of course, referring to the hundreds of newspaper articles in the popular press about Wundt and his politics. These artices are of particular value, since they were published in newspapers, which often disagreed sharply with Wundt's political activities and ideas.

In conclusion, we hope to have shown that Wundt was a real politician, who devoted much effort to the betterment of the working classes in his home town. Thus, we do not find it difficult to accept his claim that "politics – active participation in the interest of state and society" were one of "the most powerful" motives of his long and productive life.

References

Andermann, K. (Ed.). (1979). Baden. Land Staat-Volk: 1806–1871. Karlsruhe: Kulturhistorische Dokumentation.

Beeker, I. (Ed.). (1979). Badische Geschichte. Stuttgart: Theiss.

Bringmann, W. (1975a). Wundt in Heidelberg 1845–1874. Canadian Psychological Review, 16. 125–130.

Bringmann, W. (1975b). Between socialism and liberalism. Paper read at Annual Cheiron Meeting, Ottawa, Canada (June).

Bringmann, W., Balance, W. & Evans (1975a). Wilhelm Wundt 1832–1920: A brief historical sketch. Journal of the History of the Behavioral Sciences, 11, 287–397.

Bringmann, W., Bringmann, N., & Cottrel, D. (1976). Helmholtz und Wundt an der Heidelberger Universität 1858–1871. Heidelberger Jahrbücher, 20, 79–88.

Gall, L. (1968). Der Liberalismus als regierende Partei. Wiesbaden: Steiner.,Hamerow, T. (1969–1972). The social foundations of German unification 1858.
1871 (2 vols). Princeton: Princeton U. Press. Hilgard, E. (1987). Psychology in America. New York: Harcourt.
Kirsten, C. (1986). Dokumente einer Freundschaft Berlin: Akademie.
Nipperdey, T. (1985). Deutsche Geschichte 1800–1866. München: Beck.
Petersen, P. (1925). Wilhelm Wundt und seine Zeit. Stuttgart: Frommann.
Ringer, F. (1969). The decline of the German mandarins. Cambridge: Harvard U. Press.
Schadt, J., & Schmierer, W. (Eds.). (1979). Die SPD in Baden-Württemberg und ihre Geschichte. Stuttgart: Kohlhammer.
Sheehan, J. (1978). German liberalism in the 19th century. Chicago: U. Chicago Press.
Smith, W. (1991). Politics and the sciences of culture in Germany 1840–1920. New York: Oxford U. Press.
Stubbe, H. (1992).Wilhelm Wundt und die Herero, Psychologie und Geschichte, 4,121–138.
Titchener, E. (1921). Review of Erlebtes und Erkanntes by Wilhelm Wundt, American Journal of Psychology, 1921, 32, 575–580.
Ungerer, G. (1978). Wilhelm Wundt und Heidelberg. Badische Heimat 1, 31–43.
Ungerer, G. (1979). Der Professor unter den Arbeitern. Rhein-Neckar-Zeitung, (November 3/4).
Ungerer, G. (1980). Wilhelm Wundt als Psychologe und Politiker. Psychologische Rundschau, 32, 99–110.
Viney, W. (1993). A history of psychology. Boston: Allyn & Bacon.
Weech, F. (1875). Badische Biographien. (2 vols). Heidelberg: Bassermann.
Wundt, E. (1926). Wilhelm Wundt's Werk. München: Beck.
Wundt, W. (1863). Vorlesungen über die Menschen- und Thierseele. (2 vols). Leipzig: Voß.
Wundt, W. (1865). Lehrbuch der Physiologie des Menschen. Erlangen: Enke.
Wundt. W. (1866a). Die physikalischen Axiome und ihre Beziehung zum Causalprinzip. Erlangen: Enke.
Wundt, W. (1866b). Das allgemeine Wahlrecht und die Arbeiterfrage. Heidelberger Journal (January 19 & 20).
Wundt, W. (1920). Erlebtes und Erkanntes. Stuttgart Kröner.

About the authors:

Wolfgang G. Bringmann, Full Professor at the University of South Alabama, where he teaches Abnormal Psychology, History of Psychology,Psychopathology and Psychometrics. He has published five books and more than 200 articles and papers. Address: University of South Alabama, Mobile, AL, USA.
Gustav-Adolf Ungerer, Herausgeber der "Chemisch-Technischen Bibliothek" und freier Publizist; Studium der Philosophie, Psychologie und Ethnologie; Archivtätigkeit zur Biographie W. Wundts, zur Wissenschaftsgeschichte der Universität Heidelberg, zur Geschichte Baden-Württembergs und Elsass-Lothringens. Adresse: Karpfengasse 6, D 69117 Heidelberg.
Michael W. Bringmann, Senior Member Technical Staff, Quality-Micro-Systerns Inc., Mobile. Address: P.O. Box 8571, Mobile, AL, 36689, USA.

„Ich möchte Sie ... dringend ersuchen, meinen Namen und ... die Erwähnung meiner Psychologie ... gänzlich zu unterlassen."

Wilhelm Wundt und Hans Vaihinger in einer delikaten Situation

1997

Gustav A. Ungerer

Hans Vaihinger (1852–1933) war seit ca. 1911 mit seiner „Als-Ob-Philosophie" ein virulenter Sprengsatz in der akademischen Lehre. Die fiktionalen Begriffe: das Absolute, die Seele, die Unsterblichkeit, die Freiheit, der kategorische Imperativ usw. waren ihm Hilfsbegriffe, die sich das logische Denken schafft, ohne dass ihnen ein entsprechender Gegenstand gegenübersteht. (Vereinfacht und popularisiert lautete der Tenor so: Wir können die Eigenschaften der Dinge nicht erkennen, denken aber, „als ob" wir es könnten.)

In der Verwirrung der sozialen Verhältnisse nach dem Ersten Weltkrieg hatten seine theoretischen Überlegungen Hochkonjunktur. In den Jahren zuvor tauchte sein Name zwiespältig auf: Einerseits bearbeitete er die Kant-Kommentare, die in den akademischen Kreisen geschätzt waren, andererseits erlaubte er sich, ein System der philosophischen Kritik aufzubauen, das wie ein Verschnitt aus Feuerbach und dem Empiriokritizismus nach Avenarius und Spencer aussah. Immerhin waren seine Überlegungen vom scharfen Geist der Aufklärung geprägt. Würden wir ihn mit heutigen Schelmen der Philosophie vergleichen, die die Schulphilosophie durchschütteln, so wäre es sicher Peter Sloterdijk, der ihm institutionell nahe kommt.

Drei Briefe sind uns aus Wilhelm Wundts Nachlass an Vaihinger überliefert. Die An- und Antwortschreiben Vaihingers kennen wir bis dato nicht. Es lässt sich aber leicht interpolieren, welche Anliegen Vaihinger Wundt vortrug.

Man könnte nun sagen, was interessiert uns 1997 solche historische Reminiszenz?

1. Die Tageszeitung mit den klandestinen Eierköpfen brachte eine Rückschau auf Vaihingers Philosophie (Manuela Lenzen, FAZ 9.10.96)[1]. Darauf erschien in eben jener Zeitung ein Leserbrief (7.11.96)[2]: „... *wenn* (Kindern) *mit angemaßter Autorität solche Spielereien* (sc.Vaihingers Philosophie, d.A.) *als Tatsachen vorgeschwindelt und ihnen die Möglichkeit, eine Orientierung und Lebenszuversicht spendender Glauben zerstört wird ... .*"
   Es ist also nach mehr als 80 Jahren noch nicht möglich, über Vaihinger unvoreingenommen zu diskutieren.
2. Jenseits von diesem heute virulenten Problem hatte Wilhelm Wundt ein anderes: Vaihinger wollte ihn für seine „Als-Ob-Philosophie" vereinnahmen. In seiner Ablehnung trifft Wundt ihn auf einem Gebiet, das er selbst genau kennt: in der sie beide verbindenden mangelnden Sehkraft.

Im August 1902 gibt Wundt in einem freundlichen Brief an Vaihinger Ratschläge, wie er sein Augenleiden (Chorioiditis) selbst sieht und behandelt. Dazu „gehört in erster Linie Vermeidung des Lesens", dann der Gebrauch einer Yost-Schreibmaschine und das Erlernen des Blindschreibens. Wundt hatte die Sehfähigkeit auf einem Auge damals schon verloren und schrieb fleißig seine Briefe auf dieser Maschine.

Im Spätjahr 1902 antwortet Wundt in einem Brief an Vaihinger mit den Worten: *„Ich bewundere ebenso Ihre umfassende Kenntnis der Kantliteratur wie die Klarheit und den eindringenden kritischen Scharfsinn, mit denen Sie ein so grosses und schwieriges Material bewältigt haben. Ihr Werk wird mir ein werthvoller Führer bei meinen eigenen Studien sein."*

Der dritte Brief an Vaihinger stammt vom 1. August 1918. In den sechzehn Jahren hatte sich Vaihinger zu einem enfant terrible entwickelt, das zwar Publizität erreicht hatte, aber der „Zunft" schadete. Die Psychologie war mit großen

---

1 Manuela Lenzen: In Fiktionen verstrickt. Kantianer als Bürgerschreck: Die „Philosophie des Als Ob", FAZ vom 9.10.1996. Dort u. a.: „Über die theologischen Implikationen von Vaihingers Philosophie erregen sich die Gemüter am meisten. Argumentiert wird mit sterbenden Müttern, die ihren Trost in Gott und nicht in einer Als-ob-Betrachtung gefunden hätten, mit der Sitte und dem Sinn des Lebens."

2 „... Schlimm ist es dagegen, wenn die sterbenden Mütter ... ihren Trost in Gott" durch die Gedankenspiele scheinbar Qualifizierter verlieren. Vollends destruktiv ist es, wenn mit angemaßter Autorität vertrauensseligen Kindern solche Spielereien als Tatsachen vorgeschwindelt und ihnen die Möglichkeit, eine Orientierung und Lebenszuversicht spendenden Glauben zu gewinnen, genommen ... wird." (F.A.Z. 7.11.1996)

(576)

An H.Vaihinher, Halle.

Heidelberg, d. 1. August 1918.

Hochgeehrter Herr Kollege!

Sie werden verstehen, daß ich über Ihren Brief und die darin enthaltenen Vorschläge, soweit sie mich betreffen, im höchsten Grade verwundert gewesen bin, wenn ich Ihnen mitteile, daß ich niemals ein Kantianer gewesem bin, weder einer von der Rechten noch von der Linken, und daß vollends die einzige moderne philosophische Richtung, gegen die ich nachdrücklich polemisiert habe, der Positivismus gewesen ist, mag er sich nun nach Spencer, Avenarius oder nach irgend Jemanden sonst nennen. Insbesondere hat es auch meine Verwunderung erregt, daß Sie den Avenarius'schen Empiriokritizismus, den ich schon vor vielen Jahren totgeschlagen zu haben glaubte, in Ihrer neuen Zeitschrift wieder zum Leben erwecken wollen. Sie begreifen also, die Charakterisierung als Zwischenindividuum zwischen Linkskantianer und Positivist kann ich unmöglich auf mich anwenden lassen, und ebenso muß ich die nach dieser falschen Analogie gemachte Kennzeichnung meiner psychologischen Richtung auf das allernachdrücklichste ablehnen. Ich möchte Sie daher, um unangenehme öffentliche Berichtigungen zu vermeiden, dringend ersuchen, meinen Namen und nicht minder die Erwähnung meiner Psychologie aus Anlaß Ihrer Zeitschrift gänzlich zu unterlassen. Jeder, der nur einigermaßen die philosophische und psychologische Literatur der letzten Jahrzehnte angesehen hat, würde Sie ja auch auf diesen Irrtum, der dem neuen Unternehmen unmöglich förderlich sein könnte, aufmerksam machen können. Im Hinblick auf Ihr Augenleiden finde ich es ja vollkommen begreiflich, daß Sie von der Literatur, um deren Kenntnis es sich hierbei handelt, keine Notiz genommen haben. Aber gerade unter diesen Umständen würde ich es doch für vorsichtiger halten, wenn Sie sich zuvor über die Personen genauer orientieren wollten, die Ihnen zur Empfehlung der neuen Zeitschrift geeignet scheinen.

Mit den besten Wünschen für einen erfolgreichen Badeaufenthalt verbleibe ich

Ihr

hochachtungsvoll ergebener

W. Wundt.

Mühen installiert und wenige Lehrstühle auch den Philosophen abgerungen worden. Mit dem Kotau vor dem Krieg hatten sich einige Professoren der Psychologie 1914 als glühende Kriegstreiber profiliert. 1918, nach dem Untergang des Kaiserreichs und vermeintlich auch der gesellschaftlichen Gemeinschaft der Werte, war Vaihinger der akademischen Welt obsolet geworden.

Er wandte sich an Wundt, um ihn für eine Zeitschrift (1918!) zu gewinnen. Die Ablehnung (s. o.) ist mit seltener Schroffheit ausgefallen, und man könnte sich Folgendes vorstellen: Wundt – fast blind – ließ schon einige Jahre seine Korrespondenz häufiger von seiner Tochter und seinem Sohn führen. Der Sohn, Max Wundt, war seit 1902 Privatdozent für Philosophie in Strassburg. Er wartete also seit sechzehn Jahren auf einen Lehrstuhl. Die Quintessenz seiner Lehre lautet verkürzt: Er betrachtete die Offenbarung Gottes in der Welt als den eigentlichen Inhalt auch von Kants Philosophie. Hier überkreuzen sich die Auffassungen nicht nur des Vaters, sondern auch des Sohnes mit dem System des Fiktionalismus Vaihingers. Der Sohn verschärft die Antwort an Vaihinger, einen philosophischen Feind seiner eigenen Denkrichtung.

Der Brief ist datiert vom 1. August 1910 in Heidelberg. D. h. Wundt befand sich in seinem Haus in Heidelberg, Plöck 48, während seiner Semesterferien. Sohn Max war mit Frau und seinen beiden Söhnen regelmäßig zu Gast im väterlichen Feriensitz, sehr wahrscheinlich auch in jenem Jahr.

Die Briefe Wundts sind im Universitätsarchiv Tübingen einzusehen. Sie stammen aus dem Nachlass des Sohnes Max Wundt. Sie sind Abschriften, die nach Originalen aus dem Wundt-Archiv Leipzig in den 1950er Jahren angefertigt wurden. Die Vaihinger-Briefe an Wundt sind bis dato unauffindbar.

Es ist zu hoffen, dass die Quellen des Wundt-Archivs der Universität Leipzig nach 76 (!) Jahren endlich qualifiziert erschlossen werden. Einen Ansatz hatte der „Förderverein Wilhelm Wundt Stiftung“[3] zwar begonnen, aber keine Unterstützung von Seiten der Universität Leipzig erfahren und seine Arbeit daraufhin eingestellt.

Quellen:

Gustav A. Ungerer. Verzeichnis der Briefe aus dem Nachlass von Max Wundt. Findbuch für das Universitätsarchiv Tübingen, Heidelberg 1979.

Gustav A. Ungerer, Völkerpsychologie – Ethik – Politik. Wilhelm Wundt und der Erste Weltkrieg. Beitrag zum Wundt-Symposium. Heidelberg 1979.

3 Gegründet 1992, G. Lamberti, A. Meischner-Metge, J. Bredenkamp et al. (Ergänzung Hrsg.).

Psichiologia, ψυχολογία, Psychology

1997

Gustav A. Ungerer / Wolfgang G. Bringmann

The collection of writings entitled *Peri Psyches* was composed by Aristotle (384–322 B.C.) during different periods of his life. They are particularly significant to psychology because it is here that Aristotle laid the foundation for the empirical study of psychology by future generations. From the beginning of the 16th until about the middle of the 17th century, the word *psychology* was created and used in the titles of books and was very likely also used in everyday life. In the account that follows, scholars who used the word *psychology* will be presented in chronological order. All book titles and other pertinent information will be translated into idiomatic English; however, the original texts and terms will be presented in the reference list found at the end of this essay.

Roman copy of a Greek portrait bust of Aristotle (Coll. Bringmann-Vogtner).

Psichiologia

Marco Marulic (1450–1524), the Croatian humanist (Tijan, 1967), was recently identified as the scholar who may have invented and first used the word psy*chology* (Kristic, 1964). The son of a noble family, Marulic was born on August 18, 1450, in the harbor city of Split on the Adriatic coast. He received his education in the "classical languages and literature, poetry, rhetoric" and "philosophy" at the University of Padua in Italy (Tijan, 1967). He also was an accomplished painter and sculptor. In 1480, Marulic withdrew from society to live a religious life, even though he didn't belong to a monastic order. He was best known for his books on moral theology, which were published in multiple editions and translations. In Croatia, he is still regarded as a national hero through his epic poem and vernacular libretto expressed in the opera *Judith* (1521).

According to Kruno Kristic (1964), a Yugoslav historian of psychology, Marulic employed a variation of the term *psychology* as early as 1506. He also used the word *psichiologia* in the title of his 1524 book about *The Psychology of Human Thought – Volume 1.* This information is found in an early biography of Marulic by his friend and the executor of his will, Bozicevic Natalis. Natalis did not actually see this book, but remembered its title when he wrote the biography. Marulic's psychology book appears to be lost, and it now appears that there is little chance of recovering a copy in Split or elsewhere in the former Yugoslavia. However, the precise reference to "Volume F" of Marulic's book suggests that the volume may have indeed existed at one time. Assumptions and conclusions about the contents of Marulic's *Psychiologia* were offered by Diamond (1984). The actual word *psichiologia* is a strange version of a Greco-Latin word formation which may have developed in the relatively isolated region of the Balkans. It is also possible that Marulic may have created the new word somewhat mechanically after reading Giovanni Tortelli's (1406–1466) handbook (1471) containing similar artificial words like *orthographia, aethiologia,* and *tropologia.*

Melanchthon

Phillip Melanchthon (1497–1560), the Protestant reformer and philological advisor to Martin Luther (1483–1546), was incorrectly identified as the person "who first used the word 'psychologia' in his lectures" (Roback, 1961; Lapointe, 1970). The extent of Melanchthon's knowledge of Latin, Greek, and Hebrew was truly encyclopedic. His contributions to the German Bible translation are almost indistinguishable from those of Luther himself.

Portrait drawing of Melanchthon (Coll. Bringmann-Vogtner).

Beginning in 1518, Melanchthon served for 42 years as Professor of Greek at the University of Wittenberg in the German Duchy of Saxony. Apart from instruction in the classical languages, he offered academic courses in theology, philosophy, cosmology, and physics each year to hundreds of freshman students at the then new state university.

His importance to the history of psychology derives from the publication of his Latin book, *Commentary about the Soul* (1540), which was a handbook of philosophical psychology for the first ten generations of philosophers and theologians in Protestant Europe. According to his published correspondence (Bretschneider, 1834–1860), Melanchthon worked on this book as early as 1535: "I am just writing on the part which deals with the soul, and which will cover human nature in general." Two years later he informed friends in Switzerland that the part of his book on physics, which dealt with the human soul, would appear soon in Wittenberg. Finally, in January of 1540, Melanchthon was able to send a copy of his new book to his Swiss friends with the following comments (Bretschneider, 1834–1860):

> *"I wanted to present the physical and psychic conditions of man according to the wisdom of the classical authors and our own understanding.... I wrote the book for professors and students to assist them in acquiring scientific knowledge in this field.... All educated readers of my book are invited to send me their criticisms and suggestions which may help me add new information in [future editions of the book]" (p. 388).*

Between the first edition of 1540 and the time of Melanchthon's death in 1560, *About the Soul* was published in eight editions. The legend that Melanchthon invented the word *psychology* goes back almost 150 years. At that time, Melanchthon's psychology book was included in a collection of reprints of the works of the major Protestant reformers. The chief editor of the ambitious project was Karl Gottlieb Bretschneider (1776–1848), a liberal German theologian. The Latin introduction to Melanchthon's book explicitly mentioned that: "Melanchthon was the first among the German [authors] whom we know, who dealt in this book [with the topic of] psychology" (Bretschneider, 1834–1860, Vol. 13, p. 1).

This straightforward and rather innocuous sentence was apparently misunderstood by later authors (e.g. Lapointe, 1970; Roback, 1961, etc.) who may not have had access to Bretschneider's edition of Melanchthon's book, and who consequently drew the wrong conclusion about Melanchthon's relationship to the word *psychology.* In fact, Melanchthon, like most humanists of this period, was a purist in his use of the Latin and Greek languages. He disdained the combination of these languages and explicitly referred to his psychology book in his correspondence either by its Latin title *De anima* or by the Greek equivalent *Peri psyches.*

Psychologia

The next documented user of the word *psychology* was Johannes Thomas Freigius (1543–1583), a German philosopher and university teacher. Freigius was born in the small university town of Freiburg in the Black Forest region of Germany. After receiving his doctorate in law from Basel University at the age of 24, he studied dialectics, rhetoric, philology, mathematics, and the natural sciences as preparation for professorships he later held at academic institutions in Freiburg, Basel, and Altdorf.

Freigius became an enthusiastic disciple of the famous French theologian, philosopher, university reformer, and eventual Protestant martyr, Petrus Ramus (1515–1572), after meeting him in Basel. Throughout the remainder of his life, Freigius fought tirelessly for academic freedom and against the scholastic traditions of his academic superiors and the authorities of the Catholic Church. His numerous publications applied the didactic principles of Ramism to the different academic fields. Freigius first used the term *psychologia* in his 1575 *Catalogue of Common Places,* which was added to the beginning of his philosophical treatise *Ciceronianus* (1575). Four years later, the word *psychologia* appeared once more in the Latin book *Quaestiones Physicae* (Freigius, 1579), which focused on the human soul. After resigning his last academic position in Altdorf, Freigius died from the plague in 1583, at the age of 40, in Basel along with his three children.

Psichologie

Noel Taillepied (1540–1589) appears to have been the first author to use the word psichologie in French, his native language, and not in Latin. A native of Rouen, he completed a doctorate in theology and eventually became a teaching member of the Capuchin order. Intellectually, Taillepied belongs to a group of highly prolific apologists for traditional Catholicism during the Counter Reformation. A learned but rather gullible monk, Taillepied wrote a book with a long and intriguing title: *Psychology: The book about the reality of spirits, knowledge of erring souls, phantoms, miracles and strange happenings which at times precede the death of important personalities or announce that affairs of state are falling apart* (1588).

The title of the second edition, and several others before 1616, no longer contains the word *psichologie.* It is possible that Taillepied removed the word when he realized that his word had been used in the heretical writings of the French Ramists. Taillepied must have been familiar with Aristotle's psychological writings because he published a French book on the dialectics, physics, and ethics of Aristotle in 1583.

φυχολογία

According to Francois Lapointe, who wrote an important article (1970) on the origin of the term *psychology:* "the first author who gave a treatise … under the title 'Psychology' was Rudolf Goeckel or Rudolphus Goclenius (1547–1628) of Marburg [University]" (1970, p. 640). Actually, Goclenius used the Greek form of *psychology* in the long title of a collection of works by various authors (1596).

Portrait of Goclenius.

During the same year (1590), Goclenius supervised a Latin dissertation by his student, Martin Möller, which had the title *Psychological Problems of Human Understanding.* Since Goclenius wrote the word *psychology* in Greek letters, its relationship to Aristotle's book *On the Soul* becomes more apparent.

Goclenius was an encyclopedic and very productive author who at one time held four different professorships in "Physics, Logic, Mathematics, and Ethics" at Marburg University in the German Landgraviate of Hesse. Altogether, he directed more than 600 master's theses and formal oral examinations! Like Ramus and Freigius, he was a strong advocate of academic freedom from the interference of religious or political authorities.

Max Dessoir (1867–1947), the German historian of psychology, credited Goclenius with the invention of the word *psychologia* but denied that he had made any other contributions to the field (Dessoir, 1894, p. 23). Modern psychologists are likely to be more interested in his writings about the "psychology of tears" and the "physiology and psychology of taste."

After the middle of the 17th century, the word *psychologia* became less popular. For example, a *Dictionary of Philosophy* (1613) by Goclenius does not contain the word. His 1604 essay *Preliminary Thoughts about the Human Soul* deals with psychological subject matters but omits the new term (Lapointe, 1970, 1972).

Psychologica Anthropologica

Otto Casmann (1562–1607), another student of Goclenius, actually used the Latin term *Psychologia* in a book title two years before his teacher: *Psychological*

Anthropology or the Science and Knowledge of the Soul (1594). Two years later Casmann published what was apparently the second volume of his psychology book: *Anthropology Part II. Containing the Empirical Study of the Human System* (1596). It is of special interest that Casmann removed the topic of *somatology,* or physiology proper, from his discussion of psychology. He also referred to psychology as a "doctrina" which can be translated as *knowledge, explanation,* or *science.* Finally, E. Neuhaus (1582–1638), one of Casmann's students, published a book that summarized the reasons for studying psychology (1635).

Title page of Anthropological Psychology by Casmann (Coll. Bringmann).

Thus, we have a solid tradition of three academic generations where the word *psychology* was used and books were written about psychological topics at a small provincial university over the difficult years of the Thirty Years War.

Psichologie and Psychology

After the early use of the term by Taillepied, the word *psichologie* appears to have disappeared from French publications. It resurfaced 166 years later in the book *Essay about Psychology* (1754) by the French scientist and philosopher Charles Bonnet (1720–1793). This work was preceded in France by translations of the philosophical and psychological writings of Christian Wolff (1679–1754), who used the French term *psichologie* in his German writings about psychology (1732, 1734). The French writer and philosopher Denis Diderot (1713–1784) helped make the word popular through a "Psichologie" article in his famous encyclopedia (1751–1781).

Portrait of Christian Wolff (Coll. Lück).

PSYCHOLOGIE
OU
TRAITÉ
SUR L'AME,
Contenant les Connoiſſances, que nous en donne l'Expérience.
Par M. WOLF.
Quale per incertam Lunam ſub luce maligna Eſt iter in Sylvis. ÆNEID. L. VI. 270.

A AMSTERDAM,
Chez PIERRE MORTIER.
M DCC XLV.

French translation of Wolff's "Empirical Psychology" (Coll. Bringmann).

In England, the word *psychology* appeared first in Latin works by Gowan (1681) and by Broughton (1703). Generally, however, the word *Pneumatologia* or *pneumatology* was more frequently used to describe psychological events. David Hartley (1705–1757) used the term *psychology* twice in his works (Lapointe, 1972).

After the use of the word *psychology* had become established in England near the end of the 18th century, the first psychology titles appeared in the United States. For example, in 1840, Friedrich August Rauch (1806–1841), a political refugee from Germany and theology professor, published the first American textbook containing the word: *Psychology, or a View of the Human Soul; including Anthropology.* In 1842, another important psychology book was issued by Samuel Schmucker (1799–1873), a theology professor at the Theological Seminary at Gettysburg. In the United States this work, *Psychology, Elements of a New System of Mental Philosophy on the Basis of Consciousness and Common Sense,* served as a popular college textbook of psychology for the next 30 years (Lapointe, 1970).

In conclusion, our etymological story of the word *psychology* has focused primarily on the origin and early use of the word, and less on its meaning, during the 16th and early 17th centuries. Some of the numerous publications which dealt with psychological subject matter but which used terms like *peri psyches, de anima,* or *pneumatologia,* were covered only in passing, but we have attempted to convey enough information about the biographical, scientific, and political context in which the word *psychology* was created and used in order to provide some sense of the rich history behind the designation given to our field.

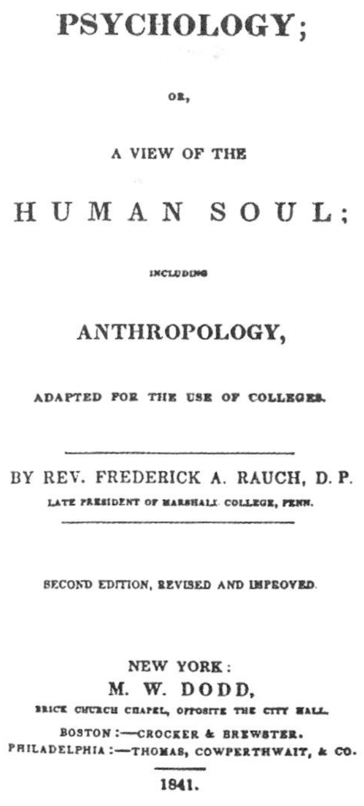
PSYCHOLOGY;

OR,

A VIEW OF THE

HUMAN SOUL;

INCLUDING

ANTHROPOLOGY,

ADAPTED FOR THE USE OF COLLEGES.

BY REV. FREDERICK A. RAUCH, D. P.

LATE PRESIDENT OF MARSHALL COLLEGE, PENN.

SECOND EDITION, REVISED AND IMPROVED.

NEW YORK:

M. W. DODD,

BRICK CHURCH CHAPEL, OPPOSITE THE CITY HALL.

BOSTON:—CROCKER & BREWSTER.

PHILADELPHIA:—THOMAS, COWPERTHWAIT, & CO.

1841.

Title page of the first American psychology textbook by Rauch (Coll. Bringmann).

Bibliography

Barnes, J. (Ed.). (1984). *The complete works of Aristotle.* Princeton: Princeton University Press.
Bonnet, C. (1755). *Essai de psychologie.* London.
Bretschneider, C. G. (Ed.). (1834–1860). Philippi *Melanchthoni Opera.* Halle: Schwetschlee.
Broughton, J. (1703). *Psychologia, or an account of the rational soul.* London: Bennett.
Carus, F G. (1808). *Geschichte der Psychologie.* Leipzig: Barth.
Casmann, O. (1594, 1604). *Psychologia anthropologica, sive animae humanae doctrina.* Hannover: Fischer.
Dessoir, M. (1902). *Geschichte der neueren deutschen Psychologie.* Berlin: Duncker.
Diamond, W. (1984). What Marulus meant by "Psycholoigia." *Storia e Critica della Psicologia, 5,* 38–49.
Diderot, D. (1751–1781). *Encyclopedie raisonné, des arts et métier.* Paris: Briasson.
Freigius, J. T. (1575). *Cicernioamus.* Basel: Henripetri.
Freigius, J. T. (1579). *Quaestiones physicae.* Basel: Henripetri.
Goclenius, R. (1596). *De praecipuis materriis psychologicis.* Frankfurt.
Goclenius, R. (159 7). *Autores varii de psychologia.* Marburg: Egenolph.
Goclenius, R. (1613). *Lexicon philosophicum Graecum.* Marburg: Hutwelker.
Gowan, T. (1681). *Ars sciendi, sin logica.* London.
Hamilton, W. (1868). *Lectures on metaphysics and logic (Vols.* 1–4). Edinburgh: Blackwell.
Kristic, K. (1964). Marko Marulic. The author of the term "psychology." *Acta Instituti Psychologici Universitatis Zagabriensis, 28,* 7–17, 35–48.
Lapointe, F. H. (1970). Origin and evolution of the term «psychology.» *American Psychologist,* 25, 640–646.
Lapointe, F. H. (1972). Who originated the term "psychology?" *Journal of the History of the Behavioral Sciences, 8,* 328–335.
Neuhaus, E. (1635). *Theatrum ingenii humani sine de cognoscenda hominum indole et secretis animi moribus.* Amsterdam: Jansson.
Rauch, F. G. (1840). *Psychology; or a view of the human soul; including anthropology.* New York: Dodd.
Roback, A. A. (1961). *History of psychology and psychiatry.* New York: Philosophical Library.
Schmucker, S. (1842). *Psychology, elements of a new system of mental philosophy on the basis of consciousness and common sense.* New York: Harper.
Taillepied, N. (1588). *Psichologie ou traité de l'apparition des esprits.* Paris: Bichon.
Tijan, P. (1967). Marulik, Marko. *New Catholic Encyclopedia.* New York: McGraw Hill.
Tortelli (1471). *Orthographia.* Venice: Jensen.
Wolff, C. (1732). *Psychologia empirica.* Frankfurt: Renger.
Wolff, C. (1734). *Psychologia rationalis.* Frankfurt: Renger.

An 18th Century Baby Biography

1997

Wolfgang G. Bringmann / Pegge Hewett / Gustav A. Ungerer

Historians of psychology have traditionally subscribed to the famous adage expressed by Hermann Ebbinghaus (1850–1909) that "psychology has a long past but a short history" (Ebbinghaus, 1911). As far as the history of developmental psychology is concerned, it has been suggested that before Darwin (Diamond, 1974) child psychology was limited to occasional bits and snatches such as Aristotle's mention that children do not dream before the age of four (!) or Locke's reminder that supposedly innate truths are not known to children in advance of experience. In the 18th century Smellie recognized the need for the systematic study of child behavior but he could not spare the time. (p. 469)

Portrait of Campe (Coll. Bringmann).

During our research for the *1983 International William T Preyer Symposium* at Jena University in Germany, we discovered a sophisticated study of early child behavior which was conducted and published almost 100 years before Darwin's 1877 publication of the "Biographical Sketch of an Infant Mind."

Prehistory

NB. 9. Journal eines Vaters über sein Kind, enthaltend: eine treue Darstellung der gesammten physischen und moralischen Behandlung des Kindes, nebst den wahrgenommenen Folgen und Wirkungen derselben; Bemerkung der ersten Aeusserungen von Selbstthätigkeit, Aufmerksamkeit, Freude und Schmerz; Gebrauch des Körpers und seiner einzelnen Glieder, vornehmlich der Sinne; Fortschritte der körperlichen und geistigen Entwickelung; allmähliche Bildung der Sprache und der ganz eigenen sehr simpeln Kindergrammatik; erste Keime der individuellen Neigun-

Announcement of competition for baby biography (Coll. Bringmann).

In 1785, Joachim Heinrich Campe (1746–1818), the German author and educational reformer, issued an invitation to the educated public to collect a "faithful" account of the entire physical and moral treatment of the child including the observed effects and consequences; observations of the first expressions of independence, attention, joy and pain; advances in physical and mental development; gradual formation of language and the child's own very simple grammar, the beginnings of individual differences and emotions; basic patterns of future personality, etc. (p. xxvif)

Campe was aware that such a project would not be easy (Campe, 1785): "For one person this task is almost too great. Two equally astute observers would be needed to divide the responsibility among themselves. One would remain with the child, while the other would record his observations" (p. xxv).

Campe's call for baby diaries resulted in the preparation and publication of a number of diaries (Jaeger, 1985). However, we shall focus on a work that was begun four years before Campe announced his competition. This was the *Observations on the Development of Mental Abilities in Children* (1787) by the German philosopher Dietrich Tiedemann (1748–1803).

An Eclectic Philosopher

Dietrich Tiedemann, the "eclectic philosopher and historian of philosophy," was born on April 3, 1748, in the small town of Bremervörde in North Germany. His father was the local mayor, who educated Dietrich (his oldest son) at home until the age of 15 by encouraging him to read as much as possible.

During high school, Tiedemann first became acquainted with the writings of the British empiricists and the French encyclopedists (Ufer, 1897). From 1767 to 1769, he studied theology, philology, philosophy, and mathematics at nearby Göttingen University. After serving for five years as the private tutor of a nobleman's children in Russia, Tiedemann returned to Göttingen to complete his studies of ancient languages and philosophy. Next, Tiedemann taught Latin and Greek at the prestigious "Carolinum College" in Kassel from 1776 to 1786. He was promoted to a full professorship in philosophy at Marburg University in 1786. His new responsibilities included the teaching of regular courses in logic, metaphysics, natural law, ethics, history of philosophy, and psychology. According to Ufer, Tiedemann's psychology was strongly influenced by the empiricism of the German philosophers and psychologists, Johann Nicholas Tetens (1736–1807) and Karl Philipp Moritz (1756–1793).

Portrait of Dietrich Tiedemann (Univ. archive Marburg).

Tiedemann's Developmental Diary

Tiedemann apparently began collecting developmental information about his son between 1781 and 1784 in Kassel before Campe issued his famous invitation for a diary record. The *Observations* were first published in 1787 after the beginning of Tiedemann's Marburg appointment. The article appeared in the second and third volume of the *Hessian Contributions to Scholarship and Art,* which Tiedemann edited together with two friends. It took almost a hundred years before partial French translations (Michelant, 1863; Perez, 1881) were

Silhouette of Dietrich Tiedemann (Univ. archive Marburg).

published. In 1890, an English translation (Soldau, 1890) was made from the abridged French version by Perez (1881). Finally, the full German text was republished 116 years after its first appearance (Ufer, 1897).

Tiedemann's *Observations* were also used in his posthumous *Handbook of Psychology for Lectures and Self-Instructions* (1804, pp. 401–431) to bolster his associationistic views of human development.

Tiedemann's "baby diary" covers the period from August 23, 1781, to February 14, 1784. The entire account is 13,000 words or about 42 pages long. A typical entry consists of three to eight lines of direct observations, which are supplemented by one-half to four pages of comments and interpretations.

His notes for October 2, 1781, give a good flavor of his approach. At that time little Friedrich Tiedemann was about two months old (1787):

"Some sensory experiences [of the child], especially those of taste, can now be distinguished with some confidence. On October 2 (1781), bitter medicine was accepted only after great resistance. The boy now can distinguish between himself and the objects surrounding him. He does this by grabbing things and by stretching his hands and even his entire body toward a desired object. He is not very skilled with his fingers as yet. If he manages to reach something, it is often more a matter of chance than of intention. It is astonishing how much practice and trial and error are required for the acquisition of simple movements, which appear easy to adults, as if they were born with them!" (p. 318).

After separating Tiedemann's comments from his direct observations, a total of 2,650 words of text remain for each of 41 individual days. Thus, on the average, a single observation of about 43 words was recorded every 22 days during the entire two and a half years.

Versuch
einer Erklärung
des
Ursprunges
der Sprache.

Riga
bey Johann Friedrich Hartknoch 1772.

Title page of Tiedemann's book on the "Origin of Language" (1773) (Coll. Bringmann).

Friedrich Tiedemann

Altogether, Tiedemann's little son appears to have been a healthy and rather bright child. His developmental milestones are, in fact, a good deal in advance of those reported in more recent observational records and yield a mental age of 47 months at the age of 30 months, and, hence an IQ slightly above 150 (Gesell, 1925). This estimate gains further support from the later life and career of the child, Friedrich Tiedemann (1781–1861), who eventually became an eminent German physiologist at Heidelberg University during the first half of the 19th century.

After studying medicine at Marburg and Würzburg, Tiedemann received his MD at the age of 23 and qualified shortly afterwards as an instructor of medicine. Only one year later, he became Professor of Anatomy and Zoology at Landsberg University in Bavaria. Eleven years later, he received a call to Heidelberg University, where he taught for the next 31 years.

Tiedemann published extensively in German, French, and English about the topics of digestion, nutrition, and neuroanatomy. His psychological interests are reflected in his regular lectures on Gall's phrenology and his study of racial differences, *On the Brain of the Negro, compared with that of the European and the Orangutang* (1836). Although the title may imply a strong racist orientation, Tiedemann's book was a model of objective scholarship. Thus, we read in this copiously illustrated monograph the following summary of his extensive anatomical studies (1836):

> *"(I) In general, or, on the average, the brain of the Negro is just as big as that of the European or other human races.*
> *(II) The cranial nerves of Negroes are not thicker than those of Europeans.*
> *(III) The spinal cord, the brain stem, the cerebellum and the cortex of the Negro show no significant differences in their external appearance or their structure from those of the European.*
> *(IV) The brain of the Negro does not resemble that of the orangutang any more than [does] that of the European."*

Friedrich Tiedemann resigned his professorship at Heidelberg in 1849 after his son, Gustav Nikolaus Tiedemann (1808–1849), was executed by a Prussian firing squad on August 11, 1849. Tiedemann junior was the last commander of the German Fortress "Rastatt", where the German revolutionaries made their last stand against the overwhelming forces of reactionary Prussia.

Friedrich Tiedemann of Heidelberg University (Univ. archive Heidelberg).

Later Developments

After a period of neglect, the diary method of developmental research became popular once again with the 1876 publication of Hippolyte Taine's (1828–1893) study of language acquisition by his daughter. Darwin recorded his observations of the physical and mental development of his oldest child in 1840 but did not publish them until 1877 after he read Taine's "very interesting account" (Darwin, 1877). Even Wilhelm Wundt (1832–1920), who seriously questioned the scientific status of developmental psychology, collected extensive diary information about the language development of his two oldest children (Wundt, 1900, pp. 284–304). Preyer's classic, *The Mind of the Child* (1882, 1888–1889), may be viewed as the culmination of this research approach. In particular, his detailed "rules" for the preparation of baby biographies are still relevant today.

Modern developmental psychologists are fully aware of the limits of the diary method of child study. Nonetheless, they acknowledge its benefits as a research tool (Kessen, Haith, & Salapatek, 1970):

> *"Despite their weaknesses, the [baby] biographies are essential in our study of language, emotional expression, problem solving, representation and imitation in infants and they remain invaluable sources of observation and of leads toward better controlled observation on other matters of interest to the psychologist of infancy, particularly in the period between the newborn hospital stay and the child's entrance into nursery school" (p. 303).*

Nikolaus Tiedemann (Coll. Bringmann).

Bibliography

Campe, J. H. (Ed.). (1785–1791). *Allgemeine Revision des gesamten Schul und Erziehungswesens von einer Gesellschaft praktischer Erzieher (Vols.* 1–16). Hamburg: Bohn.

Darwin, C. (1877). A biographical sketch of an infant. *Mind, 1,* 285–294.

Diamond, S. (Ed.). (1974). *The roots of psychology.* New York: Basic Books.

Ebbinghaus, H. (1911). *Psychology: An elementary textbook.* Boston: Heath.

Gesell, A. (1925). *The mental growth of the preschool child: A psychological outline of normal development from birth to the sixth year, including a system of developmental diagnosis.* New York: Macmillan.

Jaeger, S. (1985). The diary method in developmental psychology. In G. Eckardt, W. G. Bringmann, & L. Sprung (Eds.), *Contributions to a history of developmental psychology (pp.* 63–74). Berlin: Mouton.

Kessen, W., Haith, M., & Salapatek, P. (1970). Infancy. In P. H. Mussen (Ed.), *Carmichael's manual of child psychology* (3rd ed., p. 303). New York: Wiley.

Michelant, H. (1863). Observations sur le development de facultes d'ame chez les enfants. *Journal General de l'Instruction Publique,* pp. 251–291, 309, 319.

Perez, B. (1881). *Thieri Tiedemann et la Science de l'Enfant.* Paris: Bailliere.

Preyer, W. (1882). *Die Seele des Kindes.* Leipzig: Grieben.

Soldau, F. L. (1890). *Tiedemann's record of an infant.* Syracuse, NY: Bardeen.

Taine, H. (1876). Note sur l'acquisition de langage chez les enfants et dans l'espèce humaine. *Revue Philosophique, 1,* 3–23.

Tiedemann, D. (1787). Beobachtung über die Entwicklung der Seelenfähigkeiten bei Kindern. *Hessische Beiträge zur Gelehrsamkeit und Kunst,* 2, 313–333; 3, 486–502.

Tiedemann, D. (1804). *Handbuch der Psychologie zum Gebrauch der Vorlesungen und zur Selbstbelehrung bestimmt* Leipzig: Barth.

Tiedemann, F. (1836). On the brain of the Negro, compared with that of the European and the Orangutang. London: Taylor.

Ufer, C. (1897). *Dietrich Tiedemann's Beobachtungen über die Entwicklung der Seelenfähigkeiten bei Kindern.* Altenburg, Germany: Bond.

Wundt, W. (1900). *Die Sprache* (Vol. 1). Leipzig: Engelmann.

Wundt's Laboratories

1997

Wolfgang G. Bringmann / Ursula Voss / Gustav A. Ungerer

Ever since the first edition of Boring's A History of Experimental Psychology (1929), it has become accepted knowledge among psychologists that Wilhelm Wundt (1832–1920) "...founded the first psychological laboratory of the world..." at Leipzig University in Germany in 1879 (p. 318). This information has been included as a small but crucial detail – perhaps the psychologists' equivalent of the discovery of America by Columbus – in countless introductory psychology textbooks.

Refectory building of Leipzig University where Wundt established his famous Leipzig Laboratory in 1879 (Coll. Bringmann).

This classical date was challenged by Harper (1949) almost 50 years ago, when he marshalled information in support of the view that ". . . the world's first psychological laboratory ... had been established by William James (1842–1910) in Lawrence Hall of Harvard University four years before the foundation of Wundt's institute" (p. 173). One year later Harper (1950), perhaps as a gesture of reconciliation, concluded from his reading of Wundt's brief history of his institute (1909) that: "It appears now that there were actually two first laboratories that were established simultaneously in the United States and in Germany. Wundt's Leipzig laboratory was one of them. William James' laboratory at Harvard was the other" (p. 158).

Thus, the beginnings of Wundt's Leipzig laboratory would be changed to 1875, the time at which Wundt joined the faculty at Leipzig University as full professor of philosophy. Boring quickly accepted the accuracy of Harper's statement (Boring, 1963, 1965). However, the two editions of his history (1929, 1950) still give credit to Wundt for founding the first laboratory in experimental psychology in 1879 at Leipzig University. Moreover, in 1965 Boring editorialized at length on the pernicious habits of psychologists to rely on data in the history of their field which at best are subjective and arrived at long after the events occurred (1965). Addressing himself specifically to the founding of Wundt's Leipzig laboratory, he made the following comments (Boring, 1965):

> *"The founding was thus subjective. Wundt, scientific psychology's great entrepreneur, examined the growth of his enterprise and picked 1879 as the best date. It could not have been apparent at the time what significance that date would come to have, but history needs its markers in order to be readily understood and remembered, and the students of history are inconvenienced by dates on which to hang the skein of events that need to be kept in order. In 1879 there was no ceremony at the founding of Leipzig's Psychological Institute. Wundt made no special speech, cut no ribbon at the entrance, dedicated no cornerstone for the old refectory building, nor could he even have recognized the significance of what was getting under way. History and progress moved on with their accustomed gradualness, and only later was Wundt able to fix an absolute threshold to the growth curve of his laboratory" (p. 8).*

These are undoubtedly impressive words! Their accuracy, however, can be seriously questioned and needs to be re-examined in the light of pertinent archival and documentary evidence.

Wundt and the Laboratory Method before Leipzig

Wundt's own early life experiences with the laboratory method seem to parallel the development of the seminar method of research instruction in Germany at large during the 19th century (Bringmann & Ungerer, 1980). Wundt, the youngest son of a Protestant minister, had little access to scientific information in the small provincial town where he grew up (Bringmann, Balance, & Evans, 1975). During his high school years from 1845 to 1851 at the Heidelberg Lyceum, biology was taught for only two years, including occasional field trips. Mathematics and the other natural sciences covered less than 2% of Wundt's high school curriculum and included no laboratory work whatsoever. During his first year as a medical student at Tübingen University from 1851 to 1852, Wundt became quickly disillusioned with his basic medical courses, which again centered primarily on books and provided no opportunity for experimental work (Wundt, 1920).

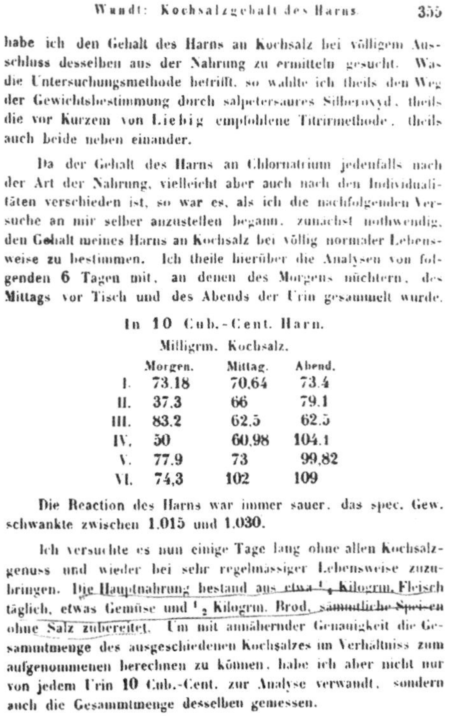
Wundt: Kochsalzgehalt des Harns. 355

habe ich den Gehalt des Harns an Kochsalz bei völligem Ausschluss desselben aus der Nahrung zu ermitteln gesucht. Was die Untersuchungsmethode betrifft, so wählte ich theils den Weg der Gewichtsbestimmung durch salpetersaures Silberoxyd, theils die vor Kurzem von Liebig empfohlene Titrirmethode, theils auch beide neben einander.

Da der Gehalt des Harns an Chlornatrium jedenfalls nach der Art der Nahrung, vielleicht aber auch nach den Individualitäten verschieden ist, so war es, als ich die nachfolgenden Versuche an mir selber anzustellen begann, zunächst nothwendig, den Gehalt meines Harns an Kochsalz bei völlig normaler Lebensweise zu bestimmen. Ich theile hierüber die Analysen von folgenden 6 Tagen mit, an denen des Morgens nüchtern, des Mittags vor Tisch und des Abends der Urin gesammelt wurde.

In 10 Cub.-Cent. Harn.

Milligrm. Kochsalz.

	Morgen.	Mittag.	Abend.
I.	73.18	70.64	73.4
II.	37.3	66	79.1
III.	83.2	62.5	62.5
IV.	50	60.98	104.1
V.	77.9	73	99.82
VI.	74,3	102	109

Die Reaction des Harns war immer sauer, das spec. Gew. schwankte zwischen 1.015 und 1.030.

Ich versuchte es nun einige Tage lang ohne allen Kochsalzgenuss und wieder bei sehr regelmässiger Lebensweise zuzubringen. Die Hauptnahrung bestand aus etwa 1/2 Kilogrm. Fleisch täglich, etwas Gemüse und 1/2 Kilogrm. Brod, sämmtliche Speisen ohne Salz zubereitet. Um mit annähernder Genauigkeit die Gesammtmenge des ausgeschiedenen Kochsalzes im Verhältniss zum aufgenommenen berechnen zu können, habe ich aber nicht nur von jedem Urin 10 Cub.-Cent. zur Analyse verwandt, sondern auch die Gesammtmenge desselben gemessen.

Title page of Wundt's first published research on salt deprivation (Coll. Bringmann).

Returning from Tübingen to Heidelberg University for the winter term of 1852, Wundt was fortunate to enroll in the chemistry course of Robert Bunsen (1811–1899), who had founded one of the earliest German chemical laboratories at Marburg University in 1840. Under Bunsen's influence, Wundt carried out his first research project (1853) on the effects of salt deprivation on the chemical composition of his own urine. According to Wundt (Figure 2), he existed during this experiment on a daily diet of "… 500 grams of meat, some vegetables, and two pounds of bread. All food was prepared without salt" (1853, p. 355). Wundt enjoyed this humble study immensely because it was published and even quoted in the scientific literature. The young Wundt was deeply impressed by Bunsen and particularly admired "the demonstrations of marvelous perfection" (Wundt, 1920, p. 76) which illustrated the lectures. To his strong disappointment, however, Wundt also discovered that Bunsen (Wundt, 1920): "… had little time for beginning students … (and) turned them over to his assistants who were still new in their positions." (p. 77). Wundt resigned from Bunsen's institute without delay and entered instead the private chemical laboratory of a young instructor who had impressed him with his interest and devotion to his students and their researches (Bringmann & Ungerer, 1980).

In 1854, Wundt carried out his first independent research (1855). Since Heidelberg University did not have a physiological laboratory at that time, he collected his data at home in his mother's kitchen without elaborate research facilities. Although queasy about vivisectioning, his mother served as his laboratory assistant. Additional published research, which was completed at that time under similarly primitive research conditions, includes Wundt's belated and not quite official dissertation (1856) and his first venture into experimental psychology (1858).

During the summer semester of 1856, Wundt went for one semester to Berlin University to do postgraduate work in physiology in the laboratories of Johannes Müller (1801–1858) and Emil Du Bois-Reymond (1818–1896). In comparison to even the meager research facilities at Heidelberg University, the conditions under which these eminent scientists had to work appalled Wundt (1920):

> *"Gustav Magnus kept the physical collection in his home and it was not at all possible for students to work in his laboratory … Johannes Müller worked during the winter in the old anatomy building. In the summer he used a few rooms on the upper floor of the University's main building. One floor above Müller was the so-called laboratory of Du Bois-Reymond. Actually, it consisted only of a hallway in which students were placed and of a room in which he worked himself" (pp. 107–108).*

Wundt's next involvement with the laboratory came in the summer of 1857 when he offered his first course in experimental physiology to four students in his mother's apartment (Bringmann & Balance, 1975). However, severe illness prevented Wundt from completing this project.

During his convalescence, Wundt applied for an appointment as laboratory assistant to Hermann von Helmholtz (1821–1894) in the newly established Physiological Institute of Heidelberg University (Bringmann, Bringmann, & Cottrell, 1976). Helmholtz, much like Bunsen, turned his laboratory instruction over to his young assistant, who provided most of the instruction for beginning medical students. Although Wundt carried out these responsibilities faithfully, he appears to have been bored with such routine duties. Nevertheless, he made good use of the nearly seven years of his association with Helmholtz to perform and publish much of his early experimental research (Bringmann & Ungerer, 1980). When he resigned his appointment in the spring of 1865 (Bringmann, Bringmann, & Cottrell, 1976), he established a laboratory in his own apartment which he maintained for nearly 10 years. Wundt's private physiological institute in Heidelberg must have been a relatively large and well-equipped laboratory, because he was able to use it during the summer of 1871 to teach required courses in experimental physiology (Bringmann, Bringmann, & Cottrell, 1976). At that time, Helmholtz was called to Berlin as a professor of physics.

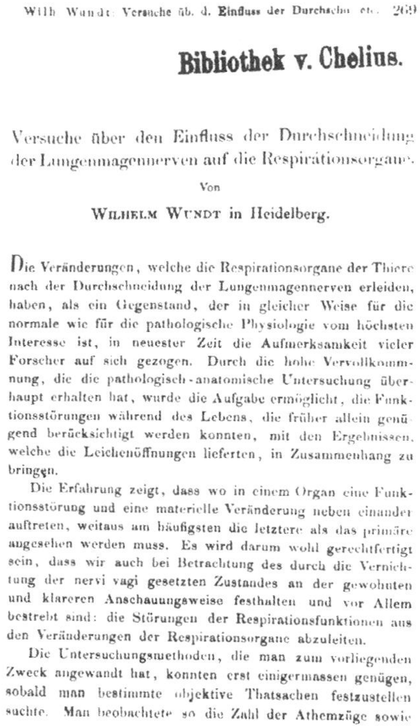
Wilh. Wundt: Versuche üb. d. Einfluss der Durchschn. etc. 269

Bibliothek v. Chelius.

Versuche über den Einfluss der Durchschneidung der Lungenmagennerven auf die Respirationsorgane.

Von

Wilhelm Wundt in Heidelberg.

Die Veränderungen, welche die Respirationsorgane der Thiere nach der Durchschneidung der Lungenmagennerven erleiden, haben, als ein Gegenstand, der in gleicher Weise für die normale wie für die pathologische Physiologie vom höchsten Interesse ist, in neuester Zeit die Aufmerksamkeit vieler Forscher auf sich gezogen. Durch die hohe Vervollkommnung, die die pathologisch-anatomische Untersuchung überhaupt erhalten hat, wurde die Aufgabe ermöglicht, die Funktionsstörungen während des Lebens, die früher allein genügend berücksichtigt werden konnten, mit den Ergebnissen, welche die Leichenöffnungen lieferten, in Zusammenhang zu bringen.

Die Erfahrung zeigt, dass wo in einem Organ eine Funktionsstörung und eine materielle Veränderung neben einander auftreten, weitaus am häufigsten die letztere als das primäre angesehen werden muss. Es wird darum wohl gerechtfertigt sein, dass wir auch bei Betrachtung des durch die Vernichtung der nervi vagi gesetzten Zustandes an der gewohnten und klareren Anschauungsweise festhalten und vor Allem bestrebt sind: die Störungen der Respirationsfunktionen aus den Veränderungen der Respirationsorgane abzuleiten.

Die Untersuchungsmethoden, die man zum vorliegenden Zweck angewandt hat, konnten erst einigermassen genügen, sobald man bestimmte objektive Thatsachen festzustellen suchte. Man beobachtete so die Zahl der Athemzüge sowie

Title page of Wundt's prizewinning research on the effect of cutting the vagus nerve (1855, p. 269) (Coll. Bringmann).

Earliest existing Wundt photograph (ca. 1865) (Coll. Bringmann).

In the fall of 1874, more than 17 years after first qualifying as an academic teacher, Wundt was at long last given an appointment as Professor of Inductive Philosophy at Zurich University (Bringmann, Balance, & Evans, 1975). At that time, Zurich University, which had only been founded in 1833, was still a very humble institution. It had only 10 classrooms in an old decrepit building and no library of its own. Nevertheless, Wundt was able to obtain a special room "on the third floor of the main university building" (Wundt, 1874a) for the storage of the large collection of "physiological equipment and teaching aids" which he had brought from Heidelberg (Wundt, 1874b). Moreover, evidence exists that Wundt also maintained a small laboratory for his personal research in the farmhouse which he and his wife rented in the Unterstrass suburb of Zurich (Bringmann & Ungerer, 1980).

In conclusion, Wundt was an experienced, self-taught expert in laboratory research long before he received his call to Leipzig University as a professor of philosophy. He had worked for nearly 23 years in various laboratories as a student, a teaching assistant, and an independent researcher in his own psycho-physiological institute. He was able to maintain a small storage room in which he kept his physiological equipment and teaching aids. Although he often supplemented his formal lectures with demonstrations, he did not regard such activities as research. Real research was a challenging empirical activity for Wundt which required active participation and regular publication of research results in scientific journals.

The Leipzig Institute for Experimental Psychology

Wundt's call to the chair of philosophy at Leipzig University was a remarkable event. Internal disagreements at Leipzig had kept the position vacant for about a decade. It was also a most daring act for such an ancient institution to employ an "...experimental physician as philosopher. ..." (Schlotte, 1955/1956) who had done most of his previous work in physiology. Wundt was in no position to make big demands but was able to negotiate the assignment of a small room for the storage of his research and teaching equipment (Wundt, 1909):

> *"When the present director [of the Institute for Experimental Psychology) joined the faculty of the University on October 1, 1875, the Royal Ministry with the concurrence of the Academic Senate placed at his disposal a small former lecture hall in the refectory building for the storage of his demonstration equipment for his psychological lectures and his equipment for personal experimental work" (p. 118).*

Thus Wundt makes it clear that he had no functional laboratory when he came to Leipzig in the fall of 1875. He was assigned only a storage facility for his various equipment. The view that Wundt did not have an active laboratory at Leipzig before 1879 receives additional support from the fact that Wundt concentrated primarily on the teaching of philosophical subjects during his first four years there. An examination of his publication list from that time shows no major publication in experimental psychology and related fields between 1875 and 1879. The bibliography for these years consists primarily of book reviews in philosophy and psychology.

Although, as Boring (1965) pointed out, there was no ceremony when the laboratory opened, Wundt not only reported on a specific date for the foundation of his laboratory, he provided detailed information about the circumstances under which this laboratory was initiated. It seems that laboratory activities evolved from informal "bull sessions" between Wundt and some of his early students following the formal class meetings of his psychology seminar (Wundt, 1909):

"From the fall of 1879 on, individual students began to occupy themselves in this room in the refectory building with experimental projects. Thus came about the first study originating from this seminar ... the investigation of Dr. Max Friedrich ... on the duration of apperception during simple and complex ideas ... . This work began in the winter of 1879–80 and was published as a dissertation in 1883 and in Volume 1 of the "Philosophical Studies" ... In the following semesters several students and younger instructors participated in the practical and research projects which initially were not listed in the catalogue" (pp. 118–119).

From this description it is clear that the actual experimental research seems to have been carried out by Wundt's students. The first completed project was Friedrich's dissertation, which was eventually published in 1881. Only a small number of students and instructors, who were personal acquaintances of Wundt, were involved in this work. The storage room thus became a laboratory when it was utilized for publishable research.

Silhouette of Wundt as a lecturer at Leipzig University (Coll. Bringmann).

The first written reference to Wundt's laboratory can be found in a letter of recommendation, which Wundt wrote for G. S. Hall on June 18, 1880, and which Hall seems to have used in obtaining his appointment at Johns Hopkins University in 1883 (Bringmann and Bringmann, 1980).

Specifically, Wundt made the following pertinent comments about Hall and his laboratory (Wundt, 1880):

> *"I have come to know Dr. G. Stanley Hall well through frequent personal contacts during his extended stay in Leipzig as a man of comprehensive, great scientific interest and solid independent judgment. In particular, Mr. Hall has been able to gain a rare knowledge of the German scientific literature not only in psychology but also in the related subjects of sensory- and neurophysiology. He has participated in the work of my Psychophysical Laboratory during the Winter Semester of 1879–80 and the Summer Semester of 1880 with great industry and success" (p. 2).*

Additional support for the 1879 date comes from the pen of Dr. Friedrich, who carried out the first experimental research in Wundt's Leipzig laboratory during the winter semester of 1879–1880. Friedrich published a summary of his dissertation in the first issue of Wundt's new journal, *Philosophical Studies* in the late fall of 1881. His research article is very helpful in gaining a picture of Wundt's laboratory. Friedrich, who was by training a mathematician and not a philosopher, acknowledges in his article that his research was carried out "… under the direction of Professor Dr. Wundt …. during the Winter Semester of 1879–80… ." (1881, p. 39). Pilot work was begun in early December with Wundt, Hall, and Friedrich being the first participants in the project. The collection of research data was resumed on January 17 and ended on March 5, 1880. Dr. Martin Trautschold, another early collaborator of Wundt's, is the first person to refer to Wundt's "Psychophysical Laboratory" in print (1882, p. 213). His dissertation research was completed during the summer of 1880. Wundt and Hall again served as experimental subjects.

Recognition of a somewhat different type came in the fall of 1882 in the form of a personal visit by William James (1840–1910) who mentioned Wundt's laboratory in a chatty letter to his new friend Carl Stumpf (1840–1936) of Prague University. Writing from Paris on November 26, 1882, James made the following comments about Wundt and his laboratory: "Wundt in Leipzig impressed me as very agreeable personally. He has a ready smile and is

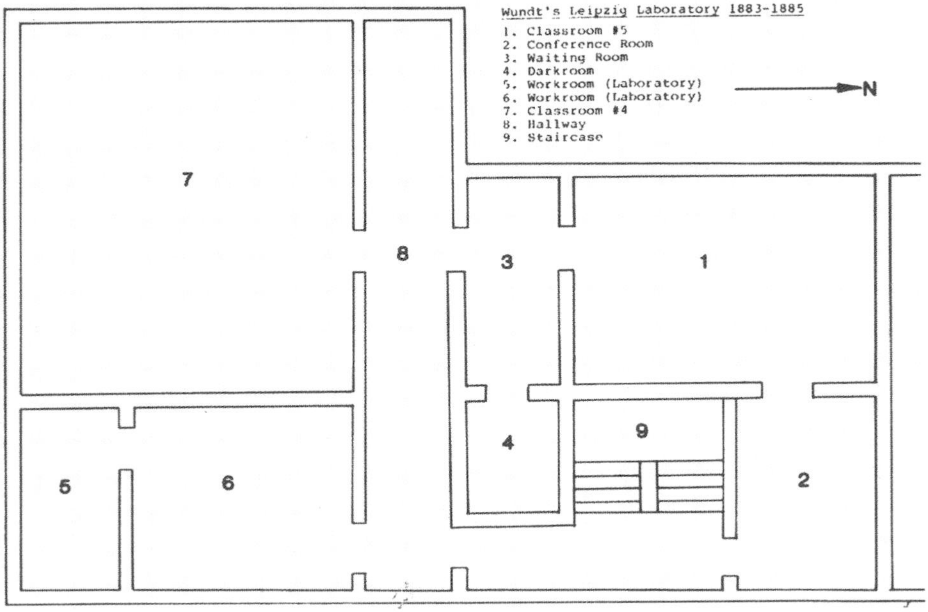

Groundplan of Wundt's early laboratory (ca. 1883) (Coll. Bringmann).

entirely unaffected and unpretending in his manner. I heard him twice and was twice in his laboratory...."

Still further support for the 1879 date can be found in an 1888 article by Wundt's first assistant, James McKeen Cattell, in the journal *Mind* in 1888. This account of the Leipzig laboratory was submitted to Wundt for approval prior to publication.

Wundt supported his private laboratory out of his own pocket until 1881, but two more years were to pass before the laboratory was officially recognized by being listed in the university catalogue (Fensch, 1977). This recognition came only after Wundt was offered an attractive position at nearby Breslau University (Schlotte, 1955/1956). It was in this first facility that Wundt's earliest and perhaps his most prominent students, G. Stanley Hall (1844–1924), Emil Kraepelin (1856–1926), and James McKeen Cattell (1860–1944), did their work. Soon afterwards, Wundt expanded his laboratory into additional rooms in an adjacent building which had been vacated by the school of pharmacy. In 1892, Wundt's institute was moved once again to the third floor of a nearby classroom building which had previously housed the department of gynecology (Wundt, 1909). The new facility provided a total of 11 work rooms which were all equipped with electrical connections. Finally, in the fall of 1897, Wundt was able to move his institute to the top floor of two new buildings (Paulinum and Johanneum), which had been designed to his specifications and which served as a model for many similar laboratories in Germany and abroad until their destruction in World War II (Füssler, 1961).

Summary and Discussion

In summary, we have reassessed the claims by Harper (1949, 1950) and Boring (1963, 1965) that Wundt established his laboratory at Leipzig University in 1875 and not in 1879. Available primary sources, which were utilized in the present study, clearly show that Harper and Boring came to their conclusion on the basis of an erroneous translation from the original German. Wundt was assigned only a storage room for his equipment when he came to Leipzig in the fall of 1875. In fact, he did not gain access to this facility until the spring of 1876 (Fensch, 1977). Moreover, his extensive experience in laboratory work over more than two decades before coming to Leipzig would not have permitted him to define a mere storage room as a laboratory. Rather, Wundt seems to have spent the first four years in Leipzig immersing himself in the literature of philosophy and related fields. His actual laboratory evolved during the 1879–1880 academic year when one of his students conducted the first publishable research in the old refectory building.

Although William James seems to have used some sort of laboratory in 1875, a careful reading of Harper's article (1949) indicates that James operated at best a small teaching or demonstration laboratory at Harvard University in experimental physiology "in 1874–75 or 1876" (Perry, 1935). William James, according to his biographer Perry, "… not only disliked the psychological laboratory but came to disbelieve in any fruitfulness commensurable with the effort expended" (1935, p. 315). Experimental psychology at Harvard University got its real start only after James wrote to Wundt student Hugo Münsterberg (1863–1916) to come to America in February 1892 to "… take charge of the Psychological Laboratory…"

Wundt had established a formal laboratory of this type as early as 1865 while he was still at Heidelberg. He supported this private institute, in which he carried out extensive physiological and psychological studies, out of his own pocket until he left Heidelberg forZürich University in 1874. The building in which Wundt maintained this early laboratory still exists today across the street from the Psychological Institute of Heidelberg University (Bringmann, Balance, & Evans 1975).

Without Wundt's humble but functional laboratory at Leipzig there would have been no dissertation by the mathematician Max Friedrich in 1879–1880. The credit for promoting psychology as an autonomous science thus clearly belongs to Wundt. In contrast to James and Stumpf, who both disliked the tedium of laboratory work and taught only relatively few students, Wundt attracted nearly 200 doctoral students between 1875 and 1919 (Bringmann & Ungerer, 1980). As Benjamin so cogently stated (1979): "Wundt's lab quickly became the stellar attraction for would-be psychologists ... from Europe and North America... These psychologists were the founders of many of the early psychological laboratories". (p. 1)

Giant building on Heidelberg's main street where Wundt maintained an early, private laboratory from ca. 1865–1874.
That is the point! Students from all over the world, including America, were inspired to carry out research in Wundt's institute and to publish their results and thus spread scientific psychology all around the world (Coll. Bringmann).

Bibliography

Benjamin, L. (1979). A century of science. APA *Monitor, 10,* 1–3.

Boring, E. G. (1929). *A history of experimental psychology.* New York: Appleton.

Boring, E. G. (1950). *A history of experimental psychology.* (2nd ed.). New York: Appleton.

Boring, E. G. (1963). *History, psychology and science.* New York: Wiley.

Boring E. G. (1965). On the subjectivity of important historical dates: Leipzig, 1879. *Journal of the History of the Behavioral Sciences, 1,* 5–9.

Bringmann, W. G., & Balance, W. (1975). Wilhelm Wundt: Part 1. (Lehr und Wanderjahre). *Psychologie Heute,* 2,12–18, 44–47.

Bringmann, W., Balance, W., & Evans, R. (1975). Wilhelm Wundt 1832–1920: a brief biographical sketch. *Journal of the History of the Behavioral Sciences, 11,* 287–279.

Bringmann, W., Bringmann G., & Cottrell, D. (1976). Helmholtz und Wundt an der Heidelberger Universität. *Heidelberger Jahrbücher,* 20, 79–88.

Bringmann, W., & Bringmann, N. (1980). Wilhelm Wundt and his first American student. In W. G. Bringmann & R. D. Tweney (Eds.), *Wundt studies* (pp. 176–192). Toronto: Hogrefe.

Bringmann, W., & Ungerer, G. (1980). The foundation of the Institute for Experimental Psychology at Leipzig University. *Psychological Research, 42,* 5–18.

Fensch, D. (1977). Zur Rolle Wilhelm Wundts bei der Institutionalisierung der Psychologie in Leipzig. *Psychologie-Historisches Manuskript, 1,* 60–66.

Friedrich, M. (1881). Über die Apperceptionsdauer bei einfachen und zusammengesetzten Vorstellungen. *Philosophische Studien, 1,* 39–77.

Füssler, H. (1961). *Leipziger Universitätsbauten.* Leipzig: VEB *Biographisches* Institut.

Harper, R. (1949). The laboratory of William James. *Harvard Alumni Bulletin,* 169–173.

Harper, R. (1950). The first psychological laboratory. *Isis, 41,* 158–161.

Perry, R. B. (1935). *The thought and character of William James (Vols.* 1–2). Boston: Little, Brown, & Company.

Ross, D. G. (1972). G. *Stanley Hall.* Chicago: University of Chicago Press.

Schlotte, F. (1955/1956). Beiträge zum Lebensbild Wilhelm Wundts aus seinem Briefwechsel. *Wissenschaftliche Zeitschrift der Karl-Marx-Universität, 5,* 333–349.

Trautscholdt, M. (1882). Experimentelle Untersuchungen Über die Association der Vorstellungen. *Philosophische Studien, 1,* 213–250.

Wundt, W. (1853). Uber den Kochsalzgehalt des Harns. *Journal für practische Chemie,* 59, 354–363.

Wundt, W. (1855). Versuche über den Einfluss der Durchschneidung des Lungenmagennerven auf die Respirationsorgane. *Johannes Müllers Archiv für Anatomie, Physiologie und wissenschaftliche Medicin,* 269–313.

Wundt, W. (1856). *Untersuchungen über das Verhalten der Nerven in entzündeten und degenerierten Organen.* Heidelberg: Mohr.

Wundt, W. (1858). Über den Gefühlssinn mit besonderer Rücksicht auf dessen räumliche Wahrnehmungen. *Henle und Pfeuffers Zeitschrift für rationelle Medizin, 3,* 229–293.

Wundt, W. (1909). Das Institut für Experimentelle Psychology. In Rektor und Senat (Eds.), *Festschrift zur Feier des 500jährigen Bestehens der Universität Leipzig* (Vol. 4). Leipzig; Hirzel.

Wundt, W. (1920). *Erlebtes und Erkanntes.* Stuttgart: Kröner.

Nachwort

Der „rote“ Faden und Danksagung

Die in diesem Buchband zusammengefassten Beiträge zur Wissenschaftsgeschichte, zur Experimentellen Psychologie sowie zu Aspekten der regionalen Personen- und Landesgeschichte im nördlichen Baden (Heidelberg–Mannheim–Karlsruhe) und Straßburg sind zwischen 1978 und 1997 entstanden.

Einer der Schwerpunkte meiner Arbeiten ist das Leben und Werk von Wilhelm Wundt (1832–1920) aus der Vor- und Nachbereitung der ersten Symposien zu seiner Rezeption, die 1979 in Heidelberg und 1980 Leipzig stattgefunden haben.

Viele Beiträge sind im Teamwork entstanden. Deshalb danke ich meinen Mit-Autoren herzlich für die konstruktive Zusammenarbeit: Wolfgang G. Bringmann, Norma Bringmann, Michael Bringmann und Pegge Hewett – University of Alabama, Mobile (USA), ebenso Holle Ganzer – Universität Heidelberg/N., Ursula Voss – Universität Frankfurt/M., und meiner Frau Kathrin Ungerer-Heuck.

Darüber hinaus gilt mein Dank den Bekannten, Freunden und befreundeten Verwandten, die durch gute Gespräche den Fortgang meiner Forschungsarbeiten insgesamt sowie auch dieses Buches gefördert haben.

Die Beiträge sind chronologisch geordnet. Ein Thema hat sich aus dem anderen entwickelt. – Zwei Texte sind hier erstmals veröffentlicht „Völkerpsychologie – Ethik – Politik. Wilhelm Wundt und der Erste Weltkrieg“ (1979) und „Between Socialism and Liberalism. Wundt's Political Career 1863–69“ (1978/1980).

Die Anmerkungen über mein Studium der Psychologie sowie Soziologie und einige meiner sonstigen Interessen mögen den „roten Faden“ meines Werdegangs illustrieren, beruflich zum freien Forscher, Autor und kurzzeitigen Reprint-Herausgeber, privat zum Familienmenschen und tätigen Mitglied einer engagierten Bürgerinitiative.

Das Rüstzeug

Freiburg

Im Jahr 1960 begann ich an der Universität Freiburg am Institut von Robert Heiß (1903–1974) das Psychologie-Studium. Nach wenigen Monaten merkte ich, dass dies eine Festung der Test-Diagnostik war. Es wurden Verfahren gelehrt, die eine wenig belastbare wissenschaftliche Grundlage hatten; zumindest die projektiven Verfahren. Szonditest, Zeichentest, Graphologie, Rorschach- und Farbpyramiden-Test werden heute in die Nähe von Esoterik gerückt. Sie dämmern dahin als nicht valide und nicht reliabel.

Ich unterbrach die Ausbildung in Freiburg, ging für ein Semester nach Wien und danach an die Universität Heidelberg.

Wien

Die Lehre der Psychologie an der dortigen Universität wurde dominiert von Hubert Rohracher (1903–1972), der die Graphologie wortreich und vehement kritisierte (s. H. Rohracher. Kleine Charakterkunde, Wien 1961, S. 138 ff). Seine eigene Vorlesung war allerdings sehr bescheiden, indem er Seite um Seite aus seiner „Einführung in die Psychologie“ vorlas (1. Aufl. 1947, 9. Aufl. 1965).

Die Seminarübungen waren generell verschult. Man lernte nach Skripten, die von den Dozenten autorisiert waren und von ihnen auch verkauft wurden. Die Bücher der Bibliothek blieben deshalb ungelesen in den Regalen. Der Leistungsnachweis bestand darin, dass man in die Sprechstunde des Dozenten ging, auf seine Fragen mit Antworten reagierte, die man aus seinem Skript gelernt hatte, und zum Schluss eine Studienbescheinigung bekam. Dies war alles ziemlich unbefriedigend.

Auf der weiteren Suche nach Grundlageninformation wandte ich mich der Psychiatrie und dem Begründer der Logotherapie Viktor E. Frankl (1905–1997) zu. Er war berühmt dafür, dass er seine Vorlesungen durch bemerkenswerte Demonstrationen anschaulich machte. Einige seiner Anregungen habe ich später, bei der Arbeit an den Rentenbegehren nach posttraumatischen Schäden durch KZ-Haft, aufgreifen können.

Manche Gewohnheiten an der Universität waren noch sehr alt-österreichisch bestimmt, was die folgende Episode illustrieren mag: Bei der Exmatrikulation in langer Warteschlange legte man, für den Pedell dezent sichtbar, einen Geldschein in das Studienbuch, daraufhin wurde man herausgebeten, an einen gesonderten Büroschalter geführt und war – anstatt Stunden zu warten – nach wenigen Minuten entlassen.

Heidelberg

Nach den Wiener Erfahrungen wollte ich meine Grundlagenkenntnisse erweitern und in Heidelberg die Segnungen der Wissenssoziologie studieren. Dort lehrte Ernst Topitsch (1919–2003), der vorwiegend eine Ideologiekritik des Marxismus-Leninismus betrieb.

In Psychologie hörte ich Carl Friedrich Graumann (1923–2007) über die Anfänge der Experimentellen Psychologie und begann, mich für Leben und Wirken von Wilhelm Wundt (1832–1920) zu interessieren: Wundt verknüpfte seine experimentelle Arbeit mit zwei Bereichen, mit der Untersuchung völkerpsychologischer Befunde und mit einer intensiven politischen Tätigkeit. Zuerst wurde er Gründer und Vorstand des Arbeiterbildungsvereins Heidelberg. Von 1866 bis 1869 war er gleichzeitig Abgeordneter in der Zweiten Ständekammer des Badischen Parlaments in Karlsruhe.

Die Bedeutung Wundts als Politiker war bisher – gerade im Zusammenhang mit seiner wissenschaftlichen Entwicklung – kaum beachtet worden. Ungeklärt ist, ob seine politische Arbeit ihn für seine Karriere in Psychologie beflügelte oder ob umgekehrt die Psychologie ihn hin zu völkerpsychologischen Problemen führte.

Nach ersten Recherchen für eine Wundt-Biographie fand ich in Wolfgang G. Bringmann, Universität Alabama/ USA, einen Verbündeten. Er hatte sich ebenfalls seit einigen Jahren mit Wundt beschäftigt, reiste regelmäßig im Sommer nach Europa und besuchte Archive, um über dessen Leben zu forschen. So sind etliche Aufsätze in Zusammenarbeit mit ihm entstanden.

Housekeeping und Wissenschaft

Im Jahr 1973 mieteten meine Frau und ich, wir waren frisch verheiratet, eine Drei-Zimmer-Wohnung in der Altstadt von Heidelberg. Die Gasse von Süd nach Nord begann mit einem Restaurant und endete mit einer Pinte.

Wir betätigten uns handwerklich, ersetzten kaputte Fensterscheiben, tapezierten Wände, strichen Decken, legten den Boden mit einem blauen Spannteppich aus, stellten eine 1,2 x 1,2 m große, mit weißem Resopal furnierte Spanplatte auf zwei Holzböcke und montierten darüber eine große Fotoatelier-Leuchte. Das war unser erster gemeinsamer Arbeitsplatz.

Meine Frau, Architektin und Stadtplanerin, durchlief die Stagen der Referendarausbildung zur Regierungsbaumeisterin. Ich arbeitete an einer Dissertation über ein selbstgewähltes Problem: „Die Genese der Experimentellen Psychologie“. Allmählich sollte sich freilich herausstellen, dass keiner meiner Professoren für das Thema zu interessieren war. Ich fasste deshalb den Entschluss, das recherchierte Material dennoch zu publizieren, wenn auch nur in einzelnen Aufsätzen. – Doch zurück zu den Anfängen.

Studienfächer

An der Universität Heidelberg hatte ich ein breites Spektrum von Fächern belegt: Philosophie, Wissenssoziologie, Kunstgeschichte, Ethnologie, Verwaltungswissenschaft, Politik, Geschichte des 19. Jahrhunderts sowie Psychologie.

In den Vorlesungen der Philosophie wurde die akademische Bildung der Idealisten bis Husserl und Heidegger nachvollziehbar gemacht. Grand Old Man war Hans-Georg Gadamer (1900–2002). In seinem Umkreis lehrten Michael Theunissen (geb. 1932), Dieter Henrich (geb. 1927) und Ernst Tugenhat (geb. 1930). Nach einer Vorlesung von Gadamer über die Anfänge der Phänomenologie blieb mir dennoch merkwürdigerweise nicht mehr hängen als der Satz: „Zu den Sachen selbst!“ Auch von seinen Schülern konnte ich nur wenige Einsichten mit nach Hause nehmen.

Um so eindrücklicher war mir in damals humorloser Zeit die Vorlesung eines wenig geachteten Philosophen, Ludwig Giesz (1916–1985), über Ästhetik; sie war ein Feuerwerk voller sprachlicher Anspielungen und Andeutungen aus Lyrik und Prosa, ein Fest für Geist und Gemüt. Giesz hatte kabarettistische Fähigkeiten. Er redigierte zu jener Zeit im Süddeutschen Rundfunk literarisch-historische Rätselsendungen, die ebenso lebendig und präzise formuliert waren wie seine Vorlesung. Sein kleines Buch „Phänomenologie des Kitschs. Ein Beitrag zur anthropologischen Ästhetik" wurde von Gadamer mit keiner Silbe erwähnt (1. Aufl. 1960, mehrfach neu aufgelegt).

Mein Dissertationsthema wollte ich gern bei Ernst Topitsch unter der Rubrik „Wissenschaftsgeschichte" unterbringen. Dazu kam es jedoch nicht. 1968 wurde Topitsch von den Studenten der Soziologie zum „Heizer im Kesselraum des Instituts" degradiert. Dies kränkte und beleidigte ihn zutiefst, sodass er einen Ruf nach Graz annahm. Dort entwickelte er sich zu einem „Rechtsaußen" der Soziologie.

Erwin Walter Palm (1910–1988) las Kunstgeschichte und zwar – meines Wissens erstmals für das gesamte Fachgebiet – „Die Grundlagen". Es war dies eine Schule des Sehens, die meine Themen „Ästhetik" sowie „Experimente von Helmholtz und Wundt" ergänzte.

Zur Ethnologie fand ich auf direktem Wege: Wilhelm Wundt hatte in den 1860er Jahren eine „Völkerpsychologie" (s. Bd. 2 „Über die Menschen- und Thierseele") geschrieben, die er später als „Jugendsünde" bezeichnete (seine danach verfassten zehn Bände werden heute kaum noch gelesen). Mich interessierte darin vor allem, wie es zur Begründung der Ethnologie durch M. Lazarus und Steinthal kam. (Beide wurden übernational bekannt durch ein Ereignis, das großen Staub aufgewirbelt hatte, die Gefangensetzung von Theodor Fontane in Frankreich wegen Spionage: sie hätten seine Freilassung initiiert, was jedoch ein „on dit" ist).

Vor allem lernte ich Umar von Ehrenfels (1901–1980) kennen und schätzen. Er war Professor in Indien gewesen, damals frisch an das Südostasien-Institut gekommen und wusste bestens über Ethnologie und deren Geschichte Bescheid. In seiner Übung der Bhagda Marga und Sufismus war ich sein einziger Hörer. Manchmal brachte er seine Tochter, die noch ein Baby war, mit und so unterhielten wir uns u. a. auch über die sehr divergierende Kinderaufzucht in Ostafrika, Indien und Europa. Die Zusammenarbeit mit ihm war für mich sehr bereichernd und prägend. Seine Theorie der Nord-Süd-Polarisation konnte ich an die italienische Tageszeitung „Corriere della Sera" vermitteln, die einen langen Artikel von ihm über dieses Problem abdruckte.

„Geschichte des 19. Jahrhunderts" gab Werner Conze (1910–1986). Sein vorrangiges Thema war die „Polnische Nation" und die Kabinettspolitik, was sehr gut zur preußisch-deutschen Geschichtsschreibung passte.

Psychologie war damals ein Modestudium. Carl Friedrich Graumann (1923–2007) las Allgemeine Psychologie, mit ihm ergab sich später im Kontext mit dem Wundt-Symposium 1979 eine fruchtbare Zusammenarbeit.

Zu Wundts früher Schaffensphase gehört die Auseinandersetzung mit Experiment und Statistik, die im 19. Jahrhundert „Moral-Statistik" genannt wurde. Angeregt durch Wundts Werk „Über die Menschen- und Thierseele" wollte ich nähere Kenntnis gewinnen über die Autoren dieser Statistik, die kameralistische „Polizey", und wandte mich kurzerhand den Verwaltungswissenschaften zu.

Schreiben als Handwerk

In den 1970er und 1980er Jahren war das Schreiben von Aufsätzen und Büchern mit deutlich mehr Handarbeit verbunden als heute: Zunächst schrieb ich den Text in Bleistift nieder, es folgte eine erste Korrektur mit Streichungen und Veränderungen des sprachlichen Ausdrucks. Danach hackte ich den Text in die Schreibmaschine.

Beinahe alle Beiträge sind auf der roten „Olivetti Valentine", damals ein italienisches Designwunder, geschrieben. Oft vertippte ich mich, dann kam der Tipp-Ex-Lack zum Einsatz. In den ersten neu entstandenen Kopier-Geschäften baute ich die nächste Fassung zusammen – ohne sichtbare Tipp-Ex-Spuren. Oft korrigierte ich nochmals und schrieb den Text erneut ab. Die Anmerkungen wurden im Text markiert durch eine hochgestellte Ziffer, die mit einem Rapidographen, gefüllt mit schwarzer Tusche, und einer kleinen Zahlenschablone von Hand eingetragen wurde. Oft – nicht immer – erhielt ich Korrekturfahnen, die erneut akribisch nach Fehlern durchgesehen werden mussten. Nach weiterer sorgfältiger redaktioneller Bearbeitung lag die Publikation dann endlich fertig in meinen Händen.

Die fachlichen Vorarbeiten habe ich selbst zusammengeführt, es gab keinen Assistenten und keine Sekretärin. Beiträge, die ich allein verfasst hatte, kamen aus „frischer Feder“ und aus verschiedenen Blickwinkeln: Geschichte, Psychologie, Landeskunde. Diese Arbeitsweise stand in deutlichem Kontrast zu derjenigen vieler Universitätslehrer, die ein und denselben Vortrag zwei bis drei Jahre lang als ihre „Goldene Platte“ vortrugen.

Ab Ende der 1980er Jahre schrieb ich auf einem inzwischen musealen Apple Mac II Computer. Der Vorgang des Textschreibens wurde schneller und technisch einfacher, aber die gedankliche Stringenz konnte auch abnehmen, weil man sich immer weniger Zeit gönnte, um Argumentationsketten neu zu überdenken und inhaltlich zu korrigieren.

Kommunalpolitik und bürgerschaftliches Engagement

1974 war ich Mitglied bei den „Bürgern für Heidelberg“ geworden, einer sehr aktiven Bürgerinitiative, die sich zum Ziel gesetzt hatte, die Heidelberger Altstadt zu erhalten und lebenswert zu machen. Es ging um die Bewohnbarkeit der Stadt (s. auch Alexander Mitscherlich: Die Unwirtlichkeit unserer Städte, Frankfurt/Main 1965). Die Arbeit begann mit einer Verkehrszählung an der B 37: Die Bundesstrasse entlang des Neckarufers sollte zu einer dreispurigen Stadtautobahn verbreitert werden, was wir mittels fundierter Zahlen möglichst verhindern wollten. 1971 war mit dem Städtebauförderungsgesetz das Damokles-Schwert der Flächensanierung über die Altstädte gekommen. So auch hier: Am „Darmstädter Hof“, dem Eingang zur historischen Altstadt, sollte ein ganzes Wohnquadrat abgerissen werden und ein 13-stöckiges Hochhaus entstehen. Die Mieter sollten auf den Boxberg, später auch auf den Emmertsgrund, einer Satellitenstadt weit außerhalb, umgesiedelt werden. Hiergegen gab es Widerstand, der zusammen mit vielen Helfern politisch wirksam organisiert sein wollte.

Der damalige Oberbürgermeister, Rolf Zundel, gehörte einer Generation von dynamisch-jungen Gewerkschaftern an, die meinten, dass die Wohnsituation von Altstädten nur durch Abriss und Neubau zu verbessern sei. So folgte bald ein weiterer Flächenabriss auf dem Gelände der Engel-Brauerei gegenüber unserer Wohnung. Der Kunsthistoriker Meinhold Lurz hatte in einem

Archiv den Lösungsentwurf von Hitlers Chef-Architekt Albert Speer aus den 1930er Jahren für die Sanierung der Heidelberger Altstadt wiederaufgefunden und beschrieben. Danach sollte Quartier für Quartier abgerissen und durch kasernenartige Mietshausblöcke ersetzt werden. Nein, danke! Das Europäische Denkmalschutzjahr 1975 brachte neue Akzente. Eine Kehrtwende der Stadtpolitiker vom Flächenabriss zur Objektsanierung entwickelte sich freilich sehr langsam. Nur mit großer Mühe, Unterstützung und Bündelung von Wissen kundiger Architekten und Kunsthistoriker konnten wir vermitteln, welchen Wert und welche Bedeutung die nach dem „Großen Brand" von 1693 wiederaufgebaute und vom Zweiten Weltkrieg verschonte Stadt besitzt (s. auch „Veröffentlichungen zur Heidelberger Altstadt" des Kunsthistorischen Instituts, Universität Heidelberg).

Die Mitarbeit bei den „Bürgern für Heidelberg" dauerte bis zu unserem Wohnungsumzug nach Freiburg/Brg. mehr als 30 Jahre. Sie brachte mir viele persönliche Freundschaften und Erfahrungen. Mit der Verleihung eines Preises des Deutschen Nationalkomitees für Denkmalschutz im Jahr 1992 bekam die Bürgerinitiative öffentliche Anerkennung. In dem Buchband „40 Jahre Bürger für Heidelberg" (2012) sind die wichtigen Projekte zusammengefasst.

Psychische Schäden nach KZ-Haft

Ein völlig anderes Betätigungsfeld importierte meine Schwester Christa Unger-Mazza. Sie arbeitete als Juristin in einer Mailänder Anwaltskanzlei, beriet jüdische Klienten, die psychische Schäden durch KZ-Haft erlitten hatten, und versuchte, Rentenansprüche für sie durchzusetzen. Rentenanträge wurden in der Nachkriegszeit häufig von Medizinern begutachtet, die bereits im Dritten Reich als Amtsärzte tätig gewesen waren. Die Beurteilung war somatisch orientiert, die psychiatrischen Gutachten waren haarsträubend undifferenziert und oft nur nach Aktenlage verfasst. Bis heute ist mir im Gedächtnis, dass Anträge nach der Devise „Seelische Folgen der KZ-Haft sind nach drei Monaten verarbeitet" entschieden, d. h. abgelehnt wurden. Erst mehr als fünfundzwanzig Jahre später mussten die staatlichen Entschädigungsbehörden durch die Forschungsergebnisse von Paul Matussek, Max-Planck-Institut für Psychiatrie,

München, anerkennen, dass KZ-Haft zu posttraumatischen Krankheiten führen kann, was bedeutet, dass dann Rentenrelevanz besteht.

Bei den Rentenbegehren bearbeitete meine Schwester die juristischen Fragen und ich durchleuchtete die psychiatrischen Gutachten anhand der Forschungsergebnisse von Matusseks „Die Konzentrationslagerhaft und ihre Folgen" (1971). So gelang es uns familiär-fachübergreifend, etwa achtzig bereits hochbetagten Personen zu einer Wiedergutmachungsrente zu verhelfen und, wenn auch erst viele Jahre nach Kriegsende, ihnen Erleichterung im Alltagsleben zu verschaffen, ein kleiner und symbolisch zu wertender Ausgleich für schwerste körperliche und seelische Verletzungen.

Rollenverteilung

Wie stand es mit dem Geld? Tatsache war, dass mein Dissertationsthema über Wilhelm Wundt in diesen bewegten Zeiten bei keinem Lehrstuhl zu plazieren war.

Meine Frau unterstützte meinen Entschluss, das recherchierte Material in einzelnen Aufsätzen zu veröffentlichen. Wir waren beide voller Schaffensfreude, für bezahlte gleichwie für unbezahlte Arbeit. Dies hatte zur Folge, dass wir die herkömmlichen Geschlechterrollen neu überdenken mussten. Meine Frau wurde die Haupternährerin in der Familie, ich wurde zuständig für Haus und Hof, ab 1984 auch für die Erziehung und Ausbildung unserer Tochter Yvonne. Das Lebensmodell als Hausmann und alleinerziehender Vater – jedenfalls tagsüber – war noch ungewohnt und provozierte. So gab es reichliche Diskussionen mit Verwandten und Freunden, sowie Verdruss im Umgang auf der Straße. Die umgekehrte Rollenverteilung haben wir seither viele Jahrzehnte gelebt, sie hat unserer Verbindung nicht geschadet, sondern sie im Gegenteil bereichert und uns die Augen für neue Formen des Zusammenlebens und andere gesellschaftliche Leitbilder geöffnet.

Der große Schreibtisch

Der Schreib- und Zeichentisch in unserer Wohnung entwickelte sich zu einer gut funktionierenden Informationsdrehscheibe. Meine Frau war ab 1981 im

Landesdenkmalamt tätig und schrieb Beiträge zu Denkmalschutzfragen. Ich schrieb Flyer, Vorbereitungstexte für Pressegespräche, Stellungnahmen zum Flächennutzungsplan und zu Bebauungsplänen. Wir tauschten uns darüber aus, dass private Interessen immer wieder die Oberhand über gemeinnützige Interessen gewannen, wie konkurrierende öffentliche und private Belange gegeneinander abgewogen wurden und wie „die Verwaltung" funktioniert. Dies war sehr wichtig, auch für die Bürgerinitiative, denn Enttäuschung und Wut über kommunale Entscheidungen waren häufig groß. Manchmal war der Protest unbegründet, insbesondere dann, wenn er sich an Personen festmachte. So konnten wir anhand von Gesetzestexten zum Bau- und Planungsrecht, die allmählich unsere Bücherschäfte füllten, von Fall zu Fall mehr Transparenz und Klarheit herstellen und aufgeregte Gemüter beruhigen.

Das Gottmann'sche Fotoarchiv: eine Trouvaille

Als wir 1973 in die Karpfengasse zogen, waren wir neugierig auf die Geschichte „unseres" kleinen Hauses, das von Mietern mit geringem Einkommen und von Studenten bewohnt wurde. Im Keller entdeckten wir ein Abteil voller raumhoher Holzregale, gefüllt mit flachen Pappschachteln. Es war das Archiv der Hoffotografen Ernst Gottmann Vater und Sohn aus dem Zeitraum 1895 bis 1955, die hier gebaut, gewohnt und gewirkt hatten. Die Pappschachteln enthielten Glasplatten unterschiedlicher Größe von ca. 10 x 15 cm bis zu 50 x 50 cm, geschätzte 90 000 Stück. Eine Sammlung von Negativen über den Zeitraum von zwei Generationen musste, so meinten wir, mit „an Sicherheit grenzender Wahrscheinlichkeit" eine hohe heimatgeschichtliche Bedeutung haben. Die Fotoplatten waren mit einer Silberemulsion beschichtet, die nach der Belichtung jeweils fixiert wurde. Das große Neckarhochwasser von 1947/1948 hatte die Glasplatten in den unteren Holzregalen unter Wasser gesetzt und die Beschichtung teilweise abgelöst. So bestand demnach für etliche Platten auch dringender Restaurierungsbedarf.

Nach vielen Verhandlungen mit der Witwe von Ernst Gottmann d. J. und ihren Kindern konnte mit dem Kunsthistorischen Institut der Universität und dem Heidelberger Kunstverein aus rd. 200 Fotoaufnahmen der Sammlung im

Jahr 1980 eine Ausstellung organisiert werden. Titel: „Beruf: Fotograf in Heidelberg. Ernst Gottmann sen. & jun. 1895–1955". Sie wurde ein großer Erfolg. Viele alteingesessene Heidelberger pilgerten in die Ausstellung und erkannten Verwandte, Freunde oder auch sich selbst. Die beiden Katalogbände des Fricke-Verlags waren im Handumdrehen verkauft und es musste eine zweite Auflage gedruckt werden. Selbst auf dem Fastnachtsumzug des folgenden Jahres wurde die Gottmann-Show zum Thema gemacht. Meine Frau und ich interessierten uns besonders für das Ensemble der Wohnhäuser, in dessen proletarischem Teil wir ja selbst wohnten. So haben wir für den Ausstellungskatalog den Aufsatz „Das Haus des Fotografen" geschrieben – es war ein denkwürdiger Silvesterabend am Bodensee, an dem das Thermometer von plus 18 Grad auf minus 13 Grad Celsius gefallen ist.

Protestbewegungen

Als Bewohner der Altstadt waren wir einbezogen in den sich radikalisierenden Studenten- und Bürgerprotest. Es ging um viele Themen, die im Argen lagen: das staatliche Gewaltmonopol, der Vietnam-Krieg, die Fahrpreis-Erhöhung der Straßenbahn, die Auflösung eines Studentenwohnheims in der Altstadt (Collegium Academicum) sowie die Polizeieinsätze gegen das Sozialistische Patientenkollektiv (SPK), aus dem später die terroristische Rote-Armee-Fraktion (RAF) hervorgehen würde.

Die „Dicke Berta", das Räumfahrzeug der Polizei, fegte in den Jahren 1973 bis 1980 mehrfach die Hauptstraße frei von Demonstranten und trotz geschlossener Fenster drang das Tränengas in unsere Wohnung und beizte uns die Augen.

Mit großer Distanz, Erschrecken und Skepsis haben wir viele in der Bundesrepublik sich abspielende Ereignisse beobachtet:

- die Entführung des Lufthansa-Flugzeugs „Landshut" nach Mogadischu (1977) zum Zweck des Freipressens inhaftierter RAF-Mitglieder, was dann fehlschlug,
- die Erschießung von Hanns-Martin Schleyer als Racheakt der RAF,
- die Selbstmorde der Stammheim-Insassen der RAF etc.

Nach der Phase des Wiederaufbaus nach dem Zweiten Weltkrieg herrschte innerhalb und zwischen den Schichten der Gesellschaft vielfach Sprachlosigkeit, Aggression und Gegenaggression. So schaukelte sich die Gewalt weiter in die Höhe. Ein Ende war nicht abzusehen. Aus diesem Grund konnten wir bei machtvollen Schlägen des Staates und der Justizbehörden gegen zumeist linksradikale Gruppen die Euphorie unserer Nachbarn nicht teilen.

Ab Mitte der 1970er Jahre wurden traumatisierte und drogenabhängig aus dem Vietnam-Krieg zurückgekehrte amerikanische Soldaten in Heidelberg stationiert. Sie überschwemmten die Altstadt und ihr „Stoff" wurde auch von Heidelberger Jungbürgern konsumiert. Der Mittelpunkt des Drogengeschehens war die Untere Straße, die schließlich polizeilich „ausgeräuchert" wurde. Erfolg der Aktion war, dass der Drogenkonsum sich in Privathäuser am Neuenheimer Ufer verlagerte und nicht mehr überwacht werden konnte. Die Gebäude in der Unteren Straße wurden alsdann teilweise saniert und neu belegt, was der Mafia verhalf, von den neuen Wirten gutes Geld zu erpressen.

Denkmalrestaurierung und Tätigkeit als Herausgeber

1981 konnten wir mit finanzieller Unterstützung unserer Familien von der Stadt in unserer Gasse ein schmales Haus zu 2/3 Eigentumsanteilen kaufen und restaurieren.

Das Haus hatte verschiedene Bauphasen erlebt, was an den Materialien und ihrer Bearbeitung zu erkennen war. Wir wollten die Ausstattungsteile des 16. bis 20. Jahrhunderts erhalten und mussten uns daher zwangsläufig mit historischen Handwerkstechniken auseinandersetzen. Eine Freundin hat uns bei einem Buchantiquar auf einige Bände der „Chemisch-technischen Bibliothek" aus A. Hartleben's Verlag Wien aufmerksam gemacht. Dies war eine Publikationsreihe von 1875 ff mit mehr als vierhundert Einzelbänden, in denen die alte Handwerkskunst bis zum Beginn des 19. Jh., aber ebenso auch der Umschwung zu industrieller Fertigung beschrieben sind, z. B. auch Farben und Ersatzstoffe, die dem mittelalterlichen Handwerk noch nicht bekannt waren.

Ich entschied mich, in Zusammenarbeit mit dem Fricke-Verlag einige noch bzw. wieder aktuelle Bände als Reprints neu herauszugeben. Diese Arbeit brachte neue interessante Kontakte und eine Vielzahl von Erfahrungen. Verloren gegangenes technisches Wissen wieder zu entdecken und zu verbreiten, war ein praktischer Beitrag zum behutsamen Umgang mit alten Bauwerken und ihren Ausstattungsteilen. Mit dem plötzlichen Tod von Dieter Fricke fand dieses schöne und ausbaufähige Projekt leider ein viel zu frühes Ende. (Übersicht der Reprints s. Anhang II.) – Unser eigenes Haus wurde bald zu einer Anlaufstelle für Mitglieder der Bürgerinitiative und sanierungswillige Hauseigentümer, die bei uns historische Bauunterhaltungstechniken in Augenschein nehmen konnten. Inzwischen gibt es wieder einige Handwerksbetriebe, die die alten Methoden und Verarbeitungstechniken neu gelernt haben und praktizieren – auch in Verbindung mit neuen Materialien.

Die Wundtiana

Die Rezeption von Wundts Leben und Wirken stand noch ganz am Anfang und die Archive bargen – wie sich zeigen sollte – eine Fülle von Daten für eine Biographie über ihn.

Wundt-Briefe in Tübingen

Vor seiner Heidelberger Zeit hatte Wundt in Tübingen studiert. Im dortigen Universitätsarchiv fand ich 1979 Zeugnisse über diese Epoche, aber – überraschenderweise – auch ein Konvolut von Briefen Wundts an Kollegen, Freunde und Schüler. Dieses war über den Nachlass seines Sohnes Max, der Professor an der Universität geworden war, in das Archiv gekommen. Es handelte sich um Abschriften von Originalbriefen (1855–1921), die eine Sekretärin im Leipziger Institut heimlich gefertigt hatte und die auf Umwegen aus der DDR an seinen Sohn in Tübingen gelangt sind. Freundlicherweise konnte ich Kopien dieser 618 Typoskripte bekommen und zunächst ein Findbuch schreiben, zum eigenen Gebrauch, für das dortige Universitätsarchiv sowie für künftige Forschungsarbeiten. Die Korrespondenz zwischen Wundt und Meumann habe ich alsdann ausgewertet und zusammen mit W. Bringmann in einem Aufsatz über die Anfänge der Pädagogischen Psychologie zusammengefasst (s. „Experimental vs. Educational Psychology. Wilhelm Wundt's letters to Ernst Meumann").

Durch diese Erfahrung gewann mein Biographie-Projekt an Konturen. Es passte auch zu der Intention meines Co-Autors Wolfgang G. Bringmann, den ich in dieser Zeit kennenlernte. Freilich hatte ich außerhalb unseres gemeinsamen akademischen Programms ein eigenes Interesse, breiter angelegte Themen und Rechercheergebnisse zum 19. Jahrhundert im Kontext mit Wundt und dem nordbadischen Raum zu publizieren. So sind die Artikel „Heidelberg vor der Reichsgründung 1871. Der Freundeskreis Wilhelm Wundts", „Adolf Hausrath", „Carl Eckard", „Die Wiedereröffnung der Strassburger Universität 1872", „Die Festhalle Rosengarten in Mannheim" und last not least „Das Haus des Fotografen" entstanden.

Wundt und seine Freunde

Die intellektuelle Situation der jungen Wissenschaftler war in den 1860er Jahren schwierig. Ihre Stellung innerhalb der Universität war sozial unbefriedigend. Das Universitätsleben in Heidelberg war verkrustet und sie wollten sich nicht mehr in die konservativen Kreise der Professoren eingliedern. Nach der Amnestie der verurteilten Revolutionäre der 1848/49er-Bewegung kam Baden in eine Zeit des großen gesellschaftlichen und wirtschaftlichen Wandels. Einige junge Dozenten waren begeistert von den politischen Reformen, wie sie nach 1859, dem fulminanten Schillerjahr, auf den Weg gebracht wurden. Sie sahen darin die Chance, selbst an deren Realisierung mitzuarbeiten und schlossen sich zusammen, um über ihre Wissenschaft hinaus in die Gesellschaft hineinzuwirken. Für mich war interessant, dass diese jungen Akademiker wissenschaftlich und zugleich politisch interessiert waren, ähnlich – wenn auch anders schwierig – wie dies in den 1970er bis 1990er Jahren der Fall war.

Es gab nur eine kurze Zeitspanne bis zur Reichsgründung 1870/71, in der sie im Parlament und in den kommunalen Zirkeln tätig werden konnten.

Zentrum der Gruppe war wohl Henriette Feuerbach und ihr Salon in der Theaterstraße. Durch den Tod ihres Mannes, des Archäologen Joseph Anselm Feuerbach (1798–1851), fiel sie in wirtschaftlich ungesicherte Verhältnisse und verdiente den Lebensunterhalt für sich und ihren Stiefsohn, den Maler Anselm Feuerbach, durch Übersetzungen. Sie übertrug für Georg Webers „Weltgeschichte" Texte aus dem Griechischen und Lateinischen ins Deutsche – ohne dass sie darin je erwähnt wurde. In den 1860er Jahren hat sie begonnen, die Bilder ihres Stiefsohnes zu vermarkten.

Wundt war Assistent bei Hermann von Helmholtz. In seiner Privatwohnung hatte er ein kleines Experimentalstudio eingerichtet (das er 1875 nach Zürich mitnahm). Er und seine Freunde hatten weitgefasste Programme: Cantor eine „Geschichte der Mathematik“, Hausrath eine „Geschichte der Häresie“, er selbst eine „Geschichte der Völkerpsychologie“. Aber nur Cantor gelang es damals, sein ambitioniertes Projekt zu verwirklichen.

Der Arbeiterbildungsverein und der Sprung ins Parlament

Während der Regierungszeit des reformfreudigen Innenministers August Lamey, genauer im Jahr 1863, wurde Wundt Mitbegründer des Heidelberger Arbeiterbildungsvereins nach dem Vorbild der Mannheimer Gruppierung. Die liberal verfassten Arbeiterbildungsvereine waren eine Art Volkshochschule, in denen sich selbst ein Chor und ein Theaterkreis bilden konnten. Diese Richtung entwickelte sich zunehmend zu einer Bewegung gegen die Lassalleaner und später gegen die Sozialisten, die auf ihre eigene Weise Einfluss auf die Arbeiterbildung nahmen.

Bei den Recherchen über den Arbeiterbildungsverein ist uns, Wolfgang G. Bringmann und mir, aufgefallen, dass die sozialistischen ebenso wie die liberalen Bildungsziele ein Alltags-Dilemma hervorriefen. Es bestand darin, dass die Arbeiter-Handwerker, praktisches nach langem Arbeitstag ermüdet, von dem gelehrten Professoren-Unterricht am Abend physisch überfordert waren und ihm schwer folgen konnten. (Der Heidelberger Arbeiterbildungsverein existierte dennoch bis 1936 und wurde dann aufgelöst.)

Mit der Gründung des Arbeiterbildungsvereins war es für Wundt kein weiter Weg in die Zweite Ständekammer des Badischen Parlaments in Karlsruhe. Nach einer – aus heutiger Sicht – umstrittenen Vorauswahl schaffte er 1866 den Sprung dorthin und arbeitete sehr engagiert an diversen Gesetzesinitiativen (Frauen, psychiatrisch Kranke, Ministerverantwortung, Abschaffung der akademischen Justiz etc.).

Die Schulfrage

Ein weiteres Problemfeld war die Schulfrage im Kleinen Kulturkampf.

Gerade in den größeren Städten (Karlsruhe, Mannheim, Heidelberg, Freiburg) herrschten politisch die Freisinnigen. Die Katholiken kämpften für kirchlich geführte Schulen. Die Evangelischen (inklusive Splittergruppen) und die Juden kämpften für staatlich geleitete Schulen. Der Streit nahm oft aggressive Züge an. Auf dem Land hatte die „Katholische Volkspartei“ (aus ihr ging später das „Zentrum“ hervor) großen Anhang. Sie kämpfte in der

Zweiten Ständekammer mit nur einer Stimme. Wundt wandte sich in Vorträgen, Diskussionen und als Abgeordneter gegen die Führung der Volksschulen durch Geistliche und setzte sich für eine allgemeine Volksschule unter staatlicher Führung ein.

Wundts Erfahrungen im Arbeiterbildungsverein und im Parlament sind zum Teil in seine „Ethik" eingegangen. Seine Stellung gegenüber der Regierung Jolly verschlechterte sich und so schied er 1869 aus der Politik aus. Auch der Staatsrechtler Bluntschli, Mitglied der Ersten Ständekammer, Prorektor und damals eine der gewichtigsten Stimmen in Heidelberg, schien ihm nicht mehr gewogen gewesen zu sein. Ein kleines Anzeichen dafür mag sein, dass einige von Wundt verfasste Bücher, die ich in der Universitätsbibliothek fand, den Eigentümervermerk von Bluntschli tragen; vermutlich hat der Autor sie dem berühmten Professor als Geschenk überreicht. Viele Buchseiten waren nicht aufgeschnitten, dies mag zeigen, dass Bluntschli kein Interesse an Wundts wissenschaftlichem Werk hatte.

Die bildungspolitische Arbeit ist in den Aufsätzen „Wilhem Wundt und Heidelberg" sowie „Heidelberg vor der Reichsgründung 1871. Der Freundeskreis Wilhelm Wundts" dargestellt.

Schlussbemerkung

Nach unterschiedlichen Universitätserfahrungen verlagerte sich mein Hauptforschungsinteresse von der Psychologie auf die Wissenssoziologie, Wissenschaftsgeschichte und dann auf die Anfänge der Experimentellen Psychologie. Auch fast 35 Jahre nach den Wundt-Symposien von 1979 und 1980 scheint nach meinem Eindruck deren Erforschung noch längst nicht abgeschlossen.

Manche Versuchsanordnungen Wundts werden von heutigen Hirnforschern als überholt angesehen. Man kann sich – um zum Ausgangspunkt meines Studiums in Freiburg zurückzukehren – aber folgende Konstruktion vorstellen: Bei Mäusen werden Hirnareale entdeckt, die auf dieselbe Weise enerviert werden wie bei Menschen, die religiöse Gefühle entwickeln. In diesem Fall wären wir wieder beim Thema Esoterik angelangt.

Gustav Adolf Ungerer, Freiburg/Brg. im September 2014

Anhang I.[1]

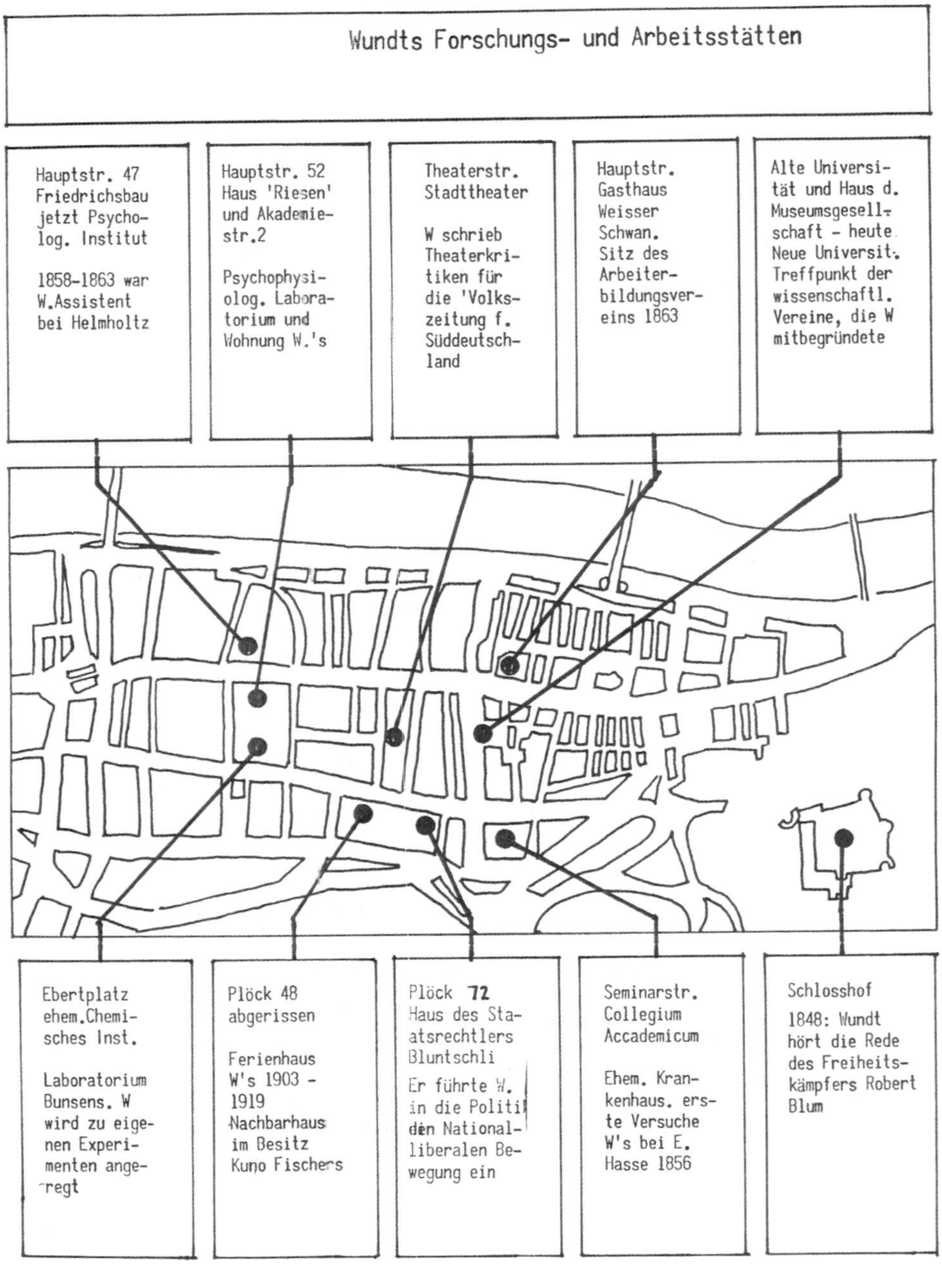

1 Zu Seite 373–378.

WILHELM WUNDT (1832 - 1920) PSYCHOLOGE - PHILOSOPH - POLITIK ER

Ausstellung der Universitätsbibliothek Heidelberg. Plöck 107-109
in Zusammenarbeit mit dem Psychologischen Institut und G.A.Ungerer

+ Wilhelm Wundt entwickelt um 1860 aus der Physiologie das psychologische Experiment. (Reaktionsversuch)
+ 1863 legt er das Programm seiner Psychologie vor: sie stützt sich methodisch auf das Experiment, die Selbstbeobachtung und die Statistik. Die Völkerpsychologie analysiert die komplexeren geistigen Vorgänge.
+ Der Philosoph Wundt führt gleichzeitig die wissenschäftliche Auseinandersetzung mit der spekulativen Psychologie.
+ Als Politiker will Wundt die Arbeiter aus dem Dasein der Maschinensklaven befreien.

	Politische Ereignisse	Zu den Lebensdaten	Wirkungsgeschichte
1848-49		Wundt begeistert sich als Gymnasiast für die Badische Revolution	
1850-60	Reaktion in Politik und Kultur	Studium der Medizin in Tübingen und Heidelberg. Entscheidung Physiologe zu werden.	Arbeiten und Publikationen über pathologische Probleme
1860-66	Reformpolitik in Baden. Dtsch. Österr. Krieg	Erste Untersuchungen auf psycho-physiol. Gebiet. Assistent bei Helmholtz. a.o.Prof. für Physologie.	Theoreth. u..experimentelle Begründung der physiol. Psychologie. Ansätze zu einer Völkerpsychologie.
1866-70	Hegemonie Preussens über die Süddeutschen Staaten	Zunehmende Anerkennung als Physiologe. Abgeordneter der Stadt Heidelberg in der 2.Kammer in Karlsruhe.	Fortschritte auf auf dem Gebiet der experimentellen Psychologie.
1870-74	Reichsgründung und Konsolidierung.	Professur in Heidelberg. Zivilarzt im Kriege. 1874 Ruf nach Zürich, 1875 nach Leipzig.	Erstes Lehrbuch der physiolog. Psychologie auf experimenteller Grundlage. Beginn der Institutionalisierung der Psychologie als selbständiger Wissenschaft .

Anhang II.

Hartleben's Chemisch-technische Bibliothek

Die Chemisch-technische Bibliothek, später auch „Chetebi" genannt, wurde in A. Hartleben's Verlag in Leipzig und Wien publiziert. Zwischen 1875 und 1949 entstanden 423 Einzelbände. Sie waren leicht verständlich geschrieben, richteten sich an innovative Handwerker, Anlagenbauer und Verfahrenstechniker und dokumentieren in ihrer Gesamtheit alle wichtigen Gebiete der Verfahrenstechnik des 19. und frühen 20. Jahrhunderts vom Übergang handwerklicher zu industrieller Fertigung. Zur Bedeutung der Reihe s. auch Wikipedia v. 4.8.2013: „Für die Erforschung selten beschriebener Herstellungsverfahren von besonderen Werkstoffen ist die „Chemisch-technische Bibliothek" oft die einzige erhaltene Quelle".

Fünf Buchbände dieser Reihe wurden 1985–87 in der Edition Fricke, Frankfurt/Main, neu verlegt:

D. H. Soxhlet, techn. Chemiker

Die Kunst des Färbens und Beizens von Marmor, künstlichen Steinen, von Knochen, Horn und Elfenbein und das Färben und Imiti(e)ren von allen Holzsorten.

Ein praktisches Handbuch zum Gebrauch der Tischler, Drechsler, Galanterie-, Stock- und Schirmfabrikanten, Kammmacher etc.

232 Seiten, 1899.

Reprint 1985, Vorwort zur Neuausgabe Hans Volker Dursy, Bildhauer und Steinmetz, Ladenburg

Louis Edgar Andés

Die Holzbiegerei. Herstellung der Möbel aus gebogenem Holz.

260 Seiten, 117 Abb., 1903.

Reprint 1986, Vorwort zur Neuausgabe Dr. Thomas Brachert, Germanisches Nationalmuseum, Institut für Kunsttechnik und Konservierung, Nürnberg

C.G. Müller

Die Tonöfenfabrikation. Herstellung und Bau der Kachelöfen.

216 Seiten, 28 Abb., 1915.

Reprint 1986, Vorwort zur Neuausgabe Dr. Thomas Brachert, Germanisches Nationalmuseum, Institut für Kunsttechnik und Konservierung, Nürnberg

Paul Randau

Die farbigen, bunten und verzierten Gläser.

Eine umfassende Anleitung zur Darstellung aller Arten farbiger und verzierter Gläser, der vielfarbigen irisierenden und metallisch schimmernden Mode- und Luxusgläser. Ferner der Schmückung der Gläser durch Metalle, Emaille und Bemalung, sowie durch Ätzen, Sandblasearbeit, Gravieren und Schleifen.

347 Seiten, 17 Abb., 1905.

Reprint 1987, Vorwort zur Neuausgabe Dr. Sigrid Wechssler, Kurpfälzisches Museum Heidelberg

Eugen Laris

Rohholzgewinnung und Gewerbseigenschaften des Holzes.

184 Seiten, 37 Abb., 1909.

Reprint 1987, Vorwort zur Neuausgabe Wolf Hockenjos, Oberforstrat, Villingen-Schwenningen

G.A. Ungerer

Anhang III.

Personenverzeichnis

D

E

F

G

H

I

J

K

L

M

T

U

V

W

Z

Biografische Daten

Gustav A. Ungerer
geb. 1940 in Baden-Baden, aufgewachsen in Ettenheim/Baden, Colmar/Elsass, Salem, Gaienhofen am Bodensee und Freiburg/Brg.; Studium in Freiburg und Wien (Psychologie), in Heidelberg (Soziologie, Philosophie, Wissenschaftsgeschichte, Ethnologie und Kunstgeschichte). Freiberuflicher Forscher und Schriftsteller, zeitweiliger Reprint-Herausgeber. Bis 2004 in Heidelberg, danach in Freiburg, dort 2014 verstorben.

Katharina Ungerer-Heuck
Dipl.-Ing., Oberkonservatorin i.R., geb. 1945, Studium in Freiburg (Kunstgeschichte, Archäologie), Karlsruhe und Stuttgart (Architektur, Orts-, Regional- und Landesplanung), Florenz (ital. Sprache und Kultur). Berufspraxis als Architektin und Stadtplanerin, 1981–2010 Tätigkeit in der Praktischen Bau- und Kunstdenkmalpflege. Seit 2002 in Freiburg/Brsg.,
E-Mail: k.ungerer-heuck@online.de

Yvonne L. S. Ungerer
Born 1984 in Heidelberg. Studied Cultural Anthropology (M.A.) at the University of Heidelberg and at the University of Luzern. She had begun to study in the Research Master of Behavioural Sciences in Nijmegen 2013, when Gustav Ungerer was diagnosed seven month later and decided to stop with her studies. Her main interests are interdisciplinary research and methods (qualitative and quantitative) as well as urban development. She is member of a think-thank in Berlin for democracy and has worked as a consultant for film projects and is currently living and working in Amsterdam. For further questions about the collection about W. Wundt collected by Ungerer please feel free to get in touch: uminayu@hotmail.com